भक्ति आन्दोलन : इतिहास और संस्कृति

भक्ति आन्दोलन
इतिहास और संस्कृति

सम्पादक

प्रो. कुँवरपाल सिंह

वाणी प्रकाशन

वाणी प्रकाशन

4695, 21-ए, दरियागंज, नयी दिल्ली 110 002

फ़ोन : +91 11 23273167 फ़ैक्स : +91 11 23275710

शाखाएँ

अशोक राजपथ, पटना 800 004, बिहार

कॉफ़ी हाउस कैम्पस, महात्मा गांधी मार्ग, इलाहाबाद 211 001, उत्तर प्रदेश

महात्मा गांधी अन्तरराष्ट्रीय हिन्दी विश्वविद्यालय, वर्धा 442 001, महाराष्ट्र

सुल्तानिया रोड, मोतिया पार्क, भोपाल 462 001, मध्य प्रदेश

www.vaniprakashan.com
marketing@vaniprakashan.in
sales@vaniprakashan.in

Bhakti Aandolan : Itihas Aur Sanskriti
Edited by Prof. Kunwarpal Singh

ISBN : 978-81-8143-179-0
Criticism

संस्करण 2002, 2004, 2008, 2015
पाँचवाँ संस्करण 2021

मूल्य : ₹ 695

आर. टेक ऑफ़सेट प्रिंटर्स, दिल्ली-110032 में मुद्रित

वाणी प्रकाशन का लोगो मक़बूल फ़िदा हुसेन की कूची से

गुरु और मित्र
प्रोफेसर नूरुल हसन की
स्मृति के लिए
(25 दिसम्बर, 1921—12 जुलाई, 1993)

विषय-सूची

दूसरे संस्करण की भूमिका

यह पुस्तक 1995 में प्रकाशित हुई थी, इस बीच राजनीतिक और सांस्कृतिक रूप में जो उथल-पुथल हो रही है वह इतिहास में दुर्दिन के रूप में स्मरण की जाएगी। इतिहास कभी-कभी अजीब उपहास और व्यंग्य करता है। विदूषक नायक बन जाते हैं और नायक हाशिए पर चले जाते हैं। मनुष्य द्वारा शताब्दियों से अर्जित सभ्यता और संस्कृति, तर्क और विवेक मिथ्याचेतना के कुहासे में ढक जाते हैं। लेकिन इतिहास सदैव न्याय करता है। उसने किसी आततायी को नायक नहीं बनाया, वरना चंगेज़ खाँ, तैमूर, नादिरशाह, हिटलर, मुसोलिनी आदि आज सबसे बड़े नायक होते। इतिहास ने एक सबक और दिया है कि कोई हत्यारा व्यक्ति, संस्था और सत्ता सदैव खलनायक के रूप में ही स्मरण किए जाते हैं। ये लोग सभ्य समाज की चौखट लाँघने में भी समर्थ नहीं होते।

क्या मध्यकालीन समाज और इतिहास इसी प्रकार का रहा है जिस तरह से हमारे आज के बहुत से शासक और उनके प्रवक्ता व्याख्यायित कर रहे हैं? एक काल्पनिक यथार्थ है और एक वास्तविक। एक सपाट बयानी है, दूसरी तमाम जटिलताओं और अन्तर्विरोधों से गुजरते हुए—समाज, इतिहास, संस्कृति और साहित्य को देखने-परखने की दृष्टि है।

मध्यकालीन समाज का अध्ययन सीधी रेखाओं में नहीं किया जा सकता। शासकों के बीच संघर्ष भी है और समन्वय भी। तुर्क सल्तनत के साथ ही शासकों को यह अनुभव हो गया था कि भारत में इस्लाम और उसके कानून लागू करके शासन नहीं हो सकता। भारतीय समाज बहुधर्मी समाज है। इसकी समस्याएँ भी इस्लामी मुल्कों के मुकाबले बिल्कुल अलग और जटिल हैं। इसलिए तुर्क सुल्तानों ने 'शरीअत' की जगह राजनीतिक और सामरिक जरूरत को ध्यान में रखा और व्यावहारिक निर्णय लिये। इन लोगों की व्यावहारिक बुद्धि ने ही इन्हें प्रेरित किया कि अपने विश्वास को जहाँ तक सम्भव हो, शासन में हस्तक्षेप न करने दें। बलबन ने तो यहाँ तक

कहा कि अच्छे शासक को किसी धर्म और मत को संरक्षण देने की जरूरत नहीं है। अच्छे शासक के लिए आवश्यक है कि वह न्यायप्रिय हो और सबके साथ समानता का व्यवहार करे। अलाउद्दीन खिलजी ने एक महत्त्वपूर्ण घोषणा की कि उसने इस बात पर कभी ध्यान नहीं दिया कि उसके निर्णय शरीअत के अनुसार हैं अथवा नहीं। उसने जो कुछ राज्य के हित में है, उसी का पालन किया। अधिकांश मुस्लिम शासकों ने अलाउद्दीन खिलजी का अनुसरण किया। मुहम्मद तुगलक ने इस परम्परा को और सुदृढ़ किया। वह मुल्लाओं को पसन्द नहीं करता था। उसे दार्शनिक और तर्क-शास्त्रियों की संगत बहुत पसन्द थी। अकबर ने भी इन परम्पराओं को सुदृढ़ किया और उन्हें एक तर्कसंगत आधार देकर भारत में सुलह कुल के दर्शन की स्थापना की। इसका अर्थ था—सभी को समान अधिकार। अपने धार्मिक विश्वास और आस्थाओं को मानने की छूट, आपसी सद्भाव और विश्वास को भारतीय संस्कृति का एक सुदृढ़ आधार बनाया। अकबर ने अपने अनुभव से यह शिक्षा ली कि भारत जैसे बहुधर्मी, बहुभाषी देश में समानता के आधार पर शासन किया जा सकता है और इसके लिए आवश्यक है कि धर्म को राजनीति और शासन से अलग किया जाए। उसने दृढ़ता से मुल्ला, मौलवी और अन्य धार्मिक व्यक्तियों को शासन में हस्तक्षेप करने की कभी आज्ञा नहीं दी। शासन में भी उसने धर्म और सम्प्रदाय के स्थान पर योग्य एवं विश्वासपात्रों को महत्त्व दिया। अन्य मुगल सम्राटों ने भी प्रायः इस परम्परा का पालन किया। राजा मानसिंह, राजा टोडरमल, राजा बीरबल, महाराजा जयसिंह और महाराजा जसवन्त सिंह ऐसे लोग थे जो मुगल सम्राटों के विश्वासपात्र थे और सर्वोच्च पदों पर आसीन भी थे। औरंगज़ेब के अपने गहरे अन्तर्विरोध हैं। वह व्यक्तिगत रूप से अत्यन्त संयमी और साधारण जीवन यापन करता है लेकिन उसकी साम्राज्यलिप्सा ने भाई और पिता को भी नहीं बख्शा। शासन के बीस साल बाद धर्म को शासन में प्रवेश करने की इजाजत दी और धार्मिक व्यक्तियों की मदद से मराठों, जाटों और सिक्खों के विद्रोह को दबाने का असफल प्रयास किया। दक्षिण के विद्रोह दबाने के लिए उसने शिया और सुन्नी के मतभेदों को भी राजनीतिक बनाने का प्रयास किया। उसे आरम्भ में सफलता भी मिली। मुगल काल में औरंगज़ेब का साम्राज्य सबसे बड़ा था। वह अफगानिस्तान से लेकर केरल तक साम्राज्य बनाने में सफल रहा। वह पहला सम्राट था जिसने असम के महत्त्वपूर्ण हिस्से भी जीत लिये थे लेकिन यह सपना उसके जीवन के अन्तिम समय में बिखरने लगा था। उसकी मृत्यु के बीस साल बाद ही मुगल साम्राज्य बालू की दीवाल की तरह ढहने लगा और पचास साल में खण्डहरों में परिवर्तित हो गया। इतिहास में जब भी यथार्थबोध को तिलांजलि देकर

मिथ्या चेतना का सहारा लिया गया है, तब उसके त्रासद परिणाम ही निकले हैं। औरंगज़ेब महानायक बनने की महत्त्वाकांक्षा को पूरा करना चाहता था लेकिन इतिहास ने उसे नायक का दर्जा भी नहीं दिया। भारत की अनेकता में एकता की बात को जिस शासक ने भी स्वीकार नहीं किया उसे इतिहास ने अँधेरे के गर्त में फेंक दिया।

शिवाजी महाराज की धार्मिक सहिष्णुता जगजाहिर है। टीपू सुल्तान ने श्रीरंगपट्टम के किले में मंदिर बनवाया था जो आज भी विद्यमान है। पेशवा भाऊ साहब ने इब्राहीम गार्दी को अपने तोपखाने का सर्वोच्च पद दिया था। महाराणा सांगा और महाराणा प्रताप के तोपची भी पठान थे जिन्होंने अपनी जान पर खेलकर अपनी स्वामिभक्ति का सबूत दिया। इतिहास साक्षी है कि हकीम खाँ 'सूरी' और उसके पुत्र अपनी जान न्यौछावर न करते तो राणा प्रताप को मानसिंह जिन्दा नहीं छोड़ते। बीसवीं शताब्दी में भी यह परम्परा जारी रही और उसी परम्परा से एक मिलीजुली संस्कृति और जीवन पद्धति का विकास हुआ।

धार्मिक सहिष्णुता का रुख और धर्म-निरपेक्ष दृष्टिकोण के आधार पर निर्णय लेने की प्रक्रिया केवल राजनीतिक क्षेत्रों तक ही सीमित न थी। हिन्दू और मुसलमान आपसी मेल-जोल से रहने की कला सीख चुके थे। एक सम्प्रदाय के लोग दूसरे सम्प्रदाय के त्यौहारों में शरीक होते थे। सामाजिक रीति-रिवाज और परम्पराएँ, स्थानीयता, क्षेत्रीयता और आर्थिक समूहों की दृष्टि से भिन्न होते हुए भी हिन्दू और मुसलमान एक-सी जिन्दगी जीते थे। मुस्लिम समाज का जो निम्न तबका धर्मांतरित था, उस तबके ने अपने पूर्वजों के रीति-रिवाजों और परम्पराओं को बनाए रखा। जहाँ तक देश की मुख्य धारा का प्रश्न है, अप्रवासी और स्थानीय वंशज सभी का समन्वय होता रहा। उनकी धार्मिक पहचान बरकरार रही, यहाँ तक कि जो भी उनकी मूल्य व्यवस्था थी वह भी बनी रही, लेकिन उन्हें उनके हिन्दू पड़ोसियों से अलग कर पाना बिल्कुल संभव नहीं था।

संस्कृति के क्षेत्र में समन्वय की यह प्रक्रिया और भी उल्लेखनीय है। अनेक मुस्लिम कवियों ने हिन्दी में रचनाएँ प्रस्तुत कीं। उन्होंने अपनी अन्तर्वस्तु भारतीय लोक-जीवन से ली और खुलकर भारतीय मिथकों का प्रयोग किया। मुल्ला दाऊद ने अपनी लम्बी कविता 'चंदायन' लिखी जो कि लोरिक और चन्द्रा की प्रेम कहानी है। जायसी ने लोक प्रसिद्ध पद्मावती की कथा को पद्यबद्ध किया। ये और दूसरे अनेक मुस्लिम लेखक रहे जिनकी आलोचना इसी बात के लिए हुई कि उन्होंने हिन्दू मत से अपनी सामग्री ग्रहण की। सोलहवीं शताब्दी के मध्य में तो कुछ मुस्लिम आलिमों

ने यह व्याख्या तक कर दी कि हिन्दू धर्म की प्रतीक व्यवस्था सूफी प्रतीकवाद की तरह ही है। अकबर के शासन-काल में ही रामायण और महाभारत का फारसी में अनवाद हुआ था। शहजादा दाराशिकोह ने मार्जुल बेहरेन (दो सागरों का मिलन) जैसा बहुचर्चित ग्रन्थ लिखा जिसमें कि तौहीद और वेदांत दर्शनों की एकता को निरूपित किया गया है। कबीर तो अपने राम-रहीम दर्शन के लिए प्रसिद्ध ही हैं।

सूफियों का सम्पूर्ण प्रतीकवाद, जिसें मुस्लिम धार्मिक कट्टरवादिता ने सदैव अस्वीकार किया, इस क्षेत्र में पूर्ण प्रभावी रहा और परमसत्य तक पहुँचने के लिए अत्यन्त महत्त्वपूर्ण माना गया। परम सत्य को उन्होंने परम सौन्दर्य के रूप में प्रस्तुत किया, जिसे केवल सच्चे समर्पण से ही अनुभव किया जा सकता है। सूफी साधना की भूमिका धर्मज्ञ के समान है जो परमात्मा का मार्ग निर्देशित करता है। यहाँ तक कि काबा जो दुनिया भर के मुसलमानों के लिए पवित्रतम है, सूफियों के प्रतीकवाद के अनुसार एक समर्पित और एकनिष्ठ प्रभुभक्त का हृदय उससे कम पवित्र नहीं है। वास्तव में मूर्तिपूजा, जिसका शरीयत में स्पष्ट खण्डन है, वह भी सूफी काव्य में काव्यात्मक अवधारणा बन गयी। अपनी साधना में सूफी सन्तों ने परम सत्ता के प्रति समर्पण की प्रक्रिया में इस्लाम की उपासना पद्धति को निरस्त कर दिया और इसके तमाम कर्मकाण्डों की उपेक्षा की ताकि उस परम सत्ता को निकट से अनुभव किया जा सके।

कवियों की इस परम्परा ने ही मुसलमानों के कट्टर रूढ़िवादी रुख को नरम बनाया है। सच तो यह है कि सूफी काव्य, चाहे वह फारसी हो, हिन्दी या उर्दू का हो, सूफियों की सांध्य गोष्ठियों में तराने के रूप में ही गाया गया था, जहाँ कि सैकड़ों-हजारों लोग उन्हें सुनने आते थे। सूफियों का प्रभाव कितना जबरदस्त रहा होगा, इसकी आज कल्पना ही की जा सकती है।

आधुनिक युग के हिन्दू धर्म के सर्वोत्तम भाष्यकारों ने भी अन्य धर्मों के प्रति सहिष्णुता, सहानुभूति और आदर का भाव रखने पर जोर दिया है। एक शताब्दी पहले, शिकागो की धर्म संसद में बोलते हुए स्वामी विवेकानन्द ने अपने धर्मग्रन्थों से यह उद्‌धृत किया था, ''जैसा कि विभिन्न धर्म, जिनके स्रोत कहीं-कहीं हैं, सब मिलकर अपनी जलराशि से बनाती हैं सागर, वैसे ही हे ईश्वर, ये विभिन्न पंथ जो मनुष्य बनाता है अपनी प्रवृत्तियों के अनुसार जो सिर्फ देखने में ही लगते हैं अलग-अलग, टेढ़े-मेढ़े या सीधे, सब उसी की ओर जाते हैं।'' उन्होंने आगे उद्‌घृत किया, ''जो कुछ भी मुझ तक आता है, चाहे जिस रूप में भी वह हो, मैं उसी में हूँ। तमाम रास्ते जो एक दूसरे के खिलाफ होते हैं, जिस पर लड़ते हैं मनुष्य, अन्ततः आते हैं मुझ तक

ही।''

भक्तिकाल के अपने अन्तर्विरोध हैं, उनसे दो-चार होकर ही उसे सम्पूर्णता में समझ सकते हैं। इस आन्दोलन और उन कवियों में कई कमजोरियाँ हो सकती हैं लेकिन उन्होंने घृणा के खिलाफ प्रेम की बेल बोकर अपने समय और भविष्य के लिए यह सन्देश दिया कि कोई, समाज सन्देह, भय और नफरत के वातावरण में साँस नहीं ले सकता। भारत जैसा देश, जिसमें अनेक धर्म, उपधर्म, भाषाएँ और संस्कृति की उपधाराएं हैं, वहाँ तो इन परिस्थितियों में देश और समाज बिखर जायेंगे। सत्ता की लड़ाई धर्मयुद्ध नहीं होती। यदि कोई शासक या दल ऐसा करने का प्रयास करता है तो उसका अन्त त्रासद होता है। भक्तिकाल के सभी कवि सत्ता के संघर्ष से अलग ही नहीं रहे बल्कि उन्होंने उसे निरर्थक और जनविरोधी माना। भक्तिकाल का यह संदेश जितना अपने समय में सार्थक और उपयोगी था आज उसकी प्रासंगिकता किसी तरह कम नहीं है।

इस पुस्तक के प्रथम संस्करण का पाठकों ने व्यापक स्वागत किया था। पाठकों और अध्येताओं ने महत्त्वपूर्ण सुझाव दिये थे, उन सुझावों का इस संस्करण में ध्यान रखा गया है। इसी क्रम में जायसी, कबीर, तुलसी और सूर के साहित्य पर और सामग्री दी जा रही है। आशा है कि इस दूसरे संस्करण का भी पाठक इसके पहले संस्करण की ही तरह स्वागत करेंगे।

प्रो. कुँवर पाल सिंह

एम.आई.जी-28
अवन्तिका-1
रामघाट रोड, अलीगढ़-202001

भारतीय समाज में धार्मिक सहिष्णुता

– नूरुल हसन

निःसंदेह यह सही है कि हमारे इतिहास में कट्टरवादिता और असहिष्णुता की एक धारा निरंतर विद्यमान रही है। इस बात के स्पष्ट प्रमाण हैं कि बौद्धों और जैनियों के पूजा स्थलों का पहले ब्राह्मण तत्त्ववादियों ने विध्वंस किया और बाद में मुगलों ने। बम्बई से कोई अधिक दूर नहीं, गोवा में ही यह भयानक दुष्कर्म राज्य के संरक्षण में ही हुआ था। मराठा पेशवाओं ने 18वीं शताब्दी में हिन्दू पादशाही का आह्वान किया था और कुछ कट्टर मुल्लाओं ने मुस्लिम शासकों को भड़काया था। जब कभी भी ऐसे लोगों को कोई अवसर मिला, उन्होंने गैर मुस्लिम मतावलंबियों और भिन्न मतानुयाइयों का उत्पीड़न किया।

लेकिन ठीक इसके विपरीत भारत ने उदारता और सहिष्णुता दिखाई तथा विभिन्न धार्मिक, जातिगत भाषायी समूहों के समन्वय द्वारा भारत की मुख्य धारा के निर्माण की महान संस्कृति विकसित की। उदाहरण के लिए, अशोक महान हमारी जातीय स्मृति में सहिष्णुता और करुणा की मूर्ति के रूप में प्रतिष्ठित है। सम्राट हर्ष को लीजिए, उसने 7वीं शताब्दी में ब्राह्मणों और बौद्धों को समान रूप से प्रोत्साहित किया। भारत के पश्चिमी तट के अनेक शासकों ने नितान्त भिन्न विश्वासों के लोगों का हार्दिक स्वागत किया और उन्हें अपना नागरिक माना। स्वतन्त्र विवेक और महान संस्कृति के फलस्वरूप उन्हें बसने में कोई कठिनाई नहीं हुई। पारसियों को जब उत्पीड़ित किया गया था, बल्कि सही बात तो यह है कि जब उन्हें फारस से खदेड़ा गया था, तब उन्हें भारत ने ही शरण दी जहाँ वे अपनी स्वतंत्र पहचान बनाये रख सके, अपना विश्वास और अपनी विशिष्ट जीवन पद्धति भी। यह विशिष्टता आज

तक कायम है, यहाँ तक कि फारसी समाज का एक सघन वर्ग, भारतीय सांस्कृतिक और आर्थिक जीवन में अपना समान जनक और सही स्थान पा सका है। क्रिश्चियन और यहूदी आये और भारत में ही समाहित हो गये, जब तक कि उनका पश्चिमी यूरोप से कोई वास्ता नहीं जुड़ा था। आज सदियों से वे शांति और सौहार्द से अपने पड़ोसियों और भिन्न धर्मावलम्बियों के साथ रह रहे हैं। अरबों ने व्यापारियों के रूप में इस्लाम के उदय से बहुत पहले ही भारत पहुँचना शुरू कर दिया था। उन्होंने इस्लाम धर्म को अंगीकार करने के बावजूद भारत में आना जारी रखा। भारत के पश्चिमी तट पर मुसलमानों को न केवल स्वीकार किया गया बल्कि उन्हें जीवन की सभी सुविधाएँ प्रदान की गयीं।

दिल्ली में तुर्क सल्तनत की स्थापना के साथ और बाद में देश के अलग-अलग सूबों की सल्तनतों के लिए विचारधारात्मक समस्या शासकों के समाने रही है। शरीयत (धार्मिक कानून) का विकास हो चुका था और इस्लामी राजनीति, जो भारत के बाहर ही विकसित हुई थी, के सामने बहुधर्मी समाज की समस्याएँ पहले कभी नहीं आयी थीं। लिहाजा, भारत में सुल्तानों ने अधिक व्यावहारिक और प्रशासनिक निर्णय किये, जिनमें शरीयत की जगह राजनीतिक और सामाजिक जरूरतों को ध्यान में रखा गया था। सुल्तान इल्तुतमिश के बारे में यह प्रचलित है कि उसके लिए यह हर्गिज जरूरी नहीं था कि वह विश्वास को केन्द्र में रखे। उसके लिए इतना ही काफी था कि उसका अपना विश्वास बना रहे। बलबन के बारे में तो यहाँ तक कहा जाता है कि वह और एक कदम आगे चला गया था। उसने सुल्तान से यह भी अपेक्षा नहीं की कि उसका कोई विश्वास हो ही और न ही उसे किसी धर्म या मत को संरक्षण देने की जरूरत है। उसके लिए सबसे महत्त्वपूर्ण था कि वह न्यायकारी हो सके। अलाउद्दीन खिलजी ने बहुत ही महत्त्वपूर्ण वक्तव्य दिया कि उसने कभी इस बात पर ध्यान नहीं दिया कि उसके निर्णय शरीयत के मुताबिक हैं या नहीं। उसने जो कुछ भी राज्य के हित में उचित समझा, उसी का पालन किया। मुहम्मद बिन-तुगलक ने धर्म विशारदों और धार्मिक कानून के संरक्षकों को शासन के ऊपर हावी नहीं होने दिया, बल्कि वह हमेशा ही दार्शनिकों और तर्कशास्त्रियों की संगत पसंद करता था। अपने शासनकाल के उत्तरार्द्ध में अकबर ने सुलह-ए-कुल के दर्शन की घोषणा की जिसका सार था सभी की संतुष्टि। मुगल बादशाहों ने कभी भी कठमुल्लापन को सियासी फैसलों में दखल देने की इजाजत नहीं दी और न ही अमीरों, सिपहसालारों और ओहदेदारों की नियुक्तियों के मामले में इसका असर पड़ने दिया। प्रमाण यह है कि उनके शासन में सर्वोच्च पदों पर गैर मुस्लिमों की संख्या काफी थी। उदाहरण

के लिए, राजा मानसिंह, राजा टोडरमल, राजा जयसिंह और महाराज जसवन्तसिंह। हिन्दुओं को अपने विश्वस्त पदाधिकारियों के रूप में नियुक्त करने की मुगल बादशाहों की परम्परा और हिन्दू राजाओं द्वारा मुस्लिमों को अपने विश्वस्त पदों पर आसीन करने की परम्परा सुस्थापित हो गयी थी। शासकों की अपेक्षा क्या थी? उनके प्रति निष्ठा और योग्यता न कि धार्मिक विश्वास। शिवाजी की धार्मिक सहिष्णुता जग जाहिर है। टीपू सुल्तान ने श्रीरंगपट्टम के किले में मन्दिर बनवाया था। भाऊ साहिब ने इब्राहिम खान गार्दी को अपने तोपखाने का सर्वोच्च पद दिया था। पानीपत की तीसरी लड़ाई में उसने अपनी जान कुर्बान कर भाऊ साहिब की जान बचायी। महादजी सिन्धया ने शक्तिहीन शाह आलम को भी राज्यच्युत नहीं किया, और अपने लिए भी पेशवा की जगह जब वजीर का खिताब रखा तो उसके लिए वकील का। मराठों ने गुलाम कादिर रुहेला से शाह आलम को अन्धा बनाने का प्रतिशोध लिया। यहाँ तक कि 20वीं शताब्दी में महाराजा सर कृष्णप्रसाद निजाम हैदराबाद के सद्र-ए-आजम थे और सर मिर्जा इस्माइल महाराजा मैसूर के दीवान थे।

धार्मिक सहिष्णुता का रुख और धर्म-निरपेक्ष दृष्टिकोण के आधार पर धर्म-निरपेक्ष मामलों में निर्णय देने की प्रक्रिया केवल राजनीतिक क्षेत्रों तक ही सीमित न थी। हिन्दू और मुसलमान आपसी मेलजोल से रमने की कला सीख चुके थे। एक सम्प्रदाय के लोग दूसरे सम्प्रदाय के त्यौहारों में शरीक होते थे। सामाजिक रीति-रिवाज और परम्पराएँ, स्थानीयता, क्षेत्रीयता, सामाजार्थिक समूहों की दृष्टि से हिन्दू और मुसलमान एक सी जिन्दगी जीते थे। मुस्लिम समाज का जो निम्न तबका था, जो कि धर्मांतरित था, उस तबके ने अवश्य ही अपने पूर्वजों के रीति-रिवाजों और परम्पराओं को बनाये रखा। लेकिन जहाँ तक देश की मुख्य धारा का प्रश्न है, अप्रवासी और स्थानीय वंशज सभी का समन्वय होता रहा। उनकी धार्मिक पहचान बरकरार रही, यहाँ तक कि जो भी उनकी मूल्य-व्यवस्था थी वह भी बनी रही, लेकिन उन्हें उनके हिन्दू पड़ोसियों से अलग कर पाना बिल्कुल सम्भव न था।

संस्कृति के क्षेत्र में समन्वय की यह प्रक्रिया और भी उल्लेखनीय है। अनेक मुस्लिम कवियों ने हिन्दी में रचनाएँ प्रस्तुत कीं। उन्होंने अपनी अन्तर्वस्तु भारतीय लोक जीवन से ली और खुलकर भारतीय मिथकों का प्रयोग किया। मुल्ला दाऊद ने अपनी लम्बी कविता चांदायन लिखी जो कि लोरिक और चन्दा की प्रेम कहानी है, जबकि मलिक मोहम्मद जायसी ने लोक प्रसिद्ध पद्मावती की कथा को पद्यबद्ध किया। ये और दूसरे अनेक मुस्लिम लेखक रहे जिनकी आलोचना इसी बात के लिए हुई कि उन्होंने हिन्दू मत से अपनी सामग्री ग्रहण की और सोलहवीं शताब्दी के

मध्य में तो कुछ मुस्लिम आलिमों ने यह व्याख्या तक कर दी कि हिन्दू धर्म की प्रतीक व्यवस्था सूफी प्रतीकवाद की तरह ही है। अकबर के शासनकाल में ही रामायण और महाभारत का फारसी में अनुवाद किया गया था जिसमें कि राजा नल और दमयन्ती की प्रसिद्ध कहानी थी। शाहजादा दाराशिकोह ने मार्जुल बेहरेन (दो सागरों का मिलन) जैसा बहुचर्चित ग्रन्थ लिखा जिसमें कि तौहीद और वेदान्त दर्शनों की एकता को निरूपित किया गया है, विशेष रूप से अद्वैतवाद की स्थापनाओं को। दूसरी ओर राजा राममोहन राय के दुहफत उल मुवाहिदीन का उदाहरण है जो कि महान भारतीय धर्मगुरु गुरु नानकदेव की परम्परा में लिखी गई थी। कबीर तो अपने राम-रहीम दर्शन के लिए प्रसिद्ध ही हैं। दादू निपख की धुन पर अभिमान करते थे। गुरु ग्रन्थ साहिब में वृहत अंश तो कबीर वाणी का ही है और बाबा फरीद का। 19वीं शताब्दी में उर्दू लेखकों में थे जाने-माने पंडित रतननाथ सरशार जिन्होंने कि अपने फसाना-ए-आजाद में साफ कहा है कि सामाजिक जीवन का अर्थ ही है हिन्दू-मुस्लिम परम्पराओं का समायोजन। पंडित ब्रजनायन चकबस्त ने रामायण को उर्दू काव्य की मर्सिया शैली में पेश किया। यहाँ तक हुआ कि कुछ प्रसिद्ध फारसी रचनाएँ, जो कि भारत के बाहर रची गयी थीं, हिन्दू और मुसलमान दोनों ही साहित्य प्रेमियों के द्वारा समान रुचि से पढ़ी गयीं जैसे कि सादी की गुलिस्ताँ और बोस्ताँ और हाफिज की सम्बोधि गीतियाँ और मौलाना रूम की मसनवी।

संगीत के क्षेत्र में तो इस समायोजन की प्रक्रिया को और भी साफ देखा जा सकता है। अमीर खुसरो की कितनी ही रचनाएँ भारतीय संगीत का कंठहार बन चुकी हैं जिनमें कि फारसी और मध्य एशियाई परम्पराओं की धड़कनें थीं। 14वीं शताब्दी के उत्तरार्द्ध में भारतीय शास्त्रीय संगीत का महाग्रंथ प्रकाशित हुआ– धुनियात-उल-मुनिया, जिसमें कि कितने ही भारतीय संगीत के परम्परागत ग्रंथों की सहायता ली गयी थी जिसमें से कई बाद में विलुप्त हो गये। 'लहजात-ए-सिकन्दरे शाही' भारतीय संगीत शास्त्र में इसी तरह की एक अन्य उपलब्धि थी जो कि इस क्षेत्र में एक सैद्धान्तिक योगदान था। जहाँ तक प्रस्तुति का सम्बन्ध है, भारतीय संगीत को हिन्दू और मुसलमानों दोनों ही प्रतिभाओं ने समान रूप से समृद्ध किया है और यह समृद्ध परम्परा आज भी मौजूद है। यदि हम यह ध्यान में रखें कि संगीत जैसी कला, और जैसा कि उसका भारतीय स्वरूप है, शरीयत में उसकी इजाजत नहीं है, लेकिन भारत में संगीत की उन्नति में मुसलमानों ने महत्त्वपूर्ण योगदान दिया है,

बल्कि अधिकांश मुस्लिम शासकों ने उसे संरक्षण भी प्रदान किया है, तो क्या इससे यह सिद्ध नहीं होता कि मुस्लिम राज्य सत्ता कभी भी धार्मिक कानूनों में बँधी नहीं रही।

मिनिएचर (लघु चित्र) पेंटिंग की कला जो बड़ी तेजी के साथ 16वीं और 17वीं शताब्दी में विकसित हुई, मुख्यतः ईरानी और मध्य एशियाई कलाकर्मियों से शुरू हुई थी, लेकिन जब इस कला का सम्पर्क सभी वर्ग के हिन्दुओं से हुआ तभी इसका चरम विकास हुआ। इसी तरह पेंटिंग में मुगल स्कूल के साथ-साथ कितने ही स्कूलों का तीव्रता से उदय हुआ और देखते ही देखते देश के विभिन्न हिस्सों में, 18वीं शताब्दी में काँगड़ा स्कूल, पहाड़ी स्कूल, दक्खिनी स्कूल, अवध स्कूल, पटना कलम और बंगाली कलम सामने आ गये।

कुरान की कुछ आयतों से अपनी प्रेरणा ग्रहण करते हुए सूफियों ने यह अवधारणा पेश की थी कि ईश्वर के प्रति समर्पण और ज्ञान उसी की कृपार से पाया जा सकता है। स्पष्ट है कि इसके लिए शरीयत के सख्त कानूनों की कोई बंदिश व्यर्थ है। वास्तव में सूफी इस दृष्टिकोण को आगे बढ़ाते हैं कि शरीयत कुल मिलाकर एक औपचारिकता मात्र है। इसने जीवात्मा को परमात्मा के प्रति सच्ची निष्ठा रखने से विरत ही किया है। जो हो, अनेक महान सूफियों के प्रयत्नों के परिणामस्वरूप ही एक समझौता समीकरण बन पाया, याने सूफी जन इस पर भी सहमत थे कि आध्यात्मिक प्रगति के बिना जीवन सार्थक नहीं है। लेकिन है यह मात्र पहला चरण ही और इस आध्यात्मिक पथ पर मानवता को अब आगे बढ़ना है ताकि वह प्रभु रहस्य को भेद सके और परम सत्य से एकाकार हो सके।

कविता के क्षेत्र में शरीयत का यह पहला चरण भी आवश्यक न रहा और सहज ही छूट गया। सम्पूर्ण प्रतीकवाद, जिसे मुस्लिम धार्मिक कट्टरवादिता ने सदैव अस्वीकार किया, इस क्षेत्र में पूर्ण प्रभावी रहा और परम सत्य तक पहुँचने के लिए अत्यन्त उपयोगी माना गया। परम सत्य को उन्होंने चरम सौंदर्य के रूप में प्रस्तुत किया, जिसे केवल सच्चे समर्पण से ही अनुभव किया जा सकता है और इसे शराब से प्रतीकित किया। सार्वजनिक स्थल तो उस आदमी की तरह है जो परमात्मा का मार्ग निर्देशित करता है, अतः धर्मज्ञ की सी उसकी भूमिका है। यहाँ तक कि कावा जो कि दुनिया भर के मुसलमानों के लिए पवित्रतम है, सूफियों के प्रतीकवाद के अनुसार एक समर्पित और एकनिष्ठ प्रभुभक्त के हृदय से कम पवित्र है। वास्तव में मूर्ति पूजा, जिसका कि शरीयत में स्पष्ट खण्डन है, वह भी काव्यात्मक अवधारणा बन गयी– परम सत्ता के प्रति समर्पण की प्रतीक, और कवियों ने तो इस्लाम को

ही निरस्त कर दिया और इसके तमाम कर्मकाण्ड को भी ताकि उस परम सत्ता को निकट से अनुभव किया जा सके।

कविता की इस परम्परा ने ही मुसलमानों के कट्टर रूढ़िवादी रुख को नरम बनाया है। सच तो यह है कि सूफी काव्य, चाहे वह फारसी हो, हिन्दी या उर्दू, सूफियों की सांध्य गोष्ठियों के तराने के रूप में ही गाया गया था जहाँ कि सैकड़ों-हजारों लोग उन्हें सुनने आते थे। सूफियों क्या जबर्दस्त प्रभाव रहा होगा, इसकी आज कल्पना ही की जा सकती है।

आधुनिक युग के हिन्दू धर्म के सर्वोत्तम भाष्यकारों ने भी अन्य धर्मों के प्रति सहिष्णुता, सहानुभूति और आदर का भाव रखने पर जोर दिया है। एक शताब्दी पहले, शिकागो की धर्म संसद में बोलते हुए स्वामी विवेकानन्द ने अपने धर्मग्रन्थों से यह उद्धृत किया था– "जैसा कि विभिन्न सरिताएँ जिनके स्रोत कहीं-कहीं हैं, सब मिलकर अपनी जलराशि से बनाती हैं सागर, वैसे ही हे ईश्वर, ये विभिन्न पंथ जो कि मनुष्य बनाता है अपनी प्रवृत्तियों के अनुसार जो सिर्फ देखने में ही लगते हैं अलग-अलग, टेढ़े-मेढ़े या सीधे, सब उसी की ओर जाते हैं।" उन्होंने और उद्धृत किया, "जो कुछ भी मुझ तक आता है, चाहे जिस रूप में भी वह हो, मैं उसी में हूँ। तमाम रास्ते जो एक-दूसरे के खिलाफ दिखाई देते हैं, जिन पर लड़ता है मनुष्य, अन्ततः आते हैं मुझ तक ही।"

क्या इस महान धार्मिक सहिष्णुता के बिना भारतीय संस्कृति की कोई पहचान बन सकती है?

मध्यकालीन लोकवादी एकेश्वरवाद तथा उसका मानवीय स्वरूप

– इरफ़ान हबीब

मानव सभ्यता के विकास के विभिन्न चरणों में धर्म उसका एक असंदिग्ध अवयव रहा है। वह समय अब बीत चुका है (यदि वह कभी था भी तो सिर्फ मार्क्सवाद के एक सरलीकृत रूप के अन्तर्गत ही) कि जब इतिहास में या तो धर्म को अत्यन्त महत्त्वहीन कारक के रूप में देखा जाता था अथवा सामाजिक परिवेश के प्रतिबिम्ब मात्र के रूप में। सामाजिक परिवेश को स्वयं कुछ मानक पद्धतियों के रूप में न्यूनीकृत करके देखा जाता था। समकालीन घटनाओं ने नये आवेग के साथ हमें पुनः यह बताया है कि विचार, पूर्वाग्रह, अन्धविश्वास का सम्पूर्ण ढाँचा अर्थात् वह सब जो धर्म के मानसिक पक्ष का निर्माण करता है, किसी निश्चित आर्थिक परिघटना के कारण अनायास ही उद्भूत नहीं होता अथवा उसके साथ ही गायब भी नहीं होता, बल्कि उसका स्वयं का अपना एक जीवन और गति होती है जिसकी समूचे ढाँचे के साथ क्रिया-प्रतिक्रिया होती है। फिलहाल प्रस्तुत विषय के सन्दर्भ में मैं मार्क्स का कोई बचाव करना नहीं चाहता अथवा उसके बहुत से वक्तव्यों, वस्तुतः पूँजीवाद से सम्बन्धित उसके सम्पूर्ण सैद्धान्तिक कार्य– जिसने व्यवहार जगत में विचारों को केन्द्रीय भूमिका प्रदान की, को दोहराने की कोई सार्थकता भी नहीं है। दुर्भाग्यपूर्ण यह है कि सामाजिक विकास के सुविधाजनक रूप से मानकीकृत चरणों से सम्बन्धित बातचीत में हम प्रायः इस महत्त्वपूर्ण तथ्य को भूल जाते थे कि ऐतिहासिक जटिलताएँ किसी भी संभावित एकरेखीय ढाँचे के दायरे में नहीं आतीं, और यह कि जाने अनजाने वर्ग-संघर्षों का इतिहास अपनी सम्पन्नता और सार्थकता को खो देता

है यदि उसे एक अन्धी और स्वचालित प्रक्रिया के कृत्रिम ढाँचे के अन्तर्गत फिट किया जाए।

धर्म ने न केवल लोकप्रिय विद्रोहों को दबाया है अपितु विद्रोहियों को एकजुट करने में भी अपनी भूमिका निभायी है। अतः धर्म के इतिहास का गंभीरतापूर्ण अध्ययन आवश्यक है। किन्तु यह अध्ययन भी उन्हीं वैज्ञानिक मानकों के अन्तर्गत होना चाहिए जो इतिहास के अन्य पहलुओं पर लागू होते हैं। यह माँग नितान्त तर्कहीन है कि किसी भी धर्म का विश्लेषण उसकी अपनी शर्तों पर हो, अर्थात् पहले कुछ मूल स्थापनाओं को स्वीकार कर लिया जाये जो उस धर्म के अनुयायियों ने निर्विवाद सत्य के रूप में घोषित की हैं। कोई भी इतिहासकार किसी भी धर्म या धार्मिक विश्वास को ज्यों का त्यों सत्य या असत्य अथवा शुद्ध रूप से मौलिक या ईश्वर प्रदत्त अर्थात् जिसकी कोई पूर्व-भूमिका नहीं रही हो अथवा जिस पर कोई पूर्व-प्रभाव न रहा हो अथवा जो परिवर्तन और विकास के नियम से स्वतन्त्र हो, नहीं मान सकता। ऐतिहासिक महत्त्व की दृष्टि से (धर्मतात्विक दृष्टि के विपरीत) किसी धर्म या धार्मिक पद्धति को समय-समय पर उसके अनुयायियों अथवा उसके विभिन्न समूहों द्वारा जिस रूप में ग्रहण किया गया है, साथ ही उस धर्म को न मानने वालों का उसके प्रति क्या दृष्टिकोण रहा है, को ध्यान में रखकर किया जाना चाहिए। आज उस धर्म के अनुयायी उसे किस रूप में लेते हैं, यह केवल समकालीन इतिहास के लिए ही प्रासंगिक है, पूर्ववर्ती कालों के लिए नहीं।

उन प्रक्रियाओं को संदर्भित करते हुए जो 15वीं शताब्दी के उत्तरार्द्ध तथा 16वीं शताब्दी के पूर्वार्द्ध में एकेश्वरवादी आन्दालनों की उत्पत्ति-विषयक व्याख्या के सन्दर्भ में प्रासंगिक हैं, इन सामान्य सिद्धान्तों की निदर्शना में पहले तो मैं उस सामान्य मान्यता को संदर्भित करना चाहूँगा जिसके अन्तर्गत 'हिन्दू धर्म' की छवि को एकल धर्म के रूप में अत्यन्त प्राचीनकाल में भी देखा जा सकता है। भारतीय भाषाओं का हिन्दू शब्द मध्यकाल में अरबी और फ़ारसी भाषाओं से आयात किया गया। सिन्धु के लिए प्राचीन फ़ारसी (अथवा ऐकीमीनियन) शब्द 'हिन्दू' (= सिन्धु) मिलता है। इसी से यूनानी शब्द इण्डिया निकला।

उस व्यक्ति को परिभाषित करने के लिए संस्कृत अथवा किसी अन्य भारतीय भाषा में कोई शब्द नहीं है जिसकी आस्थाएँ वही थीं जो आज हिन्दुओं की हैं, अर्थात् चौथी शताब्दी के आस-पास रहने वाले भारतीय के लिए जो न बौद्ध है, न जैन। इससे यह स्पष्ट होता है कि 'हिन्दू धर्म' या उसके उपासक हिन्दू की छवि प्राचीनकाल में नहीं देखी जा सकती। जब अशोक ने धार्मिक व्यक्तियों का सन्दर्भ दिया तो उसका

संकेत श्रवर्णों और ब्राह्मणों की ओर था। ब्राह्मणवाद, जो कि ब्राह्मण पुरोहितों और दार्शनिकों की विभिन्न शाखाओं के भिन्न-भिन्न विचारों का समुच्चय था, भारतीय धार्मिक इतिहास का एक आधारभूत तथ्य रहा है। यह बौद्ध अथवा जैन अथवा पश्चिम के यहूदी धर्म से भिन्न था। किन्तु 'धर्म' तथा 'आचार संहिता' के मूलाधार वह जाति व्यवस्था तथा सामाजिक रीति-रिवाज थे जिनकी पकड़ सभी धर्मों ब्राह्मण, बौद्ध तथा जैन के उपासकों और अनुयायियों पर समान रूप से थी। इसमें से एक धर्म विशेष के रूप में हिन्दू धर्म के जन्म लेने की प्रक्रिया मध्य काल में घटित हुई जिसकी चरम परिणति एक अर्थ में आधुनिक काल में सम्पन्न हुई।

हिन्दू धर्म के अन्तर्गत कतिपय महत्त्वपूर्ण परिवर्तन स्पष्टतः मौजूदा सहस्राब्दी की प्रारंभिक शताब्दियों में घटित हुए। यद्यपि अलबरूनी (1030) ने ब्राह्मणों के माध्यम से संस्कृत साहित्य का प्रचुर अध्ययन किया, लेकिन ऐसा लगता है कि वेदान्त शब्द से उसका परिचय नहीं था। उसने शंकराचार्य का भी कोई संदर्भ नहीं दिया है। भागवत् गीता की अपनी जानकारी के अनुसार उसने अनुमान लगाया कि भारत में एकेश्वरवाद था।[1] साथ ही, गीता ही भातीय चिन्तन में बहुदेववाद की मौजूदगी का स्रोत है।[2] वह शंकराचार्य के विस्तृत तंत्र से नितांत अनभिज्ञ है जिसने 'मायावाद' के अपने सिद्धान्त द्वारा बहुदेववाद और देवताओं तथा धर्म विधि-विषयक प्रकटतः विरोधी विचारों के बीच तालमेल बढ़ाने की कोशिश की। तथापि, 17वीं शताब्दी आते-आते एक विद्वान पर्यवेक्षक ने यह घोषित किया कि शंकराचार्य ने हिन्दू धर्म पर नहीं तो वेदान्त पर अपनी मुहर लगा दी है।[3] बहुत दिनों तक यह माना जाता रहा कि शंकराचार्य के विचार अपने जीवनकाल (8वीं शताब्दी के लगभग) में बड़ी तेजी से फैले। उनके मठ दूर-दूर तक फैले थे जो उनके विचारों के प्रसारण केन्द्र थे। यदि वे उत्तर भारत में 11वीं शताब्दी तक पर्याप्त रूप से नहीं फैल सके थे, तो कारण यह हो सकता है कि उनकी यात्रा अपेक्षाकृत धीमी रही हो। किन्तु 17वीं शताब्दी से पहले उन्हें व्यापकता मिल चुकी थी। वस्तुतः उनके विचारों के प्रभाव को दर्शाने वाले ग्रन्थों का निर्माण उत्तर मध्यकाल में प्रचुर मात्रा में हुआ है। सदानन्द का वेदान्त सार (1500) ग्रन्थ इस रूप में और अधिक महत्त्व रखता है कि इसमें शंकर के वेदान्त तथा सांख्य दर्शन के सिद्धान्तों के समामेलन की कोशिश की गई है।[4]

इसी संदर्भ में जो प्रश्न पहले डॉ. ताराचन्द ने एक भिन्न रूप से उठाया था, वही प्रश्न हमें पुनः प्रासंगिक लगता है। जैसा कि यह निर्विवाद है कि शंकराचार्य के चिन्तन पर इस्लाम का परोक्ष प्रभाव भी नहीं था[5] तथापि इतना अवश्य कहा जा सकता है कि उनके समन्वयवाद का प्रचार-प्रसार इस्लाम द्वारा बहुदेववाद के प्रतिपक्ष

में एकेश्वरवाद की स्थापना के सन्दर्भ से अवश्य प्रभावित था। ऐसी स्थिति में एक ऐसी पद्धति जो दोनों के सह-अस्तित्व को औचित्य प्रदान करती हो अत्यन्त प्रासंगिक हो गयी। किन्तु यहाँ मैं अपने मुख्य विषय से हट रहा हूँ। मेरे मत से शांकर वेदान्त 17वीं शताब्दी से पूर्व सर्वत्र रूप से व्याप्त नहीं था। अपने इस सुझाव के द्वारा मैं यह संकेत देना चाहता हूँ कि शांकर वेदान्त 15वीं तथा 16वीं शताब्दियों के लोकवादी एकेश्वरवाद का न तो स्रोत था और न ही उस पर उसके प्रभाव की कोई सम्भावना दिखायी पड़ती है।

इस्लाम के सन्दर्भ में एक लम्बे अरसे तक इसके आधुनिक अनुयायियों के बीच यह विचार प्रचलित रहा कि आर्यों के इस देश में इस्लाम समानता की ताजा हवा लेकर आया। आर. सी. मजूमदार तक ने यह कहा कि जनतांत्रिक विचारों पर आधारित मुसलमानों की आश्चर्यजनक पारस्परिक समानता ने हिन्दू धर्म की छूआछूत तथा जाति व्यवस्था के बरअक्स एक विचित्र वैषम्य प्रस्तुत किया।[6] किन्तु, इस काल के धर्म-वैज्ञानिकों तथा विद्वानों के लेखन में ऐसा कोई संकेत नहीं मिलता कि वे इस प्रकार की समानता के प्रति प्रतिश्रुत थे। मिनहाज सिराज, जो कि स्वयं एक प्रख्यात धर्म-वैज्ञानिक था। कुलीन तुर्कों अथवा श्रेष्ठकुल के तांत्रिकों के आधार पर निर्मित शासक वर्ग के महत्त्व को रेखांकित करता है।[7]

सौ वर्ष बाद जिया बरनी, जो अत्यधिक पुरातनपंथी तथा इस्लामी धर्म-विज्ञान तथा इतिहास का भारी विद्वान था, ने कठोर श्रेणीबद्धता की मुखर तथा समझौता विहीन व्याख्या की, जो खेद है कि कभी व्यवहार रूप में परिणित न हो सकी।[8] अतः स्वाभाविक रूप से जहाँ एक ओर हिन्दुओं को काफ़िर, बहुदेववादी तथा मूर्तिपूजक घोषित कर दिया गया, वहीं दूसरी ओर समूचे मध्यकालीन इस्लामी साहित्य में जाति व्यवस्था, छूआछूत के सिद्धान्त तथा अछूतों के प्रति अत्याचारों, जो कि मध्यकालीन हिन्दू धर्म की एक विशेष पहचान थी, के विषय में आलोचना का कोई शब्द नहीं मिलता। 16वीं शताब्दी में अब्दुल कादिर बदाऊँनी धर्म-विज्ञान सम्बन्धी अपनी एक पुस्तक में मुसलमानों की सामाजिक नैतिकता को दूसरों की तुलना में श्रेष्ठ घोषित नहीं करता, अपितु यह स्वीकार करता है कि मुसलमानों में कुछ अतिरिक्त बुराइयाँ होती हैं। यह भी कि वे स्वतन्त्र लोगों को दास बनाकर बेचते हैं। हालाँकि वह यह भी स्थापित करता है कि उसके अपने काल में यह प्रवृत्ति कुछ कम हुई है।[9] वस्तुतः, इस्लामी क़ानून के अन्तर्गत दास प्रथा को दी जाने वाली स्वीकृति के आधार पर ऐतिहासिक इस्लाम में समानता की अवधारणा को स्वीकार नहीं किया जा सकता।

तथापि, इस्लामी क़ानून तथा लोकाचार द्वारा अनुमोदित असमानता तथा भारतीय जाति व्यवस्था के बीच एक अन्तर था। विशेष रूप से उल्लेखनीय यह है कि जहाँ एक ओर ऊर्ध्वमुखी गतिशीलता विभिन्न सीमाओं तक अवरुद्ध थी, जाति-व्यवस्था ने क्षैतिजिक अथवा अन्तर शिल्पी और अन्तर-व्यावसायिक गतिशीलता को भी अवरुद्ध किया। यह अवरोध इस्लामी समाजों में नहीं था। इस प्रकार के अपेक्षाकृत लोच ने खलीफ़ाओं के काल की अर्थव्यवस्थाओं तथा परवर्ती राजनीतिक व्यवस्थाओं को अधिक खुला बनाने में योग दिया होगा जिसके कारण इन व्यवस्थाओं में हस्तशिल्प के क्षेत्र में हुए परिवर्तनों के प्रति ग्रहणशीलता दिखलायी पड़ती है। इसके अतिरिक्त इस्लामी सोपानकता धन-सम्पत्ति तथा राजनीतिक शक्ति पर आधारित थी, जन्म की भूमिका मुख्यतः उत्तराधिकार पर आधारित थी। खराज तथा इक्ता संस्थाओं अर्थात् कर-लगान तथा राजस्व की अस्थायी व्यवस्थाओं के कारण शासक की इच्छा पर निर्भरता बढ़ती चली गयी। यह स्थिति कदाचित् परवर्ती प्राचीनकाल के दौरान भारतीय सामंती ढाँचे के अन्तर्गत नहीं थी जिसमें सामंत (राणा आदि) वस्तुतः वंशानुगत अधिपति होते थे।

अतः दिल्ली सल्तनत की स्थापना के साथ ही कतिपय सामाजिक तथा आर्थिक परिवर्तन हुए। चूँकि जाति व्यवस्था ने श्रमिकों तथा कारीगरों के रूप में काम करने वाले निम्न तथा भृत्य जातियों के भरण-पोषण पर होने वाले व्यय तथा मजदूरी को कम किया था, अतः उससे बचत में बढ़ोत्तरी हुई और बचत राजस्व का स्रोत थी। अतः किसी भी शासक वर्ग की रुचि, चाहे उसकी धार्मिक आस्था जो भी रही हो, जाति व्यवस्था से टकराने में नहीं थी। सिन्ध की अरब सरकार ने ठीक मुहम्मद बिन कासिम के समय (713-14) से विशिष्ट ढंग से सिन्ध के घुमक्कड़ जाटों पर उन अयोग्यताओं और अवमाननाओं को आयद किया जो पहले ब्राह्मण शासकों द्वारा उन पर लागू थीं।[10] मुहम्मद हबीब द्वारा स्थापित मत के बावजूद कि गौर की विजय एक प्रकार से निम्न जातियों के कारीगरों की मुक्ति थी[11], कोई ऐसा ठोस सबूत नहीं मिलता कि नये शासकों के दौरान जाति सम्बन्धी पूर्ववर्ती नियम बदल दिये गये थे। वस्तुतः अलाउद्दीन खिलजी का जो यह संदर्भ दिया जाता है कि उसने बलाहारों की उस कर-मुक्ति को जो उन्हें अपनी टहल की एवज में मिले एक छोटे से ज़मीन के टुकड़े पर उपलब्ध थी, वापस ले लिया था[12], से यह स्पष्ट होता है कि भृत्य जातियों को न केवल उनके स्थान पर ही रहने के लिए बाध्य किया गया बल्कि उनके भरण-पोषण के लिए जो परम्परागत आवश्यक छूट थी उसके अधिकारों से भी उन्हें वंचित कर दिया गया।

तथापि, जाति व्यवस्था के संरक्षण और सुरक्षा के साथ ही साथ मुस्लिम समुदायों के विस्तार की प्रक्रिया भी जुड़ी हुई थी और उन समुदायों के लिए 'जाति' क़ानूनी तौर पर सोपानकता का आधार नहीं हो सकती थी। प्रारम्भ में अप्रवासन द्वारा मुस्लिम जनसंख्या में वृद्धि हुई। अप्रवासी न केवल मध्य एशिया से आये बल्कि सिन्ध और पंजाब से भी आये।[13] पंजाब से मुल्तानियों का धनी और महत्त्वपूर्ण हिन्दू समुदाय भी आया।[14] इस्लामी देशों से आने वाले अधिकांश अप्रवासियों का यकीनन कोई जातिगत आधार नहीं था। इसके अतिरिक्त कैदियों की बड़ी संख्या थी जिन्हें दास बनाया गया तथा इस प्रक्रिया में निरन्तर वृद्धि होती रही होगी जोकि 13वीं तथा 14वीं शताब्दियों की विशेषता थी। ये दास अपनी मूल जातियों तथा स्थानों से उच्छिन्न थे तथा इन्हें श्रमिकों, कारीगरों और घरेलू नौकरों के रूप में काम करना पड़ता था। इस्लाम धर्म अंगीकार करके, साथ ही दास बनकर और फिर दासता से मुक्त होकर इन दासों ने निश्चित ही मुसलमानों के मध्य एक महत्त्वपूर्ण समूह का रूप धारण किया होगा।[15] उनके दास बनने की मूल प्रक्रिया वस्तुतः जातिप्रथा से मुक्ति थी। जैसा कि बदायूँनी ने 16वीं शताब्दी के अन्त में नोट किया कि दास व्यापार (और इसी कारण दास बनाने की प्रक्रिया) का ह्रास हुआ। यह संभव है कि इस ह्रास तथा मुगलकाल में दास प्रथा की अपेक्षाकृत महत्त्वहीन स्थिति का कारण दासों की उपयोगिता में आयी गिरावट रही हो चूँकि उन हस्त-शिल्पों और कौशल के लिए जो अब मौजूद नहीं थे तथा जो पहले बहुत व्यापक रूप से प्रचलित थे, स्वतन्त्र कारीगर उपलब्ध थे।[16]

अप्रवासकों तथा दासों द्वारा निर्मित जाति-मुक्त मुस्लिम जनसंख्या के मुख्य भाग में स्वतन्त्र रूप से धर्मांतरित लोग भी जुड़ते चले गये। बहुत संभव है कि समूह के मुखिया द्वारा नयी धार्मिक आस्था को ग्रहण करने के साथ ही समूचे समूह ने धर्म परिवर्तन कर लिया हो। दुर्भाग्य से सारी प्रक्रिया अभी भी अस्पष्ट है तथा किसी बड़े समूह अथवा कुल-गोत्र के धर्म-परिवर्तन की परवर्ती परम्पराओं (अथवा छद्म सामूहिक स्थानान्तरण) को अपनी इस अवधारणा के लिए विश्वसनीय साक्ष्य नहीं माना जा सकता। यदि इस प्रकार के सामूहिक परिवर्तन हुए भी तो भी जातिगत परंपराएँ तथा अवरोध उस समय तक जारी रहे जब तक कि समय के साथ शरीयत की वर्जनाओं द्वारा पूर्ववर्ती परंपराओं के प्रभाव को कुछ कम नहीं कर दिया गया। इसी संदर्भ में यह तर्क दिया जा सकता है कि 15वीं शताब्दी के आस-पास कबीर किसी ऐसे ही संक्रमणशील समुदाय के सदस्य रहे होंगे। वे जिस तरह मनमाने ढंग से अपने लिए कोरी और जुलाहा शब्द का प्रयोग करते हैं, उससे यह निष्कर्ष सहज रूप से

निकाला जा सकता है।[17]

ये समूह अपने धर्म परिवर्तन को गाय का माँस खाकर, ईद मनाकर तथा शेखों और पीरों के प्रति सम्मान व्यक्त कर (जैसा कि रैदास ने कबीर-परिवार के लिए किया) प्रकट करते थे।[18] किन्तु, इनके साथ ही दूसरे व्यावसायिक समूह भी थे जिन्होंने धर्म परिवर्तन तो नहीं किया लेकिन फिर भी वे मुसलमानों के साथ रहते थे और काम करते थे। 13वीं-15वीं शताब्दियों में हिन्दू राजगीरों ने कुतुबमीनार तथा जौनपुर की मस्जिदों पर अपने अभिलेखीय चिह्न छोड़े हैं। निश्चित रूप से यह अत्यन्त महत्त्वपूर्ण है, चूँकि भवन निर्माण के संदर्भ में तकनीक का बड़ा भारी आयात हुआ जिसके तहत टैविएट के स्थान पर अर्कुएट टूआर्च तथा पत्थर के स्थान पर ईंट और रोड़ी तथा सीमेन्ट-मसाले का प्रयोग होने लगा।[19]

यह बता पाना बहुत मुश्किल है कि ऐसा क्यों हुआ कि कारीगरों के कुछ समूहों ने तो इस्लाम धर्म ग्रहण कर लिया जबकि दूसरों ने नहीं। तथापि, यह देखना महत्त्वपूर्ण है कि इस संदर्भ में नये परिवर्तनों की शृंखला द्वारा हस्त-शिल्प श्रम हेतु उत्पन्न माँग का जितना दबाव था उतना किसी अन्य देश या समतावादी धर्म द्वारा जानबूझकर दिये गये किसी प्रलोभन का नहीं। डी.डी. कौशाम्बी (1950) ने इस्लामी आक्रान्ताओं द्वारा नयी तकनीकों के ग्रहण तथा प्रसार के संदर्भ में संकीर्ण परंपराओं को तोड़ने की बात कही[20] तो वस्तुतः उन्होंने एक दूरदर्शितापूर्ण सुझाव दिया था जो आगामी विस्तृत शोधकार्य के प्रकाश में सही पाया गया। भवन-निर्माण में तकनीकी परिवर्तन तथा कागज के निर्माण की तकनीक के अतिरिक्त, जिनके बारे में हमें पहले से ही जानकारी थी, अब हम यह जानते हैं कि चरखा, करघे के पैडल, कलई करना, मद्य के आसवन की अधिक दक्षतापूर्ण प्रक्रिया आदि कुछ ऐसी तकनीकें थीं जिन्हें सुल्तानों की सेनाओं के माध्यम से ग्रहण किया गया तथा उनका प्रसार किया गया।[21]

साथ ही राजस्व-वसूली का अधिक सक्षम तथा सफल (शायद अधिक शोषण मूलक) तंत्र जोकि अलाउद्दीन के काल तक भलीभाँति स्थापित हो चुका था, द्वारा दस्तकारी वस्तुओं की शहरी माँग में विस्तार हुआ, व्यापार में उल्लेखनीय विस्तार हुआ जैसा कि सल्तनतकाल के दौरान सोने और चाँदी के सिक्कों की ढलाई में हुई वृद्धि से प्रमाणित होता है, तथा शहरों का पर्याप्त विस्तार हुआ जोकि पुरातात्विक अवशेषों की खुदाई से प्रमाणित है।[22]

इससे यह निष्कर्ष निकाला जा सकता है कि प्रौद्योगिकीय फैलाव तथा नयी माँग के कारण न केवल नये व्यवसायों के लिए ज़मीन तैयार हुई बल्कि पुराने व्यवसायों में नई प्रविष्टियों के क्षेत्र का विस्तार भी हुआ। प्रारंभ में इसकी पूर्ति (किन्तु

आंशिक रूप से ही) अप्रवासन तथा दास प्रथा के द्वारा हुई, उसके बाद धर्मांतरण हुआ तथा अन्त में स्थापित (या हिन्दुओं की) जाति व्यवस्था के साथ सामंजस्य बिठाकर। यह तर्क दिया जा सकता है कि मुस्लिम समाज के अन्दर पाये जाने वाले उसी लोच, जो कि अपेक्षाकृत रूप से जातिमुक्त श्रमजीवियों की ही देन था, ने जाति-व्यवस्था को मजबूती ही प्रदान की जिसके कारण वह अपने क्षेत्र में बिना किसी चुनौती के अपनी सारी कट्टरता के साथ जारी रही। तथापि, दास-प्रथा, धर्मांतरण की प्रक्रिया और नये व्यवसायों ने एक प्रकार की अस्थिरता पैदा की जिसके कारण उन समूहों ने जो नये आर्थिक और सामाजिक दबावों से प्रभावित हुए थे, धर्म और जाति के पुराने बन्धनों पर प्रश्न-चिह्न लगाये।

मुझे ऐसा लगता है कि इसी बिन्दु पर लोकोन्मुखी एकेश्वरवादी आन्दोलन के सर्वाधिक नाटकीय पक्ष अर्थात् इसके निम्न जातीय, हस्तशिल्पी चरित्र की व्याख्या की संभावना तलाशी जा सकती है। जहाँ एक ओर चैतन्य, मीराबाई, तुलसीदास, सूरदास (जो कि सगुण भक्ति धारा के प्रतिनिधि हैं) या तो पुरोहित वर्ग से सम्बन्धित हैं अथवा अभिजातीय वर्ग से, दूसरी ओर लोकोन्मुखी एकेश्वरवाद के नेताओं का सम्बन्ध, जिनको धन्ना जाट ने अपने प्रसिद्ध दोहे (जिसे गुरु अर्जुन (1606) ने उसके नाम से रचा है) में सूचीबद्ध किया है, विपरीत सामाजिक परिदृश्य से है– नामदेव (छीपी, आध दाम की छीपरो), कबीर(निम्न जातीय बुनकर, 'नीचकुलजोलाहा'), रैदास चमार (ढुवन्ता ढोर), सैन नाई (गाँव का टहलुआ, नाई बुतकरिया)।

गोविन्द (ईश्वर) तक उनकी पहुँच देखकर धन्ना जाट (किसान) में भी उस तक पहुँचने का साहस आया।[23] निश्चित रूप से यह सूची और भी बढ़ायी जा सकती है। गुरु नानक एक साधारण व्यापारी और लेखाकार (खत्री) था जिसके उत्तराधिकारियों ने जाट किसानों तथा पंजाब के निम्न वर्गों को बड़ा प्रभावित किया।[24] दादू एक धुनिया (नद्दाफ) था तथा हरिदास (1645 ई.) एक जाट था, दास था।[25] वे अपनी जड़ों के प्रति असावधान नहीं थे। कबीर अपने व्यवसाय का ज़िक्र बड़े फ़क्र के साथ करते थे।[26] तुलसीदास (1575) भी शूद्रों के धार्मिक उपदेशकों के रूप में उभरने की संवृत्ति को घोर कलियुग का लक्षण मानते हैं।[27] वे शूद्रों द्वारा दी जाने वाली शिक्षा से और भी अधिक विक्षुब्ध रहे होंगे। वस्तुतः वे हिन्दू धर्म और इस्लाम धर्म दोनों को सम्पूर्णतः नकारते थे। उनका उपदेश गरीब जनता को सम्बोधित होता था। वे ईश्वर को तो स्वीकार करते थे लेकिन धर्म की औपचारिकता को नकारते थे। इस प्रकार के सम्पूर्ण नकार का 'आमूलपरिवर्तनवाद' भारत के

इतिहास में ही नहीं मानवता के इतिहास में अभूतपूर्व था।

'मृत्यु के समय हिन्दू राम को पुकारता है और मुसलमान ख़ुदा को याद करता है।'

कबीरदास कहते हैं कि जो इस द्वैत में नहीं फँसता वही जीता है। काबा काशी हो जाती है, राम रहीम हो जाता है। मोटा अनाज (मोठ) महीन आटा हो जाता है और कबीर उसका आनन्द लेता है।[28]

16वीं शताब्दी में कबीर को सूफी या वैरागी या मुसलमान अथवा हिन्दू के रूप में मान्यता प्राप्त नहीं थी, बल्कि उनकी ख्याति एकेश्वरवादी (मुवाहिद) के रूप में थी। यही उस बातचीत का उद्देश्य है जो अब्दुलहक की सूचना के अनुसार उसके पिता और दादा के बीच (1522) हुई।[29] अबुल फ़ज़ल ने भी (1595) कबीर का दो स्थानों पर महत्त्वपूर्ण ढंग से उल्लेख किया है।

उनकी वाणी से निसृत अनेक सच्चाइयाँ तथा उनके कार्यों की सूचनाएँ लोगों के बीच व्याप्त हैं। अपने मार्ग की विशालता तथा अपनी दृष्टि की उच्चता के कारण वे हिन्दू और मुसलमान दोनों के बीच बड़े स्नेह और सम्मान की दृष्टि से देखे जाते थे। जब उन्होंने इस भौतिक शरीर को त्यागा तो ब्राह्मण उनके दाह-संस्कार के लिए तथा मुसलमान उनको दफ़नाने आये।

एक अन्य स्थान पर–

वे सिकन्दर लोदी के समकालीन (1489 से 1517) थे। आध्यात्मिक सत्य का दरवाजा उनके लिए खुला था। उन्होंने अपने युग की रूढ़ियों का त्याग किया था। उन्होंने अपने पीछे हिन्दी के बहुत से पद छोड़े हैं जिनमें वे सत्य हैं जिनका वे उपदेश देते थे।[30]

उनके उपदेशों का एक और प्रारंभिक संक्षिप्त संग्रह नाभादास कृत भक्तमाल (1600) में मिलता है।

'कबीर ने जाति व्यवस्था (वर्णाश्रम) तथा छहों दर्शनों को मान्यता नहीं दी। उनका मानना था कि बिना भक्ति के धर्म भी अधर्म हो जायेगा। बिना भजन के योग, व्रत तथा दान सब निरर्थक हैं। रमैनी, सबद तथा साखियों के द्वारा उन्होंने हिन्दू और मुसलमान दोनों को ही उपदेश दिया। उन्होंने किसी के प्रति कोई पक्षपात नहीं दिखाया अपितु सभी के हित में अपनी बात कही। उन्होंने जो कुछ कहा निर्भीकतापूर्वक कहा, किसी को प्रसन्न करने के लिए नहीं।'[31]

कबीर के उपदेशों को उनकी मृत्यु के सौ वर्षों के अन्तरकाल में उन लोगों ने जो उनके संग्रहों तक पहुँच रखते थे, उपर्युक्त दृष्टि से देखा। यहाँ यह आवश्यक

नहीं है कि कबीर से उद्धरण देकर वस्तुतः समीचीन दृष्टि को सही ठहराया जाये। उक्त मूल्याँकनों में हमें कबीर के चिन्तन के स्रोत की कोई एक परंपरा नहीं मिलती। तथापि, शीघ्र ही कबीर की पूर्ववर्ती परंपरा भी तलाश की गयी। उनके एक प्रसिद्ध पुरोगामी थे नामदेव—महाराष्ट्र के छीपी जिनके पद गुरु ग्रन्थ साहब में भी आये हैं। वे 17वीं शताब्दी की परंपरा में कबीर द्वारा स्थापित नमूने के ही एकेश्वरवादी हैं।[32] इससे पता चलता है कि कबीर तथा उनकी विचारधारा का उद्गम उसी परंपरा तक सीमित है। 17वीं शताब्दी में पहली बार उन्हें रामानन्द का शिष्य बताया गया जिसके कारण दबिस्ताने मजाहिब के लेखक ने उन्हें वैष्णव-वैरागियों की श्रेणी में रखा।[33] संभवतः कबीर द्वारा ईश्वर के लिए राम नाम शब्द का बार-बार प्रयोग करने के कारण ही उन्हें वैष्णवों के साथ जोड़कर देखा जाता है। किन्तु राम के परिवार अथवा वैष्णव देवकुल का जिक्र उनके पदों में बिल्कुल नहीं मिलता। कबीर के राम का देवता राम से वही सम्बन्ध है जो कि मुसलमानों के अल्लाह का मक्का के मूर्तिपूजकों के मूर्तिगृह में उसी नाम के देवता से है। हाल ही में एक प्रवृत्ति और पनपी है जिस पर हजारी प्रसाद द्विवेदी ने बहुत बल दिया है। वह है कबीर को शैवनाथ योगियों की परम्परा की निरन्तरता अथवा पुनः स्थापना के रूप में देखना।[34] यहाँ कबीर द्वारा प्रयुक्त शब्दावली जिससे वे स्वयं परिचित हैं तथा उनके श्रोताओं की शब्दावली जो उन्हें व्यापक रूप से प्रचारित योगियों की परम्परा से प्राप्त हुई तथा उनके स्वयं के विचारों के बीच के फर्क को अवश्य देखा जाना चाहिए। कबीर के यहाँ ब्राह्मणों के अस्वीकार के सिवा योगियों अथवा तांत्रिकों से सम्बन्धित तत्त्व बहुत ही कम हैं। अपितु उन्होंने योगियों की बहुत सी बातों को बड़ी हिकारत और नफरत से अस्वीकार किया है। इस प्रश्न पर यहाँ और बात करना आवश्यक नहीं है क्योंकि बॉडवि ने इस पर विस्तार से प्रकाश डाला है।[35] कबीर पर शांकर वेदान्त के प्रभाव की बात भी अस्वीकार नहीं करते क्योंकि हमने पाया है कि इस काल तक वह बहुत प्रचारित नहीं था तथा कबीर के पदों पर भी उसका कोई प्रभाव दिखाई नहीं पड़ता क्योंकि 'माया' अपने पूर्ववर्ती रूप 'लालच' के रूप में प्रस्तुत की गयी है, भ्रम के रूप में नहीं।

कबीर के ऊपर इस्लाम के प्रभाव का बहुत गहराई के साथ अध्ययन नहीं किया गया है। भाषा-वैज्ञानिक दृष्टि से यह भलीभाँति दर्शाया जा सकता है कि मुस्लिम धर्म-विज्ञान तथा उसकी शब्दावली का कबीर पर कोई प्रत्यक्ष प्रभाव नहीं है। आस्था और कर्मकाण्ड की दृष्टि से कबीर ने काबा और मस्जिद दोनों को ठीक उसी तरह अस्वीकार किया जैसे मूर्ति और मन्दिर को। प्रायः यह माना जाता है कि उनके ऊपर सूफी मत का प्रभाव था। हमें ध्यान रखना चाहिए कि सूफी मत एक ऐसा सिद्धान्त

है जिसमें अनिवार्य रूप से मनुष्य की ईश्वर के प्रति आज्ञाकारिता उसके ईश्वर के प्रति अपने प्रेम पर निर्भर करती है तथा जिसमें मनुष्य ईश्वर को अपनी प्रेमिका के रूप में देखता है। पीर-मुरीद-संबंध की कठोरता इसी गैर-माँसल प्रेम के गुह्य मार्ग पर निर्भर करती है। 13वीं शताब्दी तक सूफी मत तथा उसका ज्ञानानुशासन भलीभाँति विकसित हो चुका था। तथापि, कबीर के यहाँ प्रेम को मनुष्य और ईश्वर के बीच सम्बन्धों के सार-तत्त्व के रूप में बहुत बलपूर्वक रेखांकित नहीं किया गया है। यह प्रवृत्ति दादूपंथियों की तुलना में गुरु ग्रन्थ साहब में संकलित पदों के पाठों में और भी स्पष्ट रूप से दिखलायी पड़ती है। हालाँकि, कबीर के कुछ पदों में फना (ईश्वर के साथ पूर्ण तादात्म्य) की अवधारणा को न्यायसंगत रूप में देखा जा सकता है। इब्न अल अरबी (1240 ई.) के सर्वेश्वरवाद का प्रभाव, जो भारत में 14वीं शताब्दी तक आ चुका था तथा सूफी मतावलंबियों के बीच व्यापक रूप से फैल चुका था, भी दृष्टिगोचर नहीं होता।[36] सर्वाधिक रूप से प्रमुख है न्यायाधीश के रूप में ईश्वर की उपस्थिति जो कदाचित् गैर सूफी इस्लाम का केन्द्रीय तत्त्व है। इस संदर्भ में कबीर ईश्वर को साहूकार तथा व्यापारी के रूप में चित्रित कर उस प्रतीक विधान का प्रयोग करता है जो पुरातनपन्थी इस्लाम के लिए अस्वीकार्य तथा अपरिचित है किन्तु उसकी केन्द्रीय अवधारणा से मेल खाता है।

कबीर पूँजी तो साहूकार की है और तुम उसे नष्ट कर रहे हो।
जब तुमसे हिसाब माँगा जायेगा तो तुम्हें गुरीबत का सामना करना पड़ेगा।[37]
मेरा साँई बनिया है। वह पूरी ईमानदारी से अपना व्यापार करता है।
बिना बाट-तराजू के वह सारे ब्रह्मांड को तोलता है।[38]

क्या यह जानना समीचीन नहीं होगा कि मनुष्य के सोच और व्यवहार के सन्दर्भ में दैवी न्याय का यह बोध इस्लाम की उस छवि से निसृत है जो हमें जन-साधारण के यहाँ दिखायी पड़ती है तथा जिस जन-साधारण को पुरस्कार और 'दंड' पर दिया जाने वाला कुरान का बल ही वह प्रमुख कारण प्रतीत होता है जिसके तहत दैवी आज्ञा का अनुपालन होता है? पुनः हमें कबीर के यहाँ प्राथमिक सिद्धान्तों को प्राप्त करने के लिए सामान्य विश्वास का एक विशेष प्रकार का सारतत्त्व ही मिलता है।

वस्तुतः कबीर एक ऐसे एकेश्वरवाद का विकास करते हैं जिसमें ईश्वर के प्रति पूर्ण समर्पण है तथा जिसमें हर प्रकार के कर्मकाण्ड का अस्वीकार है। यह पुरातनपन्थी इस्लाम से सर्वथा भिन्न है। कबीर के लिए ईश्वर की एकता मनुष्य की एकता का साधन बन जाती है। इसी अर्थ में वे जाति की शूद्रता और अपवित्रता की अवधारणा

और व्यवहार को नकारते हैं। वे हर प्रकार के वाह्यडंबर का विरोध करते हैं। कबीर के पद ही नहीं बल्कि कबीर से सम्बन्धित दंतकथाएँ भी धार्मिक मतभेदों और छुआछूत के प्रति घृणा की व्यापक अभिव्यक्ति के अजस्र स्रोत बन गये। ईश्वर-भक्त साधारण जन की दृष्टि में समझौताविहीन मानववाद का देवदूत बन गया।[39]

कबीर के विभिन्न वैचारिक स्रोतों और सन्दर्भों की खोज अत्यन्त महत्त्वपूर्ण है। तथापि, उतना ही महत्त्वपूर्ण यह भी देखना है कि उनका कर्म अनिवार्य रूप से हमारी संस्कृति की असमानताओं का नकार है, विभिन्न विरोधी तत्त्वों का समायोजन मात्र नहीं। मेरा यह साधारण-सा प्रयास है जिसमें मैंने उन भौतिक, सामाजिक तथा वैचारिक स्थितियों की छानबीन की है जिनके दबाव के तहत कबीर और उनके समान-धर्मा लोगों ने अपनी प्रतिक्रिया व्यक्त की। किन्तु उनकी प्रतिक्रिया में व्यक्त आमूल परिवर्तनवाद (रैडीकलिज्म) उनका अपना निजी था। उनकी दृष्टि और निडरता हमारी मूल्यवान राष्ट्रीय विरासत है तथा हम सबके लिए प्रेरणा-स्रोत है।

संदर्भ

1. एडवर्ड सी सचान (अनुवाद), अलबरुनीज इण्डिया, लन्दन, 1610, वॉल्यूम I, पृष्ठ 122-23।
2. वही, पृ. 73-74, 76।
3. मोबिद, दबिस्ताने मजाहिद, बम्बई ए.एच. /1292/1875, पृ. 131, शंकराचार्य द्वारा किये बहुत से कार्यों का संदर्भ देता है तथा उसके तंत्र का विद्वतापूर्ण वर्णन किया है। मोबिद ने अपना कार्य सन् 1653 के आस-पास पूरा किया।
4. देखें ए.बी. कीथ, ए हिस्ट्री ऑफ संस्कृत लिटरेचर, लन्दन, 1920, पृ. 478।
5. देखें, इन्फ्लूएंस ऑफ इस्लाम ऑन इण्डियन कल्चर, इलाहाबाद, 1963, पृ. 107।
6. हिस्ट्री एण्ड कल्चर ऑफ दि इण्डियन पीपुल, भारतीय विद्या भवन, वॉल्यूम VI, पृ. 624।
7. तबकाते नासीरी, संपादित, अब्दुल हई हबीबी, काबुल 1343, II, पृ. 66।
8. बरनी अपने इस विचार को अपनी भूमिका में व्याख्यायित करता है तथा अपने महान कार्य तारीखे फीरोजशाही में दोहराता है। संपादित, सैय्यद अहमद खान।
   बिब इण्डि. कलकत्ता, 1860-62, मेरा लेख, बरनीज थियरी ऑफ दी हिस्ट्री ऑफ दि डैली सल्तनत, 'इण्डियन हिस्टॉरीकल रिव्यू', नई दिल्ली, VII (1-2), पृ. 99-115।
9. निजातुर रशीद, संपादित, एस. मोइनुलहक, लाहौर, 1972, पृ. 239-40।
10. चचनामा संपादित, उमर बिन मौहम्मद दाउद पोता, हैदराबाद, 1939 पृ. 47-48, 214-15, अलबरुनी अनुवाद, मार्गोटन, 'फाउंडेशंस ऑफ दि इस्लामिक स्टेट' II, पृ. 216-19, 23।
11. इंट्रोडक्शन टू एलियट एण्ड डाउसन हिस्ट्री ऑफ इण्डिया एज टोल्ड बाइ इट्स ओन

हिस्टोरियंस, रीप्रिंट, अलीगढ़, 1932, पृ. 54।

12. बरनी, पूर्वोक्त, पृ. 287।
13. इन स्थानान्तरों के संदर्भ में देखें आई.एच. सिद्दीकी, 'सोशल मोबीलिटी इन दि डैली सल्तनत', मेडियेवल इण्डिया-I, अलीगढ़। नई दिल्ली, 1992, पृ. 23।
14. देखें इरफान हबीब मर्चेंट कम्यूनिटीज इन प्रि-कॉलोनियल इण्डिया, दि राइज ऑफ मर्चेंट एम्पायर्स सम्पादित, जेम्स दी ट्रेसी, कैम्ब्रिज, 1990, पृ. 381-82।
15. दिल्ली सल्तनत में दासों के संदर्भ में देखें : टी. राय चौधरी तथा इरफान हबीब, कैम्ब्रिज इकॉनोमिक हिस्ट्री ऑफ इण्डिया, I, कैम्ब्रिज, 1982, पृ. 89-93 जिसमें पूरे संदर्भ दिये गये हैं। 'स्लेवरी इन दि डैली सल्तनत, 13th-14th सेंचुरीज, ऐवीडेंस फ्रॉम सूफिक लिटरेचर : इण्डियन हिस्टॉरीकल रिव्यू XII (1-2), पृ. 248-56 द्वारा, इरफान हबीब भी देखें।
16. देखें इरफान हबीब, इकॉनॉमिक हिस्ट्री ऑफ दि डैली सल्तनत, 'इण्डियन हिस्टॉरीकल रिव्यू' IV (2) पृ. 294।
17. देखें हजारीप्रसाद द्विवेदी, कबीरा, बम्बई, पृ. 5-6 तथा वॉडेबिले, कबीर 1, ऑक्सफोर्ड, 1974, पृ. 83-85, 87-89 उत्तर प्रदेश में सन् 1881 में 919414 कोरी (हिन्दू बुनकर) थे जबकि जुलाहा (मुस्लिम) 780231 थे। क्रूट, ट्राइब्स एण्ड कास्ट ऑफ नार्थ वेस्टर्न प्रोविसिंज, III, पृ. 70-73, IV, पृ. 94-96।
18. बॉडेवि द्वारा उद्धत पूर्वोक्त पृ. 29 गुरु ग्रंथसाहिब से, नागरी, सम्पादित, अमृतसर, 1952, पृ. 1293, मैंने भी संस्करण का इस्तेमाल किया है।
19. पुष्पाप्रसाद, संस्कृत इंसक्रिप्शंस ऑफ डैली सल्तनत, डैली, 1990, पृ. XXVIII-XXX।
20. डी.डी. कौशाम्बी, एन इन्ट्रोडक्शन टू दि स्टडी ऑफ इण्डियन हिस्ट्री, द्वितीय संस्करण, बम्बई, 1975, पृ. 370।
21. प्रारम्भिक प्रयारा के लिए देखें 'गेरा लेख', टेक्नोलोजी एण्ट सोसायटी थर्टीन्थ एण्ड फोर्टीन्थ सेंचुरीज, प्रेसीडेंसियल एड्रैस मेडियेवल इण्डिया सेक्शन, इण्डियन हिस्ट्री कांग्रेस, वाराणसी सेशन प्रोसीडिंग्स, पृ. 139-161। आगे के लिए 'मेडियेवल टेक्नोलाजी : एक्सचेंजिज बिटवीन इण्डिया एण्ड दि इस्लामिक वर्ल्ड' अलीगढ़ जर्नल ऑफ ओरियेंटल स्टडीज, II (1-2), पृ. 197-222।
22. इरफान हबीब से उद्धत 'इकॉनॉमिक हिस्ट्री ऑफ दि डैली सल्तनत : आई.एच.आर. IV (2) पृ. 289-97, पुरातात्विक साक्ष्यों को उन साक्ष्यों के साथ मिलाकर देखा जाय जिनका उल्लेख आर.एस. शर्मा ने सन् 1000 तक शहरों के पतन के संदर्भ में अपनी पुस्तक 'अर्बन डिके इन इण्डिया (300-1000) नई दिल्ली, 1987 में किया है।
23. गुरु ग्रन्थ साहिब, नागरी टेक्स्ट, पृ 487-88।
24. इस पर 17वीं शताब्दी पर टिप्पणी के लिए देखें दबिस्ताने मजाहिब, पृ. 186।
25. वही, पृ. 173-74।
26. "जैसा कि उन पदों में है जो गज नव गज दस गज इक्कीस पुड़िया एक तनाइ से शुरू होते हैं" गुरु ग्रन्थ साहिब पृ. 33, कबीर ग्रन्थावली, संपादित, श्याम सुन्दर दास काशी,

वि. संवत् 2008-1951, पृ. 281।

27. राम चरित मानस, उत्तर काण्ड (गीता प्रेस) संपादन गोरखपुर, विक्रम 2046, पृ. 20-22
28. कबीर ग्रन्थावली, पृ. 54, राजस्थानी पाठों में भी उपलब्ध, बॉडवि कबीर, 263।
29. अखगारुल अख्यार (तकमीना) देवबन्द, 1332/1913-14।
30. आइने अकबरी, नवल किशोर, संपादन 1893, II, पृ. 53-78।
31. श्रीभक्तमाल, संपादन, गणेशदास, प्रथम संस्करण गोवर्धन, तिथि नहीं।
32. दबिस्ताने मजाहिब, पृ. 160-161।
33. वही, पृ. 159, प्रियादास द्वारा रामानन्द के साथ सम्बन्ध जोड़ने की घटना लगभग 60 वर्ष बाद की है। (1712) (वाँदेवी पृ. 31 : किन्तु रामानन्द की जो एकमात्र रचनाएँ गुरुग्रन्थ साहिब में मिलती हैं आगे उनकी छवि मात्र एक मूर्तिभंजक एकेश्वरवादी है।)
34. हजारीप्रसाद द्विवेदी, बम्बई, तिथि नहीं।
35. कबीर पृ. 85-89, पृ. 120-148।
36. देखें, एस. अतहर अब्बास रिजवी, 'मुस्लिम रिवाइविलिस्ट मूवमेंट्स इन नार्थ इण्डिया इन दी सिक्सटीन्थ एण्ड सेवेंटीन्थ सेंचुरी, आगरा, 1965, पृ. 43।
37. कबीर ग्रन्थावली, पृ 42, यह पद दादूपंथी पाठ में मिलता है, किन्तु वॉदेवी (पृ 269) द्वारा साह को 'नियति' के रूप में समझे जाने को मान्यता नहीं है। कबीर भाग्यवाद में विश्वास नहीं करते और इसीलिए किसी हिसाब के भुगतान का भी कोई प्रश्न नहीं है।
38. कबीर ग्रन्थावली।
39. अबुन फजल (1595) ने पहले ही कबीर के विषय में प्रचलित लोकप्रिय सूचनाओं का हवाला दिया था। सबसे पहला प्रकरण दबिस्ताने मजाहिब (1653), पृ. 159-60 में मिलता है। पता चलता है कि किस प्रकार ब्राह्मणों का उपहास करते हैं जब वे उनके हाथ गंगाजल ग्रहण करना अस्वीकार कर देते हैं क्योंकि वह नीच जाति का जुलाहा थे। एक अन्य प्रसंग से पता चलता है कि उन्होंने किस प्रकार मूर्ति-पूजा का उपहास किया तथा एक और प्रसंग उनकी गरीबी से जुड़ा है। अंततः लेखक उस प्रकरण का जिक्र करता है जिसमें हिन्दू और मुसलमान दोनों ने उनके मृत शरीर पर दावा पेश किया तथा किस प्रकार एक फकीर उनके पास आया और उन्हें बताया कि कबीर 'आरिफ' थे तथा वे दोनों ही धर्मों से स्वतंत्र थे। लेखक अकबरी दरबार के फारसी कवि उर्फी के उस सुप्रसिद्ध दोहे से अन्त करता है जो इस तरह है–

    हे उर्फी, अच्छे और बुरे दोनों के साथ कुछ इस तरह रहो कि जब तुम मरो तो मुसलमान तुम्हारे शरीर को पवित्र जल से धोयें तथा हिन्दू उसका दाह-संस्कार करें।

मध्ययुगीन सभ्यता का उद्गम और विकास

– एम. अतहर अली

इण्डियन हिस्ट्री कॉंग्रेस की स्थापना उस दौर में हुई थी जब जवाहरलाल नेहरू 'पूर्ण स्वाधीनता' का आह्वान कर रहे थे। आज ठीक तिरेपन साल बाद हमें लगता है कि हम एक बार फिर उसी मोड़ पर खड़े हैं। ऐसे में पर्याप्त आत्म-विश्लेषण भी हो रहा है और नितांत 'प्रतिकूल अस्मिताओं' को टोहा जा रहा है। इतिहास (जो दुर्भाग्य से ऐसा प्रतीत होता है कि मिथों और किस्सों का आवरण मात्र रह गया है) महज तमाम बरखिलाफ दावों की अदालत नजर आता है।

I

लिहाजा समय की माँग है कि हम अपनी विरासत का वस्तुनिष्ठ, यथासंभव, आलोचनात्मक मूल्यांकन करें और इसी क्रम में मेरा यह विनम्र प्रयास है। मैं आपके सामने उस लम्बे और दूरगामी फलप्रद प्रतिरोध के संबंध में, जो पूरे मध्ययुग में दो सभ्यताओं के बीच विद्यमान रहे, अपनी समझ रखना चाहूँगा और मैं समझता हूँ ये केवल फलप्रद ही नहीं जबर्दस्त रचनात्मक भी थे।

एकदम से ऐसा लगता है कि भारत के इतिहास में 'इस्लाम की घुसपैठ' जैसे निरर्थक विषय पर लिखने का औचित्य! मेरे ऐसा करने के पीछे दो तर्क हैं– पहला तो यह कि इस मुद्दे पर बहस बन्द होने की जगह और गहन हो गयी है। खत्म होने के कोई आसार नहीं। भले ही अपनी तीव्र हिंसक अभिव्यक्ति का यह दौर सही-सलामत गुजर जाये जो कि उन दौरों की तरह का ही है जिसमें हमने अपने कर्मों द्वारा अपनी महान सभ्यता का मान-मर्दन किया है, और दूसरी बात यह है कि

मुझे लगा कि अब तक जो लेखन हुआ है, वह विस्तृत शोध और वैज्ञानिक दृष्टिकोण को अपनाने के बावजूद इस्लाम-इतिहास-शोध को समग्रता में ग्रहण नहीं कर सका है जो कि आधुनिक शोधों से उत्पन्न है, बल्कि इसके विपरीत ऐसा लगा कि या तो पुराने ढंग के मिशनरी या धर्मोपदेशक के इस्लाम के नजरिए को अपना आधार बनाता है।

यह दुर्भाग्यपूर्ण है। वैलहाउसेन ने अपने ग्रंथ 'अरब-साम्राज्य का उदय और अस्त' में उदाहरण के लिए बहुत पहले ही एक हाथ में शमशीर और दूसरे में कुरान थामने वाली, और 'जो भी हाथ आ गया उसका धर्म-परिवर्तन कर डाला' ऐसी बहु-प्रचारित मिथ का भंजन कर दिया था। भारतीय विद्वानों के लिए बहाने की कोई गुंजाइश नहीं है। प्रमाण के लिए 'चचनामा' मौजूद है। तेरहवीं शताब्दी के इस फारसी अनुवाद में तत्कालीन अरबों की सिंध-विजय के वर्णन हैं। इसी ग्रंथ में ऐसे विश्वसनीय और प्रामाणिक विवरण हैं जिनसे उन अरब-विजयों की पूरी प्रक्रिया उजागर हो जाती है जो 710-14 से आरम्भ हुई थी और बाद तक जारी रही। यहाँ हम देखते हैं कि अरब विजेता भारतीय शासकों के पदचिह्नों पर चलने लगते हैं। 'चचनामा' इसका प्रमाण देता है कि ब्राह्मण निरन्तर राजस्व संग्रह से जुड़े हैं। तथा यह भी कि कैसे उनकी पूजा-पद्धति और मूर्तियों की पवित्रता बहाल रही और यहाँ तक कि वसूल किये गये करों में पुजारी का हिस्सा भी सुरक्षित रहा। और यह भी कि निम्न जाटों का अपमान और तिरस्कार कैसे मनुस्मृति में वर्णित चांडालों की तरह किया जाता था। इस अन्तिम तथ्य की पुष्टि बालाजुरी[2] ग्रन्थ में स्वतन्त्र रूप में हो जाती है। स्थापित धर्म के प्रति ऐसी ही सहिष्णुता बौद्धों में भी प्राप्त होती है। मिसाल के लिए मीरपुर खास[3] के स्तूप पर मन्नतें और चढ़ावे में स्वीकार किये गये अरब सिक्के। पुरातत्त्व से भी इसकी पुष्टि होती है कि ऐसा ही प्रमाण उत्तर दिशा में आगे बढ़ने पर अरब शासकों में मिलता है। 857-58 में पश्चिमोत्तर सीमांत प्रदेश (पाकिस्तान) में तोची की घाटी में एक अरब गवर्नर फैई इब्न अम्मार ने एक तालाब खुदवाया और उस पर द्विभाषी शिलालेख लगवाया। अरबी में (कूफिक) और संस्कृत में शारदा। बाकायदे ओउम[4] के साथ जोड़कर।

ये प्रमाण रेगिस्तान को रौंद, 'खुदा हमारे साथ है' का उद्घोष कर टूट पड़ने वाले, बर्बर, लुटेरे, जंगली, खानाबदोश जैसी अरबों की छवि के विरुद्ध जाते हैं। लेकिन ऐसा भी नहीं है कि वे सब आधुनिक थे। 11वीं शताब्दी में फिरदौसी ने एक पराजित फारसी अभिजात व्यक्ति के मुँह से एक क्रुद्ध अरब विजेता का चित्र कुछ यों खींचा है—

कहाँ तो था ऊँटनी का दूध और गोह का गोश्त
कहाँ अब अरबों के हाथ लग गयो बादशाहत
नजरें टिक गई हैं सिंहासनों पर! क्या नसीब!
इस क़दर फ़र्क! धिक्कार ऐसी किस्मत![5]

यह छवि उन अरबों के मामले में भी अतिरंजित है जिन्होंने सन् 630 में फारस वालों को उखाड़ दिया था। दरअसल यह अतिरंजना मुस्लिमों की अपनी विशिष्ट प्रवृत्ति से जुड़ी है जिससे वे विधर्मी अरबों के बर्बर तौर-तरीकों के विरुद्ध इस्लाम के द्वारा लाये गये परिवर्तनों पर प्रकाश डालते थे। हाल के शोधों से इनमें से अधिकांश मत निरस्त हो गये हैं। दूसरी ओर 'उम्मी' शब्द की व्याख्या के द्वारा यह सिद्ध किया गया है कि स्वयं मुहम्मद साहब अपढ़ नहीं थे बल्कि सही यहूदी और ईसाई अर्थों में 'गैर-यहूदी-ईसाई' थे और यहाँ तक भी कि आरम्भिक अरबों ने नेतृत्व और संगठन की शिक्षा व्यापारी और तर्क-कुशल कुरैश से ग्रहण की। सातवीं शताब्दी के उत्तरार्द्ध में स्थिति बहुत बदल गयी थी। विजेता अरबों में जो बद्दू कबीलाई तत्त्व थे, उन्हें उमैयाओं द्वारा लम्बे भयंकर गृह-युद्ध में कुचल दिया गया था। कुरैशियों[6] के सर्वश्रेष्ठ तत्त्व उमैया सीरियाइयों पर भरोसा करते थे जो अरबों में सर्वाधिक यूनान-प्रभावित लोग थे। यह स्मरणीय है कि ये सीरियाई ही थे जिनके माध्यम से अरबों ने अब्बासियों के जमाने में ग्रीक विज्ञान और चिन्तन का खजाना हासिल किया।

अरबों के सिन्ध पर हमले के दौर में ही अन्य उच्च सभ्य तत्त्व भी दिखाई देते हैं जो कि खास तौर पर गैर-अरब मुसलमान थे, जिनमें अधिकांशतः ईरानी थे जिन्हें मवाली कहा जाता था। उनका अस्तित्व, अरब-व्यवस्था की आवश्यक शर्तें थीं लेकिन साथ ही उनकी महत्त्वाकांक्षाओं का घोर दमन भी[7] अरब शासक वर्ग की आवश्यकता थी। सीरियाइयों की अभिजात स्थिति और मवालियों के प्रति तिरस्कार की भावना दोनों ही दृष्टियों से 'चचनामा'[8] से सिद्ध होती है। यह वही श्रेणीबद्ध सामाजिक ढाँचा था जो अरब विजेताओं से पूर्व विद्यमान था। यही कारण था कि पूर्ण तत्परता के साथ उन्होंने सिन्ध में विद्यमान ढाँचे को आत्मसात कर लिया।

उन्होंने पहले ही ईरान में सासानी राज्यकाल के दहकानों से तालमेल बैठा लिया था जो कि भूअभिजात थे ताकि उन ब्राह्मणों और ठाकुरों[9] को भी आत्मसात किया जा सके जो कि सहकारी शासक वर्ग में आते थे और इस तरह परम्परात्मक ढाँचा उन्होंने ग्रहण कर लिया था। मवालियों के प्रति घृणा ने उनमें सिन्ध में बड़े पैमाने पर धर्मपरिवर्तन का उत्साह भंग कर दिया था। इस तरह हम देखते हैं कि 'चचनामा' में बलात् धर्मपरिवर्तन का एक भी उदाहरण नहीं मिलता।

यदि विजेताओं का रवैया ऐसा था तो विजित उन्हें किस निगाह से देखते थे? यह जानने का भी एकमात्र स्रोत 'चचनामा' है। यह एक विश्वसनीय स्रोत है, अरब वंशपूर्व इतिहास का समग्र विवरण, जिसके लिए हमें कल्हण की 'राजतरंगिनी' का स्मरण कराया जाता है, ये युद्ध पर भारतीय पक्ष जिसमें दाहर के बेटे जैसिया का शौर्य-पूजन ही अधिक है, यह दिखाता है कि भारतीय मनोभावनाओं की सबसे प्रामाणिक झाँकी वहाँ उपलब्ध है। इसमें दर्शाया गया है कि दाहर की बहन ने इन 'गोभक्षी चांडालों'[10] की दासी बनने से बचने के लिए सती होने की तैयारी की। लेकिन ब्राह्मनाबाद की स्थापना होने के बाद ब्राह्मण अधिकारियों ने सारे देश का दौरा किया और हर जगह 'मातबर' लोगों को इस तरह संबोधित किया—

"दाहर मर चुका है। म्लेच्छों के शासन का अन्त हो गया है। तमाम सिंध और हिंद में अरबों की हुकूमत कायम हो गयी है। इस साम्राज्य के तहत हर छोटे-बड़े शहर से गाँव तक एक समान हो गये हैं और हमारे तमाम मामले इस महान राज्य में सुलझाए जायेंगे। हम उस शासन की ओर से आपको आश्वस्त करते हैं।"[11]

स्पष्ट है कि प्रतिक्रिया का स्वरूप दोहरा था—एक तरफ था विदेशी आक्रांता का घृणापूर्ण अस्वीकार और दूसरी ओर थी यथार्थ स्वीकृति जो उन परिस्थितियों से उत्पन्न हुई थी जिसमें आक्रांता आत्मसात हो गया था और जिसमें अधिकारों की कटौती के बावजूद बेशक एक बाइज्जत जिन्दगी बसर की जा सकती थी। ऐसे में यह सवाल बड़ा जायज होगा कि यदि आक्रांता अरब न होकर कोई उत्तरी भारत की शक्ति होती तो क्या परिणामों में भारी अन्तर आ जाता? हर्गिज नहीं। क्योंकि जब कश्मीर के सम्राट हर्ष को एक आंतरिक विद्रोह के फलस्वरूप पददलित कर दिया गया था (1101 ई.), तब भी रानियों और शाही परिवार की स्त्रियों के सती होने के दृश्य वैसे ही थे जैसे कि अरबों[12] की दाहर विजय के संदर्भ में 'चचनामा' में वर्णित हैं।

इसमें क्या शक कि अरब विदेशी थे। स्पष्टतः वे जिस संस्कृति के प्रतिनिधि थे वह तत्त्वतः भिन्न थी। लेकिन हमारी वर्तमान धारणा कि विदेशी किसी भी देश के विध्वंसक रहे हैं, स्वाभाविक तो प्रतीत होती है किन्तु है अतार्किक, क्योंकि यह पूर्व-आधुनिक 'विदेशी' (आधुनिक राष्ट्रीय सीमाओं के आधार पर निर्मित धारणा) और आज के औपनिवेशिक शासकों के बीच अन्तर को धुँधला कर देती है।

समस्त अग्रगामी इतिहास-लेखन में विभिन्न सांस्कृतिक क्षेत्रों से आये विजेताओं की भूमिकाओं के बारे में अतिरिक्त आलोचनात्मक रुख दिखाई देता है। वी. बार्थोल्ड, सोवियत इतिहासकार, ने मंगोल-विजयों को लेकर अपने सहकर्मियों के

नकारात्मक आंकलन का तीव्र विरोध किया था। स्पष्ट है कि यह अप्रतिम रूप से महत्त्वपूर्ण है कि हमें अपनी आज की राष्ट्रीय भावनाओं को शताब्दियों पूर्व के लोगों में नहीं खोजना चाहिए और जब वे उनमें न मिलें तो फ़जीहत महसूस नहीं करनी चाहिए।

इसी मत के क्रम में हम यह भुला देते हैं कि सिंध भारतीय इतिहास का अभिन्न अंग रहा है। महज इस एकमात्र कारण से ही इसे नहीं भुला देना चाहिए कि तत्कालीन परिस्थितियों में यह 'भारतीय सामंतवाद' के साँचे में फिट नहीं होता।

ब्राह्मनावाद और महफूजा को मिलाकर अरबों द्वारा निर्मित मांसुरा जैसे विशाल नगर के खंडहरों से पता लगता है कि वह लगभग ढाई मील लम्बा और आधे या तीन-चौथाई मील चौड़ा और कुओं से भरपूर सघन आबादी वाला शहर था। और न ही अरब शासकों द्वारा सिंध में जारी किये गये सिक्कों को महज उनके आकार की वजह से तिरस्कृत करना चाहिए जबकि ताँबे के सिक्के भारी मात्रा में मिले हैं और चाँदी के भी, जो मात्रा में कम हैं मगर दुर्लभ[14] कहे जा सकते हैं, इनसे उल्लेखनीय स्तर पर वाणिज्य के विकास की पुष्टि होती है। इस मामले में बाअदब प्रोफ़ेसर आर. एस. शर्मा से विवाद की पूरी गुंजाइश है जिनका मत है कि 'अरब विजयों ने इस्लाम[15] की आरंभिक 2-3 शताब्दियों तक भारतीय वाणिज्य की प्रगति अवरुद्ध किये रखी।' उनका ऐसा सोचना संभवतः हेनरी पेरेन की इस प्रसिद्ध प्राक्कल्पना पर आधारित है कि सामंतवाद की उत्पत्ति इस्लाम[16] द्वारा भूमध्य सागर के व्यापार को अवरुद्ध करने की परिस्थिति में हुई थी। लेकिन यह तर्क बहुत पहले डब्ल्यू.सी. डेनेट और दूसरों द्वारा खंडित किया जा चुका है[17] और फिलहाल इसका कोई व्यवहार नहीं करता, वस्तुतः इसे त्याग दिया गया है। जबकि इसके विपरीत दूसरी ओर हालत यह थी, जैसा कि मार्क ब्लोक[18] दर्शाते हैं, कि स्पेन, अरब देशों में होते हुए भी पश्चिमी दुनिया (साम्राज्य) के साथ वाणिज्यिक समृद्धि का केन्द्र बना हुआ था। अरब शासित सिंध ने भी 'सामंती' भारत में कुछ वैसी ही भूमिका अदा की होगी।

II

पाठ्य-पुस्तकों के लेखक भारत में इस्लाम के आगमन को तीन प्रमुख शख्सियतों से जोड़ते हैं– 1. मुहम्मद इब्न कासिम (714 ई.), 2. गजनी के महमूद (1030 ई.) और 3. गौर के शहाबुद्दीन (1206 ई.) से। इसमें इस तथ्य पर कोई ध्यान नहीं दिया जाता कि सिंध विजेता अरब और गजनी साम्राज्य के निर्माताओं के बीच जिन तीन शताब्दियों का अन्तर रहा है उनमें इस्लाम जगत में गंभीर परिवर्तन हुए हैं और यहाँ तक कि दोनों की रुचियाँ और महत्त्वाकांक्षाएँ भी बिल्कुल भिन्न हैं। सर्वाधिक

उल्लेखनीय घटना जो इन तीन महत्त्वपूर्ण शताब्दियों में घटी वह थी इस्लामिक और अफ्रीकन विश्व में एक महान सभ्यता के पल्लवन के साथ ही साथ निरंकुश राजनीति की बर्बर संस्थाओं का भी निर्माण। महान अब्बासियों (8वीं-9वीं शताब्दियों में) के युग में यूनानी दर्शन और विज्ञान को पूर्व-आधुनिक इतिहास में अनुवाद की महान प्रक्रियाओं के द्वारा जो स्थान मिला, वह वहाँ एक बौद्धिक पुनर्जागरण का स्रोत बन गया। शरीयत की आध्यात्मिकता और विधिक न्याय के महान संयोग से इस्लाम को एक शाश्वत् स्वरूप प्राप्त हुआ और तब व्यवहारवादी नैतिकता की गहन छानबीन शुरू हुई और इसकी परिणति इस्लामी रहस्यवाद या तसव्वुफ़ में हुई –समस्त रूढ़िवाद मुक्त आत्मा। 11वीं शताब्दी तक आते-आते ईरानी पुनरुत्थान इस दुनिया के पूर्वी हिस्से में भी शुरू हो गया। इस योगदान का महत्त्व यों था–एक संशयी आत्मा का विकास।

खलीफाओं के निजाम की समाप्ति पर, उच्चतर संस्कृति के क्षेत्र में हो रही प्रगतियों के साथ ही नई राजनीतिक संस्थाएँ भी उत्पन्न हुईं। समस्त कृषि की बचत पर शाही कर (खिराज) के दावे और कराधान के हस्तान्तरण (इक्ता) ने, गुलाम-सैनिकों और अफसरों (मुख्यतः तुर्की) ने केन्द्रीकृत क्षेत्रीय राज्यों को अपूर्व शक्ति प्रदान की। इन राज्यों के शासकों ने अपनी पुरानी अरबी पदवी 'सुल्तान' को ही अपनाया। इन नवोदित राज्यों की शक्ति केवल उनके राजकोष और शासन प्रबंध में ही निहित नहीं थी। युद्ध की नई तकनीकों ने अरब सैनिकों और ऊँट सवारों को बेकार साबित कर दिया और जीन रक़ाब से लैस नाल[19] लगे घोड़ों पर सवार धनुर्धरों को पेश किया।

महमूद गजनवी की सफलताएँ केवल उसके सामरिक कौशल का परिणाम नहीं थीं। इसका श्रेय केन्द्रबद्ध निरंकुश संप्रभुता की संस्थाओं को भी जाता है जिनके तहत एक मिलिट्री सिस्टम क्रमशः अस्तित्व में आया था, उसे उसने अपनी समृद्धि के लिए कौशलपूर्वक प्रयोग में लिया। इस्लामी सभ्यता में पले-पुसे मस्तिष्कों से याने सच्चे इस्लामी तत्त्वों से महमूद को कोई सहानुभूति प्राप्त नहीं हुई। सादी (13वीं श.) ने उसे एक लोभी और ईर्ष्यालु आदमी के रूप में देखा था और कहा था कि उसकी मृत्यु के बाद यह राज्य किसी और का हो जायेगा। सादी ने उसके मुकाबले नौशेरवाँ को पेश किया और कहा कि वह चिरस्मरणीय रहेगा क्योंकि वह न्यायकारी है।[20] अलबरूनी, जो कि एक महान वैज्ञानिक और महमूद का समकालीन था, ने अपनी पक्षधरता को डंके की चोट पर उजागर करते हुए लिखा था–

महमूद ने देश (हिन्दुस्तान) की समस्त सम्पदा का विनाश कर डाला। और ऐसा भयंकर शोषण किया कि हिन्दू रेत के कणों की तरह तमाम दिशाओं में बिखर गये और एक किंवदन्ती-सी इसकी प्रचलित हो गयी। उन समस्त बिखरी हुई आत्माओं में समस्त मुसलमानों के प्रति कट्टर घृणा का भाव घर कर गया।[21]

उन कारणों को आधार बनाते हुए जिनका किसी धर्म से कोई सम्बन्ध नहीं है, जो कोई महमूद के जुल्मों को इस्लाम की शान और योगदान बताता है वह कोई जुनूनी या सिरफ़िरा ही हो सकता है– इज़ामी (1350 में लिखित) ने अपनी कविता में यह कहा था–

ओ ज्ञानपुंज, अगर मुझे और तुझे
ऐसा हो कि इस राज्य में जगह मिले
मन्दिर को गिरा बनायी जाये मस्जिद
तोड़े जायें जनेऊ और हिन्दू औरतों
को बनाया जाये रखैल और बनाये
जायें बच्चे गुलाम तो इस सबका
श्रेय जायेगा महमूद के कारनामों को
सच है सिर्फ यही बाकी सब झूठ![22]

इन कुत्सित शब्दों में महमूद की जो छवि उभरती है वह एक कट्टर धर्मोन्मादी की है जो कि वस्तुतः वह नहीं था। प्रो. मोहम्मद हबीब ने यह बिल्कुल सही तर्क दिया है कि भारत में इस्लाम की बदनामी का कारण केवल महमूद की लूट-खसोट ही नहीं थी, बल्कि वह उन मुसलमानों की प्रशंसा से बदनाम हुआ जिन्होंने भगवान कृष्ण की शिक्षाओं की जगत गौण दिव्य शक्तियों[23] का वरण किया।

लेकिन कुछ अन्य प्रमाणों पर भी गौर करना समान रूप से सही होगा, जैसे क्या महमूद अन्य विजेताओं और लुटेरों से इस क़दर अलग था कि उसने अपने पीछे भारत में शाश्वत् कटु स्मृतियाँ छोड़ दीं? लेकिन जब हम उन प्रमाणों की खोज करते हैं तो बड़ा आश्चर्य होता है कि सिवाय कल्हण की राजतरंगिनी के अलावा और किसी भी संस्कृत स्रोत में उसका उल्लेख नहीं है। उस एकमात्र संस्कृत स्रोत में, जिसमें महमूद के आक्रमणों की चर्चा है, एक अभियान त्रिलोचनपाला के बारे में हमें पता चलता है कि शाही सेना और कश्मीरी शासकों की संयुक्त पराजय का कारण, जैसा कि कल्हण ने दर्शाया है, कश्मीर के जनरल तुंग का तुरुष्क रणकौशल से अपरिचित होना है। शाही निजाम की पराजय पर कल्हण ने बाक़ायदे शोक व्यक्त किया है जो

कश्मीर के सेनापति के दुस्साहस और जल्दबाजी के कारण हम्मीर (अमीर) महमूद के हाथों हुई जो कि छल-बल में निष्णात था। लेकिन उसकी ऐसी कोई भर्त्सना नहीं है कि 'नीच चांडाल तुरुष्क' जो धरती पर फैल गये हैं।[24] वहाँ इस तरह की लूट का भी कोई जिक्र नहीं है। न ही गुलाम बनाने, मन्दिर ढाने या कश्मीर से ब्राह्मणों के पलायन का जिक्र है, जिसकी कल्हण से अपेक्षा करना स्वाभाविक ही है। जबकि है केवल तुंग की नालायकी से उत्पन्न विनाश के परिणाम का चित्रण। राजनीतिक इतिहास में यह भी उसी तरह का एक अध्याय है जैसी अन्य विजयों के। ताज्जुब-सा लगता है, कहीं ऐसा तो नहीं कि भावुक अलबरूनी और शेखीबाज इतिहासकारों ने महमूद की लूट-खसोट के जो चित्र खींचे हैं वे अतिरंजित हों। लेकिन महमूद के संदर्भ में अलबरूनी का महत्त्व कम नहीं हो जाता। अलबरूनी का संकलन किताबुल-ए-हिन्द[25] मानव जाति के इतिहास में एक अप्रतिम घटना है। अप्रतिम इसलिए, क्योंकि पूर्वाधुनिक काल में इस तरह की दूसरी मिसाल मौजूद नहीं है कि किसी एक सभ्यता के महान बुद्धिजीवी इतने विस्तृत फलक पर और इतनी गहराई से दूसरी सभ्यता के पक्षों का अध्ययन और विश्लेषण कर रहे हों।

नीधम के चीन पर किये गये अन्यतम कार्य की समीक्षाओं से शब्द उधार लें तो कहना होगा कि यह कार्य जहाँ एक ओर 'पहचान' की प्रस्तुति थी, तो साथ ही अन्तर्सांस्कृतिक सम्प्रेषण का महान कार्य भी था। यहाँ हमें उत्कट वैज्ञानिक भावना, संस्कृत स्रोतों की विस्तृत और संतुलित छानबीन, यूनानी दर्शन और विज्ञान का सघन संज्ञान मिलता है जिसका प्रयोग लेखक भारतीय संस्कृति और मनीषा के विकास का आँकलन करने में करता है और साथ ही स्वयं के इस्लामिक परिवेश, विचार और संस्थाओं के प्रति भी वास्तविक आलोचनात्मक दृष्टि मिलती है। सशाऊ को आश्चर्य होता है कि महमूद के साये में भी अलबरूनी कैसे हिन्दू मनीषियों की बात कर सके जो कि भगवत् कृपा पात्र[26] समझे जाते थे। अनेक मिथकों और कर्मकाण्डों के पीछे वे तर्क की खोज में थे और ऐसी सावधानी से इन सबकी परीक्षा की उन्होंने कि पाठ सामग्री के अन्दर जो गर्हित और मूर्खतापूर्ण है उस पर दो टूक प्रहार कर सकें। वह संभवतः इस महान सत्य की भ्रूणावस्था रही होगी जब अलबरूनी ने अपने पाठकों को, तत्कालीन भारतीयों को यह दृष्टि दी कि 'पृथ्वी ही घूमती है और सूर्य है बिल्कुल स्थिर।'[27] निश्चित ही अलबरूनी की शानदार उपलब्धि सिर्फ उसकी प्रतिभा की शान नहीं है, समान रूप से यह उस सभ्यता की भी शान है, जिसने उसे जन्म दिया और उसकी महान कृति को पाठकों को प्रस्तुत किया। अन्य सभ्यताओं की ही भाँति इस्लामिक सभ्यता में भी एक दोहरापन था, तुच्छता के साथ महानता—एक छोर पर

महमूद तो दूसरे छोर पर अलबरूनी भी। अतः उस सभ्यता के भारत आगमन के समय का आँकलन करते वक्त एक पक्ष को पूरी तरह से भुला देना और एक को पूरी तरह से याद रखना, अनैतिहासिक होगा।

III

गौर के मुइज्जुद्दीन-बिन-साम (हमारी पाठ्य-पुस्तकों के शहाबुद्दीन गौरी) की द्विभाषी मुद्राएँ उस व्यवस्था की प्रतीक थीं जो सल्तनत के रूप में भारत में जन्म लेने को थी। मुद्रा केवल द्विभाषी ही नहीं है– दो स्वर्ण मुद्राओं में तो विराजमान लक्ष्मी भी अंकित है। यह हिन्दू मानसिकता के परितोष का, जैसा कि ब्राउन ने घोषित किया है– "मुस्लिम इतिहास[28] का अप्रतिम उदाहरण है।" दूसरे सोने और चाँदी के सिक्कों पर अश्वारोही अंकित हैं, यहाँ तक कि शिव का नन्दी भी अंकित है, जबकि इस्लाम में[29] किसी भी सजीव प्राणी का उत्कीर्णन निषिद्ध है। इल्तुतमिश ने जब चाँदी का अपना 168 दानों का वजन का तका चलाया तो उसने भी इस्लाम की माप-प्रणाली को नहीं अपनाया, बल्कि जाहिरा तौर पर भारतीय तोला-माशा वजन पद्धति को ही अपना आधार बनाया। इल्तुतमिश और उसके वंशजों ने निरन्तर इस द्विभाषिक मुद्रा और अश्वारोही तथा नन्दी के प्रतीकों को जारी रखा। यह सिलसिला मुइज्जुद्दीन कैकुआवाद (1290 ई.) तक जारी रखा। इन सिक्कों से उस राजनीति का चरित्र स्पष्ट होता है जो शुद्ध शत्रुता पर आधारित नहीं था। मूलतः आक्रांताओं ने इस पौधे को रोपा और उसने अपनी जड़ें यहीं की मिट्टी में जमाना शुरू कीं। कितनी तेजी से और कितनी दूर तक उन्होंने इसे फैलाया, यह ईमानदार इतिहासकार मिन्हास सिराज के आकस्मिक उद्गार में देखा जा सकता है। जब 1255 में उज्बेक तुगरिल खान ने स्वयं को सम्राट घोषित किया और बंगाल से अवध को प्रयाण किया और सुल्तान नसरुद्दीन महमूद के खिलाफ बगावत की, तो सिराज के शब्दों में, "हुक्मउदूली के इस कार्य को हिन्दुस्तान की जनता का समर्थन नहीं मिला, पंडित वर्ग, कुलीन हिन्दू-मुस्लिम[30] सभी ने इसका विरोध किया।"

1260 में, जब मिन्हास सिराज लिख रहे थे, दावे को लेकर हिन्दुओं का मत भी राजनीतिक रूप से महत्त्वपूर्ण हो गया था न कि केवल मुस्लिमों (उलेमाओं और अमीरों) का विचार ही सब कुछ था।

अगली शताब्दी में सल्तनत उस प्रयोग की ओर बढ़ रही थी, जिसकी पूर्व आधुनिक युग में बहुत कम मिसालें मिलती हैं और जिसे मुगलकाल में और भी जोरदार ढंग से दोहराया जाता था। वह प्रयोग था एक ऐसे शासक वर्ग का उदय जो किसी एक धर्म के अनुयायियों पर टिक नहीं सकता था। अकुराफेरू, जिसने कि

मुद्रा और दूसरे आर्थिक-सांस्कृतिक मामलों में संस्कृत स्रोतों से मूल्यवान सूचनाएँ प्रस्तुत की थीं, अलाउद्दीन खिलजी की टकसाल[31] का एक अधिकारी था। एक दूसरा महत्त्वपूर्ण अधिकारी जो कि खजाने से सम्बन्धित तथा हिन्दू था और उसी सुल्तान (1296-1316) के मातहत था, उसका नाम था सुधारन, जिसकी पुष्टि लैडनन[32] के शिलालेख से होती है। इस परम्परा का विकास और प्रभाव मुहम्मद तुगलक के दौर में और भी बढ़ा—सिविस्तान (सिन्ध)[33] के गवर्नर के रूप में हम रतन को देखते हैं। भरण या शरण को गुलबर्गा[34] के गवर्नर के रूप में पाते हैं और किशन इन्द्री के व्यापारी और अवध[35] के गवर्नर के रूप में देखते हैं। यह वक्तव्य कि हिन्दू लोग तमाम ऊँचे ओहदों पर थे—इसामी[36] में मिलता है।

सुल्तान के जमाने में हिन्दुओं के अन्य तबके जो दरबारी नौकरी में नहीं थे, उनकी भी एक हैसियत थी और उन्हें पर्याप्त सुरक्षा और समृद्धि प्राप्त थी। मिसाल के लिए व्यापारी, जोकि खास तौर पर मुलतानी थे। 13वीं सदी में ही सल्तनत के कुलीनों को भारी कर्ज उन्हीं से हासिल होता था और इस सम्बन्ध से वे विशेष लाभ अर्जित करते थे। जलालुद्दीन खिलजी (1290-96) ने उनकी समृद्धि और शक्ति पर टिप्पणी की थी।[38] कुलीनों की बात जाने दें, कहा गया है कि उन्होंने अलाउद्दीन खिलजी[39] को भी अपने समृद्धिपाश में ले लिया था। वे इतने धनी थे कि उन्होंने कुओं की सीढ़ियों पर संस्कृत में सुल्तान की प्रशंसा उत्कीर्ण करायी, वैसे ही जैसे किसी क्षत्रिय शासक की प्रशस्ति[40] की जाती है। वे सुल्तान के सिंहासनारूढ़ होने में सफल होने पर ब्राह्मणों के साथ वहाँ पहुँचते हैं, सुल्तान[41] फीरोज का स्वागत करने के लिए और 'लाखों-करोड़ों' की कमाई कर डालते हैं। मोरलैंड ने काफी पहले ही यह स्पष्ट कर दिया था कि समस्त हिन्दुओं को भूअभिजातों में शामिल करने की जरूरत नहीं है (मुक़द्दम, खोत वग़ैरह) जिन्हें कि अलाउद्दीन ने तबाह[42] कर रखा था। कुछ भी हो, बर्नी का कथन ही नहीं है कि जब फीरोज तुग़लक गद्दी पर बैठा, 1351 में, तो हिन्दू और मुसलमान दोनों की आकांक्षाएँ तृप्त[43] थीं लेकिन उसकी टिप्पणी है कि 1357 से खोत और मुक़द्दम धनी हो गये थे और बेशुमार घोड़े और मवेशी उनके पास थे।

सल्तनत के राजनीतिक और आर्थिक ढाँचे में हिन्दुओं को आत्मसात करने के ये प्रमाण (आज की धर्म निरपेक्षता के ही कितने ही हल्के रूपों में क्यों नहीं) यह सिद्ध करते हैं कि धर्मों के सहअस्तित्व की स्वीकृति अप्रतिम थी। कोई भी इस बारे में इसे देख सकता है कि 1303-6 ई. में यह सुल्तान[45] का दौर ही था जब आर्केनीज के तत्त्वावधान में बुद्ध गया के महोबोधि स्तूप का व्यापक पैमाने पर पुनर्निर्माण किया

गया था। प्रसिद्ध कवि अमीर खुसरो के 'नूर सिपिहर' (1318) में आत्मसात करने की ही नहीं वास्तविक पहचान की भावना भी मौजूद है, जो कुतुबुद्दीन मुबारक खिलजी (1316-20) के लंबे गुणवान से स्पष्ट है। उसमें स्पष्ट उल्लेख है कि न केवल भारत अन्य देशों में सर्वश्रेष्ठ है बल्कि हिन्दू भी अपने धार्मिक विश्वासों, भाषा ज्ञान और विज्ञान[46] में अन्यों से बहुत आगे हैं। ठीक यही समझ मुहम्मद तुग़लक की थी जब अकाल के दौरान उसने अपनी राजधानी दिल्ली से हटाकर गंगा के तट पर स्थापित की और उसका संस्कृत में नामकरण किया 'स्वर्ग द्वारी'[47] अर्थात् 'जन्नत का दरवाजा'। वह खुली होली खेलता था और योगियों[48] से ज्ञान चर्चा करता था। इस बात के दस्तावेजी प्रमाण हैं कि जैनियों के प्रति उसकी जिज्ञासा कितनी उदार थी—दो धार्मिक जैन नेता जहाँ चाहे जा सकते थे और उन्हें पुरस्कृत और सम्मानित[49] किया जाता था। मुहम्मद तुगलक का वारिस फीरोज तुगलक जोकि रूढ़िवादी विचारों के समर्थन के लिए प्रसिद्ध है, उसका नाम भी दो बार[50] उस संस्कृत में उत्कीर्ण शिलालेख में आया है जो गया में 1352 में निर्मित सूर्य मन्दिर में लगवाया था।

यही दृष्टिकोण हिन्दू राजाओं का भी था। गुजरात के वेरवल के 1246 के एक संस्कृत शिलालेख से पता चलता है कि होर्मुज के नूरुद्दीन फीरोज ने चालुक्य राजा अर्जुनदेव के संरक्षण में एक मस्जिद की स्थापना की। इसमें राजा अर्जुनदेव को 'शिव कृपा[51] से प्रतापी सम्राट' कहा गया है। लगभग 200 वर्ष बाद राणा कुम्भा ने अपने प्रसिद्ध विजय स्तम्भ का निर्माण किया, तो उसकी तीसरी मंजिल पर उसने अरबी में नौ बार और आठवीं मंजिल पर आठ बार सूक्ष्म कारीगरी के साथ 'अल्लाह' लिखवाया। इसे देखकर एक अंग्रेज पर्यवेक्षक (1883-84) यह कहने के लिए विवश हो गया—

"यह खोज एक विशिष्ट समस्या पैदा करती है, जिसका एकमात्र निदान भी वह स्वयं ही प्रस्तुत करती है कि हिन्दू और मुसलमानों के बीच के विभाजक तीन (अब चार) *सदियों पहले आज की तुलना में बेहद कम थे।"* [52]

IV

वास्तव में यदि हिन्दुओं और मुसलमानों के बीच विभाजक रेखाएँ वैसी ही होतीं जैसा कि गैरिक को अपने काल में दिखायी दी थीं याने विरोध तीव्र या अकाट्य होते तो शासक वर्ग दूसरे धर्म में कैसे शामिल हो पाता? यह तो ठीक है कि मुसलमानों और हिन्दुओं के दैनिक सम्बन्ध को लेकर जो प्रमाण उपलब्ध हैं, वे मात्रा में विशाल न हों लेकिन स्पष्ट अवश्य हैं।

सबसे पहले मैं उस बातचीत का उल्लेख करूँगा जो 14वीं शताब्दी के पहले

दो दशकों में अमीर हसन सीज़ी द्वारा रहस्यवादी शेख निज़ामुद्दीन दिल्ली से दर्ज की गयी थी। इन प्रमाणों की खोजबीन करते वक्त यह बराबर ध्यान में रहना चाहिए कि केवल यह मान लेना कि सूफी और दरवेश जन बहुत उदार थे और रूढ़िवादियों की परवाह नहीं करते थे– एक सरलीकरण है। वे शरीअत या मुस्लिम कानून को पूरी निष्ठा से मानते थे जैसा कि प्रोफेसर मुहम्मद हबीब ने एक बार टिप्पणी की थी कि उनके विचार 'स्नातकोत्तर-धर्ममत' की तरह थे। स्वयं शेख निज़ामुद्दीन अच्छे खासे रूढ़िवादी थे और अबू हनीफा, जोकि मुस्लिम कानून के न्यायिक पंथ के संस्थापक थे और जिसका प्रसार इस्लाम की पूर्वी दुनिया के विशाल भागों में था, इस मत में कट्टर थे कि कयामत के दिन अधर्मी भी दिव्य ज्योति को देखेंगे और क्षमा कर दिये जायेंगे। उनका कहना था कि ऐसा कभी नहीं होगा और जाहिर है कि उन्होंने एक कट्टर धार्मिक और अल्लाह की मर्जी से वाकिफ़ रहने वाले की हैसियत से ही ऐसा कहा था।[53] इसके बावजूद वह अपनी योगियों से आत्मीय वार्ता के बारे में बताते हैं और उनके विश्वासों और सिद्धान्तों के प्रति सम्मान प्रकट करते हैं। अपने गुरु की गद्दी अजोधन में एक भेंट में एक योगी ने उनसे कहा कि मानव शरीर में नाभि शरीर के द्विभाजन का सूचक है जिसमें ऊर्ध्व भाग आध्यात्मिक है और सत्य से सम्बन्धित है, दूसरा अधोभाग उच्च नैतिकता से। शेख ने इसकी सराहना की थी। वह हमें यह भी बताते हैं कि योगी से यह भी जाना जा सकता है कि विभिन्न महूर्त्तों में जन्म लेने वाले बच्चों का भविष्य क्या होगा?[55]

यहाँ तक कि यह और भी उल्लेखनीय है कि निज़ामुद्दीन मुसलमानों की वास्तविक नैतिकता पर बहुत जोर देते हैं कि वे जो थे, वही रहें, हिन्दुओं को इस्लाम कुबूल करवाना फिजूल है।[56] यह हिदायत उन्होंने उस वक्त दी जब एक मुस्लिम शिष्य ने अपने हिन्दू भाई को निज़ामुद्दीन के समक्ष धर्म परिवर्तन के लिए प्रस्तुत किया। एक अन्य स्थान पर निज़ामुद्दीन ने गुजरात के हिन्दू व्यापारियों से लाहौर[57] के मुस्लिम व्यापारियों का भेद करते हुए मुस्लिम व्यापारियों में ईमानदारी की कमी और हिन्दू व्यापारियों में उच्च व्यावसायिक नैतिकता का निदर्शन किया है। उन्होंने संकलनकर्ता अमीर हसन[58] के इस कार्य की प्रशंसा की कि उसने एक हिन्दू दासी को उसके माता-पिता को सौंप दिया हालाँकि वहाँ धर्म परिवर्तन की पूरी गुंजाइश थी। इस प्रकार एक और दासी को एक और रहस्यवादी के द्वारा मुक्त कर कतेहर[58] में उसके हिन्दू-पुत्रों के पास वापस भेजने पर निज़ामुद्दीन ने कहा– "वे तत्त्ववादी जो सिर्फ सतही सत्य को देखते हैं, इस कार्रवाई की निन्दा करेंगे, लेकिन देखना यह चाहिए कि यह वास्तव में कितना महान कार्य था।"

विधिक संकीर्णताओं की सापेक्षता में, ऐसे मूल्यों की स्थापना क्या हिन्दुत्व के विशाल संज्ञान और विवेक के प्रति बढ़ती हुई प्रशंसा के कारण नहीं थी (भले ही यह योगियों के शास्त्रार्थ के माध्यम से ही दिखाई पड़ता हो) और क्या इसमें हिन्दुओं के उच्च नैतिक स्तर की स्वीकृति नहीं थी, जो कि शहरों और गाँवों में उनके साथ-साथ जीवन-यापन के भौतिक आधार की ही परिणति थी?

मुझे ऐसे किसी स्रोत की जानकारी नहीं है जिसमें इस काल के बारे में किसी हिन्दू गुरु की अवधारणा को जाना जा सके। स्वर्गीय देवराज चानना ने संस्कृविदों तथा भारतीय समाज के बारे में एक दिलचस्प निबन्ध लिखा था। इस निबन्ध में उनका तर्क था कि संस्कृतविद्, जो भी सत्ता में होता था उसकी प्रशस्तियाँ लिखने के अभ्यस्त थे, अतः उन्होंने मुस्लिम शासकों के प्रति भी उसी तरह की प्रशस्तियाँ लिखीं जैसी कि क्षत्रिय शासकों की। लेकिन यह सब कोई 'बौद्धिक किस्म की साम्प्रदायिकता' का प्रतीक नहीं था जैसा कि जे. बी. चौधरी का विचार था। बल्कि शुद्ध अवसरवादिता[60] की प्राचीन परम्परा का प्रतीक था। मुझे लगता है कि सही बात कहते हुए भी चानना कुछ दूर निकल गये। एक कवि या लेखक, और खुसरो की तरह के दरबारी कवि हों या पालम बावली पुरालेख के रचयिता पंडित येागेश्वर हों, अपने संरक्षकों की सेवा उनका धर्म है। दोनों सदा तत्पर वही लिखेंगे जो स्वामी चाहेंगे, चाहे वह स्वामी सुल्तान हो या व्यापारी। प्रश्न यह है कि क्यों संरक्षक ही संस्कृतविदों से वह लिखवाते थे, जो कुछ चाहते थे। यह विश्वास करने का भी कोई कारण नहीं है कि पालम या सरवन में कूप-सोपानों पर उत्कीर्ण शिलालेखों में मुस्लिम शासकों की प्रशस्ति के पीछे कोई दबाव काम कर रहा था, और ऐसा सम्भव नहीं प्रतीत होता कि अधिकारीगण सुल्तान की संस्कृत में की गई प्रशस्ति का पारायण कर सकते हों और पता लगा सकते हों कि प्रशस्ति पर्याप्त है या नहीं। सम्भव तो यह लगता है कि अन्य शासकों की जो परम्परा विद्यमान थी, उसी में सुल्तानों को शामिल कर लिया गया था और मुसलमान दैनंदिन जीवन में हिन्दुओं के साथ-साथ घुलमिलकर इतने आत्मीय हो गये थे कि वे अब विदेशी नहीं प्रतीत होते थे। यही कारण है कि विष्णु के समस्त कार्यों की दैनिक स्वीकृति के लिए बलबन की प्रशंसा की गयी और मुहम्मद तुगलक को पृथ्वीपतियों का शिरोमणि कहा गया जिसके काल में दिल्ली में "वेद-मन्त्रों के गायन[61] से मनुष्य पाप से मुक्त" हो जाता था। विष्णु के दायित्वों का मुस्लिम शासन के द्वारा पालन और वेदपाठ द्वारा मुस्लिम राजधानी के शुद्धिकरण में कोई अन्तर्विरोध नहीं देखा गया था।

एक धर्मनिष्ठ मुसलमान को किस दृष्टि से देखा जाता था? एक अपवित्र

म्लेच्छ, जो कि अत्यन्त घृणा का पात्र था, जैसा कि प्रोफेसर आर. सी. मजूमदार हमें विश्वास दिलाना चाहें, तो[62] इन म्लेच्छों को भारत से निकाल बाहर करने की हिन्दुओं की तीव्र इच्छा के सम्बन्ध में मजूमदार के पास कोई अधिकारिक प्रमाण नहीं है। जबकि प्रमाण इसके विपरीत उपलब्ध हैं। नानक (1500 ई.) एक खत्री थे और एक हिन्दू परिवार में जन्मे थे। एक आदर्श मुसलमान के बारे में उनकी बहु-उद्धृत पंक्तियाँ दृष्टव्य हैं–

"वह जो तहेदिल से पूरा करता है अल्लाह के आदेशों को, इबादत करता है दुनिया बनाने वाले की, मिटा देता है अहं को, जब वह मनुष्यमात्र के लिए रखता है करुणा, तभी नानक कहता है कि उसे ही कहा जायेगा सच्चा मुसलमान"।[63] इन पंक्तियों में किसी कट्टर और भयानक मजहब की छवि नहीं उभरती। बल्कि परोपकार और नैतिकता की सद्भावना प्रकट होती है। यह अवधारणा कितनी दूर तक सही थी, यह अप्रसांगिक है। महत्त्वपूर्ण है नानक जैसे मस्तिष्क में इस तथ्य का अस्तित्वमान होना।

V

भारतीय इतिहास में 'इस्लाम के प्रवेश' ने अपनी प्रारम्भिक तीन शताब्दियों (13वीं से 15वीं) में इक़ता (क्षेत्राधिकार का हस्तान्तरण) पर आधारित राजनीतिक तन्त्र का निर्माण किया। इससे, भले ही अर्द्ध-शताब्दी के लिए ही क्यों न हो, 1500 वर्ष पूर्व के मौर्य साम्राज्य को प्रस्तुत किया। इसने भारत एक राष्ट्र नहीं तो कम-से-कम एक देश की अवधारणा का विकास अवश्य किया। 1281 के पालम बावली शिलालेख में पहले ही भारत के भौगोलिक वर्णनों में यह त्रुटि है कि समस्त क्षेत्र को बलबन[64] का प्रदर्शित किया गया है जब मात्र 40 वर्षों बाद ही यह दावा एक सच्चाई में बदल गया और अमीर खुसरो ने भारत को प्रकृति और संस्कृति में प्राथमिक सिद्ध किया था। वह हमें देश के अलग-अलग क्षेत्रों की भाषाओं का ज्ञान देते हैं, किन्तु साथ ही वह हिंदवी को एक तरह की सम्पर्क भाषा और संस्कृत को इसकी शास्त्रीय भाषा[65] घोषित करते हैं। खुसरो के यहाँ इण्डिया का नाम हिन्द है। 1350 में इसामी ने हिन्दुस्तान, जोकि बाद में प्रचलित संज्ञा बनी, की शान में ये पंक्तियाँ कहीं–

समृद्धि है महान उसकी जिसे कहते हैं मुल्क हिन्दोस्तान
यह है वह उद्यान जिससे करता है ईर्ष्या स्वर्ग भी
धरा-वधु के रूपाभूषण सी इसकी सीमाएँ
जैसे किसी मनमोहिन के चेहरे पर संचित हो सौन्दर्य[66]

और भी इसी प्रकार के वर्णन वह करता है।

संभवतः इसी से ताराचन्द इस निष्कर्ष पर पहुँचते हैं कि सुल्तानों ने एक अखिल भारतीय साम्राज्य की रचना की, राजनीतिक एकता और बृहत्तम राजनिष्ठा[67] के उदाहरण को प्रस्तुत किया। इस विशाल राजनिष्ठा ने, इस राष्ट्र की विशाल धरित्री के प्रति प्रेम पैदा किया जिसमें इस देश को एक देश के रूप में देखने की नवीन विविधता और गर्व भरी प्रवृत्ति स्पष्ट दिखाई देती थी, और प्यार उमड़ता था।

अब इस देश में एक मिली-जुली संस्कृति का युग शुरू हुआ जिसमें भाषा, साहित्य, विचार और कलाएँ जो बाहर से प्राप्त हुई थीं, वे सब पूर्वोपलब्ध में तदाकार हो रही थीं। ताराचन्द ने अपने एक ग्रंथ में इसका वर्णन किया है जिसे हाल ही में उद्धृत और शाश्वत् महत्त्व की पुस्तक घोषित किया गया है। उनके द्वारा व्यवस्थित सामग्री को यहाँ पुनः संक्षेप में प्रस्तुत करना निरर्थक होगा। मैं सह-यात्रियों को लेकिन यह जरूर बताना चाहूँगा कि ताराचन्द का सर्वेक्षण स्वतः पूर्ण नहीं है, उसमें पूर्व संस्कृति का मुसलमानों पर क्या प्रभाव पड़ा इसे कार्य योजना से बाहर रखा गया है, जबकि मिश्रित संस्कृति की दृष्टि से यह एक महत्त्वपूर्ण बिन्दु है। विचार-विमर्श तो अति उच्च बौद्धिक धरातल पर भी हुआ और सामान्य सामाजिक समागम में भी। उदाहरण के लिए भारतीय कला के संज्ञान के बारे में कहा जा सकता है कि उसका अधिकांश भाग फारसी में अन्तरित हो गया। 1374-75 ई. में फीरोज तुगलक के संरक्षण में, जोकि गुजरात का शासक था, भारतीय संगीत के सम्बन्ध में पहली फारसी कृति प्रस्तुत हुई जिसमें अपेक्षित सीमाओं में संस्कृत अवधारणाओं[68] का अचूक संज्ञान प्रदर्शित होता है। लगभग 140 वर्ष पहले खवास खान के बेटे भुवा ने आश्चर्यजनक रूप से भारतीय औषधि विज्ञान (आयुर्वेद का विस्तृत-संग्रह) तैयार किया—मदान-इ-शिफा-इ- सिकन्दरशाही जिसमें संस्कृत पाठ्य-सामग्री[69] का भरपूर प्रयोग है। अलबरूनी की परम्परा मरी नहीं थी, हालाँकि उसके वारिसों की प्रतिभा की दृष्टि से उसे दुर्बल पाया जा सकता है।

इस सांस्कृतिक प्रस्फुटन का सम्बन्ध निश्चित रूप से महत्त्वपूर्ण आर्थिक परिवर्तनों से भी है। तकनीक विज्ञान का तीव्र प्रभाव देता है, जिसकी ओर कोसांबी ने संकेत किया था और इरफान हबीब ने जिसका विस्तृत अध्ययन किया है।[70] यह प्रगति इन तीन शताब्दियों (13वीं से 15वीं) की है जबकि भारत में चरखे का प्रवेश हुआ, पद चालित करघे, वस्त्र-छपाई, कागज, चुम्बकीय कुतुबनुमा, बड़े पैमाने पर चापीय तकनीक से निर्माण, चूना-सूर्खी, पेराई के दाँते (फारसी चक्के वाले यन्त्र की पूर्णता), आसवन और रेशम के उत्पादन की अत्युच्च प्रभावशाली प्रविधि से शुरू हुआ।

निःसन्देह इन उपलब्धियों से शिल्प उत्पादन का विकास हुआ, प्रति व्यक्ति कपड़ा उत्पादन बढ़ा और पक्की चुनाई का अभूतपूर्व विकास हुआ।

इस बात के साहित्यिक और मुद्राशास्त्रीय प्रमाण भी मौजूद हैं कि वाणिज्य का विस्तार हुआ और स्थापत्य से यह साबित होता है कि पहले समय[71] में शहर में जो गिरावट के लक्षण दिखाई दे रहे थे वे मिट गये और शहरी अर्थव्यवस्था अपने विस्तृत रूप में विकसित हो गयी। इस अर्थव्यवस्था के कुछ पहलू एतराज तलब भी थे जैसे कि कृषि पर भारी कर तथा, कम-से-कम प्रारम्भिक दौर में, शहरी गुलामी का विस्तार, लेकिन ये सारे पहलू जो किसी भी रूप में नये नहीं थे, एक ऐसी अर्थव्यवस्था[72] से जुड़े थे जो अपने पहले की अर्थव्यवस्था की तुलना में साफ तौर पर एक विकासमान अर्थव्यवस्था है।

इन सांस्कृतिक और आर्थिक परिवर्तनों ने साम्य और वैषम्य की वह चेतना पैदा की जो पहले नहीं थी। इस चेतना ने अपने को ऐसे धार्मिक उभार के रूप में प्रस्तुत किया जिसकी मिसाल सिर्फ बौद्ध धर्म के उभार से ही दी जा सकती है। मानवीय एकता की एक नई मिसाल कायम हुई जिसमें जाति, वर्ग और दूसरे विभाजन कोई मायने नहीं रखते थे, और जो समझौताहीन तरीके से ईश्वर की एकता की उद्घोषणा करती थी। ऐसी थी वह व्यापार प्रतिभा। इसके पहले, हिन्दुस्तान के इतिहास में न किसी हिन्दू की लेखनी ने और न ही किसी मुसलमान की कलम ने इस ज़ोरदार ढंग से शुद्धता[73] और अशुद्धता की धारणा पर प्रहार किया था, जिस प्रचण्ड ढंग से अब ठुकराया गया था— ये ही धारणाएँ आधार रही हैं वंशानुगत प्रभुता की और इन्हीं में निहित है अछूत वर्ग के उत्पीड़न का सैद्धान्तिक समर्थन। ज्ञानीजनों ने इस पर गहन विमर्श किया है कि यह धार्मिक उभार इस्लाम की देन था, खासकर सूफियों की या यह भारतीय दर्शन में उपलब्ध आधारभूत चिन्तन का तार्किक विकास है। पहले निष्कर्ष से अपघटित कर, जैसा कि आर. सी. मजूमदार कहते हैं कि यह आन्दोलन हिन्दूवाद के दायरे के बाहर की चीज है[74], यह कहा जा सकता है या फिर दूसरे मत की दृष्टि से, जैसा कि इश्तियाक हुसैन कुरैशी का विचार है, कि यह हिन्दूवादियों का एक षड्यन्त्र था कि इस्लाम के प्रभाव को उसी के तत्त्वों के बाँध से बहने से रोक दिया जाये।[75] जाहिर है कि इन मतों में उन्हीं लोगों की दिलचस्पी हो सकती है जो किसी एक धर्म से स्वयं को जोड़कर कोई एक पक्ष ग्रहण कर लेते हैं, और यह सिर खपाई ही है जो वे नितान्त सीमित दृष्टि के कारण करते हैं। मेरी नजर में, 15वीं-16वीं शताब्दियों में यह जो लोकप्रिय एकेश्वरवादी आन्दोलन था, उसके नेता उन्हीं के बीच से आये थे और उन्होंने इन साधारण लोगों से उन्हीं की

भाषा में बातें कीं और उन्हें सारतः उच्च नैतिक सन्देश प्रदान किये।

इस आन्दोलन का सामाजिक चरित्र गुरु अर्जुनदेव (1606 ई.) की वाणी में दिखाई देता है जिसे उन्होंने धन्ना जाट[76] के नाम से लिखा था–

नामदेव का हृदय गाता रहता गोविन्द! गोविन्द!! गोविन्द!!!
आधी दमड़ी का वह कपड़ा छापने वाला बन गया लखपति
ताना कातना और कपड़ा बुनना छोड़ कबीर हरिप्रेम में डूब गया
देखो तो जात का जुलाहा और बन गया दिव्य विभूति
और रामदास उमर-भर मरे पशुओं को ठिकाने लगाता तर गया
साध संगत से बन गया आप महान और पाथे हरिदर्शन
सेना, नाई जो था गाँव भर का टहलुआ (और अब)
घर-घर पूजा होती उसकी और हृदय में प्रभुवास
सन्तों में गिने जाते हैं महाराज अब, यह सब वृत्तान्त सुन
एक जाट ने प्रभु चरणों में लगा दिया है स्वयं को
मैं अपने भगवान से मिला हूँ और धन्य हो गया जीवन मेरा

या फिर इन दलितों की ओर से गुरु अमरदास जी की यह गर्वभरी घोषणा उनकी वाणी में देखी जा सकती है–

नानक मुक्ति मार्ग है बहुत ही सँकरा
वे ही होंगे पार जिनमें अपार नम्रता[77]

कबीर हों या नानक या अन्य महा-आत्माएँ, सभी के लिए नामाधान या कोटि विभाजन निरर्थक था। वे न हिन्दू थे, न तुर्क (मुस्लिम)। उन्हें इन आज के खाँचों में भरना व्यर्थ है। आज के विवाद को जैसे सदियों पहले कबीर ने भाँप लिया था, जब उन्होंने गाया–

हिन्दू उसे राम कहते हैं, मुसलमान खुदा
कबीर कहते हैं कि जो इसके सार को जीता है
वह इस द्वित्व की परवाह नहीं करता– कौन हिन्दू-मुस्लिम!
काबा फिर हो जाता है काशी और राम, रहीम[78]

किंवदन्ती है कि जब कबीर का देहान्त हुआ तो हिन्दू और मुसलमान दोनों ने उन पर अपने-अपने होने के दावे किये। इस प्रकार उन्होंने अकबर के दरबार के महान फारसी कवि उर्फी, जिन्होंने दबिस्तान-ए-मजाहिब (1655 ई.) कृति की इस किंवदन्ती को साकार कर दिया–

उर्फी अच्छे और बुरे तमाम लोगों के साथ इतना मिल-जुलकर रहो कि जब इस दुनिया से विदा होओ तो मुसलमान तुम्हें आबे जम-जम से नहलायें और हिन्दू तुम्हारी चिता सजायें।

1590-91 में प्रसिद्ध धर्मशास्त्री अब्दुल हक ने मुस्लिम सन्तों के जीवनी कोष की समाप्ति पर लिखा है कि उनके पिता ने बचपन में जब लेखक के दादा से पूछा कि कबीर, जिनके पद जनता में इतने प्रचलित हैं, थे कौन– मुसलमान या हिन्दू? तो उनका उत्तर था कि वह एक एकेश्वरवादी (मुजाहिद) थे। बाद में फिर यह सवाल हुआ कि एकेश्वरवादी न हिन्दू होते हैं, न मुसलमान? तो वृद्ध ने उत्तर दिया, "यह समझना बहुत कठिन है, जब तुम बड़े हो जाओगे तभी समझ पाओगे।"[79]

साल की कुछ घटनाओं तथा विवादों से ऐसा लगता है कि अफसोस! हममें से अनेक वास्तव में अब भी समझने लायक नहीं हुए हैं, लेकिन जब तक भारतीय जनता विचारों और मूल्यों में अपनी विरासत को प्यार करती रहेगी, तब तक इस मध्यकालीन सांस्कृतिक प्रस्फुटन का सन्देश निश्चित रूप से हमारे साथ रहेगा।

संदर्भ

1. चचनामा संस्करण, उमर बिन मुहम्मद दाऊद पोता, हैदराबाद, पृ. 208-216।
2. फतह-अल-बालदान, अंश, अनूदित, इलियट और डॉसन, हिस्ट्री ऑफ इण्डिया एज टोल्ड बाई इट्स ओन हिस्टोरिएंस, I, लन्दन, 1867, पृ.129।
3. हेनरी कंसेंस, एंटीक्स ऑफ सिंध, कलकत्ता, 1929, पृ 93।
4. एपिग्राफिया इंडो-मोस्लेमिका, 1925-26, पृ. 27-28, बी.एन. मुखर्जी, सेंट्रल एण्ड एशियन डॉक्यूमेंट्स ऑन दि ओल्ड शक इरा, वाराणसी, 1973, पृ. 56-58।
5. जी-शिर-इ शुतर खुर्दन एण्ड सी. (शाहनामा)।
6. इस्लाम के प्रारम्भिक दौर की आधुनिक खोजें, एक देवदूत की जीवनी के माध्यम से, सर्वोत्तम प्रस्तुति : मैक्सिम रोडिसन, मुहम्मद, अँग्रेजी, अनु. पेंग्विन बुक्स, 1973 उम्मी अवधारणा के लिए दृष्टव्य पृ. 240।
7. वेलहाउसेन के इंटरप्रेटेंशस : उमय्या खलीफाओं का अरब साम्राज्य और उसका पतन। अपरिहार्य रूप तबारी की सामग्री के विस्तृत विश्लेषण पर मुख्य रूप से आधारित। बावजूद शाबान की आलोचना के, दृष्टव्य अब्बासी रेवोल्यूशन, कैम्ब्रिज, 1970।
8. चचनामा, पृ. 95-96, 181-182 सीरियाइयों के उत्कर्ष के लिए तथा पृ. 192, मवालियों के अपकर्ष के लिए।
9. चचनामा, ठकुरास सम्बन्धी अनेकों सन्दर्भ, जैसे 169, 177, 191, 232 और स्पष्टता के साथ उनके अरब साम्राज्य से सम्बन्ध के सन्दर्भ में।
10. वही, पृ. 195।
11. वही, पृ. 211।
12. राजतरंगिणी, अनु.ए.स्टीन, I, पृ. 388-89।

13. चचनामा, पृ. 186, 194-5।
14. काउसेन, एंटीक्विटीज़ ऑफ सिन्ध, पृ. 48 एफ एफ और प्लेट IV,(प्लान ऑफ दि सिटी)।
15. वही, 178-183।
16. आर.एस. शर्मा, इण्डियन फ्यूडलिज्म, कलकत्ता, 1965, पृ. 61, स्टेटमेंट सुरक्षित, द्वितीय संस्करण, नई दिल्ली, 1980, पृ. 54-55।
17. दृष्टव्य पिरेन की कृति मुहम्मद और शार्लेमेन, अंग्रेजी, अनु. 1939, विशेष रूप से भाग-2, अध्याय I, अनुभाग II।
18. आर. हिल्टन, ट्राँजीशन फ्राम फ्लूडलिज्म टू कैपीटलिज्म, लन्दन, 1953, पृ. 65-66, बी. लीविस, अरब्स इन हिस्ट्री, लन्दन, 1958, पृ. 87-92।
19. फ्यूडल सोसाइटी, अँग्रेजी, अनु. लन्दन, 1965, पृ. 65।
20. अरबों में रक़ाब के परिचय के लिए देखिए, लिन व्हाइट, जर्नल मेडीवल टेक्नोलॉजी एण्ड सोशल चेंज, न्यूयॉर्क, 1966, पृ. 18-19, नाल वाले घोड़े बैजंटियम पहुँच गये थे, 10वीं शताब्दी (वही, पृ. 58) अरबी-फारसी प्रमाणों के लिए, दृष्टव्य, इरफान हबीब, इण्डियन हिस्ट्री काँग्रेस, प्रोसीडिंग्स, वाराणसी सत्र (1969), पृ. 159।
21. हिकायात इन गुलिस्तान, प्रारम्भ-याके अज़ मुलुक-ए खुरासान, एण्ड सी.।
22. एडवर्ड सी. सशाऊ (अनु.) अलबेरूनीज़ इण्डिया, लन्दन 1910, I, पृ. 22।
23. फतह-अस-सलादीन, संस्करण, ए. एस. ऊषा, मद्रास, 1948, पृ. 29।
24. मुहम्मद हबीब, सुल्तान महमूद ऑफ गजनी, अलीगढ़, 1951, पृ. 87।
25. राजतरंगिणी, अनु. एम. ए. स्टीन, I, पृ. 272-73, कल्हण काउंटर की तारीख नहीं देता, संग्रामराज शासन में स्थापित करता है। (1003-28)।
26. ई.सी. सशाऊ के सर्वश्रेष्ठ अनुवाद अलबेरूनीज़ इण्डिया दो भाग, (लन्दन 1910) के लिए हम ऋणी हैं। प्रोफ़ेसर कयामुद्दीन अहमद द्वारा इसका संक्षिप्त रूपान्तर, नेशनल बुक ट्रस्ट. नई दिल्ली, द्वि. सं. (संशोधित), 1983।
27. अनु. सशाऊ, II, पृ. 108, अलबेरूनी वस्तुतः बराहमिहिर की ओर संकेत कर रहे हैं। शसाऊ, I, पृ. XVIII, संभवतः वास्तविक जीवन में महमूद संरक्षित न कर सका।
28. सशाऊ II, पृ. 280।
29. सी. जे. ब्राउन, दि क्वाइंस ऑफ इण्डिया, कलकत्ता, 1922, पृ. 70।
30. एच. नेलसन राइट : दि क्वाइनेज एण्ड मेट्रोलॉजी ऑफ दि सुलतांस ऑफ दिल्ली 1936 (पृ. 6-12 केटालॉग) 67 कमेंट्री कहना न होगा कि मुइजुद्दीन ने द्विभाषी सिक्कों की परम्परा जारी रखी।
31. तबकात-ए-नासिरी, संस्करण, अब्दुल हैबी हबीबी, काबुल, 1343, एच. II, पृ. 31-32 रेबर्टी, अँग्रेजी अनुवाद के लिए बहुश्रुत, उपरोक्त वक्तव्य की व्यंजनाओं की व्याख्या करते हैं, पृ. 764। तुग़रिल विद्रोह की तिथि निर्धारण के लिए देखिए ए. बी. एम. हबीबुल्लाह कृत दि फाउंडेशन ऑफ मुस्लिम रूल इन इण्डिया, द्वितीय संशोधित संस्करण, इलाहाबाद, 1961, पृ. 130।
32. उद्धृत, एस. आर. शर्मा, अलीगढ़, जर्नल ऑफ ओरिएण्टल स्टडीज I(1), 1984, पृ. 3-4।

33. जर्नल ऑफ इण्डियन हिस्ट्री (जे आई एच), XV(2), 1936, पृ. 182-83।
34. इब्न बतूता, रिहला, अनु. मेंहदी हुसैन, पृ. 8।
35. इसामी, फतह-अस-सलादीन, पृ. 484-88, बर्नी, तारीख-ए-फ़ीरूज-शाही, संस्करण, सईद अहमद खान, बिब, इंडि. कलकत्ता, 1862, पृ. 489।
36. बरनी, उपरोक्त, पृ. 505।
37. इसामी, उपरोक्त, पृ. 464-65।
38. बरनी, पृ. 120।
39. बरनी, पृ. 216-17।
40. बरनी पृ. 113।
41. दृष्टव्य पालम बावली शिलालेख, 1281 ई (जे. ए. एस. बी. XXXXIII (1), 1874, पृ. 104) और सरबन शिलालेख 1328 ई. (मेंहदी हुसैन, राईज़ एण्ड फाल ऑफ मुहम्मद तुग़लक, लन्दन, 1938, पृ. 246-47)।
42. बरनी, पृ. 546।
43. वही, पृ. 554 (पठनीय सहन स्थानापन्न सिपाहन)।
44. डब्लू. एच. मोरलैण्डः एग्रेरियन सिस्टम ऑफ मोस्लेम इण्डिया, केम्ब्रिज, 1929, पृ. 32, 225, 230।
45. बरनी, पृ. 547।
46. बरनी, पृ. 554।
47. कनिंघम, आर्कियोलॉजिकल सर्वे रिपोर्ट्स III, पृ. 103-105।
48. नूर सिपिहर, संस्करण, मुहम्मद वाहिद मिर्ज़ा, लन्दन, 1950, पृ. 151-195।
49. बरनी, पृ. 485, इसामी, 472 (अनुप्रासात्मक) कारणों से, संभवतः नाम प्रदत्त सरगादारी लेकिन एक संदर्भ स्वर्ग का है जोकि दोहे में सर्ग है याने स्वर्ग।
50. कर्मचारियों के नाम आदेश 1329। श्री साइमन डिग्बी ऑफ चेनल थाइजलैंड्स यू. के. में दस्तावेज की स्पष्ट फोटो प्रति।
51. कनिंघम, आर्कियोलॉजिकल सर्वे रिपोर्ट्स, III, पृ. 103-105।
52. जे. एच. आई., XV (2) 181।
53. एच. बी डब्लू, गैरिक इन कनिंघम, आर्कियोलॉजिकल सर्वे रिपोर्ट्स XXIII, पृ. 116-17।
54. फबैद-उल फवाद, संस्करण मुहम्मद लतीफ मलिक, लाहौर, 1966, पृ. 118-19।
55. वही, पृ. 118।
56. वही, पृ. 417-18, निजामुद्दीन के गुरु फ़रीद ने उससे इस मामले में निश्चिन्त रहने के लिए कहा, इसलिए नहीं कि योगी जो कर रहा था वह गलत था, बल्कि इसलिए कि उसके लिए यह निरर्थक था, जाहिर है शादी का सवाल ही कहाँ उठता था। देखिए, वही, पृ. 404-5।
57. वही, पृ. 305-6, 308।
58. वही, पृ. 201-2।
59. फबैद-उल-फवाद, संस्करण, मुहम्मद लतीफ मलिक, लाहौर, 1966, पृ. 339-40।

60. वही, पृ. 278-79।
61. एन्क्वायरी, दिल्ली, न्यू सीरीज II, 2 (ओल्ड सीरीज़, नं. 11) 1965, पृ. 49-67।
62. इस सन्दर्भ में दृष्टव्य, पालम और सरबन शिलालेख : सन्दर्भ उपरोक्त।
63. हिस्ट्री एण्ड कल्चर ऑफ इंडियन पीपुल, वाल्यूम V, पृ. XIV।
64. मझ की वार, गुरु ग्रन्थ साहिब, अनूदित मैकालिफ।
65. उपरोक्त शिलालेख।
66. नह सिपिहर, पृ. 179-81।
67. इसामी, पृ. 604-5।
68. ताराचन्द; इन्फ्लुएंस ऑफ इस्लाम ऑन इंडियन कल्चर, द्वितीय संस्करण, इलाहाबाद, 1963।
69. घनियात-उल-मुनियाद, दुर्भाग्य से अज्ञात नामा है। शहाब सरमदी द्वारा सम्पादित, बम्बई, 1978।
70. नवल किशोर संस्करण, लखनऊ, 1877-1889 (पृष्ठ प्रति पृष्ठ पूर्व संस्करणवत)।
71. डी.डी. कोसाम्बी; इंट्रोडक्शन टू दि स्टडी ऑफ इंडियन हिस्ट्री, बम्बई, 1956, पृ. 370। इरफान हबीब; टेक्नोलॉजी एण्ड सोसाइटी इन दि 13थ एण्ड 14थ सेंचुरीज, प्रोसीडिंग्स इंडियन हिस्ट्री कॉंग्रेस : वाराणसी सत्र 1969, पृ. 139-61 और मैडीवल टैक्नोलॉजी : एक्सचेंज बिटवीन इंडिया एण्ड दि इस्लामिक वर्ल्ड, अलीगढ़ जर्नल ऑफ ओरिएंटल स्टडीज II (1-2), 1985, पृ. 196-222।
72. आर.एस. शर्मा : अर्बन डिके इन इण्डिया, 300-1000 ई., नई दिल्ली, 1987।
73. उद्धृत, इरफान हबीब : इकॉनॉमिक हिस्ट्री ऑफ दि डल्ही सुल्तानेत, इण्डियन हिस्टोरिकल रिव्यू, IV (2), 1978, पृ. 287-303)।
74. उद्धृत, लुइस डुमों, होमो हायरर्किकस, अंग्रेजी, संस्करण, लन्दन, 1972।
75. मजूमदार के सत्यापन के सन्दर्भ में 'टेम्पिल्स एण्ड मोनास्टरीज एण्ड ब्राह्मनूस' (हिस्ट्री एण्ड कल्चर ऑफ इण्डियन पीपुल I, पृ. XXXI, XXXIII)।
76. हिस्ट्री ऑफ फ्रीडम मूवमेंट, कराची, 1957, I, पृ. 17, 201।
77. आसा, गुरु ग्रन्थ साहिब, मैकालिफ, संशोधित अनुवाद।
78. गुर्जरी की वार, गुरु ग्रन्थ साहिब, मैकालिफ अनुवाद।
79. कबीर ग्रन्थावली, संस्करण श्याम सुन्दर दास, काशी, पृ. 54।
80. अबुल फज़ल, आइन-ए-अकबरी, संस्करण, ब्लौकमान, I, पृ. 339, अन्यत्र अबुल फज़ल कबीर के बारे में कहता है : 'उसने जान लिया जब सच को तो ठुकरा दिया सब सड़ा गला।'
81. पैरा, अखबार-उल-अखयार देवबन्द, ए.एच. 1332, पृ. 306, हिन्दू के लिए प्रयुक्त शब्द है काफिर। अब्दुल हक, दादा सादुल्ला का 1523 में देहान्त हुआ जब उनके पिता की उम्र 8 वर्ष की थी।

प्राचीन काल में भक्ति का स्वरूप

– सुवीरा जायसवाल

मनुष्य एक विचारवान् प्राणी है और मानव सभ्यता के आदि काल से ही उसने अपनी परिस्थितियों और वातावरण को समझने का सतत् प्रयास किया है। विभिन्न धार्मिक आस्थाएँ इस प्रक्रिया की उपज हैं और उनका मानव के सामाजिक एवं भौतिक परिवेश से घनिष्ठ सम्बन्ध है। परन्तु यह सम्बन्ध द्वन्द्वात्मक है, यन्त्रवत् निर्धारित नहीं। जहाँ एक ओर धार्मिक आस्थाओं का मूल मनुष्य के सामाजिक और पार्थिक परिवेश में खोजा जा सकता है, वहीं यह भी निश्चित है उसके धार्मिक एवं नैतिक आदर्श अक्सर मार्ग चयन में उसका दिशा निर्देश करते हैं और इस प्रकार उसके परिवेश के निरूपण में महत्त्वपूर्ण भूमिका अदा करते हैं। भक्ति विचारधारा के ऐतिहासिक अध्ययन से यह बात स्पष्ट रूप से चरितार्थ होती है।

'भक्ति' शब्द के भाषा-वैज्ञानिक अध्ययन से यह स्पष्ट हो चुका है[1] कि भक्ति, भक्त और भगवत्-भगवन् शब्द 'भज्' धातु से बने हैं जिसका सर्व प्राथमिक प्रयोग बाँटने, 'भाग' पाने या लेने अथवा 'भाग' का यानी हिस्सा के साझीदार बनने एवं ऐसे ही सम्बन्धित अर्थों में वैदिक साहित्य में हुआ है। 'भग' रूपी धन अथवा द्रव्य के अधिपति को भगवत् कहा गया और जिसके लिए 'भग' एक भाग निर्दिष्ट हुआ वह 'भक्त'। उसका अपना विभाजन द्वारा नियत भाग उसकी 'भक्ति' कही गई। ऋग्वेद में 'भक्त', 'भक्ति' और 'भगवत्' शब्दों का प्रयोग इन्हीं अर्थों में हुआ है। यदि आगे चलकर भगवत् शब्द से एक अलौकिक सर्वशक्तिमान परम तत्त्व का बोध होने लगा तो उसके मूल में यही तथ्य है कि उस तत्त्व की कल्पना एक ऐसी शक्ति के रूप में की गई जिसका समस्त ऐश्वर्य एवं सम्पदा पर प्रभुत्व था और जो अपने उपासक

को उसका एक अंश, 'भक्ति', प्रदान कर उसे अपना 'भक्त' बना सकती थी। इसी कारण 'भक्ति' और 'भक्त' के प्रारम्भिक प्रयोग कर्मवाच्य में हुए हैं और ऋग्वेद की एक ऋचा[2] में अग्नि को भक्तों और अभक्तों में भेद करने वाला कहा गया है। 'भगवत्' के अनुग्रह से 'भग' के एक अंश के प्रापक, अतिग्रहीता होने से 'भक्त' और 'भक्ति' शब्द दैवी शक्ति के साथ एक प्रकार की सहभागिता एवं घनिष्ठ आत्मीयता की भावनाओं को व्यक्त करने के लिए सर्वथा उपयुक्त थे और सम्भवतः इसी कारण धार्मिक विचारधारा में 'भक्ति' शब्द एक सशक्त प्रतीक सिद्ध हुआ।

इसमें कोई सन्देह नहीं कि शिव, विष्णु और देवी-दुर्गा सरीखे देवी-देवताओं की भारत में बड़े प्राचीन काल से पूजा होती चली आ रही है, परन्तु इस कारण ही बिना समुचित छानबीन किए यह मान लेना उचित नहीं होगा कि हिन्दू धर्म का जो स्वरूप महाकाव्यों और पुराणों में दिखाई देता है वह बिना किसी मौलिक परिवर्तन के अपने मूल रूप में प्रागैतिहासिक काल में भी विद्यमान था और बदलते पार्थिक परिवेशों के बावजूद धर्म की स्वायत्तता सदैव कायम रही है। इस तरह की मान्यताओं के पीछे ऐतिहासिक साक्ष्य कम और पूर्वाग्रह अधिक हैं। उदाहरण के लिए, कांस्य युगीन सिन्धु घाटी की सभ्यता के अवशेष मिलने पर जॉन मार्शल ने मोहनजोदड़ो में पाई गई एक मुहर पर खुदे हुए चित्र के बारे में यह अनुमान लगाया कि वह शिव-पशुपति का पूर्व रूप है, तो बिना किसी हिचकिचाहट के अधिकांश विद्वानों ने इसे सही ही मान लिया क्योंकि इससे एक ओर तो भारतीय संस्कृति का वैदिक धर्म से पौराणिक धर्म में संक्रमण के ठोस कारणों को खोजने की कोई आवश्यकता ही नहीं रही, और इसे आर्येतर तत्त्वों का पुनरुत्थान या पुनर्संस्करण कहकर काम चलाया जा सकता था। दूसरी ओर, एक प्राचीन महान सभ्यता से हिन्दू धर्म का सम्बन्ध जोड़कर अपनी जड़ों की प्राचीनता पर गौरवान्वित हुआ जा सकता था। आज यह धारणा विद्यार्थियों के लिए लिखी गई पाठ्य पुस्तकों का एक विवादित अंग बन चुकी है। किन्तु अब कई विद्वानों ने इस बात पर संदेह प्रकट किया है कि मुहर पर सींगों का मुकट पहने हुए देवता वास्तव में एक पुरुष-देवता का चित्रण है या मातृ-देवी का। अधिक सम्भावना इसी बात की है कि मुहर पर हड़प्पा सभ्यता में पूजित मातृ-देवी का ही चित्रण है। इस देवता को जिन जानवरों से घिरा हुआ चित्रित किया गया है उनमें शिव के वाहन नन्दी बैल का न होना विशेष ध्यान देने योग्य है। जिन जानवरों को दिखाया गया है, जैसे कि गैंडा, हाथी, भैंसा आदि, उनमें से किसी का भी शिव-पशुपति से कोई विशेष सम्बन्ध नहीं रहा है। प्रोफेसर वैशम[3] इस देवता का सामने वाला चेहरा व्याघ्र की आकृति का मानते हैं जबकि कुछ अन्य विद्वानों के अनुसार यह भैंसे के

सींगों का मुकुट पहने हुए एक मातृ-देवी की आकृति है जिसने हाथों में तमाम ब्रेसलेट और चूड़ियाँ पहन रखी हैं और कमरबन्द पहना हुआ है जिसका एक हिस्सा नीचे की ओर लटक रहा है। वस्तुतः सिन्धु घाटी की सभ्यता में किसी पुरुष देवता की पूजा होने का कोई ठोस प्रमाण नहीं मिला है। ऐसी अवस्था में शिव भक्ति की धारा को सैन्धव सभ्यता से जोड़ना असंगत होगा।

इसी प्रकार यद्यपि हड़प्पा-सभ्यता में मातृ-देवी की पूजा होता थी, इससे अपने आप ही यह सिद्ध नहीं हो जाता कि यह पूजा भक्ति-निष्ठा थी। हेनरी व्हाइट-हैड[4] ने दक्षिण भारत में पूजे जाने वाले ग्राम देवी-देवताओं की पूजा प्रथा पर जगह-जगह जाकर एकत्रित की गई शोध सामाग्री अपनी पुस्तक में बड़ी सतर्कता से प्रस्तुत की है और उससे यह साफ़ ज़ाहिर होता है कि मातृ-देवी की पूजा के मूल में प्रेम या भक्ति न होकर, भय और अनिष्ट के निवारण हेतु एक भयानक दैवी शक्ति को जानवरों की बलि देकर तुष्ट करने की भावना काम करती रही है। यह तो नहीं कहा जा सकता कि हड़प्पा निवासियों द्वारा पूजित मातृ-देवी का इन मातृ-देवियों का कोई सम्बन्ध है, पर प्रमाण के अभाव में सैन्धव सभ्यता में प्रचलित धार्मिक विचारधारा के बारे में अटकल लगाना व्यर्थ है।

ऋग्वेद में शिव और देवी दुर्गा का उल्लेख तो नहीं है, परन्तु विष्णु अवश्य ही एक प्रतिष्ठित देवता थे और उनकी स्तुति में कई ऋचाएँ गढ़ी गई थीं। उनके सम्बन्ध में यद्यपि 'भक्त' या 'भक्ति' का उल्लेख नहीं हुआ है, फिर भी एक ऋचा में यह कहा गया है कि जो मनुष्य विष्णु को भेंट देकर उनका मन से भजन करता है, उसे विष्णु जैसे महान दाता का अनुग्रह प्राप्त होता है।[5] विष्णु के अतिरिक्त कुछ अन्य देवताओं की भी, विशेष रूप से वरुण और इन्द्र की, जिन शब्दों में स्तुति की गई है उसमें अनेक विद्वानों ने भक्ति भाव के अंकुर देखे हैं।

वस्तुतः आदिम समाज की वर्ग-विहीन समताशील जन-जातियों में आपसी सम्बन्धों का आधार संगोत्रता होती है और जो इस सूत्र से जुड़े हुए नहीं होते, उन्हें बाहरी आदमी समझा जाता है और उनसे किसी प्रकार की आशा नहीं की जाती। यही बात उपासक और उपास्य के सम्बन्धों पर भी लागू होती है। ऋग्वेद की अनेक ऋचाओं में कवियों ने देवताओं को सजात्य, 'एक ही नाभि से उत्पन्न' या 'सहोदर' कहा है और 'देवताओं से अपनी संगोत्रता' जताई है। ऐसे उद्‌गार भक्ति भावना के बड़े निकट हैं, परन्तु इनमें वैदिक जन-जातियों का लौकिक परिदृश्य एवं भावबोध झलकता है क्योंकि देवता भी अपने आत्मीय जनों की ही सहायता करते हैं, असंगोत्र जनों की नहीं।

उत्तर वैदिक युग में जहाँ एक ओर वैदिक समाज में सोपानबद्ध वर्गीकरण की प्रक्रिया ने जोर पकड़ा, वहीं उपासक-उपास्य के आपसी सम्बन्धों की परिकल्पना में भी कुछ बदलाव आया। वस्तुतः उत्तर वैदिक काल के पुरोहित-प्रधान ब्राह्मण धर्म-ग्रन्थों में कर्मकाण्ड को अत्यधिक महत्त्व दिया गया है और देवताओं का अनुग्रह प्राप्त करने की वही एक विद्या है जिससे अनेक प्रकार के सांसारिक सुख, विशिष्ट पद एवं वैभव प्राप्त हो सकते थे, किन्तु उपासक देवता को अपना पिता, प्रेमी या मित्र समझ उपास्य की स्वतः अनुकम्पा की अपेक्षा नहीं कर सकता था। अतः वैदिक धार्मिक परम्परा की इस प्रावस्था में भक्ति-भाव लुप्तप्राय हो गया।

भक्ति भावना का पुनः स्पष्ट उद्घोष हमें महाभारत, रामायण एवं पुराणों में मिलता है। यों तो सभी देवी-देवता भक्तिमयी उपासना के पात्र समझे गये, किन्तु पौराणिक देवताओं में सर्वप्रथम विष्णु और शिव ही भक्तिमयी उपासना के केन्द्र-बिन्दु के रूप में उभरते हैं। भक्ति सिद्धान्त का सुस्पष्ट एवं प्रभावपूर्ण प्रतिपादन वासुदेव-कृष्ण के देवत्व की परिकल्पना के माध्यम से महाभारत, जिसका भगवत् गीता एक अभिन्न अंग है, में हुआ। इस महाकाव्य को धर्मग्रन्थ की संज्ञा मिली। विष्णु और शिव की आराधना पर केन्द्रित भक्ति सम्प्रदायों का विशेष अभ्युदय और कौरव-पाँडवों की युद्ध गाथा के माध्यम से साम्प्रदायिक भक्ति के सिद्धान्त का प्रतिपादन बौद्ध धर्म के उदय और प्रचार के बाद की ही घटना लगती है क्योंकि बुद्ध ने वैदिक कर्मकाण्ड की निन्दा की थी पर विष्णु और शिव की पूजा पर कोई ध्यान नहीं दिया था। बौद्ध पाली धर्मग्रन्थों में ब्राह्मण धर्मियों के प्रमुख देवता शक्र-इन्द्र और प्रजापति ब्रह्मा हैं, विष्णु और शिव नहीं।

भगवत्-गीता के रचना काल और सामाजिक परिप्रेक्ष्य के बारे में बहुत कुछ लिखा जा चुका है। इसकी अन्तर्वस्तु के विवेचन से यही निष्कर्ष निकलता है कि न यह एक व्यक्ति की रचना है और न एक ही बार में लिखी गई है। प्रोफेसर बैशम के अनुसार इसकी विकासावधि के तीन प्रक्रम हैं। गीता के पहले अध्याय से लेकर दूसरे अध्याय के अड़तीसवें श्लोक तक की अन्तर्वस्तु युद्ध के औचित्य के प्रश्न से सम्बन्धित है और इस प्रकार यह अंश मूल कथा से जुड़ा हुआ है, उसमें एकरूपता है, संगीत है। इस मूल अंश का परिवर्द्धन कम से कम दो बार किया गया, पहली बार एक ऐसे व्यक्ति द्वारा जिसका दृष्टिकोण उपनिषदों की विचारधारा से मेल रखता था और जो अव्यक्त ब्रह्मा में ब्रह्माण्ड का वास्तविक अन्तिम सत्य देखता था, और दूसरा एवं अन्तिम संस्करण ऐसे व्यक्ति द्वारा हुआ जो ईश्वरवादी था और विष्णु-कृष्ण का अनन्य भक्त था। पी. एल. भार्गव[6] भी गीता के उन अंशों को जिनमें कृष्ण के

देवत्व का उल्लेख है, प्रक्षिप्त मानते हैं, विशेष रूप से अध्याय सात से लेकर बारहों अध्याय तक के श्लोक तथा कुछ अन्य अंश, परन्तु उनके अनुसार सभी प्रक्षिप्त अंशों की रचना एक ही व्यक्ति द्वारा हुई है। हमारे विचार से कौरव-पाँडवों की युद्ध-गाथा के धार्मिक संस्करण का मुख्य उद्देश्य था वासुदेव-कृष्ण का भगवत् नारायण-विष्णु के साथ तादात्म्य स्थापित कर उन्हें उनके अवतार के रूप में प्रतिष्ठित करना और भागवत् धर्म के द्वारा ब्राह्मणीय मूल्यबोधों का प्रचार-प्रसार करना। प्रसिद्ध विद्वान वी. एस. सुकथंकर, जिन्होंने महाभारत के अनेक पर्वों का पाठ-सम्पादन किया, का मत था कि पाँडवों के जय काव्य का धार्मिक संस्करण, उसे 'महाभारत' का रूप देने का कार्य भृगुगोत्रीय ब्राह्मणों ने किया था और भगवत्-गीता भी उन्हीं की विशेष कृति है।

जो भी हो, अपने वर्तमान रूप में गीता में भक्ति सिद्धान्त का पूर्ण निरूपण उपलब्ध होता है और भक्त विश्वरूपधारी भगवान् से प्रार्थना करता है कि पिता जैसे पुत्र के और प्रेमी जैसे अपनी प्रिया के अपराध सहन कर लेता है, उसी प्रकार आप भी मेरे अपराध सहन कर लें (9.44)। परन्तु गीता के भक्ति-सिद्धान्त में दास्य भाव ही प्रधान है। भावुक प्रेम भाव की अभिव्यक्ति नहीं है। भक्त को अपनी अकिंचनता का बोध है और वह विनम्रतापूर्वक भगवत् अनुग्रह की प्रार्थना करता है और कहता है कि हे भगवन्, आपका विराट् आश्चर्यमय रूप देखकर मैं भयभीत हो उठा हूँ, कृपया आप मुझे अपना देवरूप ही दिखाइए (11-45)। कहा जा सकता है कि जैसे ऋग्वेद की ऋचाओं में एक वर्गहीन समाज के आत्मीय सम्बन्धों की झलक पाई जाती है, वैसे ही एक वर्गबद्ध समाज में अवस्थित गीता का कवि भक्त की कल्पना एक अकिंचन दास-कर्मकर के रूप में करता है जो अपने अधिपति या स्वामी प्रभुत्व से पूर्णतया अभिभूत है और उसकी कृपा पर अवलम्बित है। परन्तु गीता की भक्ति-कल्पना उपासक के केवल मनोभाव तक ही सीमित नहीं है। उसका प्रबल सामाजिक पक्ष है जिसमें निष्काम कर्म का उपदेश दिया गया है।

अब गीता में कर्म की परिभाषा क्या है? यहाँ 'कर्म' वैदिक साहित्य में वर्णित कर्मकाण्ड का अर्थ नहीं रखता, अपने वर्ण-धर्म के अनुसार निर्दिष्ट कर्मों का बिना फल की कामना किए करते रहना ही गीता का निष्काम कर्मयोग है। गीता में वर्णित भक्ति का वर्ण धर्म एक अभिन्न अंग है। स्पष्ट रूप से कहा गया है कि–

श्रेयान् स्वधर्मो विगुणः पर धर्मात् स्वनुष्ठितात्
स्वधर्मे निधनं श्रेयः पर धर्मो भयाबहः। (3.35)

इसी बात को जोर देकर दुबारा फिर कहा गया है–

श्रेयान् स्वधर्मो विगुणः पर धर्मात्स्वनुष्ठितात्।
स्वभाव नियतं कर्म कुर्वन्नाप्नोति किल्विषम्।।

वर्ण-धर्म के प्रति इस कट्टर दृष्टि की तुलना गीता के इस कथन से की जाय जिसमें भगवन् यह कहते हैं, कि जो भी भक्त चाहे जिस रूप में भी देवता की अर्चना करना चाहता है मैं उस भक्त की उस देवता के प्रति श्रद्धा अचल बनाता हूँ (यो यो यां तनुं भक्तः श्रद्धयार्चितुमिच्छति। तस्य तस्याचलां श्रद्धां तामेव विदधाभ्यहम्।।) (7.21), तो यह स्पष्ट हो जाता है कि जहाँ एक ओर देवता के स्वरूप एवं अर्चना-पद्धति आदि के मामले में पूरी व्यक्तिगत स्वतंत्रता दी जा रही है, वहीं सामाजिक कार्य-क्षेत्र में बलपूर्वक यह कहा जा रहा है, मनुष्य को स्वभाव से अर्थात् जन्म से नियत कर्म को ही करना चाहिए (वर्ण धर्म उसके व्यक्तिगत गुणों पर नहीं अपितु जन्म पर ही आधारित समझा गया है।) इसी मान्यता के अनुसार गीता में शूद्रों एवं स्त्रियों को पाप यौन समझा गया। यह एक दिलचस्प सवाल है कि वैयक्तिक आधार और सामाजिक आचार के प्रति अपनाए गये रवैयों में इतनी जबर्दस्त विसंगति क्यों है। आगे चलकर हिन्दू धर्म इसी विशेषता द्वारा परिभाषित हुआ।

वैष्णव सम्प्रदाय का प्रारम्भिक इतिहास लिखते हुए हेमचन्द्र राय चौधरी ने यह मत व्यक्त किया था कि बौद्ध धर्म द्वारा वैदिक परम्परा पर प्रचण्ड अभ्याघात हुआ। इसका निराकरण करने के लिए ब्राह्मण धर्म वेत्ताओं ने एक लोकप्रिय देवता वासुदेव-कृष्ण को वैदिक देवता नारायण-विष्णु से अभिज्ञापित कर दिया और कृष्ण भक्ति के माध्यम से शास्त्र-सम्मत धार्मिक परम्परा को पुनर्जीवन प्रदान कर उसे लोकप्रिय बनाया। इस प्रकार वासुदेव संकर्षण की आराधना पर केन्द्रित भागवत् धर्म आगे चलकर वैष्णव धर्म में परिवर्तित हो गया।

ध्यान देने की बात है कि बौद्ध धर्म ने वैदिक कर्मकाण्ड पर अधिक और वर्ण व्यवस्था पर कम, पर दोनों ही व्यवस्थाओं पर आघात किया था। बदलती हुई सामाजिक एवं आर्थिक परिस्थितियों ने किस प्रकार बौद्ध धर्म के सिद्धान्तों को लोकप्रिय बनाया, इसे दामोदर धर्मानन्द कोसम्बी एवं रामशरण शर्मा ने अपने लेखों में भलीभाँति दर्शाया है। किन्तु परिप्रेक्ष्य केवल बौद्ध धर्म का ही नहीं था। ईसा पूर्व दूसरी शताब्दी के आसपास बड़ी संख्या में विदेशी आक्रामक जन-जातियाँ पश्चिमोत्तर दिशा से आईं और उन्होंने भारत के काफी बड़े प्रदेश पर अपनी प्रभुता स्थापित करने में सफलता पाई। इस समय तक वैदिक भजन-भाजन की पद्धति पूर्णतया रूढ़िबद्ध

हो चुकी थी और यह सम्भव नहीं था कि वर्ण-बाह्य समुदायों को वेदों के पठन-पाठन का, वैदिक यज्ञों के करने का अधिकार दिया जाता, उन्हें भी वर्ण-धर्म का पोषक और ब्राह्मण धर्मी परम्परा का समर्थक बना लिया जाता। ये प्रवासी बौद्ध धर्म की ओर झुके और उन्होंने लोक प्रचारित देवी-देवताओं की पूजा को भी अपनाया क्योंकि इनकी पूजा किसी वर्ण-जाति विशेष तक सीमित न होकर या तो जन-साधारण में प्रचलित विश्वासों का परिणाम थी या आदिम जन-जातियों के सन्दर्भ से आत्मसात कर ली गई थी। इस प्रकार पारम्परिक वैदिक धर्म का प्रभाव क्षेत्र काफ़ी संकुचित और खतरे में था।

तत्कालीन परिस्थितियों का एक और महत्त्वपूर्ण घटक था। वैदिक यज्ञों की कर्मकाण्डी परम्परा मूलतः पशुपालन एवं कृषि व्यवस्था से जुड़ी हुई थी। परन्तु शहरी सभ्यता के विकास से और व्यापार एवं शिल्पकारी की उन्नति से ईसा पूर्व की कतिपय शताब्दियों में समाज में अनेक ऐसे वर्गों का अभ्युदय हो गया था जो बढ़ती हुई समृद्धि के भागीदार थे, परन्तु उनका वर्ण व्यवस्था में पारम्परिक स्थान निम्न था और वेद-शास्त्रों में उनकी उपेक्षा की गई थी। ऐसे लोगों में भी याज्ञिक कर्मकाण्ड की जगह भक्ति पर आधारित देवी-देवताओं की पूजा ही अधिक लोकप्रिय हुई। इन परिस्थितियों ने अनेक ब्राह्मण मनीषियों को धर्म के स्वरूप पर गहराई से विचार करने की प्रेरणा दी और परिणामस्वरूप महाकाव्य ही धर्मग्रन्थ नहीं बने, बल्कि देवी-देवताओं की पूजा को केन्द्रबिन्दु बना अनेक पुराणों की भी रचना हुई। कहना न होगा कि इन सभी में देवताओं की भक्ति के प्रतिपादन के साथ ही साथ वर्ण व्यवस्था का भी प्रतिपादन हुआ है।

इस प्रक्रिया की एक महत्त्वपूर्ण पर्वसन्धि भागवत् पुराण में देखी जा सकती है। हॉपकिन्स[7] महोदय का कहना है कि इस पुराण के अध्ययन से ज्ञात होता है कि भक्ति आन्दोलन का नेतृत्व ऐसे सन्यासियों और विद्वानों ने किया था जो भले ही ब्राह्मण वर्ग के न रहे हों, पर वे ब्राह्मणीय सामाजिक और धार्मिक परम्परा के ही अन्दर थे। उनके अधिकांश अनुयायी शूद्र एवं निम्न जातियों के थे और उन्होंने वर्ण व्यवस्था पर आघात न कर उसे मोक्ष के लिए निरर्थक माना, पर वैदिक कर्मकाण्ड का डट कर विरोध किया। परन्तु संस्कृत के प्रसिद्ध विद्वान जे.ए.बी. वैन ब्यूतेनिन[8] भार्गवत पुराण की रचना एक जनप्रिय आन्दोलन के संस्कृतीकरण और वैदिक परम्परा से उसका तारतम्य बिठाने का प्रयास मानते हैं। भागवत् पुराण का रचनाकाल सातवीं-आठवीं सदी के आसपास माना जाता है, और इसमें जानबूझकर संस्कृत भाषा को पुरातन (archaic) और वैदिक बनाने का प्रयत्न किया गया है ताकि इसमें वर्णित

भक्ति धर्म को शास्त्र-सम्मत एवं वैदिक परम्परा के अनुकूल प्रमाणित किया जा सके। छठी-सातवीं शताब्दी के आलवार एवं नायनार सन्तों का भक्ति आन्दोलन प्रकटरूप से ब्राह्मण और वेद विरोधी तों नहीं कहा जा सकता, किन्तु उनका अननुवर्ती और अप्रतिश्रुत अवश्य था। भागवत् पुराण के माध्यम से भक्ति आन्दोलन को शास्त्र-सम्मत बनाने के प्रयत्न की तुलना नाथमुनि, यामुनाचार्य एवं रामानुजाचार्य के प्रयासों से की जा सकती है जिन्होंने 'पञ्चरात्र' की धार्मिक पद्धति को वैदिक सिद्ध करने का प्रयत्न किया और इस प्रकार पञ्चरात्र में जो गैर ब्राह्मण एवं ब्राह्मण धर्म विरोधी तत्त्व थे उनका निराकरण कर दिया।

सगुण भक्ति की विचारधारा आगे चलकर चैतन्य, मीराबाई, तुलसीदास एवं सूरदास में प्रस्फुटित हुई। ये सभी उच्च जातियों के थे और इनके सामने सामाजिक विषमता का, कम से कम वर्ण सम्बन्धी विषमता का, प्रश्न न था। इनमें जो व्यवस्था विरोधी (non formist) तत्त्व हैं, उनका निदान उन्होंने सामाजिक स्तर पर नहीं बल्कि व्यक्तिगत भावना के स्तर पर ही खोजा है। तुलसीदास ने राम भक्ति द्वारा समाज को एक संतुलित दृष्टिकोण प्रदान करने का प्रयास किया, परन्तु वर्ण धर्म पर उनकी अटूट आस्था सर्वविदित है। सामाजिक विषमताओं का विरोध निर्गुण भक्ति धारा में ही हुआ है, जैसा कि धन्ना जाट, कबीर, रविदास, दादू आदि की रचनाओं से स्पट ज्ञात होता है। ये सभी निम्न जाति के थे और यद्यपि इन्होंने अपने प्रतीक सगुण भक्ति धारा से ही लिये थे परन्तु उनको एक नया अर्थ प्रदान किया था। यह अर्थ उनके सामाजिक परिवेश से सार्थक सम्बन्ध रखता था। प्रतीकों की साम्यता से ही आन्दोलनों की एकरूपता, उनके उद्देश्यों कि एकमूलता, नहीं सिद्ध हो जाती। विभिन्न परिस्थितियों में एक ही प्रतीक के भिन्न-भिन्न अर्थ हो सकते हैं। आज के राजनैतिक परिप्रेक्ष्य में 'राम भक्ति' की दुहाई देकर जिस प्रकार की एकरूपता और सामाजिक-सांस्कृतिक समाकलन करने का प्रयत्न किया जा रहा है, उसके विचार-तत्त्व एवं उद्देश्यों का प्राचीन एवं मध्ययुगीन भक्ति परम्पराओं से कोई साम्य नहीं है। राजनीतिक उद्देश्यों से चलाया गया यह आन्दोलन भक्ति की समन्वयवादी प्रवृत्ति के स्थान पर असहिष्णु अलगाववाद को ही प्रश्रय दे रहा है।

संदर्भ :

1. देखिए सुवीरा जायसवाल, दि ओरिजिन एण्ड डेवेलेपमेण्ट आफ वैष्णविज्म, द्वितीय संशोधित एवं परिवर्धित संस्करण, मुंशीलाल मनोहरलाल दिल्ली, अध्याय तीन।
2. हर्बट पी. सुलीवन, ए रि-एक्जामिनेशन आफ दि रिलीजन आफ इन्ड सिविलीजेशन,

हिस्ट्री आफ रिलीजंस, जिल्द चार (1964-65), पृष्ठ संख्या 115-25, अन्य संदर्भों के लिए देखिए, ए.एल. बैशम, दि आरिजिन एण्ड डेवेलपमेण्ट आफ क्लासिकल हिन्दुइज्म, केनेक जी. जिस्क द्वारा सम्पादित, ऑक्सफोर्ड यूनिवर्सिटी प्रेस, दिल्ली, (1990), पृ. सं. 124, संदर्भ सं. 2।

3. पूर्वोद्धृत, पृ. 4।
4. दि विलेज गॉड्स आफ साउथ इण्डिया (प्रथम संस्करण, मद्रास, 1921)।
5. ऋग्वेद VII, 100।
6. 'एडिशंस एण्ड इण्टरपोलेशंस इन द भगवद्-गीता'। ईस्ट एण्ड वैस्ट, न्यू सिरीज, जिल्द 27 (सं. 1-4, दिसम्बर 1977, पृ. 357-361)।
7. टी. जे. हॉपकिंस, 'द सोशल टीचिंग आफ द भागवत पुराण', मिल्टन सिंगर द्वारा सम्पादित पुस्तक कृष्ण मिथ्स, राइट्स एण्ड एटीट्यूड्स (होनो लूलू, 1966, पृ. 3-22।)
8. वही पृ. सं. 03-40।

भक्ति आन्दोलन का चरित्र

– कुँवर पाल सिंह

भक्ति आन्दोलन तेरहवीं-चौदहवीं और पन्द्रहवीं शताब्दियों में हुए महत्त्वपूर्ण राजनैतिक और आर्थिक परिवर्तनों के कारण विकसित हुआ जो कबीर, नानक और रविदास की कविताओं में अपने चरमोत्कर्ष पर मिलता है। यह आन्दोलन नये भौतिक परिवर्तनों की देन है।

तुर्क शासन की स्थापना के बाद भारत की सामाजिक, आर्थिक और राजनीतिक परिस्थितियों में महत्त्वपूर्ण परिवर्तन आरम्भ हुए। सिंचाई में रहट का व्यापक रूप से प्रयोग आरम्भ हुआ जिससे नदियों के किनारे, विशेष रूप से पंजाब और दोआब के क्षेत्र में, कपास और अन्य फसलों की पैदावार में बहुत वृद्धि हुई। सूत कातने के लिए तकली के स्थान पर चरखे का व्यापक प्रयोग होने लगा। इसी तरह रुई धुनने में तांत का प्रयोग जनसाधारण के लिए महत्त्वपूर्ण बन गया था। कपास ओटने में चरखी का भी प्रयोग शुरू हुआ। तेरहवीं सदी में करघा के प्रयोग से बुनकरों और वस्त्र उद्योग की स्थिति में महत्त्वपूर्ण परिवर्तन हुआ। कपड़े की रँगाई और छपाई की भी इसी बीच व्यापक उन्नति हुई। मध्य एशिया के सीधे सम्पर्क के कारण भारत के व्यापार का भी बहुत प्रसार हुआ। इन नई परिस्थितियों ने व्यापारियों और कारीगरों का सीधा सम्बन्ध और गहरा करने में सहयोग दिया। ये व्यापारी कला और संस्कृति के आदान-प्रदान में भी महत्त्वपूर्ण संवाहक सिद्ध हुए। भारत के विभिन्न प्रदेशों के साहित्य में इस योगदान की विस्तार से चर्चा मिलती है। मध्यकाल के हिन्दी-साहित्य में भी छुटपुट रूप से हमें इस सम्बन्ध में अनेक उदाहरण मिल जाते हैं। मुल्ला दाऊद, कबीर, नानक और सूरदास का साहित्य विशेष रूप से दृष्टव्य है। ये व्यापारी देश के अन्दर ही व्यापार नहीं करते थे बल्कि दूसरे देशों में भी जाते थे। इनके साथ भारत की कला, साहित्य और संस्कृति बाहर गई और वहाँ से अनेक

विचारधाराएँ और साहित्य भारत में आया। इन व्यापारियों और बंजारों के सम्बन्ध में आज भी उत्तरी भारत में असंख्य लोक-कथाएँ और लोक-गीत प्रचलित हैं जो इस बात का प्रमाण हैं कि इन घुमंतू व्यापारियों का भारत के सामाजिक, आर्थिक और सांस्कृतिक जीवन पर कितना गहरा प्रभाव था। इन नई परिस्थितियों ने शिल्पी वर्ग को बहुत महत्त्वपूर्ण और प्रभावशाली बना दिया था। सन्त मत में बहुसंख्या इसी शिल्पी वर्ग की है। इसके बाद व्यापारी और किसान आते हैं।

बारहवीं और तेरहवीं शताब्दियों में शहरीकरण की लहर उत्तरी भारत में फैलने लगी थी। यहाँ का नया शासक वर्ग नगर में रहना अधिक पसन्द करता था। कृषि और अन्य नये उत्पादन बढ़ने के कारण लगान बढ़ाने की माँग में भी वृद्धि हुई। यही बढ़ी हुई माँग तुर्क शासक वर्ग को उत्तराधिकार में मिली जिसे उन्होंने शासन व्यवस्था का केन्द्रीयकरण करके और अधिक सुव्यवस्थित किया। इस प्रकार इस शासक वर्ग को कर पहले से कहीं अधिक उपलब्ध थे, जिन्हें अधिकतर शहरों में व्यय किया जाता था। इसी प्रकार कई एक नये शिल्पों का विकास हुआ, जिनमें प्रधानतः नये ढंग की स्थापत्य कला, कागज बनाना, रुई साफ करने के नये तरीके और आतिशबाजी को लिया जा सकता है।[2]

इन नई परिस्थितियों के सन्दर्भ में आन्दोलन के परिवर्तन का भी पक्ष सार्थक रूप में विकसित होता है जिसका सबसे शक्तिशाली चित्रण कबीर, नानक, रैदास और दादूदयाल के साहित्य में हुआ है। एक ओर आर्थिक उत्पादन में कुशलता और वृद्धि, जिसके कारण किसानों और दस्तकारों में शोषण और अन्याय के प्रति विद्रोह की भावना की प्रखर अभिव्यक्ति मिलती है। दूसरी ओर राज्यशक्ति की बढ़ती हुई माँग तथा विशेषकर राज्य कर्मचारियों के भ्रष्टाचार, तथा तीसरी ओर सामाजिक अत्याचार, जिसका सबसे ज्वलंत उदाहरण जाति प्रथा है। सामाजिक और प्रशासनिक अत्याचार के प्रति विरोध की भावना का सबसे मर्मान्तक चित्रण कबीर और नानक के पदों में हुआ है।

कबीर के शब्दों में :

झँकार आदि है मूला।
राजा परजा एकहि भूला।।
हम तुम माँ है एकहि लोहू।
एक प्रान जीवन है मोहू।।
एक ही बास रहे दस मासा।
सूतग पातग एक आसा।।

एक ही जननी जन्याँ संसारा।
कौन ग्यान थे भये नियारा।।[3]

इन कवियों ने सामाजिक विद्रूपों पर तीखे आघात किये हैं परन्तु इनकी भावना नैतिकता के स्तर पर बहुत सीमा तक केन्द्रित रही है। कबीर के ये उद्धरण इस प्रवृत्ति पर यथेष्ट प्रकाश डालते हैं :

मेड़ी महल बावड़ी छाजाई।
छागिये सब भूपति राजा।
कहे कबीर राम त्यों लाई।
धरी रही माला काँहू खाई।।

टेढ़ी पगड़ी टेढ़े चले लागे बीरे खान।
भाऊ भगति से काम न कछु ऐ मेरो का दीवाना।
राम विसारिवों हे अभिमानी।
कनक कामिनी महा सुन्दरी पेखि पेखि सच मानी।।
लालच झूठ महामद इहि इहि विधि आँव बिहनी।।
कहि कबीर अंत की बेर आई लागो काल निदानी।।

एके पवन एक ही प्राणी।
करो रसोई न्यारी जानी।
मांटी सूं माटी ले पाती।
लागी कहो कहाँ धू छोती।।

भक्ति काल के पथ प्रदर्शकों ने अपने काल के सभी सामाजिक वर्गों के सामने प्रश्न-चिह्न लगाये परन्तु राजनीतिक संस्थाओं को स्वीकार करते हुए केवल यह नैतिक आपत्ति की कि इन संस्थाओं के संचालक अपने अधिकार और दायित्व का दुरुपयोग करते हैं और यह आशा व्यक्त की कि हर व्यक्ति पूरी ईमानदारी के साथ अपने कर्त्तव्य का निर्वाह करेगा, इसी में व्यक्ति और समाज का भला हैः

दादू सो मोमिन मोम दिल होई।
साईं कूँ पहिचाने सोई।
जोर न करे हराम न खाई।
सो मोमिन भिस्ति में जाई।।[5]

भक्ति आन्दोलन के पास स्थापित सामाजिक व्यवस्था के किसी विकल्प की संभावना नहीं थी। केवल उसी समाज को एक आदर्श भाव से चलाने की कल्पना थी :

जिसको तिसको दीजिए।
सुत्रित पर उपगार।
दादू सेवत सो भले।
सिर नहिं लेवे भार।।[6]

यदि भक्ति आन्दोलन के पास समकालीन समाज व्यवस्था के विकल्प की परिकल्पना का अभाव था, तो एक वैकल्पिक समाज व्यवस्था की कल्पना का आधार उस समाज की संकटग्रस्त स्थिति में ही देखा जा सकता है। यह ऐसी संकटग्रस्त स्थिति है जिसका समाधान एक नई सामाजिक और आर्थिक व्यवस्था की स्थापना में ही संभव हो सकता था। ऐसी स्थितियाँ और उनके समाधान यूरोप के इतिहास में बहुत स्पष्ट रूप से देखे जा सकते हैं, जब दास प्रथा पर आधारित समाज के संकट का समाधान सामंती समाजतंत्र में ही संभव हुआ, और सामंती समाज के संकट का समाधान करने के लिए पूँजीवादी व्यवस्था हुई, जिसके पश्चात् समाजवाद का उदय हुआ।[7] भारत के इतिहास में संकट और उसके समाधान की अवस्थाएँ उतनी स्पष्ट नहीं जितनी यूरोप में रही हैं। यह होते हुए भी भारतीय इतिहास का मध्ययुग ऐसा था जिसमें कुछ परिवर्तन हो रहे थे तथा बहुत से तनाव और द्वन्द्व थे, फिर भी यह स्थिति नहीं थी कि समूची स्थापित सामाजिक और आर्थिक व्यवस्था का उन्मूलन करके उसके स्थान पर नये समाज की स्थापना की जा सके। धर्म का आधार लेकर किसी नई व्यवस्था का निर्माण करना सम्भव नहीं है, सुधार की संभावना ही हो सकती है।

भक्तिकालीन सन्तों ने छोटे किसान, जुलाहे और अन्य छोटे-छोटे व्यक्तियों की तुलना ईश्वर से की है। इस तरह इन छोटे लोगों के स्तर को अपनी कल्पना से ऊँचा उठाया है। उन्होंने यह कल्पना ईश्वर और उसके दरबार के प्रतिरूप में की। दादू दयाल ईश्वर को साहिब, सुल्तान, महाराजा, राव आदि संज्ञा देते हैं। और उसके दरबार में दासियों, कवियों, नर्तकों, नगाड़े बजाने वालों, खजाने और दूतों की उपस्थिति की कल्पना करते हैं। इस दरबार में सम्राट के दरबार के लगभग सभी कर्मचारी मौजूद रहते हैं।

कबीर और दादू, ईश्वर या गुरु और मानवीय सम्बन्धों को भी उसी रूप में देखते हैं जिसमें कि समसामयिक राजनीतिक विचारक या इतिहासकार सम्राट या प्रजा के सम्बन्धों की कल्पना करते हैं। इस कल्पना में गुरु के प्रति व्यक्ति की पूरी निष्ठा होती है। दूसरी ओर गुरु अपने शिष्यों की ओर दया और करुणा का रवैया रखता है।

भक्ति आन्दोलन के उत्तर भारतीय समाज की सबसे निम्न श्रेणियों और जातियों में इतना लोकप्रिय होने के बाद भी इससे शासक वर्ग को कोई खतरा दिखाई नहीं देता। इस आन्दोलन के केन्द्र में अन्याय के प्रति रोष है, किन्तु विद्रोह नहीं। यदि पन्द्रहवीं-सोलहवीं शताब्दी के भारत के स्थापित समाज का उन्मूलन करके उसके स्थान पर एक नये समाज की कल्पना संभव नहीं थी, तो भी उस समाज को झिंझोड़ना अनिवार्य था। भक्ति आन्दोलन के सभी नेता समाज की निम्न श्रेणियों और जातियों से सम्बन्धित थे। कबीर बनारस का जुलाहा, नानक एक छोटा व्यापारी, धन्ना एक जाट किसान, रैदास एक चमार और बंजारा थे। इन सबने एकेश्वरवाद को अपने सुधार आन्दोलन का आधार बनाया था। एकेश्वरवाद में सामाजिक समानता का सन्देश निहित होता है, जिसके कारण एकेश्वरवाद समाज की उन श्रेणियों के दिल को सबसे अधिक छूता है जिनको सामाजिक असमानता का शिकार होना पड़ता है। इसी असमानता की पीड़ा का चित्रण उन सन्तों की वाणी में मिलता है जिन्हें स्वयं भी इसका अनुभव था, लेकिन उनका अनुभव उनके निजी अस्तित्व से कहीं अधिक व्यापक था। जिस रोष के साथ इन कवियों ने वर्ण और जाति भेद का विरोध किया है उसी में इस वेदना की झलक मिलती है, लेकिन अन्य पहलुओं की भाँति जाति प्रथा का विरोध नैतिक धरातल तक ही सीमित रहा। स्पष्ट है कि जाति प्रथा नैतिक धरातल पर आधारित संस्था नहीं थी, बल्कि इसकी गहरी सामाजिक और आर्थिक नींव थी जिस पर उस समाज का पूरा ढाँचा खड़ा था। मध्ययुगीन सन्तों के रोष की अभिव्यक्ति के फलस्वरूप इस प्रथा में लचक अवश्य आयी। किसी भी संस्था पर, वैकल्पिक चेतना के अभाव में वैचारिक शक्तिशाली आक्रमण का निष्कर्ष यही निकलता है कि उस संस्था में आक्रमणकारी के लिए भी स्थान बन जाता है। इस बात की पुष्टि में सिख समुदाय का निर्माण और विकास एक दिलचस्प उदाहरण है।[8]

यही भक्ति आन्दोलन का मोड़ है। कबीर, रैदास और नानक के शक्तिशाली आक्रमण के फलस्वरूप व्यवस्था में एक लचीलापन आया। यह मोड़ 'रामचरित् मानस' में समकालीन सामाजिक व्यवस्था के प्रति तीव्र रोष या विरोध के स्थान पर

उस समाज के आदर्शपूर्ण ढंग से क्रियाशील होने का आदर्श है। गोस्वामी तुलसीदास में परिवर्तन की कामना नहीं है, परन्तु वे सुधार अवश्य चाहते हैं। रामराज्य के रूप में एक उटोपिया अवश्य प्रस्तुत करते हैं।

उत्तर की तरह दक्षिण में विदेशी आक्रमणों से उत्पन्न संकट और विदेशियों के आर्यीकरण का प्रश्न तो न था, परन्तु पिछड़ी आदिम कबीलाई जातियों के सांस्कृतिकरण की समस्या वहाँ कम गम्भीर न थी। पुराना ब्राह्मण धर्म अनन्य प्रकृति के कारण यह कार्य करने में असमर्थ था। यह ऐसा कार्य था जिसे ईश्वर की सर्व सुलभ भक्ति पर आधारित वैष्णव और शैव सक्षमता के साथ सम्पन्न कर सकते थे। शूद्र और निम्न जातियों को उनकी सुधरी हुई और मजबूत स्थिति तथा संख्या के अनुरूप कम से कम प्रशासनिक क्षेत्र में रियायतें व महत्त्व प्रदान करके उन्हें सन्तुष्ट करने का कार्य भी भक्ति ही कर सकती है।[9]

कुल मिलाकर दक्षिण में भक्ति की एक ऐसी धारा प्रवाहित हो रही थी जिसमें स्त्रियों सहित शूद्रों व निम्न वर्गों, जिनका अधिकांश भाग वैष्णव धर्म के द्वारा सांस्कृतिकरण की प्रक्रिया से आदिम कबीलाई जातियों से आया होगा, को महत्त्वपूर्ण स्थान प्राप्त था। 'पेरिय पुराण' के अनुसार नये नारों में कुछ ब्राह्मण थे, कुछ वैल्लाल और कुछ तो आदिवासी जातियों के थे।[10] इसी तरह अलवारों में दो शूद्र और एक निम्न पनर जातियों का था।[11]

दूसरे उत्थानकाल को भी हम भक्ति के प्रवाह के रूप में ही पाते हैं। शैव व वैष्णव भक्त अधिकाँशतया सामान्य जनता के लोग थे और उनकी अति भावमूलक भक्ति सरल धर्म की द्योतक थी। लेकिन बाद में उनकी भक्ति, गीतों की सरलता, भावोज्ज्वलता और उनकी सौन्दर्य भावना को पौराणिक अंधविश्वासों तथा सात्विक मताग्रहों के बीच दबा दिया गया।[12] आलवार भक्तों के उपरान्त आने वाले वैष्णव आचार्य कट्टर धार्मिक कुलों के थे और परम्परागत शास्त्रों की सब मर्यादाओं की रक्षा करना अपना कर्त्तव्य समझते थे।[13]

रामानुजाचार्य और रामानन्द जैसे व्यक्तित्व भी, जिनकी उदारता की बहुत चर्चा की जाती है, एक सीमा तक ही उदार थे। इस सम्बन्ध में विभिन्न लेखकों ने जो विचार प्रकट किये हैं, उनसे प्रकट होता है कि दोनों महापुरुषों की उदारता केवल औपासनिक क्षेत्र तक सीमित थी। सच कहा जाये तो रामानुज और रामानन्द में जितनी उदारता थी, वह वैष्णव मत में प्राचीन काल से ही रही है। इसी सन्दर्भ में देखें तो दोनों आचार्यों ने जो कुछ किया, वह भक्ति की उस गहरी परम्परा का अनुगमन ही था जो मात्र कुछ औपासनिक रियायतें देकर सामाजिक आचार व

व्यवस्था में नितांत कट्टरता का आग्रह करती रही है। विचार और आचार, सिद्धान्त और व्यवहार की द्वैषता हमारे धर्म एवं समाज तन्त्र की पुरानी बीमारी है जिसे साहित्यकारों और इतिहासकारों ने प्रायः रेखांकित किया है।[14] उच्च वर्ग के इस वैचारिक और समझौतावादी रुख का एक परिणाम तो यह अवश्य दीखता है कि हिंसात्मक विद्रोह की स्थितियाँ बहुत कम उत्पन्न हुईं।[15] साथ ही दलित जनता को मामूली छूटों से ही सन्तोष करके युगों-युगों तक भारी मूल्य चुकाना पड़ा। सचमुच इस दृष्टि से भारत की प्राचीन मनीषा अन्य अनेक देशों के बुद्धिजीवियों से अधिक चतुर और व्यवहार कुशल थी।

भक्ति आन्दोलन में कई तरह के रंग और विचार रहे हैं। यहाँ यह प्रश्न उठता है कि क्या भक्ति आन्दोलन एक जन-आन्दोलन था? यह सीमित अर्थों में ही जन-आन्दोलन था, सम्पूर्ण अर्थों में नहीं। यह जनता के जीवन-स्तर में किसी परिवर्तन का आह्वान नहीं करता। किसी आर्थिक संरचना का उद्देश्य भी इस आन्दोलन के सामने नहीं है। इस आन्दोलन की दार्शनिक परिणति स्वयं की मुक्ति और ईश्वर से एकात्मक स्थापित करना था। गुरु की सहायता से मोक्ष प्राप्ति अथवा प्रभुकृपा पर अधिक बल था।[16] इस आन्दोलन के दार्शनिक लक्ष्य भी भिन्न थे। भक्त और ईश्वर के सम्बन्ध, धर्मग्रन्थों की मान्यता तथा समाज के सम्बन्ध में इनके दृष्टिकोण अलग-अलग हैं। यही नहीं, शासक वर्ग के प्रति भी इनकी दृष्टि एक नहीं है, उसमें गहरे मतभेद हैं। हम इनके विचारों का विश्लेषण करें तो यह सुधारवाद से आगे नहीं बढ़ते। जाति व्यवस्था और ब्राह्मण वर्ग पर इन्होंने चोट जरूर की, लेकिन उस ढाँचे को तोड़ने में असमर्थ रहे। क्षेत्रों के अनुसार भी इस आन्दोलन की अपनी-अपनी विशेषताएँ थीं। वहीं यह लोकप्रिय भावनाओं को अभिव्यक्त करने का साधन बना और उसने विभिन्न वर्गों के तथा पृष्ठभूमि के स्त्री-पुरुषों को निरंकुशता के विरुद्ध एकत्र और सक्रिय होने का अवसर प्रदान किया। पंजाब का उदाहरण इस सम्बन्ध में विशेष उल्लेखनीय है। भक्ति आन्दोलन के विकास की ऐतिहासिक पृष्ठभूमि, परस्पर क्षेत्रीय विभिन्नता वाले समाज, राजनीति और संस्कृति पर प्रभाव, इसके उदय एवं विकास में सहायक तत्त्वों के अध्ययन की आज भी आवश्यकता है। जब तक गंभीर अध्ययन नहीं होगा, तब तक भक्ति आन्दोलन के सम्बन्ध में कोई अन्तिम बात नहीं कही जा सकती।

अब महत्त्वपूर्ण सवाल यह है कि मध्यकाल में पूरे देश में यह आन्दोलन लोगों का ध्यान अपनी ओर आकर्षित कर रहे थे। समाज की जड़ मान्यताओं, उपासना-पद्धति आदि पर उन्होंने प्रश्न-चिह्न लगाये। समाज के उपेक्षित और पीड़ित

लोगों को एक सम्मान का जीवन प्रदान करने का मार्ग भी दिखाया, फिर आखिर मध्यकाल के आन्दोलन कोई मूलभूत परिवर्तन करने में असमर्थ क्यों रहे? ज्ञान-विज्ञान के नये द्वार खोलने में यह क्यों असमर्थ रहे? अपने पुराने ज्ञान-विज्ञान और टैक्नालॉजी को नये रूप में ढालने में यह क्यों असमर्थ रहे? यूरोप, जो भारत से कई दृष्टियों में पिछड़ा हुआ था, वह यह काम करने में कैसे समर्थ हुआ जबकि भारत औद्योगीकरण करने में क्यों असमर्थ रहा? इन कारणों पर बिना विचार किये हम अपने नवजागरण पर भी सही ढंग से विचार नहीं कर सकते हैं।

इन प्रश्नों का कोई सीधा-सादा उत्तर देना सम्भव नहीं है, इसे भारत की जटिल सामाजिक-राजनीतिक स्थिति में खोजा जा सकता है। मध्यकाल के इतिहासकारों ने इसके उत्तर देने के प्रयास किये हैं। इस प्रश्न पर बहस जारी है। तमाम तथ्यों का उद्‌घाटन होगा, तभी हम सही निष्कर्षों पर पहुँचने में समर्थ होंगे।

सुप्रसिद्ध इतिहासकार प्रो. इरफान हबीब ने, जो दशकों से इस विषय पर निरन्तर लिख रहे हैं, निम्न प्रमुख कारण बताये हैं।[17]

1. चिन्तन और साहित्य की भाषा फारसी थी, जिसका साधारण जनता से कोई रिश्ता नहीं था, यह विशिष्ट लोगों की भाषा थी। जहाँ जनता और भद्रलोक की भाषाओं में इतनी भिन्नता हो, वहाँ नये ज्ञान-विज्ञान का प्रसार मुश्किल है। इससे पूर्व संस्कृत भी जनता की भाषा नहीं थी।

2. मध्यकाल में भारत तथा इस्लामी दुनिया में दार्शनिकों और स्वतन्त्र चिन्तकों को धर्मशास्त्रियों के मुकाबिले कोई महत्त्व नहीं दिया जाता था। धर्मशास्त्रियों ने सदैव दर्शन और विज्ञान का जमकर विरोध किया। इन दोनों को धर्म-विरोधी बताया जाता रहा। इस सन्दर्भ में एक उदाहरण इसे स्पष्ट करने के लिए काफी होगा। सूफी सन्त शेख निजामुद्दीन का एक वार्तालाप एक समकालीन इतिहासकार ने लिखा है– एक बार खलीफा एक दार्शनिक के प्रभाव में आ गये। दार्शनिक खलीफा को ब्रह्मॉड की गति के नये नियम समझा रहा था। यह बात सूफी शहाबुद्दीन सुहरावर्दी को मालूम हुई तो उन्होंने कहा कि हे दार्शनिक, इस तुम क्यों झूठी बातें बता रहे हो, इस धरती और सितारों को तो ईश्वर के देवदूत चलाते हैं, प्रकृति और कोई अन्य शक्ति नहीं, दार्शनिक हँसकर चुप हो गया। इसके बाद खलीफा (सम्राट) ने उन विचारों को तिलांजलि दे दी और फिर से इस्लाम की शिक्षाओं पर पूर्ण विश्वास करने लगे।[18]

3. ज्ञान-विज्ञान और चिकित्सा में शास्त्र का प्रयोग केवल शासक वर्ग तक ही सीमित रहा। इसका प्रयोग भी सीमित रहा। ज्योतिष शास्त्र का प्रयोग मक्का की दिशा और नमाज का समय जानने के लिए ही होता था।[19]

4. कट्टर धार्मिक लोग, जिनका शासक वर्ग पर बहुत प्रभाव रहा है, वे विज्ञान, तर्कशास्त्र और दर्शन को धर्मविरोधी मानते थे। हर नया विचार यदि धर्मशास्त्र की कसौटी पर कसा जायेगा तो कभी नये विचार को पनपने का अवसर नहीं मिलेगा। भारत में ऐसा ही हुआ। यहाँ के शासक वर्ग ने धर्मशास्त्र अथवा दूसरी व्याख्याओं को ही सदैव महत्त्व दिया। इससे विज्ञान, तकनीक और तर्कशास्त्र का एक सीमा से अधिक विकास संभव नहीं हुआ। यही नहीं, भारत के पुराने विज्ञान, गणित और तर्कशास्त्र पर भी मध्यकाल में कोई विशेष काम नहीं हुआ। अलबरूनी ने भारतीय विज्ञान पर 11वीं शताब्दी में एक पुस्तक अवश्य लिखी थी, परन्तु बाद में इस दिशा में कोई काम नहीं हुआ।[20]

मध्यकाल के सुप्रसिद्ध विद्वान और इहिसकार अबुल फ़जल ने भारत में वैज्ञानिक चेतना पर अपनी महत्त्वपूर्ण टिप्पणी करते हुए लिखा था, परम्परा की तेज हवा ने ज्ञान के दीपक को सदैव मद्धिम रखा। किसी सम्बन्ध में क्यों और कैसे का प्रश्न नहीं हो सकता। तर्क करना व्यर्थ है। जाँच-पड़ताल का कार्य कुफ्र की सीमा में आ जाता है। बस जो हमें पिता, अध्यापक, रिश्तेदार, मित्र और पड़ोसियों से मिलता है, वही ईश्वर कृपा समझकर ग्रहण कर लिया जाता है। जो परम्परा के विचारों के विपरीत मत रखते हैं, वे अच्छी दृष्टि से नहीं देखे जाते। हालाँकि कुछ विद्वानों ने अलग मार्ग पर चलने का प्रयास किया, लेकिन इस सत्य के पथ पर वे आधे मार्ग से अधिक कभी नहीं बढ़े।[21]

सूफी सन्तों ने आरम्भ में जड़ परम्पराओं का काफी विरोध करके मार्ग प्रशस्त करने का प्रयास किया। उनका भारत में एक समय बहुत व्यापक प्रभाव पड़ा। कठमुल्लापन का उन्होंने विरोध किया। लेकिन धीरे-धीरे धर्मशास्त्रियों और सूफियों के बीच विशेष मतान्तर नहीं रहा। दोनों विचारधाराओं के लोगों में एक मूक समझौता हो गया। अनेक ऐसे अनुयायी थे जो एक साथ कठमुल्ला धर्मशास्त्रियों को तथा सूफी सन्तों को समान रूप से प्रिय थे। प्रसिद्ध इतिहासकार बर्नी का नाम इस सन्दर्भ में विशेष रूप से उल्लेखनीय है। इसका एक परिणाम यह हुआ कि भारत में स्वतन्त्र और धर्म की परम्परागत परिभाषाओं से अलग विचारों की जो एक हवा चली थी वह धीरे-धीरे मन्द पड़ती गयी। इसके पश्चात् सूफी वैचारिक धारा रहस्यवाद की टेढ़ी-मेढ़ी पगडंडियों की ओर अग्रसर होती गयी। इस प्रकार वैचारिक संघर्ष और विचारों की द्वंद्वात्मकता से उत्पन्न नयी विचारधाराओं की संभावना नहीं पनप सकी। इसके साथ ही 'अहं ब्रहास्मि' की भावना भी सूफी सन्तों में पैदा होती गयी। फलतः सामाजिक और धार्मिक उदारता पर आधारित सूफीवाद भी धार्मिक कठमुल्लेपन और परम्परावाद

में जड़ पकड़ गया। शेख अहमद सरहन्दी का उदाहरण इसी प्रवृत्ति का द्योतक है। इसी प्रकार, प्रचलित सूफी उदारता की धारणा के विपरीत शेख निजामुद्दीन, जो अपने युग के अत्यन्त प्रतिष्ठित सूफी सन्त थे, वे भी गैर-मुसलमानों का स्वर्ग में प्रवेश वर्जित मानते थे।[22]

सूफियों की भाँति पंथवादियों का भी एक सीमा तक तर्कसंगत आधार नहीं है। पंथवादियों ने विवेकशीलता तथा तार्किकता को बहुत महत्त्व नहीं दिया। एक सीमा के बाद विभिन्न पंथवादी पुराने विचारों का ही मंथन करते रहे। एकेश्वरवादियों ने तत्कालीन समाज की बुराइयों पर प्रश्नचिह्न लगाते हुए समाज को चुनौती देने का जो साहसिक प्रयास किया, वह आगे चलकर पंथवाद की परम्परा में धूमिल हो गया। इस प्रकार, वैज्ञानिक चिन्तन के माध्यम से नये समाज की संरचना के विचार को बहुत धक्का लगा। एकेश्वरवाद की पंथवाद में परिणति, समाज के अन्तर्विरोधों से एक सीमा के बाद संघर्ष के स्थान पर समझौतापरस्ती के कारण हुई।[23]

अकबर अत्यन्त उदार सम्राट थे। उन्होंने सुलह-कुल का सिद्धान्त प्रतिपादित किया जिसका अर्थ था हर वर्ग के अच्छे मूल्यों की एकता, सहनशीलता तथा विभिन्नता की स्वीकृति। लेकिन यहाँ भी सम्राट को ईश्वर के समकक्ष मानने की शर्त थी। उसे आध्यात्मिक मार्गदर्शक के रूप में स्वीकार करना अनिवार्य था। सुलह-कुल का प्रभाव समाज के विभिन्न धार्मिक समुदायों पर तो अवश्य पड़ा। विभिन्न समुदायों के प्रति सहानुभूति और सहिष्णुता की भावना को बढ़ाने के लिए भी यह दर्शन सार्थक था, लेकिन सुलह-कुल भी किसी प्रकार की कोई नई वैज्ञानिक और तर्कसंगत विचारधारा प्रतिपादित नहीं कर सकता था। कारण, सुलह-कुल भी धार्मिक ढाँचे में यथास्थितिवाद का समर्थन करते हुए केवल धार्मिक और सामाजिक सम्बन्धों में सुधारवाद का ही रूप था।[24]

अबुल फ़जल ने तार्किकता और विज्ञान की बात कही तो उसका भारी विरोध हुआ। उदाहरणस्वरूप, अबुल फ़जल ने गणित, कृषि, विज्ञान, बागवानी, सर्वेक्षण, ज्यॉमिति गणित, खगोल शास्त्र, वास्तुकला, चिकित्सा शास्त्र, इतिहास आदि क़ो शिक्षा के पाठ्यक्रम में सम्मिलित करने पर जोर दिया। भारत के प्राचीन ज्ञान-विज्ञान और दर्शन को भी शिक्षा में शामिल करना चाहिए, यह अबुल फ़जल का मत था। इसके लिए उन्होंने संस्कृत ग्रन्थों का व्यापक रूप से अनुवाद कराया। इसका भारी विरोध हुआ और शेख अहमद सरहिन्दी के नेतृत्व में कट्टरपंथियों ने उपरोक्त शैक्षिक पाठ्यक्रम को मान्यता नहीं दी।[25] यह तथ्य अत्यन्त दिलचस्प है कि ऐसे समय में यूरोप के लोगों का आवागमन काफी बड़ी संख्या में शुरू हो गया

था। इसके बावजूद यूरोपीय यात्रियों से विचार-विमर्श धर्म और दर्शन तक ही सीमित थे, विज्ञान और तकनीकी पर अधिक बातचीत नहीं होती थी। अकबर के दरबार में कई यूरोपीय मिशनरी आये। अबुल फ़जल ने सम्राट अकबर की ओर से इन मिशनरियों को पत्र लिखकर आमंत्रित किया था। यह आमंत्रण भी केवल धार्मिक मामलों पर विचार-विमर्श के लिये ही था।[26]

मध्यकाल में एक प्रवृत्ति और भी थी कि साधारण लोगों को किसी प्रकार की शिक्षा प्राप्त करने का अधिकार नहीं था। बुद्धिजीवी विशिष्ट वर्ग में साधारण जन का प्रवेश निषिद्ध था। शाह वलीउल्लाह ने तो यहाँ तक कहा कि शरीअत के कानून तक साधारण लोगों की पहुँच नहीं होनी चाहिए। इससे अनेक भ्रम उत्पन्न होते हैं। इस प्रकार हम देखते हैं कि शिक्षा एक विशिष्ट वर्ग तक ही सदैव सीमित रही। इससे साधारण वर्ग से बुद्धिजीवी और चिन्तक-विचारक वर्ग में रूपान्तरण नहीं के बराबर हुआ और समाज अनेक नये विचारों की संभावनाओं से वंचित रहा। इसके विपरीत यूरोप में मध्यकाल तथा आधुनिक काल में एक बड़ी संख्या में किसानों की शिक्षा हुई। इस नये शिक्षिक वर्ग द्वारा विज्ञान और तकनीकी क्षेत्र की क्रान्ति ही सामाजिक संरचना के परिवर्तन का एक प्रमुख कारण बनी। भारत में ऐसा कोई वैज्ञानिक अथवा तकनीकी उन्नति का आधार नहीं बन पाया क्योंकि यहाँ सभी परिवर्तनकारी प्रवृत्तियाँ केवल चन्द सामाजिक एवं धार्मिक सुधारों तक ही सीमित रहीं तथा शिक्षा विशिष्ट वर्ग की शोभा की वस्तु बनकर रह गयी। भक्ति आन्दोलन की यही सीमा है। बादल आये, गरजे भी, परन्तु बिना बरसे चले गये।[27]

सन्दर्भ :

1. इरफान हबीब, एवीडेंस फार सिक्सटीन्थ सेंचुरी एग्रेरियन कडीशंस इन दि गुरु ग्रंथ साहिब (1961)।
2. इरफान हबीब, प्रेसीडेंशियल एड्रेस, हिस्ट्री कॉंग्रेस (1969)।
3. श्याम सुन्दर दास, कबीर ग्रंथावली (संपा), पृ. 185, वाराणसी (1975)।
4. वही, पृ. 186।
5. परशुराम चतुर्वेदी, दादू दयाल ग्रंथावली (संपा.), पद-28।
6. वही, पृ. 182, पद-50।
7. हरबंस मुखिया, मार्क्स आन प्रीकोलोनियल इंडिया, पृ. 7-11 (1979)।
8. इरफान हबीब, 15-17वीं शताब्दी के एकेश्वरवाद के आन्दोलन की ऐतिहासिक पृष्ठभूमि।
9. लक्ष्मीनारायण वर्मा, भक्ति आन्दोलन की समाजेतिहासिक पीठिका, पृ. 16, कानपुर।
10. डॉ. यदुवंशी, शैवमत, पृ. 151, पटना (1955)।

11. डॉ. एस.एन. दास, भारतीय दर्शन का इतिहास, भाग-3, पृ. 59, जयपुर (1974)।
12. के. दामोदरन, भारतीय चिन्तन परम्परा, पृ. 257, नई दिल्ली।
13. पीताम्बर दत्त बड़थ्वाल, हिन्दी काव्य में निर्गुण सम्प्रदाय, पृ. 77-88, लखनऊ (1968)।
14. आचार्य हजारी प्रसाद द्विवेदी, कबीर (हिन्दी साहित्य की भूमिका), पृ. 18, नई दिल्ली (1979)।
15. प्रो. नामवर सिंह, दूसरी परम्परा की खोज, पृ. 78, नई दिल्ली (1982)
16. सतीश चन्द्र, उत्तर भारत में भक्ति आन्दोलन का उदय : पृष्ठभूमि आलोचना, अंक 76, पृ. 15, दिल्ली (मार्च 1916)।
17. इरफान हबीब।
18. लतीफ मलिक, फला-इ-दुल फु-आद (संपा.), पृ. 84-86, लाहौर (1966), (यह वार्तालाप सन् 1310-1317 के बीच का है।)
19. इरफान हबीब, वही, पृ. 5।
20. इरफान हबीब, वही, पृ. 6।
21. ब्लॉचमान, आई-ने-अकबरी (सपा.), भाग 2, पृ. 3।
22. लतीफ मलिक, वही, पृ. 118-19 (इस दुनिया में शेष हिन्दुओं के साथ समानता की बात करते हैं, यह सूफियों के विचारों में गहरा अन्तर्विरोध है।)
23. अतहर अब्बास रिजवी, मुस्लिम रिवाइवलिस्ट मूवमेंट इन नार्दर्न इंडिया 16-17वीं शताब्दी, पृ. 53-55, आगरा (1965)।
24. ब्लॉचमान, आई-ने-अकबरी (संपा.), पृ. 260।
25. इरफान हबीब, वही, पृ. 14 उद्धृत (यह आश्चर्यजनक मत है कि अलबरूनी की गणना को किसी भी विद्वान ने 550 साल तक कसौटी पर नहीं कसा)।
26. अबुल बकी निहावन्दी, मा-आ-सिर-ई रहीमी, भाग 2, पृ. 592।
27. इरफान हबीब, वही, उद्धृत, पृ. 23।

भक्ति आन्दोलन का सामाजिक संदर्भ : मूल्य और अवधारणाएँ

– सावित्री चन्द्र 'शोभा'

हिन्दी साहित्येतिहास के स्वर्णकाल में उद्भूत भक्ति-आन्दोलन का मूल्यांकन, ऐतिहासिक और सांस्कृतिक परिवेश में करने की पद्धति को प्रायः सभी रचना-धर्मियों एवं विद्वानों ने स्वीकार कर लिया है। मेरे विचार में आज की गोष्ठी का उद्देश्य भी भक्ति आन्दोलन के विकास और स्वरूप का मूल्यांकन सामयिक देश और काल की पृष्ठभूमि में विविध पक्षीय एवं अन्तर्विषयी दृष्टि से करना है।

उत्तरी भारत में 14वीं से 17वीं शताब्दी में फैली भक्ति की उद्दाग लहर रामाज के वर्ण, जाति, कुल और धर्म की परिसीमाओं का अतिक्रमण कर सम्पूर्ण जन-मानस की चेतना में परिव्याप्त हो गई थी जिसने एक जन-आन्दोलन का रूप ग्रहण कर लिया था। भक्ति आन्दोलन में साधक या भक्त के द्वारा मोक्ष-प्राप्ति अथवा आत्म-साक्षात्कार के लिए परमात्मा के सगुण या निर्गुण रूप की भक्ति ही नहीं की गई वरन भक्ति के माध्यम से तद्‌युगीन सामाजिक जीवन में स्थित एक वर्ण या जाति का दूसरे वर्ण या जाति के प्रति किये गये अत्याचार, अन्याय और शोषण के खिलाफ असहमति और विरोध का प्रदर्शन था। साथ ही उससे जन सामान्य की आशाओं, आकांक्षाओं और आदर्शों की भी अभिव्यक्ति हुई थी। अतः भक्ति आन्दोलन को सच्चे अर्थों में सामयिक, सामाजिक एवं सांस्कृतिक जीवन-मूल्यों अवधारणाओं की द्वन्द्वात्मक अभिव्यक्ति कहा जा सकता है। यह सर्वविदित है कि भक्ति आन्दोलन की निर्गुण भक्ति-धारा में सम्प्रदाय इतर तथा वैदिक-कर्मकाण्डी ब्राह्मणवादी व्यवस्था में अनास्था रखने वाले कबीर, दादू और रज्जबदास, मलूकदास आदि आते हैं, तो साथ ही सिक्ख सम्प्रदाय के जन्मदाता नानक और उनके सम्प्रदाय में आने वाले अनेक

सिक्ख गुरु, प्रेम की पीर के द्वारा अपने माशूक नूरे मोहम्मदी में फना होने वाले सूफी कवि जायसी, मंझन, कुतुबन उसमान, कासिमशाह आदि भी शामिल हैं। सूफी कवियों को छोड़कर निर्गुण सन्तों ने भक्ति के माध्यम से सामाजिक भेदभाव एवं आर्थिक शोषण और धार्मिक अन्धविश्वासों और कर्मकाण्डों के खोखलेपन और निर्मूलता को जनता के सम्मुख रखा। साथ ही समाज में एकात्मकता और भाईचारे की भावना फैलाने का पुरजोर प्रयत्न किया। सम्प्रदायनिष्ठ वैष्णव-भक्ति का प्रतिनिधित्व मुख्यतः सूर और तुलसी करते हैं। कृष्ण भक्ति के विविध सम्प्रदायों की परम्परा सशक्त रूप में 18वीं शताब्दी तक चलती है।

ये सगुण-भक्त जन्म से ब्राह्मण होने पर भी भारत की सामान्य जनता से अन्यतम रूप से जुड़े थे। किन्तु समाज में शान्ति एवं संतुलन स्थापित करने के लिए भारतीय वर्ण व्यवस्था के कोटिबद्ध समाज (heirarchical society) में आस्था रखते थे।

दूसरे-समाजशास्त्रीय शब्दावली के अनुसार यह कहना कदाचित् सही नहीं है कि भारत में वैदिक काल से चली हुई ब्राह्मणवादी परम्परा, महान परम्परा (ग्रेट ट्रेडिशन) का अंग, और लोकवादी सामान्य जनों की परम्परा, लघु परम्परा (लिटिल ट्रेडिशन) सर्वथा एक-दूसरे से भिन्न हैं।

रूसी आलोचक मिखाइल बख्तीन के अनुसार समाज में उच्चवर्गीय लोगों की संस्कृति और जीवन-मूल्य तथा जन-साधारण की लोक संस्कृति को सर्वदा अलग-अलग खानों में बाँटकर मूल्यांकित नहीं किया जा सकता है, क्योंकि प्रायः देखा गया है कि एक वर्ग या समूह दूसरे वर्ग या समूह के जीवन-मूल्यों पर अतिक्रमण (ट्रांसग्रेशन) करता है।

इसी कारण यह कहा जा सकता है कि भारत में भक्ति-आन्दोलन के मध्य उद्भूत सन्तों और भक्तों में लोकवादी विचार, अवधारणाएँ एवं साधना-पद्धतियाँ ही नहीं थीं, वे उच्चवर्गीय ब्राह्मणवादी परम्पराओं और अवधारणाओं से प्रभावित रहते थे। इसलिए प्रायः सिद्धांततः ये भक्त और सन्त वर्णव्यवस्था में कहीं प्रत्यक्ष और कभी-कभी परोक्ष (unconscious) रूप में आस्था रखते थे, किन्तु व्यावहारिक रूप में अनेक स्थानों पर इसका विरोध करते दिखायी देते हैं। हाँ कहीं-कहीं वे वर्णव्यवस्था के परिष्कृत रूप को ही मान्यता देते हैं। साथ ही उनमें अनेक द्वन्द्वात्मक अवधारणाओं को भी खोजा जा सकता है। इस कारण मध्यकालीन सभी सन्तों एवं भक्तों की रचनाओं में जहाँ सैद्धांतिक यानी दार्शनिक और धार्मिक विचारों में भेद

है, वहाँ साथ ही सामाजिक विचारों में टकराव भी है।

आज मेरे इस लेख का प्रमुख उद्देश्य निर्गुण और सगुण भक्ति धारा में मुख्यतः कबीर और दादू तथा तुलसी की काव्य रचनाओं में कहीं अन्तर्विरोधी मूल्यों और द्वन्द्वात्मक अवधारणाओं को रेखांकित करना है। सिख सम्प्रदाय और सूफी सिलसिलों पर समय कम होने के कारण चर्चा न हो सकेगी।

प्रसिद्ध फ्राँसीसी लेखक जार्ज दूबी के अनुसार सामाजिक अवधारणाओं में जन-मानस में स्थित चेतन, अर्द्धचेतन और अवचेतन की प्रवृत्तियाँ ही नहीं रहतीं, वरन् समाज की समस्त आशाएँ, आकांक्षाएँ, भय, दुराशाएँ एवं विश्वास और अन्धविश्वास सभी शामिल होते हैं। इसमें समाज की सम्पूर्ण मानसिकता, उसकी समस्त अवधारणाओं के उतराव-चढ़ाव आते हैं।

किसी देश व काल में किसी समाज में प्रचलित वे मूल्य जो उसके वैचारिक प्रतिमान हैं, उसके संगठन, प्रसार और उन्नति तथा कल्याण के लिए उपयोगी सिद्ध होते हैं। ये मूल्य मात्र भौतिक जीवन को समृद्ध और सुखमय बनाने वाले सामाजिक मूल्य ही नहीं होते, किन्तु सांस्कृतिक और धार्मिक जीवन को कल्याणकारी और उदात्त बनाने वाले भी होते हैं। अतः निर्गुण व सगुण कवियों की वाणी में सामाजिक, आर्थिक, राजनीतिक और सांस्कृतिक अथवा धार्मिक जीवन-मूल्यों की अभिव्यक्ति को आसानी से परिलक्षित किया जा सकता है। किन्तु उनकी मानसिकता अथवा अवधारणाओं की खोज करने में प्रायः हमें उनकी चेतन, अवचेतन एवं अर्द्धचेतन अर्थात् सम्पूर्ण मानसिकता और उसमें आए परिवर्तन की खोज करना आवश्यक है। दूसरे शब्दों में, भक्ति में अवधारणागत परिवर्तन (attitudnal change) और अन्त में उनके मानवतावादी सन्देश व स्वरूप को रेखांकित करना अपेक्षित है।

पौराणिक काल से ही निम्न जाति और वर्ग के लोगों को वेद पढ़ने और धार्मिक अनुष्ठानों के अधिकार से वंचित रखा गया था। मध्यकाल में भक्ति आन्दोलन ने एक हद तक इन ब्राह्मणवादी धार्मिक सिद्धांतों और सामाजिक बौद्धिक अवरोधों को हटाने का प्रयत्न किया। ऐसा करने में निर्गुण सन्तों की भूमिका प्रमुख रही है। निर्गुण सन्तों ने सर्वप्रथम समाज में ब्राह्मणों के वर्चस्व को चुनौती दी, साथ ही उनके सामाजिक गठबन्धनों की पोल खोली।

जिन वैदिक और सैद्धान्तिक मान्यताओं को कबीर ने हटाने का प्रयत्न किया, वे मुख्यतः ब्राह्मणों, उच्च वर्ण और कुलीन लोगों द्वारा स्थापित की गई थीं। वेद शास्त्रों का अध्ययन और अध्यापन करने का अधिकार इन्हीं को था। समाज की सामान्य

जनता जाहिल, गँवार, अपवित्र और दुष्ट समझी जाती थी। वेद-पाठ और यज्ञ आदि करना उनके लिए वर्जित था। उनके लिए मोक्ष प्राप्ति का एकमात्र मार्ग वर्णाश्रम-धर्म के अनुसार अन्य तीन वर्णों की सेवा के साथ-साथ ब्राह्मणों द्वारा नियोजित धार्मिक अनुष्ठान करना था जिसकी अगुवाई वे स्वयं करते थे। सामाजिक अवरोध, जिनमें जाति भेद और छूआछूत थे, कुलीन सामंती वर्ग और राजकीय व्यवस्था द्वारा प्रचारित किये गये थे। सामंती वर्ग समाज का वह एक छोटा-सा वर्ग था जो सामाजिक, राजनीतिक सम्मान, गौरव एवं प्रभुता का स्वामी था। उनका स्वार्थ समाज के बड़े भाग अर्थात् सामान्य जनता को निर्धन, निस्सहाय बने रहने देने में था।

भक्ति आन्दोलन में सगुण भक्ति धारा के भक्त सिद्धांत रूप में भारतीय वर्ण व्यवस्था में आस्था रखते थे। वे ब्राह्मणों को समाज का सर्वोच्च प्राणी अर्थात् 'भूमि भूसर' मानते थे जिनका मुख्य कर्त्तव्य सभी वर्णों और जाति के लोगों को ज्ञान दान देना था।

यह सर्वमान्य है कि भारतीय धर्म-शास्त्रों में ही नहीं, भारतीय मनीषा में भी 'धर्म' वैयक्तिक साधना और उपलब्धि की वस्तु है। वह समष्टिगत अथवा सामूहिक नहीं है। अतः भक्ति आन्दोलन का मूल उद्देश्य भक्तों अथवा सन्तों को मोक्ष, ईश्वर का ज्ञान अथवा आत्म-साक्षात्कार करवाना था। क्योंकि भक्तिपद में भी साधक के लिए अकेले आत्मज्ञान अथवा ईश्वर व मोक्ष की प्राप्ति संभव नहीं थी, भक्ति आन्दोलन के निर्गुनिये सन्तों ने आत्मज्ञान या ईश्वर तक पहुँचाने के लिए परम्परागत ब्राह्मण या पुरोहित के स्थान पर एक अन्य मध्यस्थ को चुना। वह मध्यस्थ 'गुरु' था। भक्ति मार्ग में 'गुरु' के महत्त्व और अनिवार्यता पर निर्गुण व सगुण सभी सन्तों और भक्तों ने बेहद बल दिया है। उन्होंने प्रायः गुरु को ईश्वर के समकक्ष और कभी-कभी उसे 'ईश्वर' या गोविन्द से आगे रखा है। कबीर गुरु और गोविन्द के साथ खड़े होने पर पहले गुरु को प्रणाम करते हैं। तुलसी गुरु को हरि का रूप मानते हुए उनके मुख-चन्द्र की किरणों द्वारा शिष्य के समस्त दैहिक, दैविक, भौतिक तापों से त्राण पाने का बखान करते हुए कहते हैं कि गुरु के चरणों की धूलि उस पराग के सदृश्य है, जो जीवन में मंगल और मोद को भर देता है। वह अमर जड़ी के रूप में भक्त को अमरता प्रदान करता है। आदि-आदि।

अब प्रश्न उठता है कि समाज के दलित, निम्न और हीन लोगों को भी आत्मज्ञान और भक्ति का मार्ग दिखाने वाला गुरु कौन था? वह किस वर्ण, जाति अथवा गुणों वाला था? उसका मुख्य स्वरूप और कार्य क्या था? क्या किसी भी वर्ण या जाति अथवा गुणों वाला सन्त गुरु बन सकता था? भक्ति आन्दोलन ने जिस

प्रकार भक्ति के द्वारा सभी जातियों—मुख्यतः निम्न जाति व कोटि तथा अधम से अधम, अधम जाति नारी के लिए द्वार खोल दिये, उसी प्रकार उसने सच्चे गुरु अथवा सद्गुरु के लिए 'जातिभेद' या वर्णभेद की दीवार हटा दी थी। दक्षिण भारत में आलवार, गुडियार और नायनमार भक्तों में अनेक ऐसे थे जो बाद में गुरु बने। वे अधिकतर निम्न वर्ण और जाति के थे, और कुछ ब्राह्मण भी थे। निर्गुण सन्त परम्परा में नानक, कबीर, रैदास, धन्ना पीपा, दादू, रज्जब आयद जुलाहे, चमार, तेली, धुनिया और पठान थे। अब प्रश्न उठता है कि क्या समाज का कोई भी व्यक्ति 'गुरु' के उच्चासन पर बैठ सकता था? यह सच है कि भक्ति की निर्गुण धारा में वैयक्तिक और सामाजिक गुणों से सम्पन्न कोई भी सन्त, गुरु के पद पर प्रतिष्ठित हो सकता था। इसीलिए भक्ति काव्य में सद् और असद् गुरु की चर्चा विशेष रूप से की गई है, जिसका मुख्य आशय यह है कि जिस प्रकार सच्चा गुरु शिष्य की जीवन रूपी नाव को संसार रूपी भवसागर से पार करवाकर किनारे लगा देता है, उसी प्रकार असद् गुरु उस जनमांध के समान है जो अंधे शिष्य को सांसारिक बन्धनों के कुएँ में डाल देता है और उसको कभी भी प्रभु को पाने का मार्ग नहीं सूझता। निर्गुण सन्तों के गुरु की अनेक विशेषताएँ और गुण थे। वे जनसाधारण और लोक-जीवन से सम्बन्धित होने के कारण जनता के दुखों-दर्दों को अधिक संवेदनशील रूप में महसूस कर सकते थे। सद्गुरु के उच्चासन पर वे अपने चारित्रिक उदात्त गुणों के कारण ही प्रतिष्ठित हो सकते थे।

सद्गुरु के गुणों में मुख्यतः उसके वैयक्तिक या चारित्रिक गुणों के साथ-साथ सामाजिक गुण भी सम्मिलित होते थे, जो उनको समाज में सामान्य लोगों के जीवन से ऊपर उठा जन-कल्याण की भूमिका पर लाकर खड़ा कर देते थे। वैयक्तिक गुणों में मुख्यतः संसार की मायादि आकर्षणों से निर्लिप्तता व सत्य अर्थात् आत्मज्ञान, धैर्य, दया, निरभिमानता और विनय के साथ-साथ विवेक का होना आवश्यक था। दूसरा मुख्य गुण उनमें सेवाभाव का होना था। इस प्रकार सांसारिक अवगुणों से छुटकारा पाकर सच्चा गुरु जीवन मुक्त बन जाता है। निर्गुणियों का गुरु भी अपने कर्मफल की डोरी से बँधा था। अतः भक्ति आन्दोलन में गुरु का स्थान वैदिक परम्परा में स्थित पुरोहित या ब्राह्मण के समान नहीं था। वह मात्र शिष्य या साधक को मार्ग दिखाने वाला था। मोक्ष या आत्म-साक्षात्कार सन्त या साधक द्वारा स्वयं प्राप्त करने की वस्तु थी। सन्तों का गुरु ब्राह्मणों की तरह निम्न जाति या वर्ग के लोगों के लिए न अनुष्ठान करता था और न ही उनके लिए स्वर्ग के द्वार खोलने की अगुवाई।

अतः कहा जा सकता है कि भक्ति आन्दोलन में आए इन सन्तों ने साधक (शिष्य) के किसी भी जाति या कुल का होने पर भी सीधे परमात्मा से सम्बन्ध स्थापित

करने के सिद्धान्त को बढ़ावा दिया। जहाँ ब्राह्मणों द्वारा समर्थित वेदोक्त ज्ञान के साथ-साथ पूजा, व्रत, तपादि बाह्य कर्मकाण्ड को निरर्थक घोषित किया, वहाँ साथ ही मानव मात्र में एक ही आत्मा या एक ब्रह्म के वास होने के सिद्धान्त को अपनाकर मानवीय एकता और भ्रातृभावना के सिद्धान्त की पुष्टि की।

कबीर के मानव मात्र में मौलिक एकता या समानता की भावना के केन्द्र में उनका विश्व में एक ही ब्रह्म के निवास होने का सिद्धान्त था।

सोह हंसा एक समान, काया के गुण आनहि आन।
माटी एक सकल संसारा, वहु विधि माँडे हाडे कुंभारा।।

(क. ग्र., पद 53)

कबीर बार-बार दोहराते हैं कि इस सृष्टि में सभी प्राणी एक ही तरीके से जन्म लेते हैं। एक ही हवा, पानी, रोशनी में साँस भरते हैं। उनका शरीर एक समान ही रुधिर, पानी और अस्थिमज्जा से भरा हुआ है। फिर ब्राह्मण और शूद्र में भेद कैसा?

सब प्राणियों में एकता या समानता के भाव के आधार पर कबीर के समाज सम्बन्धी कुछ महत्त्वपूर्ण निष्कर्ष निकाले जा सकते हैं। पहला, कबीर वर्ण-व्यवस्था को अस्वीकार करने के साथ भारतीय श्रेणीबद्ध समाज से जुड़ी अनेक जातियों की श्रेणियों को भी नकार देते हैं। इसलिए वे ब्राह्मणों और शूद्रों अथवा अभिजात और निम्न कुल के मध्य स्थित भेदभाव का गहरा विरोध करते हैं। यही नहीं, उन्होंने उन तुर्क और अफगानों को, जो अपने को शूद्र रक्त का मानने के कारण धर्म परिवर्तन द्वारा बने मुसलमानों को हेय दृष्टि से देखते थे, फटकारा। यह एक ऐतिहासिक तथ्य है कि भारत में आकर तुर्कों और अफगानों में जाति भेद की भावना घर कर गई थी।

16वीं शताब्दी में दादूदयाल सभी जातियों और वर्ण के लोगों में एक ब्रह्म के निवास होने के सिद्धान्त के आधार पर सभी प्राणियों को एक समान होने पर बल देते हैं।

जब पूरण ब्रह्म विचारिये तब सकल आत्मा एक
काया के गुण देखिये, तो नाना बरन अनेक।

(श्री दादूदयाल वाणी, 13/177)

कबीर और निर्गुनिये सन्तों द्वारा प्राणी मात्र में मौलिक एकता (fundamental equality) या एकात्मा की सैद्धान्तिक विचारधारा के पीछे मध्यकालीन सामंती समाज में स्थित कुलभेद और वर्गभेद को हटाकर मानवीय एकता और भ्रातृ भावना

को फैलाना था। पेशेवर जिम्न जाति और कुल में पालित होने के कारण कबीर ने सामंती समाज द्वारा शिल्पियों, दस्तकारों, गरीब किसानों के साधनहीन जीवन को जिया, उनके द्वारा किये गए शोषण को सहा।

गरीबी की रेखा से कहीं नीचे जीने वाले इन्हीं मजदूरों, शिल्पियों और किसानों की दयनीय अवस्था का चित्र खींचते हुए कबीर कहते हैं—

इब न रहूँ माटी के घर में........
छिनहर घर, झिनहर टाटी, घन गरजत, कँपे मेरी छाती।

(क. ग्र, पद 273)

कबीर ने 'उच्चकुल' या 'संभ्रान्त' परिवार के अमीरों, जमींदारों, राजाओं एवं ठाकुरों के ऐश्वर्यशाली जीवन एवं उन सभी लोगों की कटु आलोचना की जो सामंती व्यवस्था के मुख्य अंग थे—

उज्ज्वल कपड़े पहन, पान-सुपारी खा, ऊँचे घोड़ों पर छत्र धारण कर चढ़ते थे तथा ऐश्वर्य, धन और बल के आधार पर सारी रैयत पर कहर ढाने से पीछे नहीं हटते थे।

अपनी प्रभुता के अभिमान में डूबे रहने वाले समाज के इस छोटे वर्ग का अन्त भी श्मशान घाट जाकर होता था। अतः जहाँ कबीर समयुगीन प्रभुता सम्पन्न लोगों को "राजा देश बड़ो प्रपंची, रैयत रही उजारी" कहकर विरोध जताते थे, तो साथ ही इन निर्मम लोगों से धन या दया की आशा रखकर इनके द्वार पर जाने के लिए लोगों को भी प्रताड़ित करते थे—

कलि का स्वामी लोभिया, पीतली धरी खटाइ।
राज दुबारा यों फिरे, ज्यूं हरियाई गाइ।।

(क. ग्र, 17/6)

कबीर स्वामी या राजा के धन की नहीं, उसके लोभी होने के कारण उसके आगे हाथ पसारने की भर्त्सना करते हैं। धन ही मनुष्य को मदान्ध और अभिमानी बना देता है। गरीबों का मुख्य गुण विनय और विनम्रता है जो मानवतावाद के अंग हैं।

दीन गरीबी दीन की, दूंदर को अभिमान
दूंदर दिल विष सूं भरी, दीन गरीबो राम।

(क. ग्र., 41/12)

कहा जा सकता है कि मध्यकालीन सन्तों का कुलभेद या आर्थिक असमानता सम्बन्धी जीवन-मूल्य भी उभयपक्षीय और अन्तर्विरोधी है। एक ओर कुलीन और सामंती वर्ग उनकी आलोचना का पात्र रहा है, किन्तु साथ ही अप्रत्यक्ष रूप से वे उन अमीरों या स्वामियों को बुरा नहीं कहते जो अपने धन को गरीबों के दुख-दर्द मिटाने में लगाते हैं।

कबीर, दादूदयाल आदि सन्तों ने समाज में अलग-अलग धर्म-सम्प्रदायों में बँटे हिन्दू-मुसलमानों तथा उनमें आपसी धार्मिक भेदभावों का विरोध सभी धर्मों में एक ही ब्रह्म के पास जाने के सिद्धान्त को लेकर किया। उन्होंने भारत की सामान्य जनता में ईश्वर या अल्लाह के एक ही होने का मूलमन्त्र फूँका और उनमें एकता, समानता और आत्मविश्वास के साथ आपसी प्रेम और सौहार्द उत्पन्न करने का प्रयत्न किया।

यही नहीं, कबीर ने दोनों धर्मों में कर्मकाण्ड, बाह्यचार, व्रत, उपवास, तीर्थाटन, रोजा, नमाज और हज आदि को बढ़ावा देने वाले ब्राह्मणों और शेख व मुशयकों को सच्ची धर्म भावना का दुश्मन समझा।

कबीर ने मनुष्य के ईमान (कर्त्तव्य) को असली धर्म की संज्ञा दी।

सो हिन्दू, सो मुसलमान, जिसका दुरस रहे ईमान।

(क. ग्र., पद 335)

कबीर ने स्पष्ट शब्दों में इस्लाम धर्म के प्रति अपनी जिज्ञासा प्रकट की, किन्तु उन्हें निरी नाटकीयता और निरर्थक साधनाएँ दिखाई दीं।

तुर्की धरम हम बहुत खोजा वह बजागर ए बोधा
बेअकली अकलि न जानही, भूले फिरै ए लोइ
दिल दरिया दीदार बिन, भिस्त कहाँ थै होइ।

(क. ग्र., अष्टपदी रमैती)

ये लोग अज्ञान में डूबे हुए जीवन बिताते हैं और बिना उदार दिल रक्खे उनको स्वर्ग कैसे मिल सकता है?

इसी प्रकार, जीवन में कथनी और करनी की शुद्धता को जीवन का मूलमंत्र मानने वाले कबीर ने नाथपथियों, जैनियों, बौद्धों और सन्यासियों द्वारा संसार से विमुख हो पुरुषार्थहीन जीवन बिताने की भी कटु आलोचना की।

सोलहवीं शताब्दी के उत्तरार्द्ध में राम के अनन्य भक्त तुलसी और 'सुलह-कुल' जैसे धर्म-निर्पेक्षता के सिद्धांत के संस्थापक अकबर के समकालीन निर्गुण सन्त

दादूदयाल ने मध्य-मार्ग को निःपख मार्ग के नाम से सम्बोधित किया।

दादू हिन्दू तुरक न होइना, साहिब सेती काम
षट् दर्शन के संग न जाइबा, निर्पख कहबा राम।

(श्री दादू वाणी, 16/36)

दादूदयाल ने डंके की चोट पर समयुगीन हिन्दू और मुसलमान धर्मों को ही नहीं नकारा, किन्तु भारतीय षट्दर्शनों और उन पर आधारित अनेक मत-मतान्तरों मुख्यतः बौद्ध, जैन, नाथ, सन्यासी, जगम आदि, को छोड़ने तथा निष्पक्ष रहकर राम का स्मरण करने की मंत्रणा दी। दादू का निष्पक्ष मार्ग असल में धर्म-निरपेक्ष अर्थात् सभी धर्मों में निष्पक्ष रहने का ही नाम है।

अनेक धर्मों और मतवादों से संकुचित सामंती समाज में धर्मों के प्रति निष्पक्ष दृष्टि रखना अति कठिन और दुर्लभ कार्य था, साथ ही पखापखी में बँटे हुए संसार में जब एक साधक सभी धर्म-सम्प्रदायों को त्यागकर इस मार्ग पर पाँव बढ़ाता है, तो सारा संसार उससे रुष्ट हो जाता है।

दादू जब तें हम निर्पख भये सबै रिसाने लोग
सद्गुरु के प्रसाद से, मेरे हर्ष न शोक।

(श्री दादू वाणी, 16/49)

अतः कहा जा सकता है कि कबीर व दादू आदि सन्तों ने धर्म, दर्शन तथा भक्ति, जिसमें वे अपने को राम की बहुरिया कहते हैं, तीनों में मानवीय एकता और समानता की अवधारणा पर बल दिया।

इन लोगों ने अपनी संवेदना और प्रेम भावना का प्रसार करने के लिए भारतीय समाज का व्यापक क्षेत्र चुना जिसमें भारत की सामान्य जनता आती है। उनमें शहरों में रहने वाले अनेक शिल्पकर्मी और पेशेवर जातियाँ ही नहीं थीं वरन् गाँव में रहने वाले गरीब किसान भी थे।

भक्ति आन्दोलन में विरोध और असहमति के प्रतिनिधि सन्त कवि कबीर जीवन में जातिगत, वर्गगत और धार्मिक असमानता और भेदभावों का विरोध नहीं करते, उनमें एकता, समानता और प्रेमभावना का प्रसार करते हैं। असल मायने में कबीर ने लोकवादी जीवन-मूल्यों और अवधारणाओं को लोकप्रिय बनाने का प्रयत्न किया।

जहाँ तक भक्ति-आन्दोलन में सगुण भक्तों, मुख्यतः सूर और तुलसी, का प्रश्न

है, वे मूलतः वर्णाश्रम धर्म-व्यवस्था के अनुमोदक थे। तुलसी ने जन्मना नहीं, वैदिककाल से कर्म के आधार पर बनी वर्ण-व्यवस्था के पालन को समाज में संतुलन और व्यवस्था स्थापित करने का प्रधान अंग माना है। उन्होंने स्पष्ट शब्दों में उद्धृत किया है कि जब चारों वर्णों के लोग 'निजीनज धर्म' कर्त्तव्य कर्मों में संलग्न रहेंगे, तभी समाज और राज्य में सुख-शान्ति की स्थापना तथा भय, रोग, शोक का निवारण होगा। तुलसी ने वर्णसंकर को परम्परागत अनुलोम और प्रतिलोम के वैवाहिक सम्बन्धों के फलस्वरूप उत्पन्न सन्तानों से नहीं माना। तुलसी ने साफ-साफ शब्दों में कहा है कि–

"भए बरन संकर कलि भिन्न सेतु सब लोग।"

(मानस, 7/100)

हाँ, वैयक्तिक रूप में राम का भक्त होने के नाते तुलसी भारतीय वर्ण-व्यवस्था का उल्लंघन करने का ऐलान डंके की चोट पर करते हैं–

"मेरे जाति-पाति न चहौं काहू की जाति-पाति।"

(कवितावली, 7/107)

साथ ही "तुलसी भगत सुचल भलौ, भजै रैनिदिन राम" कहकर राम भक्त स्वपच को उच्च कुल ब्राह्मण से श्रेष्ठ ठहराते हैं जो हरि विमुख है।

अतः मूलतः तुलसी को भारतीय वर्ण-व्यवस्था और उससे जुड़े वर्गीय समाज का दृढ़ पोषक कहना उचित नहीं। जहाँ तुलसी ने प्राचीन काल से चली आती हुई वर्ण-व्यवस्था को अपने परिष्कृत रूप, अर्थात् कर्त्तव्य धर्मों के पालन से जोड़कर स्वीकार किया, वहाँ साथ ही उन्होंने अपने युगीन समाज को यथार्थ दृष्टि से देखा और मूल्यांकित किया[1]।

उन्होंने समाज में श्रेष्ठ और सज्जन पुरुषों की तुलना में नीच, अधम, दुष्टों की संख्या दस गुनी मानी है। तुलसी ने कलिकाल के वर्णन के माध्यम से तद्युगीन दुष्टों, दुर्जनों का वर्णन बड़े विस्तार से किया है।

तुलसी की सामाजिक, वस्तुगत, यथार्थ अवधारणा को दो रूपों में देखा जा सकता है। पहला उन्होंने अपने युगीन समाज को उसके गुणों के आधार पर प्रायः तीन और कहीं-कहीं चार श्रेणियों में विभाजित किया। दूसरे, तुलसी ने समाज के अभ्युदय में सन्तों, यानी, भले, श्रेष्ठ जनों या उत्तम पुरुषों की भूमिका पर बल दिया। तुलसी ने सज्जन या उत्तम पुरुषों के वैयक्तिक, सामाजिक गुणों का सविस्तार वर्णन

किया। वैयक्तिक गुणों में सत्य, अहिंसा, वैराग्य, विवेक, निरभिमानता, समता और अनाशक्ति आदि हैं। किन्तु श्रेष्ठ जनों की पहचान मुख्यतः उनके पुरुषार्थ और चारित्रिक गुणों के आधार पर की गई है जिनमें वे सेवाभाव पर अत्यधिक बल देते हैं, जिसको सामाजिक गुण कहा जा सकता है। एक स्थान पर तुलसी ने पुरुषार्थी लोगों की, पनस अर्थात् कटहल, कथनी और करनी में एकता स्थापित करने वाले लोगों की आम और केवल बातूनी लोगों की गुलाब से तुलना की है। पुरुषार्थ और सेवाभाव की व्यवस्था को तुलसी ने सन्त, सज्जन और राजा, तीनों के लिए अनुसंधनीय बताया है।

अतः तुलसी की सामाजिक जीवन सम्बन्धी अवधारणा में स्पष्ट रूप से अन्तर्विरोध दिखाई देता है, क्योंकि एक ओर वे समाज में वर्ण-व्यवस्था का अनुमोदन संतुलन हेतु राजा या ऊपरी तत्त्वों के द्वारा सामान्य जनता पर नियंत्रण रखने की नीति पर बल देते हैं, और दूसरी ओर जन-साधारण में राम की भक्ति के माध्यम से उनको तथाकथित वर्णाश्रम के बन्धनों से मुक्त होने का रास्ता दिखाते हैं। इससे स्पष्ट है कि तुलसी के समाज सम्बन्धी मूल्यों में गहरा अन्तर्विरोध है।

प्रश्न तुलसी के लोकवादी जीवन-मूल्यों और उनकी पक्षधरता का है। माना कि तुलसी सामाजिक जीवन में वर्ण-व्यवस्था से जुड़े कोटिबद्ध समाज (hierarchical society) में सामाजिक संतुलन और सुव्यवस्था हेतु विश्वास करते थे, और कबीर इसी सामाजिक ऊँच-नीच, कुलीन और निम्न जातिभेद का खण्डन और विरोध, जो मुख्यतः मानवीय मौलिक एकता अर्थात् सभी प्राणियों में एक ही आत्मा के वास के आधार पर किया करते थे। कहा जा सकता है कि एक ने असहमति और विरोध का रास्ता अपनाया और दूसरे ने समझौते का।

अतः कहा जा सकता है कि अपनी-अपनी परिसीमाओं में बँधे होने के बावजूद निर्गुण और सगुण सन्त एवं भक्त भारतीय वर्ण-व्यवस्था के कठोर ढाँचे को तोड़ने में नहीं तो उसमें कुछ दरार अवश्य डालने में सक्षम हुए। उन्होंने भारत के किसी भी जाति या कुल के गुणवान और श्रेष्ठ व्यक्ति को, जो राम का भक्त भी हो, सामाजिक प्रतिष्ठा और गौरव प्राप्ति का मार्ग दिखा दिया। यह सामाजिक अवधारणागत परिवर्तन एक महत्त्वपूर्ण कदम था, जिसने समाज में समता और भ्रातृत्व भावना फैलाने का कार्य किया।

भक्ति आन्दोलन ने ईश्वर की भक्ति को भारत के विशाल जनसमूह के लिए ग्राह्य बना दिया। वह उनकी चेतना का अभिन्न अंग बन गई। भारतीय मनीषा में

यह एक महत्त्वपूर्ण अवधारणागत परिवर्तन हुआ।

एक और महत्त्वपूर्ण कार्य जो भक्ति आन्दोलन ने किया, वह था साधक का प्रत्यक्ष सम्बन्ध ईश्वर या परमात्मा से जोड़ना। भक्त स्वयं भक्ति द्वारा मोक्ष या आत्म-साक्षात्कार का अधिकारी बन गया था। उन्होंने जहाँ परम्परागत पुरोहितवाद के वर्चस्व को कम किया, वहीं साधक और साध्य के मध्य सद्गुरु को स्थापित किया।

गुरु भी अपने कर्मफल का भागीदार था। ब्राह्मण के समान उसके लिए स्वर्ग के द्वार अनायास नहीं खुले थे।

अतः कहा जा सकता है कि भक्ति-आन्दोलन में सन्तों और समाज के अन्तर्सम्बन्ध दोतरफा थे। एक ओर सन्त समाज के निम्न, दीन-हीन, शोषित और उपेक्षित वर्ग के लोगों के जीवन-मूल्यों, विचारों और अवधारणाओं को वाणी देते थे, तो दूसरी ओर समाज में प्रचलित परम्पराओं, युगीन मूल्यों और धारणाओं को बदलने में योगदान। समाज का सबसे छोटा प्राणी 'स्वपच', जिसकी छाया भी लोगों को अपवित्र कर देती थी, भी गुरु द्वारा बताए हुए भक्ति मार्ग का अनुसरण करने से समाज में पूजनीय बन जाता था। यही नहीं, एक 'स्वपच' के भी गुरु के उच्चासन पर प्रतिष्ठित होने पर समाज के सम्भ्रान्त लोग उसकी वन्दना और झुक-झुककर प्रणाम करते थे। इससे यद्यपि समाज में मूलभूत परिवर्तन नहीं आया, किन्तु समाज में आंशिक बदलाव अवश्य आया जो लोगों में उनके आत्मगौरव और स्वाभिमान की भावना के रूप में रेखांकित किया जा सकता है जिसे सामाजिक अवधारणागत परिवर्तन का (Change of social mentalities) नाम दिया जा सकता है।

समाज के शोषित वर्ग में आत्मसम्मान और स्वाभिमान भरने का कार्य सन्तों के हाथों होता है। इन सन्तों, मुख्यतः निर्गुण सन्तों, ने मानवीय एकता के सिद्धान्त के आधार पर इस तथ्य का सर्वत्र विरोध किया कि समाज के निर्धन और पिछड़े वर्ग पर नियन्त्रण एकमात्र दण्ड अथवा दण्ड के भय के द्वारा ही हो सकता है।

निष्कर्षतः हम कह सकते हैं कि भक्ति-आन्दोलन में सन्तों और समाज के अन्तर्सम्बध दोतरफा थे। यदि भक्ति काल में सन्तों व भक्तों ने सामान्य लोगों, मुख्यतः दीन-हीन, निर्बल, शोषित और उपेक्षित वर्ग के जीवन-मूल्यों, विचारों अवधारणाओं को स्वर देने का कार्य किया, तो साथ ही उन्होंने युगीन और परम्परागत विचारों, मूल्यों और अवधारणाओं को बदलने में महत्त्वपूर्ण भूमिका निभाई। समाज का सबसे निम्नवर्ण का व्यक्ति, अर्थात् स्वपच—जिसकी परछाई से भी लोग अपवित्र हो जाते थे, भक्ति मार्ग तथा गुरु के द्वारा मार्ग दिखाने पर समाज का पूजनीय प्राणी बन जाता था जिसके आगे राजा-महाराजा, विद्वान, सभी सिर झुकाते थे। माना कि

इन सन्तों ने समाज का आमूल-चूल परिवर्तन नहीं किया, किन्तु तुलसी की सामाजिक अवधारणा के अनुकूल समाज में अधिकतर लोग दुष्ट, खल और नीच प्रकृति के हैं इसलिए उन पर राजनीतिक और सामाजिक शक्तियों द्वारा नियंत्रण रखने की आवश्यकता है। राजनीतिक स्तर पर प्रजा पर अनुशासन राजा के द्वारा लागू किया जाता है, जबकि सामाजिक दृष्टि से समाज के विशिष्ट, श्रेष्ठ व्यक्ति या सन्त ही अपने संगीत एवं सद्भाव से राज्य में स्थायी शान्ति एवं सुव्यवस्था कायम करने में योगदान देते हैं। ध्यातव्य है कि कबीर और तुलसी की रचनाओं में मूलभूत अन्तर यही है कि एक बाह्य और आन्तरिक नियंत्रण को समाज में शान्ति और संतुलन स्थापित करने के लिए आवश्यक मानता है, और दूसरा राजा या राजनीतिक हस्तक्षेप और उनके योगदान के प्रति उपेक्षित ही नहीं सर्वथा खिलाफ है।

तुलसी सन्तों द्वारा राजनीति में सहयोग देने के पूर्ण समर्थक हैं और कबीर के लिए राजा और राज्याधिकारी अन्यायी और शोषक हैं। अतः राजन्य नागरिक को सत्ता मार्ग या नीति पथ का ज्ञान गुरु द्वारा ही प्राप्त हो सकता है। यही तुलसी और कबीर की भीक और उनके सामाजिक जीवन-मूल्यों में मुख्य भेद है।

भक्तिकाव्य और लोकजीवन

— प्रेमशंकर

भक्तिकाव्य के लोकजीवन की समझ के लिए कुछ तथ्य सामने रखने होंगे। भक्तिकाव्य एक लम्बी चिन्तन परम्परा की उपज है जिसकी भूमिका में भक्ति चिन्तन, आलवार सन्त, सिद्ध-नाथ आदि की रचनाशीलता मौजूद है। इनका वैचारिक-दार्शनिक आधार है और उसकी सक्रियता सभी देशी भाषाओं में देखी जा सकती है। वास्तव में समग्र भक्ति आन्दोलन के परिप्रेक्ष्य में रखकर इसे देखना उचित होगा। इसकी पीठिका में मध्यकालीन सामंती समाज है और प्रो. नूरुल हसन के अनुसार जिसकी प्रकृति पाश्चात्य सामंतवाद से भिन्न है, तथा जिसके अपने अन्तर्विरोध हैं। कवियों की अपनी बनावट के कारण यहाँ प्रतिक्रियाएँ अलग ढंग से व्यक्त हुई हैं और कई बार उनमें विरोध जैसा भी दिखाई देता है। पर कुल मिलाकर रचना का एक समवेत् स्वर उभरता है, जिसे हम भक्ति-साहित्य कहते हैं। दीर्घकाल में फैला हुआ भक्तिकाव्य और उसकी प्रवृत्तियाँ ईसवी सदी से आरम्भ होकर गुरु नानक (1469-1538) और गुरु गोविन्दसिंह (1666-1718) तक जाती हैं। हिन्दी भक्ति रचना का मुख्य वृत्त चौदहवीं ईसवी सदी के आरम्भ से सत्रहवीं के मध्य तक स्वीकार किया गया है। इतिहास की दृष्टि से अलाउद्दीन खिलजी (1295-1317) से लेकर जहाँगीर (1605-1627) और शाहजहाँ (1627-1658) तक का समय। इस बीच कई शासक-वंश आए—खिलजी, तुगलक, सैयद, मुगल, अफ़गान आदि।

भक्तिकाव्य अपने समय को जानता-पहचानता है और इस सम्बन्ध में उसे सिद्ध-नाथ-सन्त काव्य की उस परम्परा से प्रेरणा भी मिलती है, जहाँ आभिजात्य के प्रति विद्रोह का भाव दिखाई देता है। जैन-बौद्ध धर्म ने आत्मा-ईश्वर के विषय में सन्देह व्यक्त करके प्रचलित ब्राह्मणवाद को चुनौती दी थी, पर कालान्तर में विद्रोही

दर्शन भी प्रतिक्रांति में उलझ जाते हैं। राहुल सांकृत्यायन, आचार्य हजारीप्रसाद द्विवेदी आदि ने सिद्ध-नाथ-सम्प्रदाय की विद्रोही चेतना को रेखांकित किया है। भक्तिकाव्य को एहसास है कि भक्तिमार्ग को सामान्यजन के लिए सुलभ कराना होगा और इसलिए उनका गन्तव्य 'लोकधर्म' है जिस विषय में आचार्य रामचन्द्र शुक्ल ने हिन्दी को नया सही प्रस्थान दिया। मध्यकाल में अभिजन समाज और सामान्यजन के दो अलग संसार हैं, जैसे चरनदास के शब्दों में : एक दुखी, एक अति सूखी–एक भूप, एक रंक। कर्मकाण्ड, पुरोहितवाद प्रायः विशिष्ट वर्ग के हितों से जुड़ जाते हैं और भारत जैसे परम्परावादी समाज में सामान्यजन छला जाता है। लोक को केन्द्र में लाने के लिए भक्तिकाव्य ने लोक को परिभाषित किया। कौन-सा लोक-समाज? जहाँ श्रमजीवी सामान्य वर्ग है जीवन-संघर्ष से गुजरता हुआ : कवितावली के उत्तरकाण्ड में तुलसीदास ने निम्न वर्ग का उल्लेख किया है : चांडाल, कोल, भील के अतिरिक्त किसबी, किसानकुल, भिखारी, भाट, चाकर, चपलनट, चार चेटकी। कवि में अपने समय की वास्तविकता है। 'आगि बड़वागि तें बड़ी है आगि पेट की।' प्रो. इरफ़ान हबीब का मत है कि राज्य की आवश्यकताओं की पूर्ति के लिए नये वर्गों का उदय हुआ।

भक्ति कवियों ने आभिजात्य के आच्छद को तोड़ा और इसके लिए अपने चरितनायकों को लोकभूमि पर संचरित किया। मूल्य-भरे सामाजिक कर्म से ही मानय-व्यक्तित्य को अर्थदीप्ति मिलती है। सही कर्म सौन्दर्य है। भक्ति कवि अपने नायकों को देवत्व की भूमि से बाहर लाकर उन्हें सामान्यजन के मध्य सक्रिय करते हैं। तुलसी यह नहीं भूलते कि राम में देवत्व है, पर वे यह भी जानते हैं कि देवता पृथ्वी पर अवतरित होकर ही शोभा पाते हैं : 'भये प्रकट कृपाला, दीनदयाला, कौसल्या हितकारी' का समापन है : 'विप्र, धेनु, सुर, सन्त हित लीन्ह मनुज अवतार।' गीता में भी 'यदा हि धर्मस्य' के मूल में आशय मूल्य-प्रतिष्ठा का और सामान्यजन की रक्षा का है। भक्त कवियों का लोक आभिजात्य के स्थान पर सामान्य को प्रतिष्ठित करता है। तुलसी का ध्यान ग्राम-कृषक समाज पर है। सूर में कृषि-चारागाही संस्कृति की प्रधानता है। कबीर का बल सांस्कृतिक सौमनस्य पर है और जायसी प्रेमपंथ को विकल्प रूप में प्रस्तुत करते हैं।

भक्तिकाव्य में लोकजीवन की केन्द्रीयता के मूल में सजग सामाजिक-सांस्कृतिक चेतना है, जहाँ भक्ति शास्त्र पांडित्य, कर्मकाण्ड, पुरोहितवाद से निकलकर सामान्य भूमि पर विचरण करती है। अकारण नहीं कि लोक के समक्ष

जो आदर्श भक्तिकाव्य ने प्रस्तुत किया, वह अनुभव-ज्ञान और आचार है– कथनी-करनी के द्वैत को पाटता हुआ। कबीर ने जोर देकर कहा–'पंडित वाद बर्दते झूठा' अथवा 'मेरा तेरा मनुवा कैसे एक होय रे/मैं कहता आंखिन की देखी, तू कहता कागद की लेखी... ।' भक्त और उसके आराध्य में सीधा संवाद स्थापित करने के लिए लोक-जीवन का सहारा लिया गया। जब व्यर्थ मध्यस्थ हट जाते हैं तो सही संवाद में कठिनाई नहीं होती। सूर में राधा-गोपिकाएँ सब प्रत्यक्ष वार्तालाप का साक्ष्य हैं– कृष्णार्पित। यदि ईश्वर और उसके मध्य कोई मिलनसूत्र हो सकता है, तो वह है भक्ति का, जो ज्ञान-समन्वित है। प्रायः निराकार-साकार, निर्गुण-सगुण के दार्शनिक प्रश्न उठाए जाते हैं। सूर ने कहा–'सब विधि अगम विचारहिं ताते सूर सगुन लीला पद गावै।' तुलसी ने 'सगुनहिं-निर्गुनहिं नहिं कुछ भेदा' कहकर अपना पक्ष प्रस्तुत किया। दोनों का गंतव्य एक, केवल साधन में किंचित भिन्नता। निर्गुण पंथियों ने यह अनुभव किया कि पुरोहित परिचालित कर्मकाण्ड सामान्यजन को छलता है। इसलिए पहले इसे ही मिटाना होगा– विशिष्ट वर्ग समाप्त करना होगा। जिन तुलसी को परम्परावादी तक कह दिया जाता है, उन्होंने भी मूल्यहीन भूमिसुरों की निन्दा की है और ग्राम-बन्धुओं की टिप्पणी है : 'ज्योतिष झूठ हमारे जाये।' मध्यकाल का वर्ग-भेद, अन्धविश्वास, गर्हित कर्मकाण्ड, घृणित उपजातिवाद उस समय का कलिकाल है जिसे तुलसी जैसे सचेत कवि ने देखा-भोगा था : 'कलि बारहि बार दुकाल परै, बिनु अन्न दुखी सब लोग मरै। 'इतिहास से अकबर शासन के आरम्भिक वर्षों में दुर्भिक्ष की पुष्टि होती है। मर्यादाएँ टूट गई हैं, मूल्य बिला गए हैं, व्यवस्था चरमरा चुकी है। विनयपत्रिका तक में तुलसी ने इसका संकेत किया है : 'शान्ति, सत्य, सुभ रीति गई घटि बढ़ी कुरीति कपट कलाई है/सीदत साधु साधुता सोचति, खल बिलसत, हुलसति कलई है।'

लोकजीवन के सन्दर्भ में कई बार भक्तिकाव्य के चरितनायकों को लेकर ऐसी बहस की कोशिश की जाती है जिससे हमारा ध्यान मुख्य मुद्दे से हट जाता है, जैसे लोकरंजक-लोकरक्षक का प्रश्न। श्रेय-प्रेय से कहीं अधिक वरेण्य है, पर दोनों के संयोजन से समग्र व्यक्तित्व निर्मित होता है। श्रेय स्वयं प्रेय बनता है क्योंकि उसमें मूल्य भरे कर्म की सौन्दर्य दीप्ति होती है। लोक की सहज स्वीकृति, सौन्दर्य है और यह तभी संभव है जब स्वयं को लोक में संचारित किया जाये। इससे व्यक्तित्व की विश्वसनीयता बनती है, व्यक्ति स्वयं साधारणीकृत होता है। राजा रत्नसेन जब राजमहल का परित्याग कर योगी रूप धारण कर संघर्ष मार्ग पर चलते हैं, तो उन्हें सहानुभूति मिलती है। राजमहिषी नागमती वियोग से गुजरती है और कवि उसे

सराहता है : 'मुहम्मद सती सराहिए जरै जौ अस रिय लागि।' सूर की राधा का सौन्दर्य उसके तप-त्याग में है, केवल कनकवल्ली देह में नहीं। स्वयं कृष्ण इसे स्वीकारते हैं। राम की प्रिया सीता का स्मरण उन्हें सामान्यीकृत करता है, उन्हें मनुष्य की सहज भूमि पर संचरित करता है। यहाँ देवत्व परिपार्श्व में चला जाता है, और उसके स्थान पर उभरता है एक सहज मनुष्य रूप जो स्वयं को लोक से सम्बद्ध कर कृतकृत्य होता है : 'सूरदास प्रभु रहे मौन ह्वै, यह कहि-कहि पछिताहीं।'

रचना की वाचिक परम्परा से जोड़कर भक्तिकाव्य स्वयं को अधिकाधिक लोक-धर्मी बनाता है और उसे एक नयी समृद्धि मिलती है। भक्त कवियों का अनुभव-संसार लोक निर्मित है— लोक के मध्य पाया गया, शास्त्र और पुस्तकीय ज्ञान का अतिक्रमण करता हुआ। कबीर ने स्पष्ट कहा— 'पोथी पढ़-पढ़ जग मुआ, पंडित भया न कोय। ढाई आखर प्रेम का पढ़े सो पंडित होय।' यहाँ प्रेम रूमानी भावावेश नहीं है और न ऐकान्तिक व्यक्तिवाद। वह विवेक सम्मत है— माया-मोह, आसक्ति पर विजय प्राप्त कर वृहत्तर संवेदन-संसार में पहुँचने का प्रयत्न। इसलिए इनके परम देवता ही नहीं, अन्य भक्ति चेतना सम्पन्न पात्र भी सर्वस्वीकृत हैं, यहाँ तक कि मनुष्यों के साथ वानर तथा पशु-पक्षी भी। एक प्रकार से भक्तिकाव्य अपने लोक संवेदन का विस्तार इस सीमा तक करता है, जिसमें प्रकृति की भूमिका सार्थक और महत्त्वपूर्ण होती है। एक पूरा बिम्ब-प्रतीक संसार उभरता है और कबीर का 'ताना-बाना' गंभीर अर्थ का वाहक बनता है। राम प्रकृति से अपनी पीड़ा व्यक्त करते हैं : 'हे खग मृग हे मधुकर श्रेनी। तुम्ह देखी सीता मृगनैनी।' ऋतुएँ राम के देवत्व को आकुल कर जाती हैं क्योंकि वे मनुष्य रूप में आचरित हैं। भक्तिकाव्य में प्रकृति की उल्लेखनीय भूमिका लोकजीवन का अविभाज्य अंश है। भ्रमरगीत में गोपिकाएँ वियोग को बिम्बित करने के लिए यमुना का सहारा लेती हैं : 'देखियति कालिंदी अति कारी'। अथवा 'तुम्हारे बिरह ब्रजनाथ, अहो प्रिय नयनन नदी बढ़ी। लीने जात निमेष कूल दोउ एते मान चढ़ी'।

मध्यकाल के अपने दुःख-सुख हैं , जैसे हर समय-समाज के होते हैं और कवि इन स्थितियों से पलायन नहीं कर सकते, चाहे देवता का आश्रम ही क्यों न हो। यह द्वन्द्व भक्तिकाव्य में बखूबी उभरा है, जिसे हम वास्तविकता और इच्छा का द्वन्द्व कह सकते हैं। दशरथ और अयोध्या-समाज की इच्छा है कि राम का राज्याभिषेक हो, मर्यादा पुरुषोत्तम राजा बनें। पर देवता जानते हैं कि राम अयोध्या में रहे तो फिर उनका संकट कम नहीं होगा, राक्षसों की अराजकता बनी रहेगी। ऐसे में उपयोग भी किया जाता है तो 'सरस्वती' का। वह जानती है कि वह कमलवन के लिए हेमन्त

ऋतु की रात्रि है, महाभारत के भीष्म की तरह असमंजस की स्थिति। देवताओं के विषय में सरस्वती की टिप्पणी है : 'ऊँच निवास नीचि करतूती। देखि न सकहिं पराई विभूती।' तुलसी ने 'देव कुचाली' शब्द का प्रयोग किया, जो राम की विजय पर प्रसून वर्षा करके अपने कर्त्तव्य की समाप्ति मान लेते हैं, पर स्वयं कर्म की भूमि पर अवतरित नहीं होते। अयोध्या के अन्तःपुर की राजनीति जैसा चलता है, मध्यकालीन सामंतवाद का एक लघु संस्करण बनकर। पर भक्त कवि संघर्ष से ही अपने चरित्रों को कर्म भरा सौन्दर्य देते हैं। राम को अयोध्या में रोक दीजिए और उनका व्यक्तित्व ही अधखुला रह जाएगा। कृष्ण कंस से टकराएँगे नहीं तो कृष्ण कैसे होंगे? लोकप्रचलित गाथाओं और किंवदन्तियों का चरितनायकों के जीवन में इस ढंग से प्रवेश कराया गया है कि उनका चमत्कारी अंश कम हो जाये, वे जीवन की धार में स्वाभाविक रूप से आएँ। बालक राम, कृष्ण अपनी माताओं को एक क्षण के लिए अपना अलौकिक रूप दिखाते जरूर हैं, पर व्यवहार, आचरण में वे सहज-सरल हैं। सूर के बालवर्णन को इसी रूप में देखा जाना चाहिए। यहाँ उनका राजसी रूप गायब है, वे सहज बालक की तरह लीलाएँ करते हैं : 'घुटरन चलत रैनु तन मंडित, मुख दधि लेप किए।' कृष्ण की माखन चोरी भी सामाजिक है, जैसे यहाँ कुछ दुराव-छिपाव नहीं, और यशोदा भी जानती हैं कि गोपिकाएँ उलाहना के बहाने कान्हा को देखने आई हैं।

सामान्यजन की निरन्तर उपस्थिति से भक्त कवि अपनी रचना को लोकसापेक्ष बनाते हैं। कबीर, जिन्हें किसी कथानक की सुविधा नहीं है, अपने काव्य में एक श्रोता कल्पित कर लेते हैं, जैसे किसी को सम्बोधित कर रहे हों– साधौ, सन्त, अवधूत, जोगी आदि सम्बोधनों से। यह नाटकीय कौशल मात्र नहीं है, स्वयं से बाहर निकलकर लोक धरातल पर संवेदन के साथ प्रवाहित हो सकने का अभिनव प्रयत्न है। कवि जब स्वयं को भी सम्बोधित करते हैं, जैसे कबीर अथवा तुलसीदास, तब भी उनमें श्रोता समाज सम्मिलित है। कबीर ने जब आत्मा को सम्बोधित करके पद लिखे अथवा साखी के माध्यम से चेतावनी दी, तब उनके समक्ष लोक उपस्थित है। तुलसी की विनय पत्रिका कवि का स्वयं आत्मनिवेदन न होकर, अपने समय के एक ऐसे सचेत, संवेदनशील, विवेक सम्पन्न कवि का वक्तव्य है, वहाँ वह पूरे युग की पीड़ा को व्यक्त कर रहा है। इसलिए बार-बार समय का यथार्थ झाँकता है। कवि की मुख्य चिन्ता यह है कि मर्यादाएँ स्थापित कैसे हों। पत्रिका में तुलसी की पीड़ा है : 'तुलसी विकल, बलि, कलि-कुधरम।' भक्तिकाव्य वैयक्तिक मोक्ष की कामना से परिचालित नहीं है, यहाँ सामाजिक मुक्ति का स्वप्न है। कवि जानता है कि मुक्ति

सबके साथ है, इसलिए वह माया-मुक्ति की बात करता है, जो प्रकारान्तर से मूल्यहीनता से मुक्ति है।

लोकजीवन कवि-संसार में वर्णन-विवरण वृतान्त की खानापूरी नहीं है, वह कविता के समग्र संवेदन संसार का विलयित प्रयत्न है। जायसी से भूल हुई है कि पद्मावती ब्रह्मरूपा है, वह जहाँ वास करती है, उस सिंहल द्वीप में प्रकृति की पूरी पंक्ति ही उपस्थित कर दी गई। पर जायसी सजग हैं और दोहों में प्रायः परिमार्जन करने का प्रयत्न करते हैं : 'मुहमद जीबन जल मरन, रेहट घरी के रीति/धरी जो आई ज्यों भरी, ढरी जनम गा बीति।' रचना में सूचनाओं का बहुत महत्त्व नहीं होता, उन्हें अनुभूति का अंश किस रूप में बनाया गया है, यह अधिक प्रासंगिक है। उल्लेखनीय है कि भक्तिकाव्य में प्रकृति के खुले मंच का प्रयोग हुआ है जिसे हम सामंती सीमाओं का निषेध कह सकते हैं। आगे चलकर जब बिहारी जैसे शिल्पी ने कहा : 'भरै भौन में करत है नैननि ही सों बात', तब यह जैसे सामंती प्रभाव की स्वीकृति ही है। ध्यान दें कि भक्तिकाव्य में प्रकृति लोकजीवन का आधार है। तुलसी, सूर बार-बार इस ओर जाते हैं: 'कृषौ निरावहिं चतुर किसाना' अथवा 'सूखत धान परा जनु पानी।' अपनी भूमि की पूरी जानकारी इन कवियों को हैं। वे सही अर्थ में देशज कवि हैं और वे इसका भरपूर उपयोग करते हैं। पर्वत, नदी, नाले, वन, खेत-खलिहान सब इन कवियों में ऐसे रच-बस गए हैं कि कविता का पूरा विन्यास ही लोक संवेदन से भर जाता है। अयोध्या तुलसी को केवल इसलिए प्रिय नहीं है कि वहाँ राम जन्मे हैं, बल्कि इससे भी अधिक इसलिए क्योंकि वहाँ पावन सरयू बहती है। चित्रकूट उन्हें प्रिय है— प्राकृतिक सौन्दर्य के लिए : 'सब दिन चित्रकूट नीको लागत। वर्षा ऋतु प्रवेश गिरि ऊपर, देखत मन अनुरागत।' जनकपुरी का वर्णन करते हुए तुलसी वहाँ की लोकप्रवृत्ति का विशेष बखान करते हैं, पार्बतीमंगल, जानकीमंगल, नहछू आदि में। सूर में बनखंडी यमुना के कुल-कछार कृष्ण गाथा को प्रभावी आधार देते हैं और कृष्ण-ग्वाल-बालों का जीवन उनसे अविभाज्य रूप में सम्बद्ध हो जाता है। जिसे हम कृषक-चरवाहा की यायावरी संस्कृति कहते हैं, उसका जैसा मार्मिक रूप सूर ने उभारा है, वैसा अन्यत्र दुर्लभ है। कृष्ण स्वयं इस संस्कृति में समाजीकृत होते हैं। उनमें स्वयं गौ-चारण का उत्साह है : 'आजु मैं गाइ चरावन जेहों। वृन्दावन के भांति-भांति फल, अपने कर में खेहों।' सूर ने कृष्ण के सौन्दर्य की छवियाँ उकेरते हुए प्रकृति को स्वीकृति दी है : 'बन तें आवत धेनु चराए। संध्या समय साँवरे मुख पर गौ-पद-रज लपटाए।' मिलन और वियोग दोनों का साक्ष्य है प्रकृति। गोपिकाएँ आश्चर्य में हैं: 'मधुबन तुम कत रहत हरे?' अथवा 'जहाँ-जहाँ गौदोहन कीन्हों, सूँघत सोइ-सोइ

ढाँव।'

भक्तिकाव्य इसी अर्थ में समान्यजन की उपस्थिति का सर्जनात्मक प्रयत्न है कि यहाँ लोकजीवन की उल्लेखनीय उपस्थिति है, देवत्व के बावजूद। यह लोकजीवन इस काव्य को पूर्णतया रहस्यवादी हो जाने से बचा ले जाता है और जो आध्यात्मिकता यहाँ उभरती है, वह सर्वोपरि मनुष्यता के माध्यम से है। माना कि पुरागाथा के उपयोग से कुछ चमत्कारी प्रसंग हैं और अलौकिक संकेत भी, पर भक्त कवियों का ध्यान, मूल्यचिंता से सम्पन्न मनुष्यता पर है। राम लक्ष्मण के लिए विलाप करते हैं, मनुष्य की तरह : 'उहाँ राम लछिमनहिं निहारी। बोले बचन मनुज अनुसारी।' अथवा 'बहुविधि सोचत सोच विमोचन। स्रवत सलिल राजिव दल लोचन। उमा एक अखण्ड रघुराई। नर गति मगत कृपाल देखाई।' कृष्ण ऊधौ से स्वयं स्वीकार करते हैं : ऊधौ, मोहि ब्रज बिसरत नाहीं। हंस सुता की सुन्दर नगरी, अरु कुंजन की छाँही। वे सुरभी, वे बच्छ दोहनी, खरिक दुहावनि जाहीं। ग्वाल-बाल सब करत कुलाहल, नाचत गहि-गहि बाँहीं।' राम अयोध्या लौटते हुए अपनी पुण्य-भूमि का स्मरण सादर करते हैं : 'अति प्रिय मोहि इहाँ के वासी। मम धामदापुरी सुखरासी।' सूरदास ने राधा की व्यथा को मौनता में व्यक्त किया है, जैसे उसने सब कुछ दाँव पर लगा दिया और हार गई : 'अति मलीन वृषभानु कुमारी। हरि स्रमजल भीज्यों उर-अंचल, तिहिं लालच न धुवावति सारी। अध मुख रहति अनत नहिं चितवति, जयौं गथ हारै थकित जुआरी।'

रचना में लोकजीवन का विन्यास और प्रमाणीकरण कई रूपों में हो सकता है और हम स्वीकार करते हैं कि भक्तिकाव्य में जो समय-समाज व्यक्त हुआ है, उसकी अपनी परिस्थितियाँ हैं। सभी सार्थक रचनाकार अपने समय से बहुत सन्तुष्ट नहीं होते, पर अपनी प्रतिक्रियाएँ व्यक्त करने की उनकी पद्धतियाँ अलग-अलग हो सकती हैं। प्रायः कबीर के जुझारू स्वर को रेखांकित करते हुए उनकी प्रासंगिकता का विशेष उल्लेख किया जाता है। धर्म-सम्प्रदाय, आडम्बर में फँसे समाज पर कबीर के आक्रमण बहुत तीखे हैं, इसमें सन्देह नहीं। व्यंग्य उनका आक्रोशी हथियार है, पर इसके मूल में जो कवि की व्याकुलता है, उस ओर भी हमारा ध्यान जाना चाहिए। नागार्जुन अथवा हरिशंकर परसाई संवेदन की जिस पीड़ा से गुजरते हैं, उसे जाने बिना उनके व्यंग्य की सही समझ भी नहीं हो सकती। इस अनुमति में जो गहरी करुणा है, वह रचनाकारों को उद्विग्न करती है और वे प्रहारात्मक होते हैं। यह व्यवस्था सही नहीं है, बेहतर व्यवस्था आनी चाहिए। कवि केदारनाथ सिंह के शब्दों में : 'मौसम कितना ही खराब हो, उम्मीद नहीं छोड़तीं कविताएँ।' लोकजीवन के प्रमाणीकरण के

लिए भक्त कवि सभी कुछ वहीं से प्राप्त करना चाहते हैं, यहाँ तक कि दर्शन और विचार को भी वे अनुभव संसार में विलयित करने का प्रयत्न करते हैं। नवधाभक्ति आदि के कुछ प्रसंगों को छोड़ दें, जिन्हें सभी ने भागवत से प्राप्त किया है, तो इसके अतिरिक्त जो विचार-प्रसंग हैं, उन्हें व्यावहारिक धरातल पर प्रस्तुत किया गया है। सामान्यजन की उपस्थिति और उनकी प्रतिक्रियाएँ लोकजीवन को प्रमाणीकृत करने तथा रंग भरने के लिए हैं। राम अथवा कृष्ण के जन्म के जो चित्र हैं, उनमें सारा समाज सम्मिलित है। कवितावली का आरम्भ ही सामान्यजन की साझेदारी से होता है : 'अवधेस के द्वारे सकारे गई सुत गोद कौ भूपति ले निकसे। अवलौकि हों सोच विमोचन कौ ठगि सी रही, जे न ठगे धिक से।' अथवा 'दूब दधि रोचनु कनक थार भरि-भरि/आरति सँवारि बर नारि चली गाँवती।' रामचरित मानस का वर्णन है : 'कौसलपुर वासी नर नारि वृद्ध अरु बाल। प्रानहु ते प्रिय लागत, सब कहुँ राम कृपालु।' कृष्ण का व्यक्तित्व तो और भी समाजीकृत है : 'सीमा-सिंधु न अन्त रही री। नन्द-भवन भरि परि उमंग चलि, ब्रज की बीधिन फिरति बहीरी।' अथवा 'आज बन कौऊ वै जनि जाइ सब गाइन बछरनि समेत ले आनहु चित्र बनाइ ढोटा है रे भयौ महर के, कहत सुनाइ-सुनाइ। सबहि घोष में भया कुलाहल, आनन्द उर न समाइ।' गौएँ कृष्ण से ऐसी ममता पाती हैं कि उनके चले जाने पर : 'जहाँ-जहाँ गौ-दोहन कीन्हों, सूँघत सोइ-सोइ ठाँव।' जीवन के हर क्षण में लोकजीवन और सामान्यजन की यह उपस्थिति भक्तिकाव्य को ऐसी सामाजिक गरिमा देती है कि रसखान जैसा कवि भी भाव-विभोर है; 'मानुष हों तो वही रसखान, बसों ब्रज गोकुल गाँव के द्वारन।' और सूफियों के प्रेम मार्ग को सबका आदर प्राप्त है। सुख-दुख में सामान्यजन उपस्थित हैं। तुलसी ने ग्राम बधुओं की प्रतिक्रियाओं का विस्तृत वर्णन किया है राम-सीता को सराहते हुए। पर वे यह भी कहते हैं कि दशरथ ने कैकेयी की बात मानकर ठीक नहीं किया। रामकथा में केवट, कोल-भील, वानर समाज की उपस्थिति को सामान्यजन के प्रति कवियों की पक्षधरता के रूप में देखा जाना चाहिए। कृष्णकाव्य का तो पूरा संसार ही सामान्यजन का है जो अपनी पूरी उत्सव चेतना के साथ मौजूद है– होली, फाग, चांचरि अनेक लोकोत्सव, टोना-टटका, जादू-चमत्कार सब कुछ। पर राम के बनवास में ग्रामजन की यह प्रतिक्रिया भी कि : 'ज्योतिष झूठ हमारे जाएँ।' राम को बनवास तो फिर ज्योतिष का क्या अर्थ?

भक्तिकाव्य में लोकजीवन की अभिव्यक्ति कई रूपों में हुई है जहाँ लोक-उपादानों का विपुल उपयोग किया गया है। इसमें सांस्कृतिक सौमनस्य की भूमिका भी महत्त्वपूर्ण है। मध्यकाल में जो साँस्कृतिक आदान-प्रदान विकसित हुआ,

उससे रचना को भी एक नयी सक्रियता मिली। यहाँ कई दीवारें टूटती हैं और सूफियों की प्रेमगाथाएँ इसका साक्ष्य हैं। जिन तुलसी को अपेक्षाकृत परम्परावाद से सम्बद्ध करके देखा गया, उनकी भी बात विचारणीय है : 'माँग के खइबो, मसीत को सोइबो, लेबों को एक न देबे को दोऊ' (कवितावली : उत्तर 106)। कबीर सबको ललकारते हैं : 'बहै कबीरा दास फकीरा, अपनी राह चलि भाई। हिन्दू तुरक का करता एकै, तो गति लखी न जाई।' जो अद्वैत चेतना कबीर में साम्प्रदायिक सौमनस्य का आधार है, उसे जुझारू कवि ने वैचारिक आधार दिया : 'राम रहीम एक हैं, फिर कैसी टकराहट।' सूफियों ने इसके लिए प्रेम पंथ का संधान किया। असद अली के शब्दों में : ''सूफियों की कथनी-करनी एक थी। सादा जीवन व्यतीत करते थे तथा अपने अनेक गुणों के कारण वे हिन्दू-मुसलमान दोनों वर्गों में समान आदर की दृष्टि से देखे जाते थे।'' यह स्वीकृति भक्तिकाव्य को सांस्कृतिक गरिमा देती है। भक्तिकवियों ने अद्वैत चिन्तन की अभिव्यक्ति के लिए जिन उपास्यों को चुना उन्हें लोकभूमि पर संचरित किया ताकि उन्हें पूरी विश्वसनीयता मिले। इस तथ्य की ओर भी ध्यान जाना चाहिए कि मध्यकाल में विशिष्ट वर्ग का नगर-समाज है और सामान्यजन का ग्राम जीवन। जैसे दो जीवन आमने-सामने हैं, विपर्यय बनकर। शहर के लिए उपभोक्ता सामग्री जुटाता कृषक, ग्राम समाज जिसमें कई प्रकार के कारीगर भी आ जाते हैं और उधर देहवाद में उलझा विशिष्ट वर्ग। तुलसी के आदिवासी समाज की दीन-हीन स्थिति है : 'पाप करत निसि बासर जाहीं। नहिं पट कटि नहिं पेट अघाहीं। डा. लक्ष्मी चन्द्र ने भक्त कवियों में ग्राम और नगर समाज के द्वन्द्व को स्पष्ट करते हुए लिखा है कि इसे कवियों की लोकधर्मिता के सन्दर्भ में देखा जाना चाहिए। कबीर का जुलाहा, तुलसी के बनवासी, सूर के ग्वाल-बाल सब सामान्य जन हैं– लोकपक्ष के प्रतिनिधि। गोपिकाएँ मथुरा की मनोवृत्ति पर आक्रमण करते हुए कहती हैं- 'वे मथुरा, काजरि की कोठरि, जै आवै तै कारै।' अथवा योग का उपदेश मथुरा की चतुर नागरिकाओं को देना, हम तो सहज निश्छल ग्राम बालाएँ हैं! जायसी की नागमती भी कहती हैं: 'लेइगा कृस्नहि गरुड़ अलोपी। कठिन बिछोह जियहि किमि गोपी?' भक्त कवियों की दृष्टि ग्राम समाज और सामान्यजन पर है, आभिजात्य का निषेध करते हुए, और उसे उन्होंने लोकजीवन की स्वीकृति से संभव बनाया है।

भक्त कवियों के लोकजीवन की प्रमाणिक अभिव्यक्ति के लिए पूरा मुहावरा ही वहाँ से प्राप्त किया, कला के आभिजात्य को तोड़ते हुए। सल्तनत काल में ही प्रान्तीय इकाइयों में देसी भाषाओं को स्वीकृति मिलने लगी थी जिससे सर्जनशीलता की नई सम्भावनाओं के द्वार खुले। संस्कृत-अरबी-फारसी का वर्चस्व टूटा। आचार्य

शुक्ल ने जिसे सधुक्कड़ी भाषा कहा है, वास्तव में वह लोकजीवन का मुहावरा है जिसे सिद्ध-नाथ अपनी अक्खड़ बानी में कहते हैं। भक्तिकाव्य इसे अधिक काव्योपयोगी बनाने में सक्षम होता है। यहाँ कविता वक्तव्यों का अतिक्रमण कर अधिक गहरे संवेदन-संसार को व्यक्त करने में समर्थ होती है। पदमावत के मानसरोदक खण्ड में सखियाँ कहती हैं : 'जौ लगि अहै पिता कर राजू, खेल लेहु जो खेलहु आजू।' अथवा 'कित नेहर पुनि आउब, कित ससुरे यह खेल। आपु-आपु कह होहहिं, परब पंख जस डैल।' कबीर जिन्हें जुझारू स्वर के रूप में व्याख्यायित किया जाता है, वहाँ भी दो प्रवृत्तियाँ हैं—संघर्ष और समर्पण की। ये दोनों एक ही लक्ष्य पर पहुँचना चाहती हैं—मूल्यचिंता के सर्वोत्तम धरातल पर। सब कुछ कहा गया है दैनंदिन जीवन से प्राप्त मुहावरे के माध्यम से। भाषा कहीं से भी प्राप्त की जा सकती है बहते नीर की तरह। शर्त यह कि वह संवेदन संसार का हिस्सा हो और उसे काव्योपयोगी बनाया जाए। तुलसी में भाषा के अनेक तेवर हैं, स्वयं को भाव-विचार के साथ बदलते हुए, और सूर में पूरा ब्रजमण्डल ही अपने लोकजीवन के साथ समा गया है, जैसे मीरा अपनी लोकचेतना को सहज अभिव्यक्ति देकर मार्मिक बनाती हैं— मध्यकाल में नारी मुक्ति का स्वप्न देखती हुई।

भक्तिकाव्य का वैशिष्ट्य यह भी है कि उनके पास एक कल्पित स्वप्न है, 'विज़न', जहाँ सर्जनात्मक कल्पना नई उठान लेती है। जैसा समय है, उसका चित्रण उन्होंने संकेत से किया, अपने ढंग से कलिकाल आदि का सहारा लेते हुए। पर वे यहीं रुक, ठहर जाते तो संभवतः वह अधूरी रचना-यात्रा होती। भक्तिकाव्य में कल्पित लोक है : रामराज्य, बैकुंठ, सिंहल द्वीप, अलख निरंजन का देश आदि। यह कल्पित संसार हमें किसी ऐसे रहस्यलोक में नहीं ले जाता जहाँ लोक का प्रवेश न हो। गृहस्थ के लिए वह सुलभ है और देहवाद-भोगवाद से ऊपर उठने की क्षमता रखता है, वह आध्यात्मिक संसार को प्राप्त कर सकता है। कबीर ने सबको फटकारा, यह उनका निषेध पक्ष है पर वे विकल्प भी तलाशते हैं : 'सन्तो भाई आई ग्यान की आँधी।' विवेक सर्वोपरि है, जो आत्मसाक्षात्कार से विकसित होता है। भक्ति के प्रेम में भी विवेक है—जागरण का सहायक : मन मस्त हुआ फिर क्यों बोले : सूफियों ने अहं के विलयन पर बल दिया। लोक में रहकर लोकोत्तर होना कठिन साधना है जिसे मूल्यचिन्ता और सात्विक सामाजिक कर्म से पाया जा सकता है। डा. वीरेन्द्र मोहन ने भक्त कवियों की मूल्यचिन्ता पर महत्त्वपूर्ण काम किया हैः "भक्त कवियों ने संघर्ष किया और अपने चिन्तन को कर्म से जोड़कर कविता को नयी समृद्धि दी, लोक को सीधे सम्बोधित किया।" डा. रामविलास शर्मा ने इसे तुलसी का 'लोकोन्मुख दर्शना'

कहा है। सामान्यजन आज भी उनकी ओर देखते हैं क्योंकि वे वहाँ स्वयं को उपस्थित पाते हैं। भक्त कवियों ने संक्रान्तिकालीन समय में विकल्प खोजा और कहा हमारे राजा मूल्य-समन्वित हैं, सर्वगुण सम्पन्न, वे आध्यात्मिक सम्राट हैं, लोक की चिन्ता करते हुए। भरतत्याग-तप के प्रतीक हैं : 'जात मनावन रघुवरहिं भरत सरसि को आजु?' किसी भी सत्ता-संघर्ष में भरत एक विरल व्यक्तित्व, इसीलिए प्रणम्य। राम की संघर्षगाथा इस दृष्टि से भी विचारणीय कि लोक-कल्याण के लिए वानरी सेना का संगठन किया जाता है, पर यह कोई गिरोहबन्दी नहीं है, वह सामाजिक लक्ष्य के लिए समर्पित अभियान है : 'केहि बिधि मरहि विश्व दुखदाता', भक्त कवियों ने असाधारण को साधारण की भूमि पर कर्मवान बनाया, लोक से गहरे रूप में सम्बद्ध किया, विश्वसनीयता प्रतिष्ठित की, मूल्यचिन्ता से निष्पादित किया और उनकी लोकसंपृक्ति हमें आज भी उसकी प्रासंगिकता पर विचार करने के लिए बाध्य करती है। भक्तिकाव्य की मध्यकालीन सीमाएँ हैं, उससे आज की माँग करना ज्यादती होगी और यह बात किसी भी सार्थक रचना के लिए कही जा सकती है।

भक्ति द्राविड़ ऊपजी

– विजेन्द्र नारायण सिंह

छठी और नवीं सदी के बीच भारतीय संस्कृति और संवेदशीलता में कई जटिल ऐतिहासिक कारणों से बहुत बड़े परिवर्तन हुए। उन बड़े परिवर्तनों का एक महत्त्वपूर्ण नाम भक्ति है। भक्ति आंदोलन के आरम्भ में चाहे शिव भक्ति हो अथवा विष्णु की भक्ति हो, इन भक्त कवियों ने जो भी द्रव्य अथवा उपादान इन्हें दाम में प्राप्त हुआ उसे भक्ति में रूपांतरित कर दिया। इन भक्त कवियों ने वैदिक और औपनिषदिक अवधारणाओं, बौद्ध और जैन परम्परा के विचारों-संस्कृति, और तमिल कविता की रूढ़ियों, सुन्दरियों, राजाओं, मिथकों, लोकधर्म और लोकगीत, संस्कृत और मातृभाषा के तनाव– सबमें नई संवेदनशीलता का समावेश करते हुए उन्हें भक्ति में रूपांतरित कर दिया। ऐसे युगांतरकारी महत्त्वपूर्ण रूपांतरण की कुछ ऐतिहासिक परिस्थितियाँ थीं जिनका विश्लेषण प्रासंगिक है।

द्रविड़ देश में भक्ति के उद्‌भव के ऐतिहासिक कारण

भक्ति, भक्त और उसके प्रभु के बीच प्रेम का सम्बन्ध है और प्रेम के इस सम्बन्ध में निजता का विद्रोही आस्वाद निहित है। प्रेम की निजता के इस विद्रोही आस्वाद की कुछ संगत सामाजिक व्यवस्था अपेक्षा है। निजता या व्यक्तिवाद से तात्पर्य उच्च कोटि की आत्मनिर्भरता से है। भारतीय उपमहाद्वीप में दक्षिण के प्रायद्वीप में व्यवस्थित ढंग से कृषि-व्यवस्था का आरम्भ सबसे अन्त में हुआ। इसका भौगोलिक चरित्र ऐसा था कि बड़े राज्य की स्थापना कठिन थी और उत्तर भारत की तरह इसका आर्यीकरण भी उतने सुसंगत ढंग से नहीं हुआ। आज तक भी दक्षिण भारत की सामाजिक संरचना उत्तर भारत की तरह ब्राह्मण और शूद्र के बीच अनंत मध्यवर्ती जातियों से गठित नहीं है। यहाँ छोटे-छोटे राज्य रहे, उच्च कोटि की स्थानीय स्वायत्तता

रही, ग्रामीण गणतंत्र की प्रधानता रही जिससे कि ऐसी वैयक्तिकता का विकास हुआ जो किसी जाति की विशेषता की अपेक्षा जनजाति की विशेषता के अधिक निकट है। जनजातीय जीवन के अवशेष के रूप में बची यह विशेषता दक्षिण भारत की सबसे बड़ी संपत्ति है। यहाँ के व्यापारियों ने इसी कारण बहुत अधिक व्यापारिक पहल की। इन व्यापारियों ने दक्षिण-पूर्व एशिया में कई शताब्दियों तक व्यापार का बहुत विकास किया जबकि उत्तर भारत ने इस क्षेत्र में गतिशीलता खो दी थी। इस समय दक्षिण के प्रायद्वीप में द्रविड़ संस्कृति ने धर्म के क्षेत्र में उत्तर की अपेक्षा बहुत अधिक नये प्रस्थान और साहस का परिचय दिया। यहाँ तक कि जब वैष्णव धर्म ने अपनी तीसरी लहर में उत्तर में अपना प्रसार किया, तब दक्षिण में शैवभक्ति पूरी वीर्यवत्ता के साथ आक्रामक रूप से समाज और संस्कृति के क्षेत्र में संघर्ष कर रही थी।

छठी से नवीं सदी के इन तीन सौ वर्षों में काँची के पल्लव और मदुरै के पंतियाँ, इन दो राजवंशों ने मुख्यतया द्रविड़ देश पर शासन किया तथा एक-दूसरे से एवं दक्षिण के अन्य राजवंशों से युद्ध में रत रहे। तब भी खूनी युद्धों और बदलती हुई सीमाओं के बीच संस्कृति के फूल विकसित होते रहे, विशेषतः पल्लव राजवंश द्वारा शासित क्षेत्र में। ए.के. रामानुजन ने शेक्सपियर का एक सॉनेट उद्धृत करते हुए इस विलक्षणता पर विस्मय प्रकट किया है—

How with this rage shall beauty hold a plea,
Whose action is no stronger than a flower?

इस पर टिप्पणी करते हुए रामानुजन ने लिखा है कि न केवल कविता, संतत्व और कला ही पल्लवित हुई, वरन् उन्होंने संस्कृति का एकीकरण, नवीनीकरण और उसकी पुनर्रचना भी की।

सातवीं सदी के आरम्भ में पल्लव राजा महेन्द्र वर्मा प्रथम बहुत ही कलाप्रेमी राजा था और उसके वंशजों ने मंदिरों को बहुत-सी जागीर दी। इसकी सामाजिक परिणति हुई कि ब्राह्मणों का किसानों से सम्बन्ध स्थापित हुआ, राजधानी का ग्रामीण परिधि से सम्बन्ध जुड़ा, संस्कृत भाषा का तमिल से सम्बन्ध स्थापित हुआ। पल्लव राजाओं ने सिंचाई के लिए सरोवर खुदवाये जिससे सूखी और जंगली जमीन खेती के लायक बन गई। इसी बीच धार्मिक स्थानों में भ्रमण करने वाले सन्तों ने पवित्र स्थानों के सम्बन्ध में उसी प्रकार के प्रशस्तिपरक गीत लिखे जिस प्रकार कि पहले राजाओं के सम्बन्ध में संस्कृत में लिखे जाते थे। उन्होंने तीर्थों को गाकर भौगोलिक अस्तित्व प्रदान कर दिया। संगीत, मूर्ति, चित्रकला और दर्शन इस रचनात्मक लहर

के अंश थे और ये अप्रतिहत रूप से तटों को तोड़कर बहते रहे। यह जो धर्म और संस्कृति, संवेदनशीलता और चेतना का नया प्रभाव उमड़ा, इसी को भक्ति कहा गया।

आलवार और भक्ति आन्दोलन

परम्परा से बाहर आलवार भक्तों को स्वीकार किया जाता है जो विष्णु के प्रति समर्पित थे। 'आल' का अर्थ है 'डूबना, मग्न होना।' आलवार वह है जो ईश्वर में डूबा हुआ है। ये बारह आलवार ही भक्ति आन्दोलन के पुरोधा हुए। दक्षिण भारत के तमिलभाषी क्षेत्र में छठी और नवीं सदी के बीच विष्णुभक्त आलवारों और शिवभक्त नायनमारों ने हिन्दुत्व का नवीनीकरण किया। उन्होंने बौद्ध धर्म और जैन धर्म के प्रसार में इस प्रकार अवरोध उत्पन्न किया। ये सन्त कवि गाँव-गाँव में घूमते थे, राजा, ब्राह्मणों और किसानों सबको प्रेरित और धार्मिक रूप से रूपांतरित करते थे, अपने गीतों में पवित्र तीर्थों की प्रशस्ति गाते थे। उनकी तीर्थयात्राओं, निजंधरी कथाओं, और पदों से तमिल क्षेत्र के एक पवित्र भूगोल की रचना हुई और एक ऐसी धार्मिक संवेदनशीलता उत्पन्न हुई जो वर्ग और जाति का अतिक्रमण करती थी। उन्होंने किसी भी भारतीय भाषा में भक्ति का पहला पद लिखा। आलवार और नायनमार हालाँकि भक्ति के दो प्रतिस्पर्धी आन्दोलन थे तब भी पाथक्यों के बीच मिथकों और रीति-रिवाजों के अन्तर के रहते हुए भी उन्होंने एक समान अभिवृत्ति, एक समान परंपरा की रचना की जो आज भी जीवंत है।

ऐतिहासिक विकास की दृष्टि से भक्ति के विकास को तीन लहरों में रेखांकित किया जा सकता है। पहली लहर है भगवद्गीता में भक्ति की स्थापना, दूसरी लहर है आलवारों द्वारा भक्ति का विकास, और तीसरी लहर है रामानन्द द्वारा उत्तर भारत में भक्ति का प्रचार और प्रसार। स्पष्ट ही भक्ति के तत्त्व लोक में विकसित हुए थे जिसे गीता के रचयिता ने बहुत ही प्रतिभा के साथ इस महान स्मृति-ग्रन्थ में पहली बार शास्त्रीय प्रतिष्ठा प्रदान की। लेकिन स्पष्ट ही भक्ति की भावना का ब्राह्मणवाद के उच्च आदर्श से तालमेल नहीं बैठता है। भक्ति का सबसे बड़े मिथकीय प्रतिनिधि युधिष्ठिर 'महाभारत' के स्वर्गारोहण पर्व में जब स्वर्ग के द्वार पर पहुँचते हैं, तब इन्द्र भक्ति के मानवीय प्रेम-तत्त्व के लिए युधिष्ठिर को तितीक्षित करते हैं क्योंकि ब्राह्मण धर्म का काम्य मोक्ष था और मोक्ष में प्रेम का कोई स्थान नहीं। इसलिए भक्ति अब्राह्मण उपादान है। 'भगवद्गीता' की रचना के लगभग हजार वर्ष बाद जब लोक की यह लहर आलवारों के माध्यम से एक महान धार्मिक आन्दोलन में रूपांतरित हुई, तब ब्राह्मण व्यवस्था को इसे स्वीकार करने के लिए मजबूर होना पड़ा। भगवद्गीता

में भक्ति को प्रतिष्ठा मिलने के बावजूद ब्राह्मणों ने इसे निम्न जातियों की दास मनोवृत्ति और अतिभावुकता से जोड़कर ही देखा, लेकिन जब आलवार सन्तों ने इसे पूरे द्रविड़ प्रदेश में एक महान धार्मिक आन्दोलन के रूप में स्थापित कर दिया, तब ब्राह्मणों के पास इसे स्वीकार कर लेने के अलावा कोई विकल्प नहीं बचा। शंकराचार्य के बाद कदाचित् ऐसा कोई महान हिन्दू धार्मिक नेता नहीं हुआ जो बुनियादी तौर पर भक्त न हो।

भक्ति और लोक भाषा

तमिल देश में भक्ति अपने शिखर पर छठी और सातवीं सदी में पहुँचती है। अधिकांश भक्ति साहित्य अब्राह्मणों द्वारा लिखे गए। वे किसान और कारीगर जातियों के थे। बारह पवित्र आलवारों में से दो ब्राह्मण हैं, शेष शूद्र हैं और एक महिला भी है। दक्षिण भारत में ब्राह्मण संस्कृत भाषा में लिखित गुह्य गूढ़ विषयों से सम्बद्ध माने जाते थे। संस्कृत उत्तर से आयातित ऊँची जातियों की भाषा थी। इसके विरोध में तमिल और बाद में तेलुगु भाषाएँ भक्ति आन्दोलन का वाहक बनीं।

हमारी समझ में यही वह सही बिन्दु है जहाँ रुककर हमें भक्ति उद्‌भव के सम्बन्ध में हिन्दी दोहे और 'भागवत महापुराण' में आए श्लोक पर विचार कर लेना चाहिए। परम्परा से एक दोहा प्रचलित है जिसके अनुसार भक्ति का जन्म द्रविड़ देश में हुआ था—

भक्ती द्राविड़ ऊपजी, लाये रामानन्द।
परगट कियो कबीर ने, सात द्वीप नौ खंड।।

ऐसा ही एक संस्कृत श्लोक है जो 'भागवत महापुराण' के आरम्भ में भागवत माहात्म्य के अन्तर्गत मिलता है। भक्ति का नारदजी से संवाद होता है। वह नारदजी से कहती है—

उत्पन्ना द्राविडे साहं वृद्धि कर्णाठके गता।
क्वचित्क्वचिन्महाराष्ट्रे गुजरे जीर्णता गता।। 48।।

यानी मैं (भक्ति) द्रविड़ देश में उत्पन्न हुई, कर्नाटक में बढ़ी, कहीं-कहीं महाराष्ट्र में सम्मानित हुई, किन्तु गुजरात में जाकर बूढ़ी हुई।

उद्धृत श्लोक में भक्ति आन्दोलन के जन्म और उसके भौगोलिक विकास को निरूपित किया गया है। किन्तु इस श्लोक की अर्थनिष्पत्ति भौगोलिक विकास से

अधिक गहन है। भक्ति के जन्म और उसकी भौगोलिक यात्रा का सम्बन्ध देशी भाषाओं के जन्म और विकास से है। यह आकस्मिक बात नहीं है कि भक्ति के आरम्भिक कवि तमिल भाषी थे। तमिल एक ऐसी देशी भाषा है जिसकी परम्परा ईस्वी सन् से पहले तक गई है; कदाचित् 500 ई.पू. तक। हमें यह न भूलना चाहिए कि उत्तर में गुप्त साम्राज्य के काल तक संस्कृत ही लगभग एकमात्र साहित्यिक भाषा थी। तब तक थोड़ी-बहुत प्राकृतें आ गई थीं। और तो और क्लासिकल संस्कृत के महानतम कवि प्रयोग करते रहे होंगे और परिवार तथा दैनन्दिन व्यवहार में प्राकृत का क्षेत्रीय बोलियाँ जो आधुनिक आर्यभाषाएँ कहलाती हैं, उन्हें साहित्यिक महत्त्व दसवीं सदी के बाद ही प्राप्त हुआ।

धर्म और साहित्य में संस्कृत का प्रभाव अद्वितीय था। उसे परम्परा का गौरव प्राप्त था। उसकी अखिल भारतीय प्रतिष्ठा थी। तात्पर्य यह कि संस्कृत ही संस्कृति थी। आलवारों के प्रबन्धम् का संपादन भी ब्राह्मणों ने ही किया और उनके सामने वेदों का ही मॉडल था। ये चार हजार पद तमिल वेद के रूप में संग्रहीत किये गए। वैष्णव धर्म-शास्त्री संस्कृत और तमिल दोनों भाषाओं का समानान्तर प्रयोग करते थे और इसलिए उसे उभय वेदान्त कहते थे। उभय वेदान्त इसलिए कि उसमें संस्कृत और तमिल विचारों का मिश्रण रहता था। इन तमिल पदों के टीकाकारों ने संस्कृत मिश्रित तमिल का प्रयोग किया जिसे 'मणिप्रवाल' कहा गया। संस्कृत की 'मणि' और तमिल के 'प्रवाल' के मिश्रण से यह भाषा 'मणिप्रवाल, कहलाई। तब भी कवियों और धर्मशास्त्रियों के लिए तमिल संस्कृत से अधिक प्रिय थी। तमिल भाषा की न केवल पूर्ण विकसित दरबारी परम्परा थी, बल्कि उसकी मौखिक और लोकपरम्परा भी बहुत विकसित थी। इसलिए लोक चेतना में विकसित भक्ति सबसे पहले दक्षिण में देशी भाषा तमिल के माध्यम से विकसित हुई।

बोली किसी खास सामाजिक-ऐतिहासिक बिन्दु पर पहुँचकर 'भाषा' कहलाने लगती है। बोली को जब कवि मिल जाता है, तब भाषा बन जाती है। मध्यकालीन भारत में देशी भाषाएँ इसी पैटर्न पर विकसित हुईं। 'भाखा' जो केवल बोली थी, जब दरबारों और चारणों से जुड़ गई, तब साहित्यिक भाषा के रूप में संस्कृत से स्पर्धा करने लगी। किसी भी देशी भाषा की पहली लिखित रचना भक्ति की रचना है और यहीं से वह नई संवेदनशीलता का वाहक बनती है। यह नई संवेदनशीलता भक्ति है।

और तो और, क्लासिकल तमिल कविता भी मौखिक लोकसामग्री का पुनर्सृजन करती है। महाकाव्यों और भक्ति पदों में संस्कृत और तमिल परम्पराओं का

मिश्रण होता है और तमिल में अभिजात लोकतत्त्व के साथ घुलमिल जाता है। भक्ति के पद लोक-छन्दों में रचे गए हैं। वे लोकविधा के पैटर्न पर रचे गए हैं, जैसे पेरियालबार का 'ता ले लो' शीर्षक शिशु गीत अथवा कृष्ण के भांडनृत्यपरक गीत। ये सभी टेक, नृत्य और खेल आज भी तमिल लोक कथाओं के अंश हैं।

भक्त कवि अपनी देशी भाषा को संस्कृत के विरोध में रखते हैं। संस्कृत संस्कृति की भाषा है और उसके विरोध में भक्त कवि अपने जीवन और भाषा को प्रकृति की भाषा के रूप में रखते हैं। बसवन्ना बारहवीं सदी के वीर शैव कवि हैं जो भाषा और छंद से अनभिज्ञता प्रकट करते हुए भगवान के प्रति अपना अहेतुक प्रेम प्रकट करते हैं–

I don't know anything like time beats and metre
Nor the arithmetic of strings and drums;
I don't know the count of lamb and dictyl,
My lord of the meeting rivers
as nothing will hurt you
I'll sing as I love.

कबीर कहते हैं 'संस्कीरति है कूपजल, भाखा बहता नीर'। ऐसी बात नहीं है कि कबीर 'संस्कृत' शब्द नहीं कह सकते थे, जानबूझकर 'संस्कीरति' कहकर देवभाषा का उपहास करते हैं। संस्कृत को देवभाषा कहा जाता था, लेकिन एक तमिल भाष्यकार ने तमिल भक्ति काव्य 'तिरुवैमोलि' के सम्बन्ध में ठीक उल्टी बात कही है। उसने कहा है कि यह रचना स्वर्ण के बने आधानपात्र की तरह है जो किसी के स्पर्श से दूषित नहीं हो सकती, जबकि संस्कृत मिट्टी का बर्तन है जो हर किसी के छूने से दूषित हो जाता है। देशी भाषा में उत्पन्न इस महान भक्ति आन्दोलन की एक महत्त्वपूर्ण परिणति धार्मिक अनुष्ठान के क्षेत्र में यह हुई कि तमिल देश में मन्दिरों की धार्मिक शोभायात्रा में तमिल पद गाने वाले, वेद की ऋचाएँ पढ़ने वाले ब्राह्मणों के आगे-आगे रहते हैं। देशी भाषा में रची भक्ति ईश्वर चेतना के स्पर्श में रूपांतरण करती है। अब प्रभु भाषा के परे असीम और अप्राप्य नहीं रह गए हैं। वे न तो 'नेति-नेति' रह गए हैं, न अनिर्वचनीय रह गए हैं। उनका अनंत रूप असीम देशी भाषा में रूप-रेखा और आकार ग्रहण कर लेता है। यह एक असाधारण धार्मिक क्रांति की अनन्य साधारण उपलब्धि है।

इस प्रकार हमें पहली बार एक ऐसी धार्मिक कविता से साक्षात्कार होता है जो आज के भाषाशास्त्र की भाषा में पहली बार प्रथम भाषा में रची गई। प्रथम भाषा वह है जो बचपन की भाषा है। परिवार की भाषा है। पड़ोस के लोगों की भाषा है और

लोककथाओं की भाषा है। इस अर्थ में संस्कृत कभी भी इस देश की प्रथम भाषा नहीं थी। वह द्वितीय भाषा थी। यह संस्कृति की भाषा थी और अंतर्प्रांतीय सामान्य व्यवहार की भाषा थी, परंपरा के संरक्षण की भाषा थी। चूँकि यह द्वितीय भाषा थी, इसलिए वक्ता के साथ इसमें भाषायी विचलन स्वीकार्य नहीं था। मातृभाषा यानी प्रथम भाषा एक वक्ता से दूसरे वक्ता में, एक वर्ग से दूसरे वर्ग में, एक क्षेत्र से दूसरे क्षेत्र में बदल जाती है। यहाँ तक कि एक ही वक्ता की जीवन यात्रा की विभिन्न अवस्थाओं में भी इसमें परिवर्तन होता है। संस्कृत से तात्पर्य ही है संस्कार की गई, गढ़ी गई भाषा से। भक्ति जैसी नई संवेदनशीलता की वाहक यह संस्कृत भाषा नहीं बन सकती थी। क्यों? इतने तर्क प्रस्तुत करने के बाद और भी बहुत कुछ कहने को शेष रह जाता है।

भक्तों की सचेष्ट गतिशीलता

संस्कृत के ग्रंथ उद्भव और श्रोता की दृष्टि से श्रुति और स्मृति, इन दो भागों में बाँटे गए हैं। श्रुति गुह्य है। वह सबके लिए नहीं है। स्मृति वे ग्रन्थ हैं जो परंपरा की स्मृति को सुरक्षित करने के लिए विशेषज्ञों द्वारा रचे गए और जिनके पाठक सब हो सकते थे। भक्ति का सम्बन्ध श्रुति से नहीं है। इसका सम्बन्ध 'रामायण' और 'महाभारत' जैसे काव्यों, पुराणों और 'गीता' जैसे ग्रन्थों से है और इन्हें स्मृतियाँ कहा जाता है। लेकिन जब हम भक्ति की दुनिया में प्रवेश करते हैं, तो न यह श्रुति की दुनिया है, न स्मृति की दुनिया है, न यह उपनिषद् है। श्रुति, स्मृति और उपनिषद् ज्ञान-ग्रहण के निश्चेष्ट, अकर्मण्य ढंग हैं। लेकिन भक्त सचेष्ट पद्धति को पसन्द करते हैं। भक्तों के पद 'पवित्र उक्ति' कहलाते हैं। माणिक्वाचकर की रचना 'तिरुवाचकम्' है जिसका अर्थ पवित्र 'उक्ति' ही है। कन्नड़ के वीर शैव कवियों की रचना 'वचन' कहलाती है। भक्ति में निश्चेष्टता सचेष्टता में रूपान्तरित हो गई है। 'श्रुति' निश्चेष्टता है, 'वचन' सचेष्टता है। उपनिषद् निश्चेष्टता है, नृत्य सचेष्टता है। श्रुति और उपनिषद् का जो धर्म गुह्य और अतः कुछ विशिष्ट लोगों के लिए ही था, वह धर्म और वह काव्य भक्ति आन्दोलन में हर किसी के लिए हो गया। इसलिए जो धर्म केवल यज्ञ प्रधान था, वह नाम स्मरण से लोकधर्म में रूपांतरित हो गया। यह देशी भाषाओं की धर्म साधना का चमत्कार है कि ब्रह्म ईश्वर में रूपांतरित हो गया। उसे रूप मिला, रेखा मिली, वर्ण मिला, परिवार मिला, भावनाएँ मिलीं, व्यक्तित्व मिला और चरित्र मिला। यही वह भक्ति थी जहाँ मानवता का दिव्य पाणिग्रहण होता है और यही भक्ति द्रविड़ देश में उत्पन्न हुई।

भक्ति की भौगोलिक भाषा और देशी भाषाओं का विकास

भागवत महात्म्य के श्लोक में सबसे पहले उल्लेख द्रविड़ देश का है। द्रविड़ देश से तात्पर्य पूरे दक्षिण से भी हो सकता है, लेकिन स्पष्ट ही यहाँ उसका अर्थ केवल तमिल देश है। यदि पूरे दक्षिण देश वाला अर्थ होता तो आगे कर्नाटक के उल्लेख की जरूरत नहीं थी। इस प्रकार भक्ति जन्म लेती है द्रविड़ देश में यानी तमिल देश में। उसकी वाहक बनती है देशी भाषा तमिल।

उसके बाद भक्ति का विकास कर्नाटक में होता है। तमिल के बाद जो दूसरी देशी भाषा सबसे पहले साहित्यिक स्तर पर विकसित हुई, वह कन्नड़ थी। कन्नड़ में लिखित साहित्यिक रचना कम से कम ईस्वी सन् की छठी सदी से उपलब्ध होने लगती है। दसवीं सदी तक कन्नड़ एक साहित्यिक भाषा के रूप में इतनी विकसित हो जाती है कि उसमें बड़े पैमाने पर पम्पा के महान दरबारी काव्य लिखे गये और ग्यारहवीं और बारहवीं सदी में वीर शैव के भक्त कवियों ने अपनी रचनाएँ लिखीं। इसलिए यह मानना स्वाभाविक है कि कर्नाटक में भक्ति युवावस्था को प्राप्त होती है। यह भी उल्लेखनीय है कि मध्वाचार्य जैसे दार्शनिक कर्नाटक में ही हुए जिन्होंने कृष्ण भक्ति के दर्शन को प्रकर्ष पर पहुँचा दिया।

कालक्रम की दृष्टि से कन्नड़ की निकटतम पड़ोसिन मराठी उसके बाद भक्ति आन्दोलन का वाहक बनती है। लेकिन मराठी के सम्बन्ध में भागवतकार ने 'क्वचित्क्व-चिन्महाराष्ट्रे' (कहीं-कहीं) कहकर महाराष्ट्र में भक्ति के विकास को अपेक्षता सीमित बतलाया है। ऐसा क्यों? यह ध्यान देने की बात है कि भागवत का श्लोक भक्ति मात्र के विकास की पम्परा की ओर संकेत नहीं कर रहा है। यह मात्र कृष्ण भक्ति की भौगोलिक यात्रा का निर्देश कर रहा है। यह बात भागवत माहात्म्य के पचासवें श्लोक से स्पष्ट हो जाती है जहाँ भक्ति कहती है कि 'जब से मैं वृन्दावन आई तब से परम सुन्दरी स्वरूपवती नवयुवती हो गई।' अवश्य ही इस समय महाराष्ट्र वैष्णव धर्म के प्रभाव में आ गया था और बारकरी सम्प्रदाय का विकास कृष्णभक्ति के ही संदर्भ में हुआ और कृष्ण यहाँ विडोबा अथवा विट्ठल के रूप में प्रतिष्ठित हुए। लेकिन महाराष्ट्र में समानान्तर रूप से अद्वैत सिद्धान्त और उससे सम्बद्ध निर्गुण भक्ति भी उतनी ही ऊर्जा से स्थापित थी। ज्ञानेश्वर और नामदेव जैसे सन्त निर्गुण भक्ति से जुड़े हुए थे। हालाँकि इन दोनों का वारकरी सम्प्रदाय से सम्बन्ध था, तथापि ये दोनों महान सन्त अद्वैत वेदान्त और निर्गुण भक्ति की ओर अधिक झुके हुए थे। तात्पर्य यह कि महाराष्ट्र में उस समय निर्गुण भक्ति और कृष्ण भक्ति के बीच प्रभुत्व स्थापित करने के लिए संघर्ष चल रहा था। चूँकि भागवत माहात्म्य में यह भक्ति

कृष्ण भक्ति ही है, इसलिए महाराष्ट्र में 'क्वचितकिंचित्' कहकर उस समय उसकी सही ऐतिहासिक स्थिति को रेखांकित किया गया है।

भक्ति कहती है कि गुजरात में आकर वह दुर्बल और बूढ़ी हो गई। गुजराती भाषा का आरम्भ बारहवीं सदी से माना जाता है। गुजरात में पहुँचकर कृष्ण भक्ति रूपी स्त्री क्यों बूढ़ी हो गई, इसकी व्याख्या बहुत कठिन नहीं है। जब पूरे दक्षिण में वैष्णव आन्दोलन का जोर चल रहा था, तब गुजरात में जैन धर्म अपने पूरे प्रकर्ष पर था। वहाँ वैष्णव धर्म की टक्कर जैन धर्म से हुई। जैन धर्म इतना बद्धमूल था कि वहाँ उसे उखाड़ना आसान नहीं था। इसलिए पन्द्रहवीं सदी से पहले गुजरात में कोई उल्लेख्य वैष्णव कवि नहीं हुआ। गुजरात में पहले उल्लेख्य वैष्णव कवि नरसी मेहता हैं और उनका समय पन्द्रहवीं सदी (1415-1481) है। हालाँकि नरसी मेहता मुख्यतया कृष्णभक्त कवि हैं, लेकिन वे अद्वैत वेदान्त के प्रभाव से मुक्त नहीं हैं। आलोचकों की यह आम धारणा है कि वे ज्ञानेश्वर और नामदेव जैसे निर्गुणियाँ सन्तों से बहुत प्रभावित थे। इसलिए वैष्णव प्रतिबद्धता के बावजूद निर्गुण विचारधारा से वे कम प्रभावित नहीं थे। गुजरात में वैष्णव धर्म का प्रभाव बहुत बाद में बल्लभ सम्प्रदाय के द्वारा बढ़ा।

भागवत माहात्म्य में भक्तिरूपी स्त्री विविध क्षेत्रों में अपने अनुभवों का जो बखान करती है, उसका अन्त वृन्दावन के उल्लेख से होता है। वह वृन्दावन का उल्लेख उस क्षेत्र के रूप में करती है जहाँ वृद्धा और दुर्बल होठों के बाद यह पुनः यौवन और सौन्दर्य प्राप्त कर लेती है। नारद वृन्दावन का वर्णन यहाँ एक ऐसे क्षेत्र के रूप में करते हैं जहाँ भक्ति यौवन प्राप्त कर उल्लास से नाचती है। वे यह भी बतलाते हैं कि वृन्दावन में भक्ति के सहयोगी के रूप में ज्ञान और वैराग्य स्वीकार्य नहीं हैं। स्पष्ट ही वृन्दावन में भक्ति के उस स्वरूप का वर्णन है जो बल्लभ और चैतन्य के संप्रदाय के प्रभाव में विकसित हुआ।

'भक्ति द्राविड़ ऊपजी' और निर्गुण भक्ति

अब हम हिन्दी दोहा 'भक्ति द्राविड़ ऊपजी' पर विचार करें। भक्ति के दाक्षिणात्य स्रोत पर विचार करने के लिए इस दोहे का भी संदर्भ बार-बार दिया जाता है। भागवत माहात्म्य के श्लोक 'उत्पन्ना च द्रविड़े साहं', तथा 'भक्ति द्राविड़ ऊपजी' से मोटे तौर पर अर्थ एक ही आता है, पर बारीकी से विचार करने पर ऐसा लगता है कि श्लोक में द्राविड़ का अर्थ मात्र तमिल प्रदेश है और हिन्दी दोहे में द्राविड़ से तात्पर्य पूरे दक्षिण क्षेत्र से है। लेकिन भागवत के श्लोक और इस दोहे में अन्य कोई सामान्य तत्त्व नहीं

है। दोहा उत्तर भारत में रामानन्द और कबीर द्वारा भक्ति के प्रसार के मुख्य घटना-तथ्य को रेखांकित करता है। दूसरा बड़ा अन्तर यह है कि भागवत माहात्म्य की भक्ति स्पष्टतः कृष्ण भक्ति है जो कि सगुण भक्ति है। लेकिन दोहे में रामानन्द और उनके शिष्य कबीर का उल्लेख है जो उत्तर भारत में निर्गुण भक्ति के संस्थापक माने जाते हैं। हालाँकि रामानन्द रामभक्त के रूप में जाने जाते हैं और उत्तर भारत में राम भक्ति के प्रसार का श्रेय उन्हें दिया जाता है, तब भी निर्गुण भक्ति के प्रति उनका जबर्दस्त रुझान था और कबीर तो विशुद्ध रूप से निर्गुण भक्त ही थे। सगुण भक्ति का खण्डन उन्होंने बहुत ही दृढ़ता के साथ किया है।

अब यदि यह मान लिया जाये कि हिन्दी दोहे का द्राविड़ भागवत माहात्म्य के श्लोक से आयातित नहीं है, तब इसमें भक्ति के द्राविड़ देश में उत्पन्न होने की बात क्यों कही गई है? कदाचित् इसका कारण यह है कि रामानन्द का काँची के आचार्य रामानुज के श्री संप्रदाय से सम्बन्ध था और श्री संप्रदाय ने अपना स्वरूप द्रविड़ देश में ग्रहण किया था। रामानन्द काशी में रहते थे और उन्होंने वहीं से उत्तर भारत में भक्ति का प्रचार किया। उनके गुरु राघवानन्द थे जिनका दक्षिण के वैष्णव संप्रदाय से रामानन्द की अपेक्षा अधिक प्रत्यक्ष संपर्क था। यह बहुविख्यात तथ्य है कि अपने विकास क्रम में श्री संप्रदाय तेन्कलै और वडकलै, इन दो संप्रदायों में विभक्त हो गया था। तेन्कलै दक्षिण में अधिक बद्ध रहा, जबकि वडकलै उत्तर में अधिक प्रभावशाली रहा। वडकलै संप्रदाय के विकास में राघवानन्द का अधिक योगदान रहा। फिर राघवानन्द पर उत्तर के नाथपंथ का भी बहुत प्रभाव पड़ा। इस प्रकार राघवानन्द और उनके शिष्य रामानन्द, दोनों दक्षिण के श्री संप्रदाय की मूल स्थापनाओं से काफी दूर हो गए थे। तब भी उन्होंने श्री संप्रदाय से औपचारिक सम्बन्ध बनाये रखा। कहा जा सकता है कि श्री संप्रदाय से उनका समबन्ध विचारधारात्मक सम्बन्ध से अधिक एक सांप्रदायिक बन्धन ही था।

हिन्दी दोहे का मुख्य जोर कबीर पर है। यहाँ उन्हीं की प्रशस्ति की गई है। चूँकि कबीर एक निर्गुण भक्त थे, इसलिए इस दोहे में भक्ति से तात्पर्य मुख्यतया निर्गुण से है। निर्गुण संप्रदाय की यह भक्ति रामानुजाचार्य के श्री वैष्णव संप्रदाय और उनके भी पूर्ववर्ती आलवार सन्तों की भक्ति से भिन्न है। अतः हिन्दी दोहे में द्राविड़ शब्द कबीर और रामानन्द में शिष्य-गुरु सम्बन्ध और रामानन्द का दक्षिण के श्री वैष्णव संप्रदाय से सुदूर सम्पर्क की ओर ही इशारा है। जो हो, निर्विवाद रूप से भक्ति आन्दोलन का आरम्भ द्रविड़ देश में तमिल भाषा में रचना करने वाले आलवार सन्तों से ही माना जाता है।

आलवार और उनका 'दिव्य प्रबन्धम्'

द्रविड़ देश के ये आलवार ही भक्ति आन्दोलन के प्रवर्तक हैं और बाद के सारे भक्ति आन्दोलन के स्रोत भी। दसवीं सदी में नाथ मुनि ने आलवारों के चार हजार पदों का संकलन और संपादन किया। ये चार सहस्र प्रबन्धम् ही चार तमिल वेद हैं। नाथ मुनि के पौत्र यामुनाचार्य ने प्रबन्धम् को संस्कृत के दिव्य ग्रन्थों की प्रतिष्ठा दी और तब से इन्हें 'दिव्य प्रबन्धम्' कहा जाने लगा। यह उल्लेख्य है कि दादा और पौत्र दोनों ही श्रीरंगम् के मन्दिर में पुजारी थे। नाथमुनि, यामुनाचार्य और बाद में रामानुज के द्वारा एक असंस्कृत, अब्राह्मण धार्मिक परम्परा का ग्रन्थ कट्टर ब्राह्मण परम्परा का दिव्य ग्रंथ बन गया। आलवारों के पदों का गायन करने वालों को राजाओं ने जमीन जागीर के रूप में दी। ऐसा उल्लेख ग्यारहवीं सदी के अभिलेखों से मिलने लगता है।

इस प्रकार नाथ मुनि विष्णु मन्दिर और आलवार सन्त कवियों को जोड़ने वाली पहली कड़ी बने। उन्होंने आलवारों के पदों को अनुष्ठान की भाषा बनाया। वे आचार्यों की लम्बी परम्परा में पहले आचार्य हैं जिन्होंने श्री वैष्णव संप्रदाय के धर्म, दर्शन और श्री वैष्णव संप्रदाय के संस्थानों की रचना की। उन्होंने प्रबन्धम् का जो संपादन किया उसे चार सहस्र दिव्य प्रबन्धम् (नालायिर दिव्य प्रबन्धम्) कहा जाता है। श्री वैष्णव संप्रदाय के कट्टर ब्राह्मण इन्हें चारों वेदों के समकक्ष मानते हैं। इन्होंने अपने घरेलू धार्मिक कृत्य और मन्दिर के अनुष्ठान में प्रबन्धम् के पदों को वेदों के समान ही स्थान दिया है।

प्रबन्धम् का उत्तर के भक्ति आन्दोलन पर प्रभाव

ये प्रबन्धम् एक महत्त्वपूर्ण संप्रदाय के जीवन्त धार्मिक ग्रन्थ ही नहीं हैं, इन पर बहुत ही सूक्ष्म और प्रतिभासंपन्न भाष्य भी लिखे गये। इन चार सहस्र पदों में सबसे ऊँचा स्थान शूद्र कवि नआलवार के सहस्र पदों को दिया जाता है और इन्हीं से विचार की वे सारिणियाँ निस्सृत हुईं जो बाद में रामानुजाचार्य के विशिष्टाद्वैत के सिद्धान्त में एक दार्शनिक संहिता का रूप लेती हैं। बाद का सारा वैष्णव काव्य-सोलहवीं सदी के सूरदास और चैतन्य से लेकर आधुनिक काल में रवीन्द्रनाथ ठाकुर तक उनसे प्रभावित हुआ है। विष्णु के अवतार का सिद्धान्त, कृष्ण का वात्सल्य, कान्ताभाव का प्रेम, सबके स्रोत आलवारों के पद ही हैं।

प्रबन्धम् प्रभाव उत्तर भारत में वैष्णव आचार्यों के द्वारा पहुँचा, शिष्टाद्वैत का प्रथम विवेचन यामुनाचार्य ने किया जो प्रबन्धम् के संपादक नाथमुनि के पौत्र थे। उनके बाद विशिष्टाद्वैत की स्थापना रामानुज ने की जो प्रबन्धम् के बड़े प्रेमी थे। गीता

और ब्रह्म सूत्र के अलावा आलवारों की परम्परा को भी उन्होंने भक्ति का मूल स्रोत माना है। हिन्दी आलोचना में भक्ति के मूल स्रोत के रूप में भागवत के बदले 'प्रबन्धम्' के महत्त्व को सबसे पहले रामधारी सिंह दिनकर ने रेखांकित किया। उन्होंने लिखा है– 'हमारा अनुष्ठान है कि इस आन्दोलन का मूल ग्रंथ भागवत नहीं प्रबन्धम् है...' प्रबन्धम् की कविताएँ जनता की भक्ति साधना की सीधी अभिव्यक्ति हैं। किन्तु भागवत की रचना पांडित्य के स्तर पर की गई है। प्रबन्धम् भक्ति आन्दोलन का मूल ग्रन्थ क्यों माना जाये, इसका संकेत भी भागवत ही देता है, क्योंकि उसका भी मत है कि भक्ति का जन्म दक्षिण भारत में हुआ था। (उत्पन्ना चन्द्राविड़े चाहं)

सन्दर्भ

1. ए. के. रामानुजन, हिक्स फार द ड्राइनिंग आफटर वर्ड, पृ. 10
2. संस्कृति के चार अध्याय, तृतीय सं., पृ. 371

भक्ति आन्दोलन : प्रेरणास्रोत

– वासुदेव सिंह

मध्यकालीन हिन्दी भक्ति आन्दोलन के मूल स्रोत या कारण पर विचार करते हुए विद्वानों ने विभिन्न निष्कर्ष निकाले हैं। किसी ने उसे मुसलमानों के आक्रमण और अत्याचार की प्रतिक्रिया माना है, तो किसी ने ईसाइयत की देन, किसी को उसमें निराश और हतदर्प जाति की कुंठाग्रस्त और अन्तर्मुखी चेतना की अभिव्यक्ति दिखाई दी तो किसी को वह तत्कालीन परिस्थितियों और सामाजिक असंतोष की उपज प्रतीत हुआ, किसी ने उसके मूल में यौगिक और तांत्रिक प्रवृत्तियों का प्रसार देखा और किसी ने लोकमत के शास्त्रीय आवरण की प्राप्ति। वस्तुतः इनमें से किसी भी एक कारण को समस्त भक्ति काव्य का मूल मानना अतिव्याप्ति मात्र होगी। यद्यपि यह सत्य है कि प्रत्येक युग का साहित्य परिस्थितियों की उपज होता है और मध्यकालीन धार्मिक आन्दोलन को तीव्र और गतिशील बनाने में तत्कालीन सामाजिक, राजनीतिक और आर्थिक परिस्थितियों ने भी योग दिया होगा। किन्तु मूलतः वह भारतीय चिन्ता की स्वाभाविक अभिव्यक्ति है, सहस्रों वर्षों के आध्यात्मिक चिन्तन का प्रतिफलन। उपनिषद् उसके मूल स्रोत हैं। तत्त्वज्ञ ऋषियों द्वारा आत्मा, परमात्मा, मोक्ष, सृष्टि और माया आदि के सम्बन्ध में जो गूढ़ चिन्तन हुआ, उपनिषद् उसी के कोश हैं। उसके बाद अध्यात्म की यह धारा अविछिन्न रूप में परवर्ती शताब्दियों में प्रवाहित होती रही है। डा. पीताम्बर दत्त बड़थ्वाल के शब्दों में, "भारतीय जीवन में संचार करने वाली आध्यात्मिक प्रवृत्ति की इस धारा के उद्‌गम अत्यन्त प्राचीनता के कुहरे में छिपे हुए हैं। युगयुगान्तर को पार करती हुई यह धारा अबाध रूप में बहती चली आ रही है। प्रवाह भूमि के अनुरूप कभी सिमटती, कभी फैलती,

कभी बालुका में विलीन होती और फिर प्रकट होती हुई वह अनेक रूप अवश्य धारण करती आई है, परन्तु इसका प्रवाह कभी बन्द नहीं हुआ है।''

मध्यकालीन हिन्दी सन्त कवियों के आचार-विचार, उनका अक्खड़पन और खण्डन-मण्डन की प्रवृत्ति आदि सभी कुछ परम्परागत है। कबीर तथा अन्य परवर्ती सन्तों ने हिन्दू विधि-विधानों का जो खण्डन किया है या बाह्याचार पर अत्यन्त निर्ममतापूर्वक प्रहार किया है, वह न तो उनका मुसलमानी जोश था और न प्रच्छन्न रूप से इस्लाम-प्रचार की भावना की उपज। इन सन्तों ने जो कुछ कहा है उसकी लम्बी परम्परा थी। पुस्तकीय ज्ञान के प्रति उपेक्षा, जाति-पाँति का विरोध, बाह्याचार के प्रति अनास्था, धार्मिक कट्टरता एवं दुराग्रह के प्रति खण्डन की भावना, समरसी भाव से स्वसंवेदन ज्ञान पर जोर, चित्तशुद्धि पर बल और उनकी साधना पद्धति आदि सभी बातें 15वीं शती की उपज नहीं थीं, अपितु किसी न किसी रूप में ये सभी बातें कम से कम हजार वर्षों से चली आ रही थीं। आचार्य हजारी प्रसाद द्विवेदी ने ठीक ही लिखा है कि ''निर्गुण मतवादी सन्तों के केवल उग्र विचार ही भारतीय नहीं हैं, उनकी समस्त रीति-नीति, साधना, वक्तव्य, वस्तु के उपस्थान की प्रणाली, छंद और भाषा पुराने भारतीय आचार्यों की देन हैं।''

अतएव हिन्दी भक्ति काव्य को सच्चे परिप्रेक्ष्य में समझने के लिए यह आवश्यक है कि उसकी पूर्ववर्ती विचारधारा और धार्मिक साहित्य का अध्ययन किया जाए। इस दृष्टि से 8वीं से 15वीं सदी का धार्मिक साहित्य विशेष महत्त्व रखता है। ग्रियर्सन ने जिस धार्मिक आन्दोलन के 15वीं सदी में बिजली की चमक के समान पूरे भारत में फैलने की चर्चा की है, वस्तुतः वह अचानक नहीं फैल गया था। इसके लिए वातावरण पहले से तैयार हो रहा था। कम से कम 8वीं सदी से इसके स्पष्ट प्रमाण मिलने लगते हैं। पूरे देश में वेदमत और लोकमत का समन्वय हो रहा था अथवा यह कह सकते हैं कि पण्डित वर्ग तक सीमित शास्त्रीय चिन्तन के उच्च धरातल का स्थान अब जनमानस ले रहा था। भाषा और विचार, दोनों दृष्टियों से सम्पूर्ण धार्मिक आन्दोलन लोकाभिमुख हो रहा था। संस्कृत का स्थान जन-भाषाएँ ले रही थीं, जिनमें शास्त्र-निरपेक्ष उग्र विचारधारा का स्वर सुनाई पड़ रहा था। 8वीं सदी से प्रारम्भ हुए इस आन्दोलन का न केवल धार्मिक, अपितु सांस्कृतिक एवं सामाजिक महत्त्व भी है। सामाजिक दृष्टि से यह न्याय और समानता का आन्दोलन है। यह वर्णाश्रम-व्यवस्था में पिसती, ऊँच-नीच की भेद-भावना से कराहती तथाकथित अस्पृश्य समझी जाने वाल जाति का आंदोलन है, जो वर्ग-वैषम्य के अन्यायपूर्ण जुए को उतार फेंकने के लिए व्याकुल हो रही थी।

राजनीतिक और सामाजिक दृष्टि से यह युग अत्यन्त कोलाहलपूर्ण और

अशांत था। उत्तर भारत निरन्तर आक्रमणों का सामना कर रहा था। मुसलमानों के रूप में जो नई जाति आई थी, वह पूर्ववर्ती आक्रान्ताओं से भिन्न थी। इसके पहले आने वाले शक, हूण, गुर्जर, मंगोल आदि सभी भारतीय वर्ण-व्यवस्था में हिल-मिल गए थे, किन्तु इस्लाम के रूप में एक ऐसी जाति का उदय हुआ था, जो किसी प्रकार यहाँ के मूल निवासियों से धार्मिक समझौता करने को तैयार नहीं थी, अपितु उनके लिए बहुत बड़ी चुनौती बनी हुई थी। यह चुनौती दो प्रकार के प्रभाव दिखा रही थी (1) उच्चवर्ण धर्मरक्षा की भावना से संकीर्णता और पाखण्ड से घिरता जा रहा था। मुसलमानों से सताए जाने के कारण, वह अपने से कमजोर निम्न वर्ण के प्रति अधिक कठोर हो गया था। (2) निम्नवर्ग के लोग मुसलमानों से सताए ही जाते थे, स्वधर्मियों के द्वारा भी हेय दृष्टि से देखे जाते थे। दूसरी ओर इस्लाम के रूप में उनके सामने एक ऐसा सम्प्रदाय था, जो समता का संदेश दे रहा था। किन्तु चिन्तामुक्त सामंती व्यवस्था अपने पंजे अधिक मजबूत करती जा रही थी। ब्राह्मण और सामंत मिलकर प्रभुता और सामाजिक श्रेष्ठता को बनाए रखने में तत्पर थे। इसलिए अन्य जातियों पर इनका अत्याचार और शोषण बढ़ गया था। अन्य वर्णों को इन लोगों ने आर्थिक दृष्टि से पंगु और सामाजिक दृष्टि से हेय बना दिया था। अतएव स्वाभाविक था कि पिछड़ी हुई और शोषित जातियों में उनके प्रति आक्रोश उभरता। 8वीं सदी और उसके बाद हम जिस नए धार्मिक आन्दोलन का सूत्रपात और विस्तार पाते हैं, वह समता और न्याय का संदेश लेकर आया था। इसलिए उसमें वैदिक मान्यताओं के प्रति अनादर का भाव मिलता है, शास्त्रीय ज्ञान के प्रति उपेक्षा का व्यवहार मिलता है और उच्च वर्ण की भेदभाव मूलक नीति के प्रति आक्रोश दिखाई पड़ता है। वैसे इस समतामूलक नए आन्दोलन के प्रवर्तक शंकराचार्य और रामानुजाचार्य जैसे ब्राह्मण ही थे, किन्तु आगे चलकर इसको बढ़ावा देने वाले अधिकांश सन्त तथाकथित पिछड़े वर्ग से ही आए थे। दक्षिण के आलवार भक्तों में अनेक निम्न वर्ग के थे। महाराष्ट्र के सन्तों में गोरा और राका कुम्हार, सांवता माली, नरसिंह सुनार, जोगा तेली, शामा चूड़ीवाला, बंका और चोखा महार और कान्ही पात्रा वेश्या थी। कश्मीर की सन्त लल्ला मेहतर जाति की थी। हिन्दी के निर्गुनियाँ सन्तों में कबीर जुलाहा, सेन नाई, धन्ना जाट और रैदास चमार जाति के थे। सामाजिक और धार्मिक दृष्टि से उपेक्षित और हेय जातियों में उत्पन्न इन सन्तों में वैदिक परम्परा के प्रति न तो आस्था थी और न उसके अध्ययन के प्रति रुचि। अधिकांश सन्त अशिक्षित अथवा अल्पशिक्षित थे जो अनुभव पर बल देते थे और शास्त्र-ज्ञान को अपदार्थ समझते थे। पुस्तकीय ज्ञान को महत्त्व देने वालों को लकीर का फकीर और पाखण्डी समझते थे। किन्तु

शास्त्र-विद्वान न होते हुए भी वे बहुश्रुत थे। उस समय तक प्रचलित विभिन्न साधना-सम्प्रदायों की जो बातें उनके अनुकूल थीं, उन्हें उन्होंने अपना लिया था। इसलिए उनमें अनेक पंथों का प्रभाव मिलता है और कभी-कभी वे परस्पर विरुद्ध-सी लगने वाली बातें भी करते दिखाई देते हैं। लेकिन कतिपय ऐसी मान्यताएँ हैं जो सभी को स्वीकार हैं, वह किसी भी पंथ या सम्प्रदाय के क्यों न हों।

इस प्रकार हिन्दी का भक्ति काव्य प्रतिपाद्य विषय एवं प्रतिपादन-शैली दोनों दृष्टियों से अत्यन्त महत्त्वपूर्ण है। इस काव्य ने भारतीय जीवन के लौकिक-आध्यात्मिक सभी क्षेत्रों को प्रभावित किया है। इसका धार्मिक, दार्शनिक, सांस्कृतिक आदि सभी दृष्टियों से विशेष महत्त्व है। निर्गुण तथा सगुणमार्गी कवियों ने जीवन मूल्यों को बहुत दूर तक प्रभावित एवं प्रेरित किया है। यदि एक ओर निर्गुण-मार्गी कवियों ने सभी प्रकार की संकीर्णताओं, बाह्याचारों एवं मिथ्या रूढ़ियों का विरोध करते हुए मानवतावाद का संदेश दिया, सभी प्राणियों को एक सामान्य धरातल पर प्रतिष्ठित किया, वहीं दूसरी ओर सगुण भक्त कवियों ने प्राचीन भारतीय मान्यताओं के परिप्रेक्ष्य में नया संदेश दिया। सन्त काव्य का सामाजिक महत्त्व भी है। सन्त कवियों ने दार्शनिक मतवाद अथवा कोरे तर्क के चक्कर में न पड़कर स्वानुभूति पर बल दिया। शताब्दियों से शोषित एवं पीड़ित तथाकथित निम्न वर्ग के उत्थान की घोषणा की। समाज में व्याप्त छुआछूत, ऊँच-नीच की भेद भावना तथा जन्मगत श्रेष्ठता का विरोध किया। शास्त्र वचन की अपेक्षा अनुभव को महत्ता देते हुए सत्य का उद्‌घाटन किया। इन सन्त कवियों ने ईश्वर की सर्वशक्तिमत्ता में विश्वास करते हुए सत्य को निर्भीक वाणी में अभिव्यक्त किया। मिथ्या धारणाओं का खण्डन किया। इस प्रकार इन्होंने मानव समाज के सामूहिक कल्याण की चर्चा की और धर्म-निरपेक्ष सामाजिक व्यवस्था को प्रोत्साहन दिया। एक प्रकार से सन्त काव्य वैज्ञानिक क्रांति का काव्य है, जो सत्य और समता के आदर्श को उपस्थित करता है तथा धर्म के नाम पर की जाने वाली सभी बुराइयों का निषेध करता है।

सूफी काव्य प्रेम-काव्य है। सूफियों ने घृणा के स्थान पर प्रेम का संदेश दिया। मुस्लिम सूफी कवियों ने हिन्दू प्रेमकथाओं के माध्यम से हिन्दुओं और मुसलमानों को निकट लाने का प्रयास किया तथा हिन्दू-मुस्लिम संस्कृतियों में सामंजस्य स्थापित करते हुए भावात्मक एकता का प्रयत्न किया। उनके काव्य में निहित प्रेम का आदर्श धर्म के नाम पर उत्पन्न खाई को समाप्त करने की दिशा में बहुत बड़ा कदम है।

सगुण भक्ति-काव्य का सामाजिक, पारिवारिक एवं सांस्कृतिक, सभी दृष्टियों से विशष महत्त्व है। मर्यादावाद के पोषक राम-भक्त कवि तुलसीदास ने जो सामाजिक

आदर्श उपस्थित किया, उसका प्रभाव आज भी विद्यमान है। तत्कालीन सामाजिक एवं सांस्कृतिक विश्रृंखलता एवं अराजकता के युग में उनकी वाणी ने भारतीयों को श्रेयस्कर मार्ग दिखलाया। टूटते हुए पारिवारिक सम्बन्धों और क्षुद्र स्वार्थ के लिए संघर्षशील मनुष्यों को उन्होंने आलोक प्रदान किया। एक आदर्श पारिवारिक व्यवस्था कैसी हो सकती है, पिता-पुत्र, भाई-भाई, पति-पत्नी, सेवक-स्वामी एवं गुरु-शिष्य का सम्बन्ध कैसा होना चाहिए, तथा समाज के विभिन्न वर्ग धनी-गरीब, गृहस्थ-सन्यासी किस प्रकार आदर्श जीवन का अनुसरण कर सकते हैं, इसकी दीक्षा हमें राम-काव्य से मिलती है। लोक मर्यादा का आदर्श स्थापित करने की दृष्टि से अकेला रामचरित-मानस श्रेष्ठतम ग्रन्थ है। गोस्वामी तुलसीदास ने न केवल निर्गुण-सगुण अथवा ज्ञान-भक्ति सम्बन्धी विवादों को सुलझाने का प्रयास किया, अपितु शैव, वैष्णव-शक्ति आदि सम्प्रदायों के नाम पर विभक्त और संघर्षरत मनुष्यों को भी एकता और शांति का सन्देश दिया। संस्कृति के दो पक्ष होते हैं– आचार और विचार। भक्त कवियों ने इन दोनों पक्षों को प्रभावित किया। इन कवियों ने एक ओर वैचारिक धरातल पर उच्च दार्शनिक विचारों को सरस वाणी में प्रस्तुत किया, वहीं दूसरी ओर हमारे आचार पक्ष अर्थात् पारिवारिक जीवन, खान-पान, वेश-भूषा आदि का भी आदर्श स्वरूप उपस्थित किया। कृष्ण भक्त कवियों ने अपने आराध्य के लोकरंजक स्वरूप को उपस्थित करते हुए जीवन में आनन्द का संचार किया। इन कवियों में निहित समर्पण की भावना ने अहं भाव का विनाश किया। सगुण भक्त कवियों का सर्वाधिक महत्त्वपूर्ण सांस्कृतिक योगदान वर्ण व्यवस्था का आदर्श प्रस्तुत करते हुए उसका संरक्षण रहा है। इन कवियों ने यदि एक ओर धूर्त पण्डितों के संकीर्ण मतों का खण्डन किया तो दूसरी ओर निर्गुणियाँ सन्तों के श्रुति और शास्त्र विरोधी प्रचार की निन्दा करते हुए श्रुति सम्मत तथा विरति विवेक युक्त मार्ग के अनुसरण पर बल दिया। उस समय धर्म या संस्कृति के दो केन्द्र बने-काशी और वृन्दावन। इन केन्द्रों से जीवन के आचार और विचार दोनों पक्षों को बहुत अधिक प्रेरणा मिली। इन स्थानों पर स्थापित विभिन्न धार्मिक सम्प्रदायों और उनसे सम्बद्ध सन्तों ने जो आचार-संहिता निर्मित की, उसका प्रभाव समकालीन जीवन पर पड़ा ही, अब भी वह हमारी प्रेरणा के स्रोत बने हुए हैं।

भक्तिकाल के कवि स्वतन्त्र और स्वाभिमानी थे। किसी भी प्रकार का प्रलोभन अथवा भय उन्हें अपने मार्ग से डिगा नहीं सकता था। राजकीय वैभव से दूर रहकर इन कवियों ने स्वान्तः सुखाय काव्य-रचना की। इनके स्वान्तः सुखाय का आदर्श स्वामिनः सुखाय का विरोधी है और लोकमंगल का प्रतीक है। निर्गुण सगुण दोनों वर्गों

के कवियों ने जाति, धर्म, लिंग, देशकाल की सीमाओं से परे जनकल्याण का जो सन्देश दिया, वह न केवल भारतीय काव्य में अपितु विश्व काव्य में अन्यतम है।

भक्तिकाल में न केवल काव्य-कला की अपितु संगीत, नृत्य, चित्र, मूर्ति आदि कलाओं की भी उन्नति हुई। सगुण भक्ति-धारा के अधिकांश कवि संगीत के भी अच्छे जानकार थे। वृन्दावन काव्य और संगीत दोनों का केन्द्र था। अष्टछाप के प्रायः सभी कवि अच्छे संगीतज्ञ थे। उनमें गोविन्द स्वामी अपने समय के सर्वश्रेष्ठ संगीतज्ञ थे। अकबरी दरबार के प्रसिद्ध गायक तानसेन कृष्णभक्त कवि हरिदास के ही शिष्य थे। श्रीनाथ जी के मन्दिर में प्रतिदिन कीर्तन के आयोजन होते थे, जिनमें विभिन्न राग-रागिनियों के आधार पर स्वरताललयबद्ध संगीत की गूँज सुनाई पड़ती थी। गोविन्द स्वामी के अतिरिक्त सूरदास और परमानन्द दास भी संगीत के उत्कृष्ट आचार्य थे। राधाबल्लभ सम्प्रदाय के प्रसिद्ध भक्त हित हरिवंश श्रेष्ठ गायक थे। स्वामी हरिदास संगीतशास्त्र के प्रसिद्ध आचार्य थे। इसी प्रकार हरिराम व्यास ध्रुपद शैली के प्रमुख प्रचारक थे। उस समय ग्वालियर भी संगीत का प्रमुख केन्द्र बन चुका था।

कृष्ण भक्ति-काव्य के माध्यम से नृत्य कला के विकास में भी सहायता मिली। कृष्ण भक्त कवि अपने उपास्य की प्रेममयी लीलाओं का आनन्द विभोर होकर अभिनय करते थे, रामलीला के माध्यम से नृत्यकला की विविध झाँकियाँ प्रस्तुत करते थे। इनके आराध्य श्रीकृष्ण स्वयं नटनागर थे। मीरा अपने प्रभु के समक्ष नर्तन करती थीं। गोस्वामी तुलसीदास ने मानस के आधार पर रामलीला का प्रचार किया था। इस प्रकार रामलीला और रासलीला के माध्यम से जिस लोकधर्मी नाट्य परम्परा का विकास हुआ, उसने भारतीय सांस्कृतिक जीवन को बहुत गहराई तक प्रभावित किया। कत्थक नृत्य और गुजरात के गर्बा नृत्य में सगुण भक्ति काव्य का प्रभाव देखा जा सकता है। कत्थक नृत्य में प्रायः राधा-कृष्ण की प्रेममयी लीलाओं की ही अभिव्यक्ति होती है। इस प्रकार इन भक्त कवियों ने भारतीय जीवन की आध्यात्मिक चेतना को दिशा-निर्देश दिया ही, लोक जीवन में नूतन स्फूर्ति का भी संचार किया। विदेशी आक्रमणकारियों से संत्रस्त और धार्मिक अत्याचारों से पीड़ित जीवन से निराश भारतीयों के लिए इनका काव्य बहुत बड़ा सम्बल बना। वस्तुतः भक्तों की वाणी में निराशा और पलायन का स्वर नहीं है, अपितु वह हमें विषम परिस्थितियों से भी जूझते हुए मंगलमय पथ का अनुसंधान करने की प्रेरणा देता है।

भक्ति काव्य का प्रतिपाद्य विषय की दृष्टि से महत्त्व है ही, अर्थात् इन कवियों ने सदाचार की प्रतिष्ठा की, भगवान के नाम, रूप, गुण, लीला-धाम का चित्रण करते हुए भारतीय संस्कृति के प्रतिनिधि और रक्षक बने तथा धर्म, दर्शन और ललित

कलाओं के माध्यम से लोक जीवन को परिपुष्ट किया, साथ ही काव्य के कला पक्ष को भी नूतन गरिमा से मंडित किया। इन कवियों के द्वारा काव्य भाषा और काव्य शैली में अद्भुत परिष्कार हुआ। कृष्ण भक्त कवियों की प्रेरणा से ब्रजमण्डल की भाषा को अखिल भारतीय स्वरूप प्राप्त हुआ। पंजाब के नानकपंथी कवियों, राजस्थान की मीरा आदि भक्तों से लेकर बंगाल के भक्त कवियों तक ब्रजभाषा अपनायी गयी। सुदूर दक्षिण के मन्दिर भी कबीर, सूर, तुलसी के सरस गीतों से गूँज उठे। अकेले सूरदास ने ब्रज भाषा को जो परिनिष्ठित स्वरूप प्रदान किया, उसे देखकर आचार्य शुक्ल जैसे आलोचक भी आश्चर्यचकित हो गये हैं, केवल नन्ददास या नरोत्तम दास जैसे कवियों ने ही प्रबन्ध काव्य की ओर ध्यान दिया। किन्तु इनके गीत काव्यों में स्वभाव चित्रण, प्रकृति, उक्ति वैचित्र्य और अलंकार-विधान आदि अनुपम हैं। कृष्ण काव्य बाल स्वभाव, स्त्री स्वभाव और पशु स्वभाव की दृष्टि से अनुपम है। आचार्य हजारी प्रसाद द्विवेदी के शब्दों में – ''सूरसागर में गोपियों की विविध लीलाओं का इतना अधिक वर्णन है कि इसे स्त्री चरित्र का विशाल काव्य कहा जाय तो अनुचित न होगा।'' इनकी रचनाओं में प्रकृति वर्णन के भी मनोरम दृश्य मिलते हैं। सूर में किसानी और चारागाही संस्कृति का सर्वोत्तम रूप दिखाई पड़ता है।

इस प्रकार भक्ति काव्य किसी विशेष वर्ग, जाति अथवा क्षेत्र तक सीमित नहीं रहा है, अपितु रागरत भारतीय जीवन का प्रतिनिधि काव्य है।

साहित्य और इतिहास के अन्तःसंबंध

– कुँवरपाल सिंह

इतिहास के प्रसिद्ध भाष्यकार ई.एच. कार ने इतिहास को वर्तमान और अतीत के बीच कभी न चुकने वाला संवाद कहा है। साहित्य में इतिहास प्रत्यक्ष तो नहीं होता लेकिन संस्कृति और समाज के माध्यम से उसकी प्रतिध्वनियाँ बराबर सुनाई देती हैं। इतिहास और साहित्य राष्ट्रीय को स्मृति के रूप में सदैव संचित और सुरक्षित रखने की प्रवृत्ति वैदिककाल से ही है। यजुर्वेद के तीसवें अध्याय में यज्ञ के अवसर पर अनिवार्यतया आमंत्रित किए जाने वाले कारीगरों, कलाकरों आदि की लंबी सूची दी गयी है। इसमें सूत और शैलूष का नाम सबसे पहले है। यहीं चारणों, भाटों का समाज विकसित होने लगा, जो प्राचीन घटनाओं को लोगों के सामने गा-गाकर प्रस्तुत करते थे। रामायण के कुशीलवों का उल्लेख है, जो आम जनता में घूम-घूम कर पुरानी कथाएँ गा-गाकर सुनाते थे। महाभारत में सूत, मागध, बंदी, भाट आदि के साथ ग्रंथिक का भी उल्लेख किया गया है। ग्रंथिक पुराण और इतिहास को ग्रन्थ से पढ़-पढ़कर सुनाता था। (भारतीय साहित्य में इतिहास-परम्परा और इतिहास चेतना—राधा बल्लभ त्रिपाठी, नवजागरण और इतिहास चेतना में संकलित)

कौटिल्य की दृष्टि में इतिहास एक विषय न होकर महाविषय है जिसके अन्तर्गत पुराण, इतिवृत्त, आख्यायिका, उदाहरण, धर्मशास्त्र तथा अर्थशास्त्र आते हैं। (अर्थशास्त्र-कौटिल्य, विनेयाधिकरण 1/5/13)

महाकवि कल्हण की 'राजतरंगिणी' इतिहास और साहित्य की एक महत्त्वपूर्ण कृति है। कवि ने समकालीन कालचक्र का, समकालीन राजनीतिक और सामाजिक स्थितियों का प्रामाणिक चित्रण प्रस्तुत किया है। राजाओं, उसके कर्मचारियों और सत्ता से जुड़े लोगों का वास्तविक चरित्र कवि की धिक्कार भावना के साथ मिलता है, लेकिन दुर्भाग्य से कल्हण की यह परम्परा आगे चलकर कुछ क्षीण हो गई। लगभग

चार शताब्दियों बाद जोनराज ने (मृत्यु 1459 ई.) 'राजरंगिणी' का उत्तर भाग लिखा। उसके शिष्य श्रीधर ने इस परम्परा को आगे बढ़ाया और प्राज्य भट्ट तथा उनके शिष्य शुक ने 'राजावलिपताका' में अकबर के द्वारा कश्मीर को अपने राज्य में सम्मिलित किए जाने के कुछ वर्ष बाद तक के इतिहास का वर्णन किया।

राजस्थान के रासो ग्रन्थों में साहित्य, इतिहास, मिथक, किंवदंतियाँ तथा लोककथाओं का अद्‌भुत समन्वय है। इन्हें हम ऐतिहासिक महाकाव्य कह सकते हैं लेकिन इनमें ऐतिहासिक चेतना का प्रारूप नहीं है। इसमें 'हम्मीर' महाकाव्य थोड़ा भिन्न है और ऐतिहासिक तथ्यों को बहुत अधिक तोड़ा-मरोड़ा नहीं गया है। मुगलकाल में लिखा हुआ ऐसा ही एक काव्य रूद्रकवि का 'खानखाना चरितम्'' है, जिसमें अब्दुल रहीम खानखाना का जीवन चरित्र वर्णित है। समकालीन कवि की रचना होने से कुछ घटनाएँ इसमें अवश्य ही प्रत्यक्ष परिचय के आधार पर लिखी गयी हैं। रूद्रकवि ने 'जहाँगीर चरितम्' भी लिखा। ऐतिहासिक तथ्यों की दृष्टि से एक दिलचस्प रचना लक्ष्मीपति का 'आब्दुल चरितम्' (चंदूकाव्य) है जिसमें अब्दुल्लाह तथा हुसैन वली (सैयद बंधु) की राजनीति और फर्रुखसियर मुहम्मद शाह, आलमगीर आदि के शासनकाल की घटनाओं की अच्छी जानकारी दी गयी है।

मध्यकाल में महाकवि तुलसीदास का इतिहास-बोध सबसे सशक्त और स्पष्ट है। वे अतीत की कथा को भी अपने समय से जोड़ देते हैं। उन्होंने अपने समय के राजा-महाराजाओं, सामंतों की शोषण और दमन नीति का खुलकर विरोध किया है। अकबर और जहाँगीर के समय पड़ने वाले दुर्भिक्षों का कारुणिक एवं सजीव चित्रण उनके इतिहास-बोध का प्रमाण है, इसी तरह भारत में फैलने वाली महामारी 'प्लेग' जिसने 1616-1619 तक चार साल में लाखों को निगल लिया था, उसका भी कवितावली में सजीव चित्रण मिलता है। तुलसी और भक्तिकाल के मूल्यांकन में सही इतिहास दृष्टि को कसौटी बनाएँ तो कई अतिवादी निष्कर्षों से बच सकते हैं। भक्तिकाल की उत्पत्ति, उसका विकास, जन-जीवन में उसका व्यापक प्रभाव घृणा की प्रतिक्रिया नहीं है, बल्कि सभी कवियों ने घृणा के स्थान पर प्रेम की बेल बोने और सींचने का आग्रह और आह्वान किया है। भक्तिकाल को इसी संदर्भ में समझने और मूल्यांकन करने की आवश्यकता है।

विश्व के महान कवियों की तरह तुलसी का दृष्टिकोण कहीं भी साम्प्रदायिक और संकीर्ण नहीं है। वह हर अत्याचारी और आततायी का विरोध करता है चाहे उसकी कोई जाति और धर्म क्यों न हो। तुलसी को सबसे अधिक कष्ट और अपमान ब्राह्मणों के ही हाथों सहना पड़ा।

धूत कहौ, अवधूत कहौ, राजपूत कहौ, जोलहा कहौ कोऊ।
काहू की बेटी सों, बेटा न ब्याहब, काहू की जाति बिगार न सोऊ।।
तुलसी सरनाम गुलाम है राम को, जाको रुचै सो कहै कछु ओऊ।
माँगिके खैबो, मसीत को सोइबो, लैबे को एकु न दैबे को दोऊ।।

(कवितावली, उत्तरकाण्ड, पद 106)

मेरी जाति-पाँति न चहौं काहू की जाति-पाँति,
मेरे कोऊ काम को न हौं काहू के काम को।

(कवितावली, उत्तरकाण्ड, पद 107)

आर्थिक दुर्व्यवस्था और गरीबी सबसे बड़े अभिशाप हैं। आर्थिक रूप से हीन व्यक्ति का न कोई आचार होता है और न कोई धर्म। उच्च वर्ण में जन्म ले लेने से भी उसकी स्थिति पर कोई विशेष प्रभाव नहीं पड़ता। साधन सम्पन्न लोगों की गुलामी उसकी नियति है। यह बात मध्यकाल में जितनी सत्य थी, उससे अधिक आज सच है। आर्थिक स्वाधीनता के बिना शेष सभी अधिकारों का कोई विशेष महत्त्व नहीं है। नारों से बहुत से अन्य कार्य तो सम्पन्न हो सकते हैं, किन्तु साधारण लोगों की आर्थिक स्थिति नहीं बदली जा सकती।

धन के बिना कोई धार्मिक, सांस्कृतिक एवं सामाजिक कार्य सम्पन्न नहीं हो सकता। सम्पत्ति की आधार भूमि पर खड़े किसी भी समाज में जीवन के किसी भी क्षेत्र में धन के बिना प्रतिष्ठा प्राप्त नहीं हो सकती। तुलसी इस बात को समझते हैं—

दम दुर्गम, दान, दया, मख, कर्म, सुधर्म अधीन सबै धन को।
तप, तीरथ, साधन, जोग, विरागसो होइ, नहीं दृढ़ता तन को।।

तुलसी के जीवन काल में तीन बार भयंकर दुर्भिक्ष पड़े। दुर्भिक्षों की भयावहता का वर्णन उस युग के राजसी ग्रन्थों में विस्तार से मिलता है। ये अकाल इतने भयंकर थे कि एक बार उन्होंने सम्पूर्ण मानवीय मूल्यों एवं मानव गरिमा को समाप्त ही कर दिया। लोगों ने जीवित रहने के लिए अपने बच्चे ही नहीं बेचे, बल्कि मनुष्य द्वारा मनुष्य का भक्षण भी बड़े पैमाने पर हुआ। सन् 1596-98 ई. का दुर्भिक्ष इनमें सबसे भयंकर था।

(अकबरनामा-अबुल फ़ज़ल जिल्द-2)

तुलसी ने अपने ग्रन्थों में इस अकाल का चित्रण मानवीय संवेदना के साथ किया है।

कलि बारहि बार दुकाल परे,
बिनु अन्न दुखी सब लोग मरें।
यह निसिचर दुकाल सम अहई,
कपि कुल देस परना अब चहई।

(रामचरित मानस 7/10)

ऊँचे-नीचे करम, धरम-अधरम करि,
पेट ही को पचत, बेचत बेटा बेटकी।

(कवितावली, उत्तरकाण्ड, पद 96)

खेती न किसान को, भिखारी को न भीख, बलि,
बनिक को बनिज, न चाकर को चाकरी।
जीविका विहीन लोग सीध मान सोच बस,
कहैं, एक एकन सों कहाँ जाई, का करी।

(कवितावली, उत्तरकाण्ड, पद 96)

सन् 1616 के लगभग हिन्दुस्तान में प्लेग की महामारी सरहिन्द से लेकर संपूर्ण उत्तर-भारत और गुजरात तक फैल गयी। यह बीमारी बड़ी भयावह रूप में फैली। इसमें लाखों लोग मर गए। (तुजक-ए-जहाँगीरी, पृ. 6) तुलसीदास ने इस महामारी का बहुत ही कारुणिक, सटीक और विस्तार से चित्रण किया है। एक सदृश्य कवि जिसने स्वयं प्लेग की इस महामारी को झेला, उसका चित्रण एक सम्राट की अपेक्षा अधिक जीवन्त तथा प्रामाणिक है।

अधिभूत वेदन विषम होत भूतनाथ।
तुलसी विकल पाहि पचत कुपीर हौं।
मारिए तो अनायास कासीवास खासफल,
ज्याइए तौ कृपा करि निरूज सरीर हौं।।

(कवितावली, उत्तरकाण्ड, पद 166)

रोग भयो भूत सो कुसूत भयो तुलसी को,
भूतनाथ पाहि पढ़ पंकज गहतु हौं।

(कवितावली, उत्तरकाण्ड, पद 167)

तुलसी राज व्यवस्था से बहुत असंतुष्ट हैं। जनता तरह-तरह से दुःख उठा रही है। उसकी सुख-सुविधा की ओर कोई ध्यान नहीं देता। तत्कालीन स्थिति में शासकीय अधिकारियों और जमींदारों द्वारा गरीब किसानों की जमीनों को जबरन हथिया लेने की प्रवृत्ति सामान्य हो गई थी। इस शुद्ध सामंती प्रवृत्ति के अधीन जीवन निर्वाह करने वाले सामान्य आदमी का मानस कराह रहा था। तुलसी का काव्य भी इस तत्कालीन प्रवृत्ति का प्रमाण प्रस्तुत करता हुआ परिलक्षित होता है–

एक तो कराल कलिकाल सूल-मूलता में
कोढ़ में की खाजु सी सनीचरी है मीन की।
वेद धाम दूरि गए, भूमिचारे भूप भए,
साधु सीधमान जानि रीति पाप पीन की।

(कवितावली, उत्तरकाण्ड, पद 85)

भक्तिकाल को लेकर हिन्दी के ही नहीं इतिहास के विद्वानों में भी गहरे मतभेद हैं। कुछ लोग भक्तिकाल को हिन्दू धर्म से जोड़कर देखते हैं और इसे इस्लाम धर्म की प्रतिक्रिया के रूप में मानते हैं। कुछ लोगों की राय में यह तत्कालीन सामंती समाज और उसके मूल्यों के प्रति विद्रोह का स्वर है। एक तीसरा मत वामपंथी इतिहासकारों का है जिसके अनुसार भक्ति आंदोलन तेरहवीं-चौदहवीं और पन्द्रहवीं शताब्दियों में हुए महत्त्वपूर्ण राजनैतिक और आर्थिक परिवर्तनों के कारण विकसित हुआ जो कबीर, नानक और रविदास की कविताओं में मिलता है।

असल में तुर्क शासन की स्थापना के बाद भारत की सामाजिक, आर्थिक और राजनीतिक परिस्थितियों में महत्त्वपूर्ण परिवर्तन आरंभ हुए। सिंचाई में रहट का व्यापक रूप से प्रयोग आरंभ हुआ जिससे नदियों के किनारे, विशेष रूप से पंजाब और दोआब के क्षेत्र में, कपास और अन्य फसलों की पैदावार में बहुत वृद्धि हुई। सूत कातने के लिए तकली के स्थान पर चरखे का व्यापक प्रयोग होने लगा। इसी तरह रुई धुनने में ताँत का प्रयोग जनसाधारण के लिए महत्त्वपूर्ण बन गया था। कपास ओटने में चरखी का भी प्रयोग शुरू हुआ। तेरहवीं शताब्दी में करघा के प्रयोग से बुनकरों और वस्त्र उद्योग की स्थिति में महत्त्वपूर्ण परिवर्तन हुआ। कपड़े की रँगाई और छपाई की भी इसी बीच व्यापक उन्नति हुई। मध्य एशिया के सीधे सम्पर्क के कारण भारत के व्यापार का बहुत प्रसार हुआ। इन नई परिस्थितियों ने व्यापारियों और कारीगरों का सीधा संबंध और गहरा करने में सहयोग दिया। ये व्यापारी कला और संस्कृति के आदान-प्रदान में भी महत्त्वपूर्ण संवाहक सिद्ध हुए। भारत के विभिन्न

प्रदेशों के साहित्य में इस योगदान की विस्तार से चर्चा मिलती है। मध्यकाल के हिन्दी-साहित्य में भी छुटपुट रूप से हमें इस संबंध में अनेक उदाहरण मिल जाते हैं। मुल्ला दाऊद, कबीर, नानक और सूरदास का साहित्य विशेष रूप से दृष्टव्य है। ये व्यापारी देश के अंदर ही व्यापार नहीं करते थे बल्कि दूसरे देशों में भी जाते थे। इनके साथ भारत की कला, साहित्य और संस्कृति बाहर गए और वहाँ से भी अनेक विचार-धाराएँ और संस्कृतियाँ साहित्य में आयीं। इन व्यापारियों और बंजारों के संबंध में आज भी उत्तरी भारत में असंख्य लोक-कथाएँ और लोकगीत प्रचलित हैं जो इस बात का प्रमाण हैं कि इन घुमंतू व्यापारियों का भारत के सामाजिक, आर्थिक और सांस्कृतिक जीवन पर कितना गहरा प्रभाव था। इन नई परिस्थितियों ने शिल्पी वर्ग को बहुत महत्त्वपूर्ण और प्रभावशाली बना दिया था। सन्तमत में बहुसंख्या इसी शिल्पी वर्ग की है। इसके बाद व्यापारी और किसान आते हैं।

बारहवीं और तेरहवीं शताब्दियों में शहरीकरण की लहर उत्तरी भारत में फैलने लगी थी। यहाँ का नया शासक वर्ग नगर में रहना अधिक पसंद करता था। कृषि और अन्य नये उत्पादन बढ़ने के कारण लगान बढ़ाने की माँग में भी वृद्धि हुई। यही बढ़ी हुई माँग तुर्क शासक वर्ग को उत्तराधिकार में मिली जिसे उन्होंने शासन व्यवस्था का केन्द्रीयकरण करके और अधिक सुव्यवस्थित किया। इस प्रकार इस शासक वर्ग को कर पहले से कहीं अधिक उपलब्ध थे, जिन्हें अधिकतर शहरों में ही व्यय किया जाता था। इसी कारण कई एक नए शिल्पों का विकास हुआ, जिनमें प्रधानतः नए ढंग की स्थापत्य कला, कागज बनाना, रुई साफ करने के नए तरीके और आतिशबाजी को लिया जा सकता है। (इरफान हबीब, प्रेसीडेंशियल एड्रेस, हिस्ट्री कांग्रेस, (1969))।

इन नई परिस्थितियों के संदर्भ में भक्ति आंदोलन के परिवर्तन का भी पक्ष सार्थक रूप में विकसित होता है जिसका सबसे शक्तिशाली चित्रण कबीर, रैदास और दादू दयाल के साहित्य में हुआ है। एक ओर आर्थिक उत्पादन में कुशलता और वृद्धि, जिसके कारण किसानों और दस्तकारों में शोषण और अन्याय के प्रति विद्रोह की भावना की प्रखर अभिव्यक्ति मिलती है। दूसरी ओर राज्यशक्ति की बढ़ती हुई माँग तथा विशेषकर राज्य कर्मचारियों के भ्रष्टाचार, तथा तीसरी ओर सामाजिक अत्याचार जिसका सबसे ज्वलंत उदाहरण जाति प्रथा है। सामाजिक और प्रशासनिक अत्याचार के प्रति विरोध की भावना का सबसे मर्मान्तक चित्रण कबीर और नानक के पदों में हुआ है।

कबीर के शब्दों में :

झँकार आदि है मूला।
राजा परजा एकहि भूला।।
हम तुम माँ है एकहि लोहू।
एक प्रान जीवन है मोहू।।
एक ही वास रहे दस मासा।।
सूतग पातग एक आसा।।
एक ही जननी जन्याँ संसारा।
कौन ग्यान थे भये नियारा।।

(श्यामसुन्दर दास, कबीर ग्रन्थावली (संपा.) पृ. 185, वाराणसी (1975))

इन कवियों ने सामाजिक विद्रूपों पर तीखे आघात किए हैं, परन्तु इनकी भावना नैतिकता के स्तर पर बहुत सीमा तक केन्द्रित रही है। कबीर के ये उद्धरण इस प्रवृत्ति पर यथेष्ट प्रकाश डालते हैं—

मेड़ी महल बावड़ी छाजाई।
छागिये सब भूपति राजा।
कहे कबीर राम त्यों लाई।
धरी रही माला कांहू खाई।।
टेढ़ी पाग टेढ़े चले लागे बीरे खान।
भाऊ भगति से कान न कछु ऐ मेरो का दीवाना।
राम विसारियो है अभिमानी।
कनक कामिनी महा सुन्दरी पेखि पेखि सच मानी।।
लालच झूठ महामद इहि इहि विधि आंध बिहानी।।
कहि कबीर अंत की बेर आई लागो काल निदानी।।
एकै पवन एक ही पाणी।
करी रसोई न्यारी जानी।।
माटी सूँ माटी ले पोती।
लागी कहो कहाँ छू छोती।।

(उपरोक्त, पृ. 186)

भक्तिकाल के पथ-प्रदर्शकों ने अपने काल के सभी सामाजिक वर्गों के सामने प्रश्न-चिह्न लगाये, परन्तु राजनीतिक संस्थाओं को स्वीकार करते हुए केवल यह नैतिक आपत्ति की कि इन संस्थाओं के संचालक अपने अधिकार और दायित्व का दुरुपयोग करते हैं और यह आशा व्यक्त की कि हर व्यक्ति पूरी ईमानदारी के साथ अपने कर्त्तव्य का निर्वाह करेगा। इसी में व्यक्ति और समाज का भला है—

दादू सो मोमिन मोम दिल होई।
साईं कूँ पहिचाने सोई।।
जोर न करे हराम न खाई।
सो मोमिन भिस्ति में जाई।।

(दादू दयाल ग्रन्थावली (संपा.), पृ. 151, पद-28)

भक्ति आंदोलन के पास स्थापित सामाजिक व्यवस्था के किसी विकल्प की संभावना नहीं थी। केवल उसी समाज को एक आदर्श भाव से चलाने की कल्पना थी—

जिसको तिसको दीजिए।
सुत्रित पर उपगार।
दादू सेवत सो भले।
सिर नहिं लेवे भार।।

(उपरोक्त, पृ. 182, पद-50)

यदि भक्ति आंदोलन के पास समकालीन समाज व्यवस्था के विकल्प की परिकल्पना का अभाव था तो एक वैकल्पिक समाज व्यवस्था की कल्पना का आधार उस समाज की संकटग्रस्त स्थिति में ही देखा जा सकता है। यह ऐसी संकटग्रस्त स्थिति है जिसका समाधान एक नई सामाजिक और आर्थिक व्यवस्था की स्थापना में ही संभव हो सकता था। ऐसी स्थितियाँ और उनके समाधान यूरोप के इतिहास में बहुत स्पष्ट रूप से देखे जा सकते हैं, जब दास प्रथा पर आधारित समाज के संकट का समाधान सामंती समाजतंत्र में ही संभव हुआ और सामंती समाज के संकट का समाधान करने के लिए पूँजीवादी व्यवस्था की स्थापना हुई जिसके पश्चात् समाजवाद का उदय हुआ (हरबंस मुखिया, मार्क्स ऑन प्रीकोलोनियल इंडिया, पृ. 7-11, 1979)। भारत के इतिहास में संकट और उसके समाधान की अवस्थाएँ उतनी स्पष्ट नहीं जितनी यूरोप में रही हैं। यह सब होते हुए भी भारतीय इतिहास का मध्ययुग

ऐसा था जिसमें कुछ परिवर्तन हो रहे थे तथा बहुत से तनाव और द्वन्द्व थे, फिर भी यह स्थिति नहीं थी कि समूची स्थापित सामाजिक और आर्थिक व्यवस्था का उन्मूलन करके उसके स्थान पर नए समाज की स्थापना की जा सके। धर्म का आधार लेकर किसी नई व्यवस्था का निर्माण करना संभव नहीं है, सुधार की संभावना ही हो सकती है।

भक्तिकालीन सन्तों ने छोटे किसान, जुलाहे और अन्य छोटे-छोटे व्यक्तियों की तुलना ईश्वर से की है। इस तरह इन छोटे लोगों के स्तर को अपनी कल्पना से ऊँचा उठाया है। उन्होंने यह कल्पना ईश्वर और उसके दरबार के प्रतिरूप में की है। दादू दयाल, ईश्वर को साहिब, सुल्तान, महाराजा, राव आदि संज्ञा देते हैं और उसके दरबार में दासियों, कवियों, नर्तकों, नगाड़े बजाने वालों, खजाने और दूतों की उपस्थिति की कल्पना करते हैं। इस दरबार में सम्राट के दरबार के लगभग सभी कर्मचारी मौजूद रहते हैं।

कबीर और दादू, ईश्वर या गुरु और मानवीय सम्बन्धों को भी उसी रूप में देखते हैं जिसमें समसामयिक राजनीतिक विचारक या इतिहासकार सम्राट या प्रजा के सम्बन्धों की कल्पना करते हैं। इस कल्पना में गुरु के प्रति व्यक्ति की पूरी निष्ठा होती है। दूसरी ओर गुरु अपने शिष्यों की ओर दया और करुणा का रवैया रखता है।

भक्ति आन्दोलन के उत्तर भारतीय समाज की सबसे निम्न श्रेणियों और जातियों में इतना लोकप्रिय होने के बाद भी इससे शासक वर्ग को कोई खतरा दिखाई नहीं देता। इस आन्दोलन के केन्द्र में अन्याय के प्रति रोष है, किन्तु विद्रोह नहीं। यदि पन्द्रहवीं-सोलहवीं शताब्दी के भारत के स्थापित समाज का उन्मूलन करके उसके स्थान पर एक नये समाज की कल्पना संभव नहीं थी, तो भी उस समाज को झिंझोड़ना अनिवार्य था। भक्ति आन्दोलन के सभी नेता समाज की निम्न श्रेणियों और जातियों से सम्बन्धित थे। कबीर बनारस का जुलाहा, नानक एक छोटा व्यापारी, धन्ना एक जाट किसान, रैदास एक चमार और दादू एक बंजारा था। इन सबने एकेश्वरवाद को अपने सुधार आन्दोलन का आधार बनाया था। एकेश्वरवाद में सामाजिक समानता का सन्देश निहित होता है जिसके कारण समाज की उन श्रेणियों के दिल को सबसे अधिक छूता है जिनको सामाजिक असमानता का शिकार होना पड़ता है। इसी असमानता की पीड़ा का चित्रण उन सन्तों की वाणी में है जिन्हें स्वयं भी इसका अनुभव था, लेकिन उनका अनुभव उनके निजी अस्तित्व से कहीं अधिक व्यापक था। जिस रोष के साथ इन कवियों ने वर्ण और जाति भेद का विरोध किया है, उसी में

इस वेदना की झलक मिलती है, लेकिन अन्य पहलुओं की भाँति जाति प्रथा का विरोध नैतिक धरातल तक ही सीमित रहा। स्पष्ट है कि जाति प्रथा नैतिक धरातल पर आधारित संस्था नहीं थी, बल्कि इसकी गहरी सामाजिक और आर्थिक नींव थी जिस पर उस समाज का पूरा ढाँचा खड़ा था। मध्ययुगीन सन्तों के रोष की अभिव्यक्ति के फलस्वरूप इस प्रथा में लचक अवश्य आयी। किसी भी संस्था पर वैकल्पिक चेतना के अभाव में वैचारिक शक्तिशाली आक्रमण का निष्कर्ष यही निकलता है कि उस संस्था में आक्रमणकारी के लिए भी स्थान बन जाता है। इस बात की पुष्टि में सिख समुदाय का निर्माण और विकास एक दिलचस्प उदाहरण है। (इरफान हबीब, 15-17वीं शताब्दी के एकेश्वरवादी आंदोलन की ऐतिहासिक पृष्ठभूमि)

यही भक्ति आन्दोलन का मोड़ है। कबीर, रैदास और नानक के शक्तिशाली आक्रमण के फलस्वरूप व्यवस्था में एक लचीलापन आया। यह मोड़ 'रामचरित मानस' में समकालीन सामाजिक व्यवस्था के प्रति तीव्र रोष या विरोध के स्थान पर उस समाज के आदर्शपूर्ण ढंग से क्रियाशील होने का आदर्श है। गोस्वामी तुलसीदास में परिवर्तन की कामना नहीं है, परन्तु वे सुधार अवश्य चाहते हैं, रामराज्य के रूप मे एक उटोपिया अवश्य प्रस्तुत करते हैं।

उत्तर की तरह दक्षिण में विदेशी आक्रमणों से उत्पन्न संकट और विदेशियों के आर्यीकरण का प्रश्न तो न था, परन्तु पिछड़ी, आदिम, कबीलाई जातियों के सांस्कृतिकरण की समस्या वहाँ कम गंभीर न थी। पुराना ब्राह्मण धर्म अनन्य प्रकृति के कारण यह कार्य करने में असमर्थ था। यह ऐसा कार्य था जिसे ईश्वर की सर्व सुलभ भक्ति पर आधारित वैष्णव और शैवमत सक्षमता के साथ सम्पन्न कर सकते थे। शूद्र और निम्न जातियों को उनकी सुधरी हुई और मजबूत स्थिति तथा संख्या के अनुरूप कम से कम प्रशासनिक क्षेत्र में रियायतें व महत्त्व प्रदान करके उन्हें सन्तुष्ट करने का कार्य भी भक्त ही कर सकते थे। (लक्ष्मीनारायण वर्मा, भक्ति आंदोलन की सामाजैतिहासिक पीठिका, पृ. 16)

कुल मिलाकर दक्षिण में भक्ति की एक ऐसी धारा प्रवाहित हो रही थी जिसमें स्त्रियों सहित शूद्रों व निम्न वर्गों, जिनका अधिकांश, वैष्णव धर्म के द्वारा सांस्कृतिकरण की प्रक्रिया से आदिम कबीलाई जातियों से आया होगा, को महत्त्वपूर्ण स्थान प्राप्त था। 'पेरिय पुराण' के अनुसार नयनारों में कुछ ब्राह्मण थे, कुछ वैल्लाल और कुछ तो आदिवासी जातियों के थे (डा. यदुवंशी, शैवमत, पृ. 151)। इसी तरह बारह आलवारों में दो शूद्र और एक निम्न पनर जातियों का था। (डॉ. एस. एन. दासः भारतीय दर्शन का इतिहास, भाग-3, पृ. 59, जयपुर 1974)

दूसरे उत्थानकाल में भी हम भक्ति के प्रवाह को पहले लोक प्रवाह के रूप में ही पाते हैं। शैव व वैष्णव भक्त अधिकांशतया सामान्य जनता के लोग थे और उनकी अति भावमूलक भक्ति सरल धर्म की द्योतक थी। बाद में उनके भक्ति गीतों की सरलता, भावोज्ज्वलता और उनकी सौन्दर्य भावना को पौराणिक अंधविश्वासों तथा तात्विक मताग्रहों के बीच दबा दिया गया (के. दामोदरन : भारतीय चिंतन परम्परा, पृ. 257)। आलवार भक्तों के उपरान्त आने वाले वैष्णव आचार्य कट्टर धार्मिक कुलों के थे और परम्परागत शास्त्रों की सब मर्यादाओं की रक्षा करना अपना कर्त्तव्य समझते थे (पीताम्बर दत्त बड़थ्वाल : हिन्दी काव्य में निर्गुण सम्प्रदाय, पृ. 77-78, लखनऊ 1968)।

रामानुजाचार्य और रामानन्द जैसे व्यक्तित्व भी, जिनकी उदारता की बहुत चर्चा की जाती है, एक सीमा तक ही उदार थे। इस सम्बन्ध में विभिन्न लेखकों ने जो विचार प्रकट किये हैं, उनसे प्रकट होता है कि दोनों महापुरुषों की उदारता केवल औपासनिक क्षेत्र तक सीमित थी। सच कहा जाये तो रामानुज और रामानन्द में जितनी उदारता थी वह वैष्णव मत में प्राचीन काल से ही रही है। सही सन्दर्भ में देखें तो दोनों आचार्यों ने जो कुछ किया, वह भक्ति की उस दोहरी परम्परा का अनुगमन ही था जो मात्र कुछ वैचारिक तथा औपासनिक रियायतें देकर सामाजिक आचार व व्यवस्था में नितांत कट्टरता का आग्रह करती रही है। विचार और आचार, सिद्धान्त और व्यवहार की द्वैधता हमारे धर्म एवं समाज तन्त्र की पुरानी बीमारी है जिसे साहित्यकारों और इतिहासकारों ने प्रायः रेखांकित किया है (आचार्य हजारी प्रसाद द्विवेदी : कबीर, हिन्दी साहित्य की भूमिका, पृ. 18)। उच्च वर्ग के इस वैचारिक और समझौतावादी रुख का एक परिणाम तो यह अवश्य दीखता है कि हिंसात्मक विद्रोह की स्थितियाँ बहुत कम उत्पन्न हुईं (प्रो. नामवर सिंहः दूसरी परम्परा की खोज, पृ. 78)। साथ ही दलित जनता को मामूली छूटों से ही सन्तोष करके युगों-युगों तक भारी मूल्य चुकाना पड़ता रहा। सचमुच इस दृष्टि से भारत की प्राचीन मनीषा अन्य अनेक देशों के बुद्धिजीवियों से अधिक चतुर और व्यवहारकुशल थी।

भक्ति आन्दोलन में कई तरह के रंग और विचार रहे हैं। यहाँ यह प्रश्न उठता है कि क्या भक्ति आन्दोलन एक जन-आन्दोलन था? यह सीमित अर्थों में ही जन-आन्दोलन था, सम्पूर्ण अर्थों में नहीं। यह जनता के जीवन-स्तर में किसी परिवर्तन का आह्वान नहीं करता। किसी आर्थिक संरचना का उद्देश्य भी इस

आन्दोलन के सामने नहीं है। इस आन्दोलन की दार्शनिक परिणति स्वयं की मुक्ति और ईश्वर से एकात्म स्थापित करना था। गुरु की सहायता से मोक्ष प्राप्ति अथवा प्रभुकृपा पर अधिक बल था (सतीश चन्द्र : उत्तर भारत में भक्ति आंदोलन के उदय की ऐतिहासिक पृष्ठभूमि, आलोचना अंक-76, पृ. 15)। इस आन्दोलन के दार्शनिक लक्ष्य भी भिन्न थे। भक्त और ईश्वर के सम्बन्ध, धर्मग्रन्थों की मान्यता तथा समाज के सम्बन्ध में इनके दृष्टिकोण अलग-अलग हैं। यही नहीं शासक वर्ग के प्रति भी इनकी दृष्टि एक नहीं है, उसमें गहरे मतभेद हैं। हम इनके विचारों का विश्लेषण करें तो यह सुधारवाद से आगे नहीं बढ़ते। जाति-व्यवस्था और ब्राह्मण वर्ग पर इन्होंने चोट जरूर की, लेकिन उस ढाँचे को तोड़ने में असमर्थ रहे। क्षेत्रों के अनुसार भी इस आन्दोलन की अपनी-अपनी विशेषताएँ थीं। कहीं यह लोकप्रिय भावनाओं को अभिव्यक्त करने का साधन बना और उसने विभिन्न वर्गों के तथा पृष्ठिभूमि के स्त्री-पुरुषों को निरंकुशता के विरुद्ध एकत्र और सक्रिय होने का अवसर प्रदान किया।

पंजाब का उदाहरण इस सम्बन्ध में विशेष उल्लेखनीय है। भक्ति आन्दोलन के विकास की ऐतिहासिक पृष्ठभूमि, परस्पर क्षेत्रीय विभिन्नता वाले समाज, राजनीति और संस्कृति पर प्रभाव, इसके उदय-विकास में सहायक तत्त्वों के अध्ययन की आज भी आवश्यकता है। जब तक गंभीर अध्ययन नहीं होगा, तब तक भक्ति आन्दोलन के सम्बन्ध में कोई अन्तिम बात नहीं कही जा सकती।

अब महत्त्वपूर्ण सवाल यह है कि मध्यकाल में पूरे देश में यह आन्दोलन लोगों का ध्यान अपनी ओर आकर्षित कर रहे थे। समाज की जड़ मान्यताओं, उपासना-पद्धति आदि पर उन्होंने प्रश्न-चिह्न लगाये। समाज के उपेक्षित और पीड़ित लोगों को एक सम्मान का जीवन प्रदान करने का मार्ग भी दिखाया, फिर आखिर मध्यकाल के आन्दोलन कोई मूलभूत परिवर्तन करने में असमर्थ क्यों रहे? ज्ञान-विज्ञान के नये द्वार खोलने में यह क्यों असमर्थ रहे? अपने पुराने ज्ञान-विज्ञान और टैक्नोलॉजी को नये रूप में ढालने में यह क्यों असमर्थ रहे? यूरोप, जो भारत से कई दृष्टियों में पिछड़ा हुआ था, वह यह काम करने में कैसे समर्थ हुआ जबकि भारत औद्योगीकरण करने में क्यों असमर्थ रहा? इन कारणों पर बिना विचार किये हम अपने नवजागरण पर भी सही ढंग से विचार नहीं कर सकते हैं।

इन प्रश्नों का कोई सीधा-सादा उत्तर देना सम्भव नहीं है, इसे भारत की जटिल सामाजिक-राजनीतिक स्थिति में खोजा जा सकता है। मध्यकाल के इतिहासकारों ने इसके उत्तर देने के प्रयास किये हैं। इस प्रश्न पर बहस जारी है। तमाम तथ्यों का

उद्घाटन होगा, तभी हम सही निष्कर्षों पर पहुँचने में समर्थ होंगे।

सुप्रसिद्ध इतिहासकार प्रो. इरफान हबीब ने, जो गत दो दशकों से इस विषय पर निरन्तर लिख रहे हैं, इनके निम्न प्रमुख कारण बताये हैं (Reason and Science in Medieval India— इरफान हबीब) :

1. चिन्तन और साहित्य की भाषा फारसी थी, जिसका साधारण जनता से कोई रिश्ता नहीं था, यह विशिष्ट लोगों की भाषा थी। जहाँ जनता और भद्रलोक की भाषाओं में इतनी भिन्नता हो, वहाँ नए ज्ञान-विज्ञान का आदान-प्रदान मुश्किल है। इससे पूर्व संस्कृत भी जनता की भाषा नहीं थी।
2. मध्यकाल में भारत तथा इस्लामी दुनिया में दार्शनिकों और स्वतन्त्र चिन्तकों को धर्मशास्त्रियों के मुकाबिले कोई महत्त्व नहीं दिया जाता था। धर्मशास्त्रियों ने सदैव दर्शन और विज्ञान का जमकर विरोध किया। इन दोनों को धर्म-विरोधी बताया जाता रहा। इस सन्दर्भ में एक उदाहरण इसे स्पष्ट करने के लिए काफी होगा। सूफी सन्त शेख निजामुद्दीन का एक वार्तालाप एक समकालीन इतिहासकार ने लिखा है– एक बार खलीफा एक दार्शनिक के प्रभाव में आ गए। दार्शनिक खलीफा को ब्रह्मांड की गति के नये नियम समझा रहा था। यह बात सूफी शहाबुद्दीन सुहरावर्दी को मालूम हुई, तो उन्होंने कहा कि हे दार्शनिक तुम क्यों झूठी बातें बता रहे हो, इस धरती और सितारों को तो ईश्वर के देवदूत चलाते हैं, प्रकृति और कोई अन्य शक्ति नहीं, दार्शनिक हँसकर चुप हो गया। इसके बाद खलीफा (सम्राट) ने उन विचारों को तिलांजलि दे दी और फिर से इस्लाम की शिक्षाओं पर पूर्ण विश्वास करने लगे। (लतीफ मलिक, फवा-इ-दुल फु-आल (संपा.), पृ. 84-85)
3. ज्ञान-विज्ञान और चिकित्सा में शास्त्र का प्रयोग केवल शासक वर्ग तक ही सीमित रहा। इसका प्रयोग भी बहुत सीमित रहा। ज्योतिष शास्त्र का प्रयोग मक्का की दिशा और नमाज का समय जानने के लिए ही होता था। (इरफान हबीब : उपरोक्त, पृ. 5)
4. कट्टर धार्मिक लोग, जिनका शासक वर्ग पर बहुत प्रभाव रहा है, वे विज्ञान, तर्कशास्त्र और दर्शन को धर्मविरोधी मानते थे। हर नया विचार यदि धर्मशास्त्र की कसौटी पर कसा जायेगा, तो कभी नए विचार को पनपने का अवसर नहीं मिलेगा। भारत में ऐसा ही हुआ। यहाँ के शासक वर्ग ने सदैव धर्मशास्त्र अथवा दूसरी व्याख्याओं को ही महत्त्व दिया। इससे विज्ञान, तकनीक और तर्कशास्त्र का एक सीमा से अधिक विकास संभव नहीं हुआ। यही नहीं भारत के पुराने

विज्ञान, गणित और तर्कशास्त्र पर भी मध्यकाल में कोई विशेष काम नहीं हुआ। अलबरूनी ने भारतीय विज्ञान पर 11वीं शताब्दी में एक पुस्तक अवश्य लिखी थी, परन्तु बाद में इस दिशा में कोई काम नहीं हुआ। (इरफान हबीब, पृ. 6, उपरोक्त)

मध्यकाल के सुप्रसिद्ध विद्वान और इतिहासकार अबुल फ़ज़ल ने भारत में वैज्ञानिक चेतना पर अपनी महत्त्वपूर्ण टिप्पणी करते हुए लिखा था, परम्परा की तेज हवा ने ज्ञान के दीपक को सदैव मद्धिम रखा। किसी सम्बन्ध में क्यों और कैसे का प्रश्न नहीं हो सकता। तर्क करना व्यर्थ है। जाँच-पड़ताल का कार्य कुफ्र की सीमा में आ जाता है। बस जो हमें पिता, अध्यापक, रिश्तेदार, मित्र और पड़ोसियों से मिलता है, वही ईश्वर कृपा समझकर ग्रहण कर लिया जाता है। जो परम्परागत विचारों के विपरीत मत रखते हैं, वे अच्छी दृष्टि से नहीं देखे जाते। हांलाकि कुछ विद्वानों ने अलग मार्ग पर चलने का प्रयास किया, लेकिन इस सत्य के पथ पर वे आधे मार्ग से अधिक कभी नहीं बढ़े। (ब्लाचमान-आइने-अकबरी (संपा.), भाग-2, पृ. 3)

सूफी सन्तों ने आरम्भ में जड़ परम्पराओं का काफी विरोध करके नया मार्ग प्रशस्त करने का प्रयास किया। उनका भारत में एक समय बहुत व्यापक प्रभाव पड़ा। कठमुल्लापन का उन्होंने विरोध किया। लेकिन धीरे-धीरे धर्मशास्त्रियों और सूफियों के बीच विशेष मतान्तर नहीं रहा। दोनों विचारधाराओं के लोगों में एक मूक समझौता हो गया। अनेक ऐसे अनुयायी थे जो एक साथ कठमुल्ला धर्मशास्त्रियों को तथा सूफी सन्तों को समान रूप से प्रिय थे। प्रसिद्ध इतिहासकार बर्नी का नाम इस सन्दर्भ में विशेष रूप से उल्लेखनीय है। इसका एक परिणाम यह हुआ कि भारत में स्वतन्त्र और धर्म की परम्परागत परिभाषाओं से अलग विचारों की जो एक हवा चली थी, वह धीरे-धीरे मन्द पड़ती गयी। इसके पश्चात् सूफी वैचारिकता रहस्यवाद की टेढ़ी-मेढ़ी पगडंडियों की ओर अग्रसर होती गयी। इस प्रकार वैचारिक संघर्ष और विचारों की द्वंद्वात्मकता से उत्पन्न नयी विचारधाराओं की संभावना नहीं पनप सकी। इसके साथ ही 'अहं ब्रह्मास्मि' की भावना भी सूफी सन्तों में पैदा होती गयी। फलतः सामाजिक और धार्मिक उदारता पर आधारित सूफीवाद भी धार्मिक कठमुल्लेपन और परम्परावाद में जकड़ गया। शेख अहमद सरहन्दी का उदाहरण इस प्रवृत्ति का द्योतक है। इसी प्रकार प्रचलित सूफी उदारता की धारणा के विपरीत शेख निजामुद्दीन, जो अपने युग के अत्यन्त प्रतिष्ठित सूफी सन्त थे, वे भी गैर-मुसलमानों का स्वर्ग में प्रवेश वर्जित मानते थे। (लतीफ मलिक, उपरोक्त, पृ. 118-19)

सूफियों की भाँति पंथवादियों का भी एक सीमा तक तर्कसंगत आधार नहीं है। पंथवादियों ने विवेकशीलता तथा तार्किकता को बहुत महत्त्व नहीं दिया। एक सीमा के बाद विभिन्न पंथवादी पुराने विचारों का ही मंथन करते रहे। एकेश्वरवादियों ने तत्कालीन समाज की बुराइयों पर प्रश्नचिह्न लगाते हुए समाज को चुनौती देने का जो साहसिक प्रयास किया, वह आगे चलकर पंथवाद की परम्परा में धूमिल हो गया। इस प्रकार वैज्ञानिक चिन्तन के माध्यम से नये समाज की संरचना के विचार को बहुत धक्का लगा। एकेश्वरवाद की पंथवाद में परिणति, समाज के अन्तर्विरोधों से एक सीमा के बाद संघर्ष के स्थान पर समझौतापरस्ती के कारण हुई। (अतहर अब्बास रिजवी : मुस्लिम रिवाइवलिस्ट मूवमेंट इन नॉर्दन इंडिया, 16-17वीं शताब्दी, पृ. 53-55)

अकबर अत्यन्त उदार सम्राट थे। उन्होंने सुलह-कुल का सिद्धान्त प्रतिपादित किया, जिसका अर्थ था हर वर्ग के अच्छे मूल्यों की एकता, सहनशीलता तथा विभिन्नता की स्वीकृति। लेकिन यहाँ भी सम्राट को ईश्वर के समकक्ष मानने की शर्त थी। उसे आध्यात्मिक मार्गदर्शक के रूप में स्वीकार करना अनिवार्य था। सुलह-कुल का प्रभाव समाज के विभिन्न धार्मिक समुदायों पर तो अवश्य पड़ा। विभिन्न समुदायों के प्रति सहानुभूति और सहिष्णुता की भावना को बढ़ाने के लिए भी यह दर्शन सार्थक था, लेकिन सुलह-कुल भी किसी प्रकार की कोई नई वैज्ञानिक और तर्कसंगत विचारधारा प्रतिपादित नहीं कर सकता था। कारण, सुलह-कुल भी धार्मिक ढाँचे में यथास्थितिवाद का समर्थन करते हुए केवल धार्मिक और सामाजिक सम्बन्धों में सुधारवाद का ही एक रूप था। (ब्लॉचमैन : आइने अकबरी (संपा.), पृ. 260)

अबुल फ़ज़ल ने तार्किकता और विज्ञान की बात कही, तो उसका भारी विरोध हुआ। उदाहरणस्वरूप, अबुल फ़ज़ल ने गणित, कृषि, विज्ञान, बागवानी, सर्वेक्षण, ज्यॉमिति गणित, खगोल शास्त्र, वास्तुकला, चिकित्सा शास्त्र, इतिहास आदि को शिक्षा के पाठ्यक्रम में सम्मिलित करने पर जोर दिया। भारत के प्राचीन ज्ञान-विज्ञान और दर्शन को भी शिक्षा में शामिल करना चाहिए, यह अबुल फ़ज़ल का मत था। इसके लिए उन्होंने संस्कृत ग्रन्थों का व्यापक रूप से अनुवाद कराया। इसका भारी विरोध हुआ और शेख अहमद सरहिन्दी के नेतृत्व में कट्टरपंथियों ने उपरोक्त शैक्षिक पाठ्यक्रम को मान्यता नहीं दी। (इरफान हबीब, उपरोक्त, पृ. 14)

यह तथ्य अत्यन्त दिलचस्प है कि अकबर के समय में यूरोप के लोगों का आवागमन काफी बड़ी संख्या में शुरू हो गया था। इसके बावजूद यूरोपीय यात्रियों से विचार-विमर्श धर्म और दर्शन तक ही सीमित रहते थे, विज्ञान और तकनीकी पर अधिक बातचीत नहीं होती थी। अकबर के दरबार में कई यूरोपीय मिशनरी आये।

अबुल फ़ज़ल ने सम्राट अकबर की ओर से इन मिशनरियों को पत्र लिखकर आमंत्रित किया था। यह आमंत्रण भी केवल धार्मिक मामलों पर विचार-विमर्श के लिए ही था। (अबुल वकी निहाबन्दी, मा आ सिर ई-रहीमी, भाग-2, पृ. 592)

मध्यकाल में एक प्रवृत्ति और भी थी कि साधारण लोगों को किसी प्रकार की शिक्षा प्राप्त करने का अधिकार नहीं था। बुद्धिजीवी विशिष्ट वर्ग में साधारण जन का प्रवेश निषिद्ध था। शाह वलीउल्लाह ने तो यहाँ तक कहा कि शरीअत के कानून तक साधारण लोगों की पहुँच नहीं होनी चाहिए। इससे अनेक भ्रम उत्पन्न होते हैं। इस प्रकार हम देखते हैं कि शिक्षा एक विशिष्ट वर्ग तक ही सदैव सीमित रही। इससे साधारण वर्ग से बुद्धिजीवी और चिन्तक-विचारक वर्ग में रूपान्तरण नहीं के बराबर हुआ और समाज अनेक नये विचारों की संभावनाओं से वंचित रहा। इसके विपरीत यूरोप में मध्यकाल तथा आधुनिक काल में बड़ी संख्या में किसानों की शिक्षा हुई। इस नए शिक्षक वर्ग ने विज्ञान और तकनीकी में क्रान्तिकारी परिवर्तनों में महत्त्वपूर्ण भूमिका का निर्वाह किया। यह विज्ञान और तकनीकी क्षेत्र की क्रांति ही सामाजिक संरचना के परिवर्तन का एक प्रमुख कारण बनी। भारत में ऐसा कोई वैज्ञानिक अथवा तकनीकी उन्नति का आधार नहीं बन पाया, क्योंकि यहाँ सभी परिवर्तनकारी प्रवृत्तियाँ केवल चन्द सामाजिक एवं धार्मिक सुधारों तक ही सीमित रहीं तथा शिक्षा विशिष्ट वर्ग की शोभा की वस्तु बनकर रह गयी। भक्ति आन्दोलन की यही सीमा है। बादल आये, गरजे भी, परन्तु बिना बरसे चले गये।

भक्ति-साहित्य में लोकतत्त्व

– रवीन्द्र भ्रमर

भक्ति-साहित्य की लोकतात्विक पृष्ठभूमि के सन्दर्भ में आचार्य हजारी प्रसाद द्विवेदी का यह कथन बहुत महत्त्वपूर्ण है कि 'भक्तों' की वाणियों के अध्ययन के लिए जो सामग्री व्यवहृत होती आ रही है, वह पर्याप्त नहीं है। हमें अभी तक ठीक-ठीक नहीं मालूम कि किस प्रकार सामाजिक अवस्थाओं के भीतर का आन्दोलन शुरू हुआ था। इस बात को जानने का सबसे महत्त्वपूर्ण साधन लोकगीत, लोक-कथानक और लोकोक्तियाँ हैं और उतने ही महत्त्वपूर्ण विषय हैं भिन्न-भिन्न जातियों और सम्प्रदायों की रीति-नीति, पूजा-पद्धति और अनुष्ठानों तथा आचारों की जानकारी। आचार्य द्विवेदी के इस कथन में भक्ति साहित्य की पृष्ठभूमि के अतिरिक्त उसकी स्रोत-सामग्री का भी एक संकेत अन्तर्निहित है जिसे एक शब्द में 'लोकवार्ता' या 'फ़ोकलोर' की संज्ञा से अभिहित किया जा सकता है। 'लोकवार्ता' के विभिन्न उपादान ही लोकतत्त्व कहे जाते हैं।

लोकवार्ता (फ़ोकलोर) की परिभाषा और व्याख्या अनेक विद्वानों द्वारा अनेक प्रकार से की गई है, किन्तु श्री जे.एल. मिश और श्रीमती शार्लट सोफिया बर्न के मन्तव्य अधिक घनत्व एवं अधिक स्पष्टता लिये हुए हैं। श्री मिश के शब्दों में, "ऐसे सभी प्राचीन विश्वासों, प्रथाओं और परम्पराओं का सम्पूर्ण योग, जो सभ्य समाज के अल्प शिक्षित लोगों के बीच आज तक प्रचलित हैं, 'फ़ोकलोर' है। इसकी परिधि में परियों की कहानियाँ, लोकानुभूतियाँ, पुराण गाथाएँ, अन्धविश्वास, उत्सव रीतियाँ, परम्परागत खेल या मनोरंजन, लोकगीत, प्रचलित कहावतें, कला-कौशल, लोक नृत्य और ऐसी अन्य सभी बातें सम्मिलित की जा सकती हैं।"[1] श्री मिश के मन्तव्य की तुलना में श्रीमती बर्न के विचार अधिक व्यापकता लिये हुए हैं। लोक-वार्ता के

विस्तार क्षेत्र को रेखांकित करते हुए उन्होंने लिखा है– "प्रकृति के चेतन तथा जड़ जगत् के सम्बन्ध में, मानव-स्वभाव तथा मनुष्यकृत पदार्थों के सम्बन्ध में, भूत-प्रेतों की दुनिया तथा उसके साथ मनुष्यों के सम्बन्धों के विषय में, जादू-टोना, सम्मोहन वशीकरण, ताबीज, भाग्य, शकुन, रोग तथा मृत्यु के सम्बन्ध में, आदिम तथा असंस्कृत विश्वास इसके क्षेत्र में आते हैं। और भी इसमें विवाह, उत्तराधिकार, बाल्यकाल तथा प्रौढ़ जीवन के रीतिरिवाज तथा अनुष्ठान और त्यौहार, युद्ध, आखेट, मत्स्य व्यवसाय, पशुपालन आदि रीति-रिवाज और अनुष्ठान आते हैं तथा धर्म गाथायें, निजघरी कहानियाँ, लोक कहानियाँ, वीरगाथाएँ, 'बैलेड', गीत, किंवदन्तियाँ, पहेलियाँ तथा लोरियाँ भी इसके विषय हैं"।[2] श्रीमती शार्लट सोफिया बर्न की इस अवधारणा के परिप्रेक्ष्य में लोकवार्ता के विभिन्न तत्त्वों का निर्धारण लोकसाहित्य, लौकिक रीति-रिवाज और लोक प्रचलित विश्वास नामक तीन वर्गों के अन्तर्गत किया गया है।[3] हिन्दी के भक्ति साहित्य की संरचना में अन्तर्भुक्त लोकतत्त्वों का अन्वेषण और अध्ययन इस वर्गीकरण के अनुसार सुगमतापूर्वक किया जा सकता है।

लोक-साहित्य जन-मानस की सहज-स्वाभाविक अभिव्यक्ति होता है। यह लिखा नहीं जाता और अपनी मौखिक परम्परा में एक पीढ़ी से दूसरी पीढ़ी तक की यात्रा करता रहता है। लोक-भाषा के माध्यम से लोकचित्त की अकृत्रिम अभिव्यक्ति लोक-साहित्य की सबसे बड़ी विशेषता है। यह लोक-संस्कृति का वास्तविक प्रतिबिम्ब होता है। लोक-साहित्य और शिष्ट समुदाय के लिखित साहित्य में गहरा सम्बन्ध है। लोक-साहित्य से छनकर इसकी बहुत-सी सामग्री और रचना पद्धतियाँ शिष्ट साहित्य में समाविष्ट होती रहती हैं। डा. इवान वेंट्ज ने 'फेरी फेथ इन केल्टिक कंट्रीज' की भूमिका में लिखा है कि लगभग सारे साहित्यों के मूल स्रोत जन साधारण के विश्वास, उनकी कथाएँ और उनके गीत हुआ करते हैं और वर्तमान समय के साहित्यों का उद्गम यही उनके संस्कार और रीति-रिवाज हैं। इसमें लोक-साहित्य का विलक्षण योगदान रहता है।

भक्ति-साहित्य और समूचे भारतीय साहित्य को प्रभावित करने वाले दो महान ग्रंथ 'रामायण' एवं 'महाभारत' के सम्बन्ध में विद्वानों की धारणा है कि इनका स्वरूप-निर्माण लोक-गीतों एवं लोकगाथाओं से हुआ। 'रामायण' के सन्दर्भ में ऐसा समझा जाता है कि रामकथा अपने मूलरूप में एक सामान्य कोटि की वीरगाथा थी जिसका वर्ण्य विषय अयोध्या से निर्वासित राम, उनकी पत्नी और अनुज का वह पराक्रम था जिसे उन्होंने दक्षिण भारत के वन्य प्रदेश में प्रदर्शित किया। 'महाभारत' के विषय में भी यही विचार है कि लोक-प्रचलित गीतों और गाथाओं को संकलित

करके इसकी संरचना हुई। पाश्चात्य विद्वान हारविट्ज ने यह जिज्ञासा की है कि क्या महाभारत किसी एक ही कवि की विशिष्ट प्रतिभा से उत्पन्न हुआ? अथवा वह लापरवाही से एकत्र किये गये उन फूलों का गुच्छा है जो समूचे देश की वनस्थलियों में फूले थे?

लोक-साहित्य के अन्तर्गत लोक-जीवन में प्रचलित कहानियाँ, गीत, मुहावरे, कहावतें तथा पहेलियाँ आदि आती हैं। भक्ति-साहित्य की प्रेममार्गी धारा के सूफी कवियों ने अपने प्रेमाख्यानक काव्यों में लोक-कहानियों का अद्भुत उपयोग किया। अपने सिद्धान्तों को स्थापित और प्रचारित करने के लिए उन्होंने लोक-कथा और लोक-गाथाओं के प्रचलित रूप को अंगीकार किया। कुतबन कृत 'मृगावती', जायसी कृत 'पद्मावत' और मंझन कृत 'मधुमालती' के कथानक लोक-कथानक हैं, जिनमें लोक-कहानियों के प्रचलित अभिप्राय और जादुई संसार को भी अंगीभूत कर लिया गया है। आचार्य रामचन्द्र शुक्ल ने सूफी कवियों के प्रेमाख्यान पर विचार करते हुए, अपने इतिहास में लिखा है कि इन कवियों ने अपनी कहानियों का वही रूप रखा है जो कल्पना के उत्कर्ष द्वारा साधारण जनता के हृदय में प्रतिष्ठित था।[4] मैंने अपने शोधप्रबन्ध में इन आख्यानकों के लौकिक कथारूप और इनमें व्यवहृत लौकिक कथानक रूढ़ियों पर विस्तार से विचार किया है।[5] निर्गुणधारा के सन्तों में अधिकांश ने 'साखी' और 'सबद' लिखे जिनमें लोक-कहानी के तत्त्वों के समावेश की गुंजाइश नहीं के बराबर थी, किन्तु सगुण भक्ति काव्य में इनका उपयोग यथेष्ट मात्रा में किया गया है। 'रामचरित मानस' और 'सूरसागर' की आधारभूमि यद्यपि पौराणिक है तथापि इनमें अंगीकृत उपाख्यानों में लोकमानस के कल्पना विकास के जो अतिमानवीय और अलौकिक तत्त्व मिलते हैं, जिस प्रकार की कथानक रूढ़ियाँ उपलब्ध होती हैं, उनके कारण लोक-कहानी का आस्वाद उत्पन्न हो जाता है, जैसा कि मैंने विस्तारपूर्वक विश्लेषण और विवेचन किया है। विभिन्न कवियों द्वारा वर्णित रामकथा का तो मूल ढाँचा ही लोक कथात्मक है।[6] किसी राजकुमार द्वारा कोई असाधारण करतब दिखाकर किसी राजकुमारी का वरण करना, सौतेली माँ के षड्यन्त्र के कारण राज्य से उसका निर्वासन, वन में किसी राक्षस द्वारा उसकी पत्नी का हरण, नर अथवा वानर की सहायता से पत्नी की खोज और राक्षस का वध इत्यादि भारतीय आख्यानकों के कुछ ऐसे चिराचरित अभिप्राय हैं जो लोक-कहानियों में पूरी तरह अनुस्यूत हैं। लीलापुरुष श्रीकृष्ण के अवतारी व्यक्तित्व के साथ भी अनेक लोकोपाख्यान जुड़े हुए हैं। इनके पौराणिक कलेवर में ऐसे अनेक तत्त्व पाये जाते हैं जो लोक-कहानियों की अपनी वस्तु जान पड़ते हैं। प्राचीन भारत की गोपालक संस्कृति और चरवाहों की जीवन-पद्धति के अनेक आयाम कृष्ण-कथा के माध्यम से

उद्घाटित होते हैं।

लोकगीत और लोकगाथा की गान-शैलियों ने भक्ति-साहित्य में ध्यवहृत काव्यरूपों तथा छन्दों की संरचना में योगदान किया है। लोकगीत और काव्य का अन्तः सम्बन्ध सनातन है। समूचे विश्व की कविता के आदि स्रोत लोकगीत ही रहे हैं। भारतीय साहित्य में कविराज जयदेव, महात्मा चंडीदास और दक्षिण के आलवार भक्तों के गीत, सन्त तुकाराम और नामदेव के पद लोक-प्रचलित गान-शैलियों के आधार पर रचे गये हैं। विद्यापति की सरस पदावली का स्रोत पूर्वी और नचारी गीतों को माना गया है। भक्ति काव्य में कबीर, जायसी, तुलसी और सूर ने लौकिक गान-शैलियों एवं लोक छन्दों का भरपूर उपयोग किया। कबीर ने साखी के लिए तथा जायसी और तुलसी ने अपने प्रबन्ध-काव्यों में घत्ता-शैली के लिये जिस दोहा छन्द का उपयोग किया, उसकी एक सुदीर्घ परम्परा रही है और विद्वानों ने इसे लोकगीत की एक विधा माना है।[7] दोहा और चौपाई के योग से प्रबन्ध काव्यों की जो रचना शैली विकसित हुई, जिसे 'रामायणी' काव्य-रूप भी कह सकते हैं, वह लोक गाथात्मक परम्परा से सम्बद्ध है। कबीर ने 'तीसी', 'चौतीसा', 'कहरा', 'बसंत', 'चाँचर', बेली', 'बिरहुली', 'हिंडोला' आदि लौकिक काव्य-रूपों को सहज भाव से अंगीकार किया। इस दृष्टि से 'बीजक' का विशेष महत्त्व आँका गया है।[8] सूफी कवियों के काव्य में दोहा-चौपाई वाली आख्यानक शैली के अतिरिक्त 'बारहमासा' और 'ककहरा', 'अखरावट अलिफनामा' जैसे लौकिक काव्य-रूपों का समावेश हुआ है। तुलसीदास ने 'सोहर', 'मंगल', 'नहछू', 'चालीसा' जैसे लौकिक काव्य-रूपों का प्रयोग फुटकर रचनाओं में किया। कृष्ण भक्त कवियों ने 'प्रभाती', 'मंगला', 'साँझी', 'आरती', 'अठपहरा', 'बसन्त', 'होरी', 'फाग', 'रास' और 'रसिया' इत्यादि लौकिक गान-पद्धतियों के आधार पर अपने पदों की रचना की।

भक्ति-साहित्य में संस्कृत के वृत्त अथवा वर्णिक छन्दों की अपेक्षा जातीय अथवा मात्रिक छन्दों का प्रयोग किया गया। भक्त कवियों ने दोहा, सोरठा, बरवै बेला, चौपाई, कुंडलियाँ और सवैया इत्यादि मात्रिक छन्दों में अपनी रचनाएँ प्रस्तुत की हैं। ये छन्द लोकभाषा अथवा लोकजीवन से आये हैं। ए.बी. कीथ महोदय ने इन छन्दों को लौकिक काव्य—'पॉपुलर पोएट्री' की उपज माना है।[9] इस तथ्य के प्रति तर्क-वितर्क की सम्भावना बहुत कम है कि भक्तिकाल में कवियों ने सीधा साक्षात्कार किया था। उन्होंने लोक भाषा अवधी और ब्रजभाषा में जो काव्य रचना की, उसे लोकचित्त में उतार देने के लिए लोक छन्दों एवं लोक रागनियों का प्रयोग यथेष्ट मात्रा में किया। दोहा और सोरठा नामक छन्द जो अपभ्रंश और डिंगल जैसी लोकभाषा से

होकर आये, वस्तुतः लोक छन्द हैं। राजस्थान का लोक काव्य 'ढोलामारू' इसका प्रत्यक्ष प्रमाण है। विद्वानों ने इसका सम्बन्ध अमीर अथवा अहीर जाति से जोड़ने का प्रयास किया है और अहीरों के बिराह गान से भी इसकी कुछ संगति बैठाई है।[10] चौपाई की परम्परा दोहे के साथ विकसित हुई और दोहा-चौपाई का जो परस्पर साहचर्य है, वह लोकप्रिय गान पद्धति का अंग है। रोला, सवैया और कुडलियाँ इत्यादि छन्द भी लोक-परम्परा की वस्तु हैं। बरवै अवधी का अपना छन्द है। एक सिपाही की नवविवाहित पत्नी ने अपने पति की रक्षा के लिए इस छन्द में अपना मार्मिक सन्देश अब्दुल रहीम खानखाना के पास भेजा था। कविबर रहीम ने इस छन्द में बरवै नायिका भेद लिखकर, इसे साहित्य में प्रचलित किया। उन्होंने गोस्वामी तुलसीदास को भी इसमें रचना करने की प्रेरणा दी।

भक्ति-साहित्य में व्यहृत लौकिक काव्य रूपों के सन्दर्भ में यह अंकित किया गया है कि लोक-गायकी की अनेक शैलियाँ इसमें समाविष्ट हुईं। बिरहा, दादरा, कहरवा, कजरी, फाग इत्यादि लोक-शैलियों को अधिकांश सन्त कवियों ने ग्रहण किया। इनके 'सबद' कुछ ऐसे ही लय-ताल पर आधारित हैं। भक्त कवियों ने ध्रुपद और ख़याल जैसी शास्त्रीय गान-पद्धतियों का भी अनुसरण किया। मुगल काल के स्वामी हरिदास, तानसेन और बैजूबावरा जैसे संगीतज्ञों की अपूर्ण छाप कृष्ण-भक्ति-परक लीलागान के पदों में देखी जा सकती है। विद्यापति से लेकर सूरदास और मीराबाई की रचनाओं तक पद-शैली का जो प्रचार दिखाई पड़ता है, उसके विन्यास में लोकगीतों और लौकिक गान-पद्धतियों का विशेष योग है। आचार्य रामचन्द्र शुक्ल ने एक बड़ी बात यह कही थी कि सूरसागर किसी चली आती हुई गीत काव्य-परम्परा का, चाहे वह मौखिक ही रही हो, पूर्ण विकास-सा प्रतीत होता है।[14] मुझे इस बात में कोई सन्देह नहीं है कि यह परम्परा लोक-गायकों द्वारा गाये जाने वाले गीतों और संगीतज्ञों की रचनाओं तथा बन्दिशों पर आधारित थी।

भक्ति-काव्य की भाषिक संरचना में क्षेत्रीय बोलियों अथवा लोकभाषाओं का योगदान अध्ययन का एक स्वतन्त्र विषय हो सकता है। सन्तों ने यत्र-तत्र की मिश्रित सधुक्कड़ी भाषा का प्रयोग किया। सूफी कवियों ने बोल-चाल की ठेठ अवधी को प्रश्रय दिया। कृष्ण भक्त कवियों ने ब्रजभाषा की लोकधुरी को अंगीकार किया। एक विशेष बात यह है कि भक्तिकाल के कवियों ने लोक-कण्ठ में बसे हुए मुहावरों, लोकोक्तियों ओर पहेलियों इत्यादि का भी मनोवांछित उपयोग किया। लोक-भाषा की इस सम्पदा को यथास्थान ग्रहण करके उन्होंने अपनी व्यंजना-शक्ति

का विस्तार किया। पहेलियों की लोक-विधा का उपयोग विचित्र प्रकार की उक्तियों, उलट-बांसियों और कूट-काव्य की रचना के लिए किया गया। मैंने अपने शोधग्रंथ 'हिन्दी-भक्ति साहित्य में लोकतत्त्व' के लघुवार्ता शीर्षक प्रकरण में भक्त कवियों द्वारा प्रयुक्त मुहावरों और लोकोक्तियों का सोदाहरण विवेचन करते हुए पहेलियों एवं उलट-बांसियों के अन्तः सम्बन्ध की भी समीक्षा की है। निष्कर्ष के रूप में मेरी यह स्थापना है कि लोकभाषा और लोक-साहित्य के इन उपादानों ने भक्तिकाव्य की संरचना में उल्लेखनीय भूमिका निभाई है।[12] यहाँ उदाहरण के रूप में तुलसी द्वारा एक अर्द्धाली में प्रयुक्त दो मुहावरे तथा जायसी द्वारा एक दोहे में अंगीभूत एक पूरी कहावत दृष्टव्य है—

रेख खँचाई कहऊँ बलभाखी।
भामिनि भइहु दूध की माखी।।

अकाट्य[12] तर्क के लिए 'रेखा खींचना' और तुच्छ वस्तु अथवा उपेक्षित वस्तु को मक्खी की तरह निकाल फेंकना, दो पारम्परिक मुहावरे हैं। अवधी की एक कहावत है 'ओहि सोना फाटि परे-जेकरे पहिरे कान टूटे।' अर्थात् उस स्वर्णाभूषण पर धूल डालो, जिसके पहनने से कान कट जाता है। राजा रत्नसेन द्वारा हीरामन तोते को मुँह लगाने के सन्दर्भ में, जायसी ने रानी नागमती के कथन में इस कहावत का सटीक उपयोग किया है—

'माथे नहिं बैसायि, जो सुठि सुआ सलोन।
कान टूटे जेहि पहिरे, का लेई करब सो सोन।'[13]

लोक-जीवन में प्रचलित नाना प्रकार के रीति-रिवाज और जनमानस को आन्दोलित करने वाले विश्वास लोकवार्ता के दूसरे महत्त्वपूर्ण पक्ष का द्योतन करते हैं। जन्म, विवाह, मृत्यु इत्यादि से सम्बद्ध संस्कार, पर्व, व्रत, उत्सव इत्यादि के आचार-विचार और नाना जातियों की जीवन पद्धतियाँ तथा प्रथाएँ, परम्पराएँ इत्यादि समाज-शास्त्रियों के अध्ययन के विषय रहे हैं और लोकवार्ता-विज्ञान में भी इनका विश्लेषण एवं मूल्यांकन किया जाता है। ज्योतिष तन्त्र-मन्त्र, टोना-टोटका, भूत-प्रेत, देवी-देवता और राक्षस इत्यादि से सम्बद्ध अनेक प्रकार के विश्वास तथा अन्ध-विश्वास लोकवार्ता की परिधि के रोमांचक विषय हैं। कतिपय भारतीय तथा पाश्चात्य विद्वानों ने लोक-जीवन के इन पहलुओं का बहुत अच्छा अध्ययन प्रस्तुत किया है।[14]

लोक-जीवन एवं साहित्य के अन्तः सम्बन्ध को नये सिरे से रेखांकित करने की आवश्यकता नहीं है। विभिन्न देशों और विभिन्न कालों के साहित्य में जन-जीवन के आचार-विचार निरन्तर प्रतिबिम्बित होते रहे हैं। हिन्दी का भक्ति-साहित्य भी इस सामाजिक चित्रांकन का एक ज्वलन्त उदाहरण है। यह साहित्य वस्तुतः लोकचित्त, लोकभाषा, लोकधर्म और लोक-आस्था का साहित्य रहा है। इसमें प्रबन्ध काव्य, खण्ड काव्य, मुक्तक काव्य एवं गेय पदों में भी लोक-जीवन तथा लोक-मानस की अनेक परिपाटियाँ यथा स्थान प्रविष्ट हो गई हैं। कबीर ने मृत्यु सम्बन्धी लोकाचारों, जायसी, तुलसी, सूर ने जन्म तथा विवाह से सम्बद्ध रीति-रिवाजों के रोचक वर्णन किये हैं। कबीर, जायसी, सूर तथा अन्य सन्त भक्त कवियों ने बसन्तोत्सव, होरी-फाग तथा दीपावली आदि पर्वोत्सवों का वर्णन करते समय इनसे सम्बद्ध लोक-रीतियों के सन्दर्भ अनुस्यूत किये हैं। इन रचनाकारों ने धगरिन, धोबिन, मालिन, तमोलिन, अहीरिन, लोहार, कुम्हार, सुनार, तेली, नाई, पटहास और बुनकर इत्यादि जन-जातियों के वर्णन भी कुछ इस प्रकार किये हैं कि इनके पेशे की यथेष्ट जानकारी मिल जाती है। शराब बनाने और बेचने वाली एक प्राचीन जाति कलाल अथवा कलवार से सम्बद्ध एक उदाहरण दृष्टव्य है–

कबीर भाटी, कलाल की, बहुतक बैठे आइ।
सिर सौंपे सोई पिवै, नहिं तो पिवा न जाइ।।[15]

होली खेलने से सम्बद्ध जायसी की एक अर्द्धाली भी देखिए जिसमें होलिकोत्सव की चार रीतियों–फाग खेलने, होली, होलिका की धूल संचित करने और अबीर-गुलाल की झोली उड़ाने का वर्णन एक साँस में कर दिया गया है–

फागु खेलि, पुनि दाहब होरी,
सैंतब खेह, उड़ाउब झोरी।।[16]

फलित ज्योतिष, शुभ-अशुभ, दिक्शूल, यात्रा-विचार आदि से सम्बद्ध लोक-जीवन के विश्वास आख्यानक काव्यों में यथा प्रसंग वर्णित हैं। मुक्तक काव्यों में भी यत्र-तत्र इनका समावेश हुआ है। तुलसी की दोहावली से यह दोहा लीजिए जिसमें शुभ-सूचक कतिपय उपादानों की सूची इस प्रकार है–

नकुल सुदरसन, दरसनी, छेमकारी, चक, चास।
दस दिसि देखत सगुन शुभ, पूजहिं मन अभिलाष।।[17]

अशुभ अथवा अपशकुन सूचक उपादानों का एक यह वर्णन देखिए–

जसुमति चली रसोई भीतर तछहि ग्वालि एक छींकी।
ठठकि रहे दारे पर ठाढ़ी, बात नहीं कछु नीकी।।
आइ अजिर निकसी नन्द रानी, बहुरी दोस मिटाई।
मंजारी आगे है धाई, पुनि फिर आँगन आई।।
व्याकुल भई, निकसि गई बाहिर, कहाँ खो गए कन्हाई।
बाएँ काग, दाहिने खर स्वर, व्याकुल घर फिरि आई।।[18]

भूत, प्रेत, राक्षस इत्यादि अमानवीय प्राणियों के लोमहर्षक एवं विचित्र स्वरूप और वृतान्त से समूचा भक्ति-साहित्य भरा पड़ा है। आज के वैज्ञानिक युग में ऐसे अनेक प्राणियों पर विश्वास करना कठिन है, जिनकी श्री तुलसीदास ने वन्दना की है—

देव, दनुज, नर, नाम, खग, प्रेत, पितर, गन्धर्व।
बन्दुउँ किन्नर रजनिचर, कृपा करहु अब सर्व।[19]

जायसी ने पदमावत में जिस राक्षस-रूप का वर्णन किया है, वह लोक-विश्वास और लोक-जीवन की कल्पना के अनुसार है—

धुआँ उठे मुख साँस संधाता। निकसे आगि कले जो बाता।
फेंकरे मूँड चँवर बनु लाए। निकसि दाँत, मुँह बाहर आए।।
देह रीछ के रीछ डेराई। देखत दिस्टि धाइ जनु खाई।।[20]

भक्ति-साहित्य का सृजन भारतीय इतिहास के मध्यकाल में हुआ है। इसे हिन्दी साहित्य का भी मध्ययुग कहा जाता है। मध्यकालीन समाज, संस्कृति और लोक-जीवन अपने समग्र यथार्थ अर्थवत्ता के साथ इस साहित्य में विद्यमान है। सूफियों और सन्तों के साहित्य की रचना प्रारम्भिक मुस्लिम शासनकाल में हुई। भक्त कवियों का साहित्य मुगलकाल, मुख्यतः अकबर और जहाँगीर के काल में लिखा गया। यही कारण है कि भक्ति-साहित्य में जहाँ एक ओर मध्यकाल की सामाजिक-सांस्कृतिक चेतना उजागर हुई है, वहीं दूसरी ओर मध्यकालीन लोक-जीवन के भी विविध पक्ष अंकित हुए हैं। लोक-साहित्य की अनेक रूढ़ियाँ और रचना पद्धतियाँ, जन-जीवन के रीति-रिवाज और लोक प्रचलित विश्वास भक्ति-साहित्य में इस सीमा तक अर्न्तभुक्त हैं कि उनका धर्म-शास्त्रीय अथवा उच्चवर्गीय आधार द्वितीय श्रेणी की वस्तु होकर रह गया है। मध्यकालीन शासकों के जीवन, जय-पराजय और राज-काज के वृतान्त के लिए यदि इतिहास हमारा मार्गदर्शन कर सकता है, तो

तत्कालीन लोक-जीवन और लोक परम्पराओं की जानकारी के लिए भक्ति-साहित्य से अधिक प्रामाणिक कोई दूसरी सामग्री हमारे पास नहीं है। भक्ति-साहित्य की रचना अधिकांश में लोकतत्त्वों के योग से हुई है।

सन्दर्भ

1. डॉ. हजारी प्रसाद द्विवेदी, मध्यकालीन धर्म साधना, इलाहाबाद, 1952 पृ. 94।
2. स्टैंडर्ड डिक्शनरी ऑफ फ़ोकलोर, भाग-I, न्यूयार्क, 1949, पृ. 162।
3. दि हैंड बुक ऑफ फ़ोकलोर, प्र. सं., पृ. 4।
4. हिन्दी भक्ति साहित्य में लोकतत्त्व, डॉ. रवीन्द्र भ्रमर, दिल्ली, 1965, पृ. 4।
5. चैडविक ब्रादर्स, दि ग्रोथ ऑफ लिट्रेचर, भाग-2, 1936, पृ. 526।
6. हारविट्ज, शॉर्ट हिस्ट्री ऑफ इण्डियन लिट्रेचर, 1907, पृ. 27।
7. हिन्दी साहित्य का इतिहास, आ. रामचन्द्र शुक्ल, स. 2005, पृ. 102।
8. हिन्दी भक्ति साहित्य में लोक-तत्त्व, रवीन्द्र भ्रमर, दिल्ली, 1965, पृ. 57-72।
9. वही, पृ. 35-40।
10. वही, पृ. 168-69।
11. 'जनपद' – त्रैमासिक, काशी, खण्ड-1, अंक-3, पृ. 8।
12. ए.बी. कीथ, ए हिस्ट्री ऑफ संस्कृत लिट्रेचर, लन्दन 1920, पृ. 418।
13. डॉ. रवीन्द्र भ्रमर, हिन्दी भक्ति साहित्य में लोक-तत्त्व, पृ. 166-170।
14. हिन्दी साहित्य का इतिहास, वि. सं. 2005, पृ. 165।
15. हिन्दी भक्ति-साहित्य में लोक-तत्त्व, दिल्ली, 1965 ई., पृ. 191।
16. रामचरित मानस, द्वितीय सोपान, 4/19।
17. पद्मावत, पृ. 6।
18. कतिपय महत्त्वपूर्ण ग्रंथ–
    क– कबीर, हिन्दी साहित्य की भूमिका, प्राचीन भारत के कलात्मक विनोद और हिन्दी साहित्य का आदिकाल : लेखक आ. हजारी प्रसाद द्विवेदी।
    ख– पापुलर रेलिजन एण्ड फ़ोकलोर ऑफ नादर्न इण्डिया : विलियम क्रुक।
    ग– फ़ोक एलिमेंट्स इन हिन्दू कल्चर, बी.के. सरकार।
    घ– हिन्दू मैनर्स, कस्टम्स एण्ड सेरमोनीजः दोई और ब्युचैम्प।
19. कबीर ग्रन्थावली, ना. प्र. स. काशी, चतुर्थ संस्करण, पृ. 42; जायसी ग्रन्थावली, पद्मावत, 204।
20. दोहावली, दोहा सं. 460।
22. सूरसागर, ना. प्र. स. काशी, पद स. 1158।
23. रामचरित मानस, प्रथम सोपान, दोहा स. 7 'ध'।
24. पद्मावत, जायसी ग्रंथावली, ना. प्र. स. काशी, 334।

सन्तमतः सामाजिक-सांस्कृतिक पृष्ठभूमि

– राजदेव सिंह

विक्रम की आठवीं-नवीं शताब्दी में सामंती अर्थ-व्यवस्था और समाज-व्यवस्था ने अवैदिक मूल वाली जातियों में वैदिक वर्णाश्रम-व्यवस्था के प्रति कुछ ऐसे अनुकूल भाव पैदा कर दिए थे कि वे उसे स्वीकार करने के लिए मनसा तत्पर हो गई थीं और डोम, चमार जैसी नीची जातियों ने अपने को ब्राह्मण कहना शुरू कर दिया था।[1] बहुत सारी जातियाँ क्षत्रिय बन गई थीं। मनुस्मृति में बहुत से ऐसे लोगों का उल्लेख है जो अपने को ब्राह्मण कहते थे लेकिन ब्राह्मण उन्हें ब्राह्मण नहीं मानते थे।[2] गोस्वामी की गवाही से भी स्पष्ट है कि अधम वर्णों में उत्पन्न होने वाले कलियुगी सन्त अपने को ब्राह्मण कहा करते थे।[3] सन्तों के प्रति आस्था रखने वाले लोग कई बार कुछ विशिष्ट सन्तों को ऊँची जातियों में उत्पन्न हुआ मानते हैं। कबीर की लिखी बताई जाने वाली एक साखी के अनुसार वे पूर्व जन्म में ब्राह्मण थे।[4] कहते हैं रैदास ने एक ब्रह्मभोज के समय अपना चमडा फाडकर चमडे के नीचे जनेऊ दिखा दिया था और इस प्रकार अपने ब्राह्मण होने का सबूत दिया था।[5] अन्य सन्तों के विषय में भी इसी तरह की बातें प्रचलित मिलती हैं। इसीलिए शुरू-शुरू में सन्तों की जाति एवं सामाजिक स्थिति के सम्बन्ध में काफ़ी से ज़्यादा विवाद रहे हैं। पिछले तीन-चार दशकों में इन विवादों के परिणामस्वरूप अन्तः बहिः साक्ष्यों के सहारे बहुत से तथ्यों का उद्घाटन हुआ है और अब निर्विवाद रूप से माना जाने लगा है कि प्रायः सभी प्रमुख सन्त उन जातियों में उत्पन्न हुए थे जिन्हें वर्णाधम और शूद्र माना जाता है।

आदिसन्त कबीर जुलाहे या कोरी नामक अतीव बेवकूफ़ और कमीनी समझी जाने वाली जाति में जन्मे थे। विद्वानों का अनुमान है कि कबीरदास जिस जुलाहा जाति में पालित हुए थे वह एकाध पुश्त पहले की योगी जैसी किसी आश्रमभ्रष्ट जाति से मुसलमान हुई थी या अभी होने की राह में थी।[6] सन्त सेन नाई जाति में उत्पन्न

हुए थे जो शताब्दियों से इतनी नीची मानी जाती थी कि कोई सवर्ण हिन्दू कहे जाने को गाली की तरह समझता था।[7] रैदास चमार थे जो इंस देश मे ऐसी अभागी जाति है जो अज्ञात काल से अत्यन्त हीन और कमीनी मानी जाती रही है। अत्रिस्मृति[8] तथा वेदव्यास-स्मृति[9] में अन्त्यज नाम से उल्लिखित जिन 'अपवित्र' जातियों का उल्लेख हुआ है, चमार उनमें वर्तमान है। सन् 1935 ई. के 'गवर्नमेंट ऑफ इण्डिया एक्ट' के अधीन निकाले गए आर्डर-इन काउंसिल में नौ भागों में विभक्त एक लम्बी सूची दी गई है, जिसमें भारत के विभिन्न प्रान्तों की अछूत माने जाने वाली 429 जातों, नस्लों और जातियों अथवा समूहों का उल्लेख किया गया है। उक्त स्मृतियों की 12 अन्त्यज जातियों और काउंसिल आदेश की 429 जातियों में से केवल तीन—नट, रजक और चमार ऐसी हैं जो उभय-सामान्य हैं, किन्तु 'काउंसिल आदेश' के अनुसार नट और रजक देश के कुछ हिस्सों में 'अछूत' माने जाते हैं, जबकि चमार सारे भारत में अछूत माने जाते हैं। सन्त रैदास इसी चमार जाति में उत्पन्न हुए थे। उन्होंने स्वयं भी अपनी जाति को ओछी और 'खलास चमार' तथा 'चमइया' कहा है।[10] उनके एक पद से स्पष्ट होता है कि रैदास के वंश वाले मृत पशुओं को उठाने का और चमड़े आदि का व्यापार या पेशा करते थे।[11] वे स्वयं जूते गाँठने का काम करते थे।[12] सन्त कमाल जुलाहे कबीर के पुत्र थे। धर्मदास कसौधन वनियां जाति में उत्पन्न हुए थे। दादू वयनजीवी धुगियाँ जाति में थे।[13] विद्वानों का अनुमान है कि इनका असल नाम दाऊद था जो बाद में दादू बन गया है।[14] सन्त बषनाजी मीरासी थे। दादूपंथी गरीबदास को कुछ लोग दादू का औरस पुत्र[15] और कुछ लोग उनका 'पौष्यपुत्र और परमविश्वसनीय शिष्य'[16] मानते हैं, निश्चय ही ये भी किसी वयनजीवी धुनियाँ जाति या इसी तरह की किसी नीची जाति में जन्मे होंगे। भीषन जी सामाजिक दृष्टि से अतीव हीन माने जाने वाली महाब्राह्मण जाति में उत्पन्न हुए थे। बूलासाहब कुनबी या कुर्मी थे और सन्त गुलाल साहब के यहाँ हलवाई का काम करते थे। दीन-दरवेश लोहार थे। मरवाड़ वाले सन्त दरिया साहब वयनजीवी धुनियाँ थे और बिहार वाले दरिया एक मुसलमान परिवार में पैदा थे जो पहले उज्जैनवंशी क्षत्रिय रह चुका था। सन्त चरणदास, सहजोबाई और दयाबाई का जन्म दूसरे वैश्यकुल में हुआ था। सन्त रामचरन वीजावर्गीय वैश्य थे और पलटू साहब काँटू नामक अस्पृश्य[17] बनियाँ जाति में जन्मे थे। कबीर के पूर्ववर्ती सन्तों में सन्त साधना (14वीं सदी वि.) जाति के कसाई थे, सन्त त्रिलोचन (सं. 1324) वैश्य थे, कश्मीर की महिला सन्त लालदेद, या लल्ला ढेढ़वा मेहतर नामक अतीव हीन जाति में, और महाराष्ट्री सन्त नामदेव (13 16—1407) छीपी नामक वयनजीवी जाति में पैदा हुए थे।

सर्वस्वीकृत रूप से नीची जातियों में उत्पन्न माने जाने वाले उक्त सन्तों के

अतिरिक्त और भी अनेक सन्त हैं जो ऐसी जातियों, वंशों और कुलों में उत्पन्न हुए हैं जो आजकल ऊँची जातियाँ मानी जाती हैं। सन्त धन्ना और गरीबदास जाट थे। सन्त जंभनाथ हरिदास निरंजनी, गुलाल साहब, जगजीवनदास सतनामी, दूलनदास और सन्त शिवनारायण क्षत्रिय बताये जाते हैं।

सन्त सुन्दरदास (छोटे) खण्डेलवाल वैश्य जाति में, सिगाजी ग्वाल जाति में और धरनीदास बिहार की कायस्थ जाति में जन्मे थे। मलूकदास एवं सन्तबाबा लाल खत्री थे, भीखा साहब चौबे थे, रज्जब जी पठान थे और सन्त तुलसी साहब द्वितीय बाजीराव पेशवा के बड़े भाई थे।

स्पष्ट है कि उक्त जातियाँ आज नीची नहीं रह गई हैं। किन्तु पहले से भी ये नीची न रही हों, यह मानने का कोई ठोस आधार नहीं है। रवीन्द्रनाथ ने भारतवर्ष को महामानव-समुद्र कहा है। इस महादेश में अनेक जन-समूह बराबर आते रहे हैं। असुर, आर्य, शक, हूण, नाग, यक्ष, गंधर्व, तुर्क, मुगल आदि कितने ही मानव-समूह इस देश में आए और बहुत दिनों तक आपस में लड़-झगड़कर एक-दूसरे के आस-पास बस गए। इनमें आचार-विचार की दृष्टि से अनन्त आदान-प्रदान हुए। इनमें से कितनी ही जातियों के महत्त्व अनेकशः ऐतिहासिक, सामाजिक, राजनीतिक, आर्थिक आदि कारणों से उठते-गिरते रहे। आज जो जातियाँ समाज में महत्त्व पा गई हैं वे पहले भी महत्त्वपूर्ण रही हों, ऐसी बात नहीं और आज की नीची समझी जाने वाली जातियाँ पहले भी नीच समझी जाती रही हों, यह भी ठीक नहीं है।

जातियों की दृष्टि से यह देश विचित्र है। कहते है कि क्षत्रियों और धानों के कितने प्रकार हैं, यह नहीं बताया जा सकता। वस्तुतः शस्त्र-व्यवसायी लड़ाकू जातियाँ इस देश में बहुधा क्षत्रिय संज्ञा को अपनाती पाई गई हैं। सन्त दूलनदास सोमवंशी क्षत्रिय कुल में उत्पन्न हुए थे, विद्वानों ने उसे किसी अनार्यमूलीय जाति का नया संस्करण माना है। इस देश में ऐसी भी अनेक जातियाँ मिलती हैं जो पहले एक थीं पर बाद में दो हो गईं। महाराष्ट्र की जातियों के अध्ययन से रिज़ली ने पाया है कि मराठे और महाराष्ट्र की अछूत जाति महार, दोनों मूलतः एक ही कुल के हैं। इन दोनों में इतनी अधिक एकरूपता है कि मराठों में शायद ही ऐसा कोई कुल हो जो महारों में न मिलता हो और महारों में शायद ही कोई ऐसा कुल हो जो मराठों में न हो। इसी तरह अपने नृतत्वशास्त्रीय अध्ययन से ह्यूरोज़ ने पाया है कि पंजाब (अब हरियाणा) के जाटों और अछूत समझे जाने वाले चमारों में नस्ली हिसाब से पूरी समानता है। दोनों के गोत्रादि एक समान हैं। सन्त सुन्दरदास (छोटे) वैश्य थे। वैश्य जातियाँ अधिकांशतः जैन-बौद्ध विचारों से प्रभावित मानव-समूहों से सम्बद्ध रही हैं

और आज भी उनके प्रति अतीव आस्थाशील हैं। ब्राह्मण-धर्म में वैश्य कभी भी ब्राह्मणों-क्षत्रियों की समकक्षता में नहीं स्वीकारे गए हैं। काँटू आदि कई जातियाँ तो अछूत भी मानी जाती हैं। बौद्ध-जैन आदि अवैदिक धर्मों के प्रति आस्था ने अनेक जातियों को अछूत बनाया है, इसे देखने का अभी अवसर मिलेगा। रिज़ली ने बंगाल और उड़ीसा के कायस्थों को मंगोल-द्रविड़ टाइप की जाति बताया है।[18] इन कायस्थों के आचार-विचारों में तांत्रिक बौद्धों का पर्याप्त प्रभाव दीखता है। बंगाल की वयनजीवी ताँती जाति कायस्थों से शादी-विवाह भी करती है। पंचमकार-सेवन कायस्थों की विशिष्टता है। सन्त मलूकदास, बाबा लाल और सिख-गुरुओं की खत्री जाति भी काफ़ी मनोरंजक है। 'मध्यकालीन-धर्म-साधना' के परिशिष्ट में अचार्य द्विवेदी ने सर आर्थेन्स्टेल बेन्स द्वारा विभाजित-संयोजित जाति-सूची के आधार पर एक संशोधित सूची दी है जिसमें पंजाब की खत्री जाति के कई रूपों का संकेत मिलता है। इसमें पंजाब की व्यवसायी खत्री जाति की संख्या 5,85,000 तथा लेखक श्रेणी के खत्रियों की संख्या 1,38,000 बताई गई है।[19] व्यवसाय और लेखन (पटवारीगीरी)[20] क्रमशः वैश्यों और कायस्थों का पुश्तैनी पेशा रहा है। गुरु नानकदेव जी के पिता व्यवसायी भी थे और पटवारी भी। हमने अभी-अभी देखा है कि उक्त दोनों पेशों वाली जातियाँ नीची मानी गई हैं। पश्चिम भारत के खत्रियों में कुछ वयनजीवी जातियों को नीची श्रेणी का पाया गया है। उनका अनुमान है कि वयनजीवी जातियों में से अधिकांश मूल द्रविड़ अधिवासियों में से बनी होंगी।[21]

परवर्ती सन्तों में कुछ ऊँची जातियों के व्यक्ति भी आ गये हैं जैसे भीखा और तुलसी साहब। इनमें 'सन्त' होने का कारण कोई सामाजिक असंतोष भी हो सकता है और सन्तों के प्रति आस्था भी। पर इतना निश्चित है कि इन अपवादों का कोई बड़ा कारण कहीं-न-कहीं होगा। शायद इनका परिवार कुछ ही पीढ़ियों पहले इन जातियों में आया हो। भारत में बहुधा ऐसा होता रहा है, लेकिन जाति बदलने से संस्कार नहीं बदलते। सन्तों की बिन्दु परम्परा को समझाने के लिए इन अवैदिक या अब्राह्मण संस्कारों का समझना जरूरी है।

भारतीय इतिहास, समाज, जीवन-दर्शन, धर्म और साहित्य के सम्बन्ध में हमें जितनी सूचनाएँ उपलब्ध हैं, उनसे प्रकट है कि वेद और ब्राह्मण का विरोध इस देश में बहुत ही पुराने जमाने से होता आया है। और जैसा कि स्वाभाविक है इस विरोध की सूत्रधार आर्येत्तर जातियाँ रही हैं। ऋग्वेद के 'कौशितकि उपनिषद्' में इन्द्र ने जिन अरर्मग नाम वाले यतियों को कुत्तों (या भेड़ियों) का भक्ष्य बताया था,[22] उनका सम्बन्ध निश्चयतः ब्राह्मणधर्मी आर्यों से नहीं था। 'निषाद' सम्भवतः इसी तरह के

लोगों की संज्ञा थी। परवर्ती संहिताओं तथा ब्राह्मणों में निषाद शब्द किसी जाति-विशेष के लिए प्रयुक्त हुआ है और इन्हें चातुर्वर्ण-व्यवस्था से बाहर बताया गया है।[23] 'लाट्यायन श्रौत सूत्र' को छोड़कर शेष सम्पूर्ण वैदिक साहित्य में निषादों को गर्हित माना गया है।[24] 'ऐतरेय ब्राह्मण' में स्वेच्छापूर्वक इन शूद्रों की हत्या करने की छूट का भी उल्लेख हुआ है।[25] डॉ॰ विण्टरनित्ज ने 'महाभारत' के उपदेश प्रधान अंशों और पुराणों में जिस श्रमण-साहित्य का पर्याप्त मात्र में उल्लेख पाया है,[26] वह इन्हीं मुनियों की परम्परा से सम्बद्ध है। प्राचीन भारत के बौद्धिक एवं आध्यात्मिक जीवन के इन परस्पर-विरुद्ध प्रवाहों का समर्थन बौद्ध धर्म के ग्रन्थों में बार-बार प्रयुक्त ब्राह्मण-श्रमण जैसे शब्द युग्मक से भी होता है। अशोक ने अभिलेखों के 'समन-बम्मन' तथा मेगास्थनीज द्वारा अलग-अलग समझे गए 'ब्राह्मण', 'श्रभण' से भी उक्त द्विविध प्रवाह का प्रमाण मिलता है।

ब्राह्मण-साहित्य वेद को केन्द्र करके चलता है और विभिन्न ऋषि इसके प्रवर्तक हैं। वेद का ज्ञान, यज्ञ-याग, और ब्राह्मणों का देवताओं से भी बढ़कर सम्मान करना, ब्राह्मण-साहित्य का यही मूल स्वर है। आर्येत्तर या ब्राह्मणोत्तर साहित्य की नैतिक-धार्मिक दृष्टि इसके नितान्त विपरीत है। इनके आख्यान वेदों से सम्बद्ध न होकर जन-जीवन की दैनन्दिन कथाओं और स्थितियों से सम्बद्ध हैं। देवताओं और मनुष्यों के बीच की स्थिति वाले ब्राह्मण ऋषि इन कथाओं के बोधव्य नहीं हैं। निर्लेपभाव से संसार का त्याग करके अरण्यवास करने वाले तापस इस साहित्य के आलम्बन हैं। वैदिक ऋषियों की तरह अतिमानव या मायाधारी बनने के लिए, या लोगों से भयमिश्रित सम्मान पाने के लिए ये श्रमण तापस तप नहीं करते थे। अगस्त्य-दुर्वासा की तरह भयंकर श्राप देना इनके लिए अनजानी चीज थी। ये वस्तुतः दुनिया के झंझटों से अलग रहने वाले धर्म-प्राण जीव थे। इनकी 'श्रमण' संज्ञा कुछ ऐसे संकेत देती है कि ये अपनी जीविका के लिए किसी पर निर्भर न रहकर स्वयं परिश्रम करते थे। "श्रम" धातु से व्युत्पन्न श्रमण अपने मूल रूप में अवश्य ही 'श्रम' करने वालों का बोधक रहा होगा। ये श्रमण मोक्ष के लिए तपस्या करते थे। ये न किसी से डरते थे और न कोई इनसे डरता था। अहं का विस्मरण और त्याग इनकी साधना थी और सम्यक् जीव-दया इनका आदर्श। इनके लिए जाति का कोई बन्धन नहीं था, जगत् की कोई बाधा नहीं थी। दुनिया के आकर्षणों को नकारकर ये श्रमण ब्राह्मण-अब्राह्मण, जाति-पाँति से परे होकर रहते थे। ये यती या मुनि जंगलों में जाने के पहले जिन समाजों में जन्मते-पलते थे, वे समाज यज्ञ-याग के विरोधी थे। जन्मान्तरवाद और कर्म में इनकी अटूट आस्था थी। सप्तसिन्धु प्रदेश पर पूर्ण

अधिकार जमा लेने के बाद इन्द्र[27] जब मध्य हिन्दुस्तान की ओर बढ़े तो उन्हें यज्ञ को अस्वीकार करने वाले किसी कृष्ण से टक्कर लेनी पड़ी थी[28] और बृहस्पति की सहायता से इन्द्र किसी तरह इनसे जान बचाकर पीछे हट सके थे। डॉ. धर्मानन्द कोसाम्बी ने इन्हीं आधारों पर कहा है कि "यद्यपि सप्तसिन्धु में यतियों की संस्कृति पूरी तरह नष्ट हो गयी थी, फिर भी वह मध्य हिन्दुस्तान में प्रमुख रूप से विद्यमान थी।"[29] डॉ. आदिनाथ नेमीनाथ उपाध्ये ने भी पाया है कि भारत में आर्यों के आगमन के पूर्व गंगा-जमुना के उर्वर मैदानों में एक अत्यधिक उत्कृष्ट जनवर्ग उपस्थित था जिसका अपना अलग धर्म था, अपने धर्मोपदेष्टा थे। जैन और बौद्ध धर्मों की उद्गम भूमि—मगध प्रदेश के यति वैदिक साहित्य के प्रति अनास्थाशील हैं।[30] डाक्टर उपाध्ये ने प्रदेश के आधार पर इसे 'मागधन धर्म' कहा है, विण्टरनित्ज ने वृत्ति के आधार पर 'श्रमणधन' या 'तापस धर्म' कहा है और जैकोबी ने इसे 'लोकधर्म' कहा है।

वेद उक्त लोकधर्म के विषय में मौन है। ऋग्देव में प्रयुक्त 'मुनि'[31] शब्द का अर्थ-संधान करते हुए डॉ. यदुवंशी ने अनुमान लगाया है कि संभवतः 'मुनि' तपस्वियों के एक वर्ग-विशेष थे, जो निश्चित रूप से आर्य जाति के नहीं थे।[32] ऐसा प्रतीत होता है कि 'मुनि' शब्द भी किसी आर्येत्तर भाषा से लिया गया है क्योंकि संस्कृत वैयाकरणों ने इनका उल्लेख उणादि सूत्रों के अन्तर्गत किया है।[33] उपनिषदों में भी इस लोकधर्म के उल्लेख नहीं मिलते। लेकिन इसका यह अर्थ नहीं हो सकता कि उक्त कालावधि में यह लोकधर्म अस्तित्व में नहीं था।

'महाभारत' में इन अनार्य जातियों और उनके जीवन के सम्बन्ध में काफी सूचनाएँ संग्रहीत हैं। सभा पर्व के अन्तर्गत 'पिता पुत्र सम्वाद' के रूप में दो बार बड़े ही ललित और प्रभावपूर्ण ढंग से उक्त श्रमण-दर्शन का विवरण दिया गया मिलता है। मार्कण्डेय पुराण में यह विवरण थोड़ा और विस्तृत हो गया है। बौद्धों के जातकों तथा जैनों के 'उत्तराध्ययन सूत्र' में इस सम्वाद को अपने-अपने ढंग से प्रस्तुत किया गया है। विभिन्न मतवादों एवं ग्रंथों में प्राप्त उक्त संवाद के विभिन्न रूप सिद्ध करते हैं कि इन शिक्षाओं का मूल न तो ब्राह्मण धर्म से सम्बद्ध है, न जैन धर्म से। डॉ. विण्टरनित्ज की मान्यता है कि निश्चय ही इनका सम्बन्ध श्रमण-दर्शन से है। महाभारत में विदुर इस दर्शन के प्रवक्ता हैं। ध्यान देने की बात यह है कि महाभारत में त्यागवादी श्रमण नैतिकता का प्रचार करने वालों में सभी के सभी ब्राह्मणेतर जातियों से सम्बद्ध हैं। वनपर्व में समाज के निचले स्तर से आने वाला मांस व्यवसायी धर्मव्याध, ब्राह्मण कौशिक को जिस दर्शन और नैतिक दृष्टि का उपदेश देता है, उसमें बताया गया है कि कोई जन्म से ब्राह्मण नहीं होता। ब्राह्मण होता है सत्कर्मों और

सदाचरण से। महाभारत का 'तुलाधारी जाजली सम्वाद'[34] भी इस दृष्टि से काफी महत्त्वपूर्ण है। इसमें भी आम जरूरत की चीजें बेचकर जीवन-निर्वाह करने वाला नीच जातीय तुलाधार, ब्राह्मण जाजली को मन्त्री और अहिंसा का उपदेश करता चित्रित किया गया है।[35] विण्टरनित्ज ने इन श्रमण-शिक्षाओं को योग और सांख्य से सम्बद्ध माना है।

इस सम्बन्ध में एक बात ध्यान देने लायक है कि श्रमण-दर्शन से सम्बद्ध जिन प्रसंगों का उल्लेख ऊपर किया गया है,[36] महाभारत के प्राचीन संस्करणों में उनका उल्लेख नहीं मिलता। सम्भवतः वे बाद में चलकर महाभारत में प्रक्षिप्त हुए हैं। कहना कठिन है कि महाभारत को वर्तमान रूप कब मिला। विद्वानों का विश्वास है कि जिस मूल काव्यकथा को आश्रय करके इस महाकाव्य की रचना की गई है, वह निश्चय ही ब्राह्मण ग्रंथों के रचनाकाल (ईसापूर्व नवीं-आठवीं शती) में प्रचलित रही होगी। आगे चलकर इसमें अनेक प्रक्षेप होते रहे और सम्भवतः चौथी शती ईसा पूर्व से चौथी शती ईस्वी के बीच इसे वर्तमान रूप मिला। अगर श्रमण-दर्शन सम्बन्धी अंश महाभारत में बाद में जोड़े गए हैं, तो इससे सिद्ध होता है कि चौथी शती ईसा पूर्व से चौथी शती ईस्वी के बीच उक्त शिक्षाओं का महत्त्व बढ़ता गया था। और किन्हीं अनिवार्य बाहरी-भीतरी कारणों से ब्राह्मण धर्म ने उन्हें आत्मसात करना और सम्मान देना प्रारम्भ कर दिया था। वस्तुतः आर्य इन शताब्दियों में उत्तरी भारत में क्रमशः अपना अधिकार बढ़ाते गये थे। जंगलों को साफ करके बड़ी-बड़ी बस्तियाँ बसाईं, नगरों की स्थापना की और 1500 ईस्वी पूर्व तक उन्होंने कतिपय शक्तिशाली राज्यों की स्थापना भी कर ली। इसके लिए उन्हें पग-पग पर संघर्ष करना पड़ा। पश्चिम के नाग और मागध आर्यों के प्रबल शत्रु थे। आर्यों ने जब मध्यदेश पर अधिकार कर लिया तब भी पुनः आधिपत्य जमाने की मागधों की आकांक्षा शांत नहीं हुई थी। जरासंध की हत्या के साथ लगता है मगध राज्य को अंतिम आघात पहुँचा था।

महाभारत में इस बात के अनेक व्यंजक संकेत प्राप्त होते हैं कि ब्राह्मण धर्म की चातुर्वर्ण-व्यवस्था से बाहर पड़ने वाली जातियाँ उन दिनों काफ़ी प्रभावशाली और सशक्त थीं। विदुर सम्बन्धी उल्लेख ऐसा मानने का संगत आधार देता है। विदुर दासीपुत्र थे। महाभारत में विदुर के दासीपुत्र होने का उल्लेख दूसरों ने तो किया ही है, स्वयं विदुर ने भी अपने को शूद्र और जन्मजात[37] (अद्‌दः) कहा है। उनकी शादी एक दासीपुत्री से हुई थी। महाभारत, शतपथब्राह्मण दोनों में इस बात का उल्लेख मिलता है कि आर्यों को वन्य भाषाएँ बोलने की मनाही थी।[38] विदुर की अनार्यता का संकेत इस बात से भी मिलता है कि वे आर्यभाषा बोलने वाले नहीं थे। युधिष्ठिर

के साथ हुए वार्तालाप में विदुर जिस भाषा का व्यवहार करते हैं, वह आसानी से समझ में नहीं आती। विद्वानों का विश्वास है कि निश्चय ही वह किसी अन्य भाषा का संस्कृत प्रभावित रूप है। ध्यान देने की बात है कि इस सब के बावजूद धृतराष्ट्र ने उन्हें अपना मंत्री बनाया। उससे भी बड़ी बात यह है कि श्रीकृष्ण जैसे चोटी के कूटनीतिज्ञ ने दुर्योधन के व्यंजनों को छोड़कर विदुर के घर साग खाया था। यह साग-प्रसंग, और परवर्ती साहित्य में इस प्रसंग के बहुशः उल्लेख, दो बातों का संकेत देते हैं। एक तो यह कि विदुर राजनीतिक शक्ति से सम्पन्न थे[39] और 'भक्ति या प्रीति' के बहाने श्रीकृष्ण उन्हें अपना बनाकर रखना चाहते थे। दूसरा यह कि श्रीकृष्ण ने विदुर के घर साग[40] खाकर भक्तवत्सलता की दिशा में कुछ वैसी ही अनहोनी कर दी थी जैसी शबरी के बेर[41] खाकर राम ने की थी। अर्थात् लोकाचार के हिसाब से श्रीकृष्ण को वैसा नहीं करना चाहिए था। कहाँ महाराजाधिराज यादवश्रेष्ठ श्रीकृष्ण, कहाँ शूद्रयोनिज दासीपुत्र विदुर। निश्चित है कि विदुर शूद्रयोनिज होने पर भी, या होने के कारण ही, पर्याप्त प्रभावशाली व्यक्ति थे। दासीपुत्र की शादी दासी-पुत्री से—स्पष्ट है कि विदुर अकेले नहीं थे, बल्कि दासीपुत्रों, शूद्रों और आर्येतर भाषाएँ बोलने वालों का एक प्रबल वर्ग उनके साथ था। मत्स्यगंधा के पिता निषादराज इसी सशक्त वर्ग के प्रतिनिधि थे जिनके सामने, भीषण शर्तों पर, आर्य नरेशों को नतशिर होकर याचना करनी पड़ती थी। मत्स्यगंधा के सौन्दर्य पर मुग्ध होकर शान्तनु ने उनके पिता से याचना की और भीष्म ने मत्स्यगंधा की सन्तान को उत्तराधिकारी बनने देने के लिए आजीवन ब्रह्मचारी रहने का व्रत लिया, यह ऊपरी बात है। निश्चय ही इसके पीछे निषादराज की राजनीतिक शक्ति थी। जिन निषादों की हत्या करने का अधिकार देने में ब्राह्मणग्रंथों को कोई हिचक न होती हो,[42] जिनकी कन्याओं को भगाकर, छीनकर या राजन्यवर्गीय होने के विशेषाधिकारवश मुक्तभोग या दासीकर्म के लिए अपने पास रख लेने का चलन हो, उनके सामने इस सीमा तक झुकने का कोई विशिष्ट प्रयोजन अवश्य होना चाहिए। विदुर का शूद्र समाजों में अपार सम्मान था। आर्येतर वर्णों की इस शक्ति का परिणाम था कि आर्य-नरेश और ब्राह्मण-धर्म इनके प्रति सहानुभूतिशील होते गए थे। विदुर का मन्त्रीपद, ब्राह्मण दर्शन के विपरीत पड़ने वाला उनका श्रमण-दर्शन, उस श्रमण-दर्शन का आर्य-नरेशों को उपदेश, महाभारत में इन उपदेशों को 'विदुर हितवाक्य' कहकर सम्मान-सहित स्थान देना, यह सब विदुर के ज्ञान और उनकी साधुता के कारण हुआ, ऐसा मानना कम मानना है। वस्तुतः विदुर के महिमाशाली व्यक्तित्व, शूद्र समाजों की अपार शक्ति और उनके दर्शन (जो निश्चय ही अब तक काफ़ी शक्तिशाली लोगों का दर्शन बन गया था) की

शक्तिमत्ता के सम्मिलित प्रभाव से ही यह संभव हुआ था।

अवैदिक विचार पद्धतियों को वैदिक आचार-पद्धति में स्वीकृति देने की प्रक्रिया का ईषत् संकेत महाभारत में मिलता है। डॉ. विण्टरनित्ज ने पाया है कि त्यागवादी श्रमण-दर्शन की उक्त शिक्षाओं में ब्राह्मण-दर्शन का भी बहुत-सा अंश घुला-मिला दिया गया है। महाभारत के 'गोकपिलीय'[43] नामक प्रकरण एवं 'अध्वर्युयती-सम्वाद'[44] में इस प्रकार के समन्वय को स्पष्ट रूप में देखा जा सकता है। अहिंसा श्रमण-धर्म का मेरुदण्ड है, अतः यज्ञों में प्रभूति जीव बलि का समर्थन-व्याख्यान करने वाले वैदिक तत्त्ववाद से उसका छत्तीस का सम्बन्ध है। महाभारत के 'मोक्ष-धर्म' वाले कतिपय अंशों में यज्ञों में की जाने वाली पशुबलि का बड़ी कठोरता से खण्डन किया गया है, पर उन्हीं अंशों में अहिंसा के साथ ही वैदिक कर्मकाण्ड का उपदेश भी दिया गया है। डॉ. विण्टरनित्ज इस अपकृष्ट तर्क-परम्परा के लिए ब्राह्मणों को दोषी ठहराते हैं। उनका आक्षेप है कि इस प्रकार के अपकर्ष का सारा दोष ब्राह्मणों का है जिन्होंने परम्पराक्रम से चले जाते हुए उत्कृष्ट श्रमण-दर्शन को, ब्राह्मण-दर्शन का रूप देने के प्रयास में चौपट कर दिया है।[45]

मैं इस व्यंजक तथ्य पर दूसरी तरह से सोचने की आवश्यकता समझता हूँ। ठीक है कि त्यागवादी श्रमण-दर्शन की शिक्षाओं में ब्राह्मण-दर्शन का बहुत-सा अंश घुला-मिला दिया गया है, लेकिन इस आधार पर यह नहीं कहा जा सकता कि ब्राह्मणों ने ऐसा करके कोई गलती की है या यह काम अकेले ब्राह्मणों ने किया है। शूद्र और यथेच्छ रीति से वध्य माने जाने वाले समाज के किसी व्यक्ति को मन्त्री बनाना, पुत्र के समग्र जीवन को रूक्ष बनाकर उस समाज की कन्या से इस शर्त पर विवाह की याचना करना कि उसकी सन्तान उत्तराधिकारी होगी, पुत्र-नाश की शोकग्रस्त मनःस्थिति में उनके उपदेश सुनना, उनके घर भोजन करना, यह मात्र भावनात्मकता के कारण नहीं है। अवश्य ही इस सबके मूल में कोई ऐसी भौतिक अनिवार्यता होगी जो इन तथा ऐसे अन्य अनेकशः सहकारों-स्वीकारों को सम्भव बना सकी। जगत् का सब कुछ परिवर्तन-धर्मी है—सम्बन्ध-असम्बन्ध, बैर-प्रीति, रीति-नीति, आस्था-विश्वास, धर्म-दर्शन सभी। जिजीविषा का आग्रह इन सबको रूप देता है। श्रमण-ब्राह्मण जीवन-दृष्टि के समन्वय के उक्त प्रयास को इसीलिए उत्कृष्ट-अपकृष्ट कहकर समझने-समझाने की अपेक्षा प्रकृत-अप्रकृत कहकर समझना-समझाना अधिक संगत है।

जीवन की भौतिक-वैचारिक परिस्थितियों के बदलाव के साथ भाव, विचार, प्रतिक्रियाएँ, भाषा, शब्द और शब्दों के अर्थ, सभी बदल जाते हैं या बदल दिए जाते

हैं। नये धर्मों, दर्शनों और जीवनादर्शों के विकास की यही प्रकृति है। सम्प्रति हिन्दू धर्म के अन्तर्गत स्वीकृत देवी-देवता, पूजा-अर्चना, रीति-नीति, आस्था-विश्वास का कितना अंश आर्यों का है, कितना आर्येतर, कहना असम्भव है। निश्चय ही यह सारा आदान-प्रदान किसी दुरभिसन्धि का परिणाम नहीं है। वस्तुतः यह सब जिजीविषा के मार्ग में पड़ने वाली सुविधाओं-बाधाओं का परिणाम है। श्रमण-ब्राह्मण नैतिकता का समन्वय भी इसी जिजीविषा से प्रेरित है। प्रारम्भिक प्रयास होने के कारण इन दोनों का समन्वय कुछ अधूरा रह गया है, अतः खटकता है। लेकिन बस। उस कालावणि (चौथी शती ई. पू. से चौथी शती ईस्वी) तक जिस प्रकार की वैचारिक क्रान्ति के ऐतिहासिक प्रमाण उसलब्ध होते हैं, उनमें उक्त समन्वय नितान्त प्रकृत है।

बुद्ध के जन्म से लगभग 5000 वर्ष से भी अधिक पहले, उपनिवेशियों के पूवर्ती भारतीय आदिवासी जंगलों में रहते थे। आर्यों की अश्वमेघ आदि यज्ञों के रूप में चलने वाली जययात्रा में इन आर्येतर जातियों ने पर्याप्त बाधा पहुँचाई। वेदों में इन्हें 'दस्यु' कहा गया है। सामान्यतया दस्यु शब्द अतिभौतिक शत्रुओं के अर्थ में प्रयुक्त हुआ है, पर ऐसे भी स्थल हैं जहाँ यह मानवीय शत्रुओं का भी अर्थ देता है। ज़िमर और मेयर ने दस्यु का मूल अर्थ 'शत्रु' माना है।[46] निर्विवाद है कि आर्यों और दस्युओं का मुख्य विरोध धर्म के कारण था। ब्राह्मण साहित्य दस्युओं को अकर्मन्, अदेव, अब्रह्म, अयज्ञ, अव्रत और अन्यव्रत कहकर इनके विभिन्न धर्म का स्पष्ट संकेत करता है। आर्यों के साम्राज्य-विस्तार के साथ इन आर्येतर वर्गों में से अधिकांश धर्म बनते गए। जो अल्पसंख्यक और अल्पशक्ति थे, वे या तो शूद्र कहे गए या चातुर्वर्ण-व्यवस्था में न समोए आकर एक पंचवर्ण 'अन्त्यज' की नई कोटि में परिगणित हुए।[47] इन दोनों से भिन्न वे तापस थे, जिन्होंने गहनतम जंगलों में शरण ली और वहाँ जंगली कन्दमूल पर निर्वाह करके तपश्चर्या करते रहे। 'जातक अठ्ठकथा' में इनसे सम्बद्ध अनेक सूचनाएँ मिलती हैं।

भौतिक जीवन की इस उथल-पुथल ने वैचारिक उथल-पुथल को जन्म दिया। आत्मज्ञान का प्रयासी उपनिषद्-चिन्तन इसी का परिणाम था। शताब्दियों तक यह क्रम चलता रहा। ईसापूर्व की छठी शताब्दी में इस वैचारिक उथल-पुथल ने अनेक नवीन एवं क्रांतिकारी दार्शनिक मतवादों और धार्मिक सम्प्रदायों को जन्म दिया। इनमें जैन, बौद्ध, वैष्णव और शैव—चार ऐसे सम्प्रदाय हैं जिन्होंने आगे के इतिहास को रूप दिया है। ये चार सम्प्रदाय अवैदिक हैं। इनमें से प्रथम तीन (जैन, बौद्ध, वैष्णव) की

स्थापना क्षत्रियों के हाथ से हुई थी। शैवमत अवैदिक ही नहीं, पूर्व वैदिक मूल का है। 'आगम'[48] इन्हीं सम्प्रदायों के शास्त्र हैं और तन्त्र इनकी साधना है। परम्परा से ब्राह्मण-श्रेष्ठता और वेद-प्रामाण्य का जो विरोध चला आ रहा था, वह इन शास्त्रों और समाजों में पहली बार पूरी तरह व्यवस्थित होकर सामने आता है।

ईसा से 600 वर्ष पूर्व गंगा के मैदान में अनेक ऐसे छोटे-मोटे सामाजिक वर्ग वर्तमान थे जो विकास की विभिन्न अवस्थाओं में थे। बंगाल अत्यधिक घने जंगलों से ढका था। यू. पी. और बिहार के बहुत से हिस्सों में अनार्य-भाषा बोलने वाले कबीले आबाद थे जिनका आर्यों से कोई सम्पर्क नहीं था। जो कबीले उनकी अपेक्षा थोड़े अधिक विकसित थे, आर्यों से उनके संघर्ष आये दिन होते रहते थे। इनकी अपनी भाषाएँ थी। इन अपेक्षाकृत अधिक विकसित गणों को 'नाग' जैसी सामान्य संज्ञा दी जा सकती है।[49] सम्भवतः ये नागों की पूजा करने वाले थे। बाद में आर्य बन जाने वाले कौलिय[50] भी पहले नाग ही थे। नाग का एक दूसरा अर्थ हाथी भी होता है। कौसल नरेश पसेनदि (सं. प्रसेनजित्) का सम्बन्ध जिस मातंगकुल से था, वह भी निकट-भूत में हाथी (मातग) के टोटेम वाली जाति रही होगी।[51] उक्त अविकसित और अल्पविकसित अनार्य कबीलों के लोग सारे गंगा के मैदान में फैले हुए थे। इन नागों से अपेक्षाकृत अधिक उन्नत आर्यगण थे, जो स्थलमार्ग तथा नदियों से होने वाले व्यापार-केन्द्रों में बसे हुए थे। ये आर्य भाषा बोलते थे। इनमें से बहुत सारे कबीलों में जाति-व्यवस्था कायम हो गई थी और इस प्रकार उनके दो वर्ग बन गए थे, सवर्ण तथा इतर। इन इतर जनों को ब्राह्मण कर्मकाण्ड में कोई स्थान नहीं दिया जाता था। इन आर्य कबीलों ने अल्पजनाधिपत्य कायम कर लिए थे और ये शूद्र संज्ञा से अभिहित किए जाने वाले आदिवासी कृषकदासों की मेहनत पर पलते थे। इन आर्य कबीलों और व्यक्तियों के नामों से स्पष्ट नहीं होता कि जल्दी ही इन्होंने आर्य धर्म स्वीकारा था। हाँ, इनमें से कुछ कबीलों ने नई (आर्य) भाषा, तथा पशुओं के सहारे की जाने वाली कृषि व्यवस्था अपना ली थी, यह स्पष्ट है। ये आर्येत्तर मूल के कबीले हैं, इसका प्रमाण यही है कि वेदों और ब्राह्मणों में इनका उल्लेख नहीं मिलता और न ये वैदिक कर्मकाण्ड का अनुसरण ही करते हैं। इनके अतिरिक्त वे कबीले थे जो पूरी तरह ब्राह्मणधर्मी हो गए थे। चतुवर्ण व्यवस्था के परिणामस्वरूप ये कबीले विघटन की दिशा में काफी आगे बढ़ गए थे और जाति का रूप लेने लगे थे।[52] इनमें शूद्रों की तरह वैश्य भी अत्यधिक प्रताड़ित थे। व्यापारिक दृष्टि से बँधे हुए होकर भी ये विभिन्न वर्ग निरन्तर संघर्षरत थे। यहाँ तक कि आर्य साम्राज्य भी सदा आपस में लड़ते-झगड़ते रहते थे।[53]

ईसापूर्व की छठी शताब्दी तक केन्द्रीय सत्ता पंजाब से खिसककर गंगा के मैदान की ओर आ गई थी। 'अंगुत्तरनिकाय' में ऐसे सोलह महाजनपदों का उल्लेख प्राप्त होता है जिनकी परम्परा ईसापूर्व की सातवीं शताब्दी से चली आ रही थी।[54] इन सोलह के अतिरिक्त भी अन्य जनपद थे जिनमें मल्ल और लिच्छवि प्रमुख हैं। गंगा के मैदान में मल्लों के शासन केन्द्र कौसल के पूर्व में स्थित पावा (आधुनिक पडौना) और कुसीनारा (आधुनिक कसिया) में थे। मल्लों से पूर्व में लिच्छवि या विज्जियगण का शासन था। मल्लों की अपेक्षा ये अधिक शक्तिशाली थे। मल्ल और लिच्छवि दोनों किन्हीं व्रात्यक्षत्रियों की निम्न, वर्णसंकर सन्तान थे। इसका एक बड़ा प्रमाण यह है कि ब्राह्मणों के कर्मकाण्ड और रीति-नीति वे अपना नहीं सके थे। बुद्ध का शाक्यवंश आधुनिक नेपाल के सीमा प्रान्त से थोड़ा आगे बसने वाला छोटा सा गण था। कोलिय क्षत्रिय भी नाग गण से सम्बद्ध थे। इनमें से कतिपय जनपद अपना राज्य-विस्तार करते गए थे। शासक, शस्त्रधारी क्षत्रियों के सहारे अपनी व्यवस्था कायम रखता था। इतरवर्ण वाले लोगों द्वारा जमीन से उत्पन्न वस्तुओं को कर रूप में संग्रह करके ये क्षत्रिय अपनी जीविका चलाते थे। राजा के लिए उगाहे जाने वाले कर अलग थे। व्यापारी और पुरोहित भी इन्हीं क्षत्रियों से सम्बद्ध थे। इन तीनों वर्णों (क्षत्रिय, ब्राह्मण, वैश्य) के नागरिकों को 'पौर' कहा जाता था। यद्यपि पौर पूर्ण आत्मतन्त्रात्मक नहीं थे, फिर भी शूद्रों आदि की अपेक्षा अधिक स्वतन्त्र थे और करों का भार इन पर अपेक्षाकृत कम था। इन 'पौरों' के अतिरिक्त शेष जनवर्ग राजा और पौरों दोनों का अन्नदाता था—यह बात और है कि वह राजा को अपना अन्नदाता मानता-कहता रहा हो।

परती भूमि अभी पर्याप्त मात्रा में खाली पड़ी थी, अतः जंगलों में अब भी अनेक अर्धसभ्य कबीले आबाद थे। शाक्यवंश इन्हीं कबीलों का थोड़ा-अधिक विकसित रूप था। मगध इनकी अपेक्षा अधिक समृद्ध एवं महिमा-सम्पन्न था।

इसके बाद का इतिहास गणशासनों के टूटने और राज्यशासनों के स्थापित होने का इतिहास है। कृषि आदि का विकास इस बीच तेजी से हुआ। इस बात के पर्याप्त प्रमाण मिल जाते हैं कि इस कालावधि में भारतीय अर्थव्यवस्था पूर्वापेक्षया खेती पर बहुत अधिक आश्रित हो चली थी। यज्ञों में की जाने वाली प्रभूत पशुबलि का खेती पर विपरीत असर पड़ना स्वाभाविक था। साथ ही कबीलों या गणों के बीच आए-दिन युद्ध, चोरी, डकैती, लूटपाट होते रहते थे। यज्ञों को ब्राह्मणों ने इन आए-दिन उपस्थित रहने वाले युद्धों में विजय के लिए बहुत आवश्यक करार दिया था। क्षत्रिय के लिए

युद्ध को परमधर्म कहकर बहुमान देना इसी परिस्थिति में शुरू हुआ। ब्राह्मण यज्ञ-याग, वेदाध्ययन, दान आदि षट्कर्मों में लगे रहे, क्षत्रिय युद्ध में। बचे वैश्य और शूद्र, तो ये ही उत्पादन करते थे और करों तथा दान-दक्षिणा के रूप में इस उत्पादन का बड़ा भाग क्षत्रिय-ब्राह्मण हथिया लेते थे। इस प्रकार आत्मरक्षा या राज्य-विस्तार के लिए युद्ध जनहानि के कारण तो बनते ही थे, विजय के लिए अनिवार्य यज्ञविधान के भी कारण थे। स्वभावतः कम उग्र धर्ममतों ने वैदिक कर्मकाण्ड का और उग्रमतों ने वैदिक कर्मकाण्ड तथा जन एवं पशुबलि का भी खुलकर विरोध किया। चूँकि युद्धों और वैदिक कर्मकाण्ड का असर वैश्यों-शूद्रों और सामान्य जनता पर ही पड़ता था, अतः बौद्ध, जैन आदि धर्ममत ब्राह्मण-धर्म के विरुद्ध व्यापक जन-आन्दोलन के रूप में जनता द्वारा अपनाये गए। जन-आन्दोलन की अभिव्यक्ति बनकर अस्तित्व में आने वाले विश्व के अनेक धर्मों में बौद्धधर्म को विद्वानों ने[55] बहुत ही महत्त्वपूर्ण माना है। बौद्धधर्म का आगे चलकर विकसित होने वाला महायान सम्प्रदाय लोकोन्मुखता को और अधिक अपनाता गया।

स्थविरवादी बौद्धधर्म आगे की परिवर्तित परिस्थितियों में लोक की समस्याओं को समग्रतः समेट नहीं सका। यह ठीक है कि भारतीय जनता में बौद्धधर्म के प्रति पर्याप्त आस्था थी। अपने कल्याण के लिए उसने उनके द्वारा स्वीकृत देवताओं का, उनके बताए हुए ढंग से, जप आदि भी करना शुरू कर दिया था। लेकिन इसका यह तात्पर्य कदापि नहीं था कि ब्राह्मण-धर्म के प्रति स्थविरवादी बौद्धों की तरह वह नितान्त अनास्थाशील रही हो।

भारतीय जाति-व्यवस्था का अध्ययन करने वालों ने पाया है कि यहाँ की अनेकशः वन्य जातियाँ ब्राह्मणों तथा अन्य श्रेष्ठ समझी जाने वाली जातियों के आचार-विचारों का अनुकरण-अनुसरण करती रही थीं और समय-समय पर ऊँची पदवी भी पा जाया करती थीं।[56] 'हिन्दुओं में धर्म-परिवर्तन कराने की कोई प्रथा नहीं थी, पर इतिहास में ऐसी सैकड़ों जातियाँ खोज निकाली जा सकती हैं जो समूह रूप में एक ही साथ ब्राह्मण-धर्म में शामिल हो गई थीं। यह एक प्रकार से सामूहिक धर्म-परिवर्तन ही होता था। एक बात अवश्य है कि शुद्ध कर्मकाण्डी ऊँची अजातियाँ इन्हें कभी अपने समकक्ष नहीं मान पाती थीं। मनुस्मृति में कहा गया है कि श्राद्ध में कितब, मांसविक्रयी, धनुष-बाण बनाने वाले ब्राह्मणों को नहीं बुलाया जाना चाहिए।[58] स्पष्ट है कि अनार्य जातियों से आर्य बनने वाली इन जातियों के लिए न कर्मकाण्डी ब्राह्मण ही अनुकूल बैठ सकते थे, न ब्राह्मण-विद्वेषी स्थविरवादी बौद्ध

ही। इनकी अवस्था बहुत कुछ वैसी ही दिखती है जैसी मुसलमान धर्म स्वीकार करने वाले जुलाहों की कबीर के जमाने में थी– ''ना हिन्दू ना मुसलमान।'' महायान का सारा आन्दोलन इन्हीं जातियों का और इनके प्रति सहानुभूति रखने वाले उदार भिक्षुओं का आन्दोलन था।

शंकराचार्य कुमारिलभट्ट और उदयन आदि वैदान्तिक और मीमांसक आचार्यों द्वारा बौद्धधर्म के उन्मूलन की समीक्षा करते हुए आचार्य हजारी प्रसाद द्विवेदी ने ठीक ही कहा है कि ऐतिहासिक दृष्टि से तो (इसे) असत्य सिद्ध किया जा सकता है – लोगों ने ऐसा करने की चेष्टा भी की है, पर इनका अन्तर्निहित अर्थ एकदम सत्य है। ये आचार्यगण दार्शनिक पंडित थे, इनकी प्रतिभा और विद्वत्ता अनुपम थी। इसलिए इनके द्वारा बौद्धधर्म के निर्वासन और निरसन का यही अर्थ हो सकता है कि बुद्धिजीवियों और उपरले स्तर के लोगों के मन पर से बौद्धधर्म के दार्शनिक युक्तिजाल के प्रति आस्था उठ गई थी। ये लोग वस्तुतः बौद्धतत्ववाद के कायल थे, भक्तिवाद के नहीं। पर साधारण जनता का तत्त्ववाद से कोई सम्बन्ध नहीं था। ऐसा हो सकता है कि जब राजा लोग बौद्ध तत्त्ववाद के कायल नहीं रहे, तब बड़े-बड़े बौद्धमठ, जो अधिकांश में राजकीय सहायता से चल रहे थे, उठ गए होंगे। पर उन्होंने निचले स्तर के आदमियों में जो प्रभाव छोड़ा था, उसमें केवल नाम रूप का परिवर्तन हुआ। ठीक उसी प्रकार शंकराचार्य के तत्त्ववाद की पृष्ठभूमि में बौद्ध तत्त्ववाद अपना रूप बदलकर रह गया।[59]

कहते हैं कि हर्ष के बाद उत्तर-भारत में, विशेषकर युक्त प्रान्त, विहार, बंगाल, आसाम और नेपाल में,[60] बहुत दिनों तक बौद्धधर्म को कोई राजकीय सहारा नहीं मिला। सहारा न मिलने के कारण या तो बौद्ध सन्यासियों को उन स्थानों पर चला जाना पड़ा जहाँ उन्हें संरक्षण मिल सकता था, या निचले स्तर के लोगों को अधिकाधिक आकृष्ट करना पड़ा। आठवीं-नवीं शताब्दी में बौद्ध महायान सम्प्रदाय लोकाकर्षण के रास्ते पर बड़ी तेजी से बढ़ने लगा। वह तन्त्र, मन्त्र, जादू, टोना, ध्यान-धारणा आदि से लोगों को आकृष्ट करता रहा।[61]

जो हो, आठवीं शताब्दी तक आते-आते बौद्धधर्म अपना मूल रूप और शक्ति खोता गया था। आठवीं शताब्दी का पालवंश बौद्धधर्म का अन्तिम अन्नदाता था। शंकर, कुमारिल और उदयन आदि वेदान्तिक तथा मीमांसक आचार्यों ने बुद्धिजीवी तथा उपरले स्तर के लोगों के मन में बौद्धधर्म के दार्शनिक युक्तिजाल को क्षीण करने का काम इसी समय में किया।

लेकिन ब्राह्मणधर्म के पुनरुत्थान का यह अर्थ नहीं है कि बौद्धधर्म एकदम मर ही गया। नई परिस्थितियों के अनुकूल उसमें परिवर्तन अवश्य आये, पर वह जीवित रहा। सिद्धों का दर्शन और धर्म तांत्रिक बौद्ध परम्परा के आगे का विकास है।[62] आठवीं शताब्दी से लेकर ग्यारहवीं शताब्दी तक भारतीय समाज में अनेक नई जातियों का समावेश हुआ, बहुत-सी जातियों के सामाजिक स्तर बदले, बहुत-सी प्राचीन जातियाँ आपस में घुली-मिलीं। ये सारे परिवर्तन मूलतः आर्थिक-सामाजिक कारणों से आये। जो जातियाँ आर्थिक-सामाजिक दृष्टि से हीन थीं, ब्राह्मणधर्म ने उन्हें कभी भी ऊँचा स्थान नहीं दिया। बहुत बार तो ऐसे भी प्रमाण मिलते हैं जबकि आर्थिक-राजनैतिक प्रभुत्वशाली नई जातियों को भी उक्त कालावधि में ब्राह्मणों ने तिरस्कृत और हेय समझा है। निश्चय ही ऐसी जातियों की हेयता का मुख्य कारण इनकी भिन्न आचार-परम्परा और आस्था-विश्वास ही हैं। मगध, विदेह आदि प्रदेशों के निवासी यद्यपि वैदिक संस्कृति एवं ब्राह्मण-धर्म के सम्पर्क में आने पर उनसे प्रभावित हुए, इसमें सन्देह नहीं। इनमें से बहुतों ने ब्राह्मण धर्म का विरोध किया तो बहुतों ने उसे अपनाया भी। यह सब कुछ शुद्ध बौद्धिक स्तर पर भी हुआ और व्यावहारिक स्तर भी। लेकिन इस समस्त विरोध-स्वीकार में एक बात निश्चित है कि बौद्धिक और व्यावहारिक दोनों रूपों में पूर्वी प्रदेशों में ब्राह्मणत्व को अस्वीकार करने वाले और ब्राह्मणत्व का दावा करने वाले, दोनों तरह के लोग ब्राह्मण श्रेष्ठता को समग्रतः स्वीकार नहीं कर सके। यह भी कहा जा सकता है कि स्वीकारना चाहकर भी स्वीकारने की परिस्थितियाँ नहीं पा सके। अतः वे जिन्होंने ब्राहाण धर्म स्वीकार कर लिया था, तथा वे जो उसे नहीं स्वीकार सके थे, न्यूनाधिक मात्रा में (कभी-कभी जाति व्यवस्था का, और बहुधा) ब्राह्मण श्रेष्ठता का विरोध करते रहे। साथ ही बौद्धिक स्तर पर उदारमना एवं तर्क-परायण सच्चे ब्राह्मणों में भी ब्राह्मण-श्रेष्ठता के प्रति अनास्था स्वभावतः उपज सकती है, जिसके कारण नीची समझी जाने वाली स्थानीय जातियों को पर्याप्त बल मिला हो और इस प्रकार वे जीवन-जगत् को देखने-समझने के लिए अन्य महत्त्वपूर्ण पद्धतियों का सूत्रपात और प्रचार कर सकीं।

सिद्धाचार्यों की जाति को लेकर विद्वानों ने काफ़ी ऊहापोह की है। 'पुरातत्त्व निबन्धावली' में राहुल जी ने तेर्गो मठ से प्रकाशित तिब्बत के 'सस्क्य' विहार के पाँच प्रधान गुरुओं (1091–1279) की ग्रंथावली के आधार पर औरासी सिद्धों की एक सूची दी है जिनमें इन सिद्धाचार्यों के स्थान के साथ ही उनकी जातियों का भी उल्लेख किया गया है। इस सूची में अधिकांश सिद्धाचार्यों को जन्मना शूद्र या क्षत्रिय बताया गया है।[63] इनमें से कुछ सिद्धों ने नीची जाति की स्त्रियों से विवाह करके

स्वयं उनकी आजीविका अपना ली थी। आदिसिद्ध[64] सरहपा का प्रारम्भिक नाम राहुलभद्र था। चूँकि उन्होंने शर बनाने वाली युवती को अपनी शक्ति, महामुद्रा या साधना-सहचरी बनाया था, अतः इनका नाम शरह या सरह पड़ गया था। डॉ. धर्मवीर भारती ने आचार्य क्षितिमोहन सेन की गवाही पर सिद्धों को रोटी (या रोजी) और बेटी के कारण श्रमजीवी जातियों के साथ सम्बद्ध माना है। उनका कहना है कि "इसके बहुत उल्लेख मिलते हैं कि ब्राह्मण तैलकार, व्याध आदि का पेशा अपना लेते थे। यह रीति बहुत दिनों से प्रचलित थी। ऐसे ब्राह्मणों को शुद्ध कर्मकाण्डी ब्राह्मण अच्छी दृष्टि से नहीं देखते थे और उन्हें अपना समकक्ष नहीं मानते थे।"[65] डॉ. भारती के इस निष्कर्ष से सहमत होना कठिन है कि ब्राह्मण नीची जातियों का पेशा अपना लेते थे। वस्तुतः ब्राह्मण तैलकार और व्याध का पेशा नहीं अपना लेते थे, बल्कि तैलकार आदि नीची समझी जाने वाली अब्राह्मण जातियाँ ब्राह्मणत्व को अपना लेती थीं। सिद्धाचार्य इसी तरह की जातियों से सम्बद्ध थे। ब्राह्मण हो जाने पर भी कर्मकाण्डी ब्राह्मण इन्हें अपने समकक्ष स्थान नहीं देते थे, अतः सिद्धाचार्यों की रचनाओं में ब्राह्मण-विरोध बहुत ही उग्र होकर अभिव्यक्त हुआ।

आचार्य क्षितिमोहन सेन ने बताया है कि उक्त कालावधि में जाति-व्यवस्था इतनी रूढ़ नहीं थी। बहुत-सी जातियों का पद उठता-गिरता रहता था। इन जातियों में बहुत-से कृषक भी थे।[66] मनुस्मृति में ऐसी अनेक जातियों का सन्धान मिलता है जो ब्राह्मण बनकर भी ब्राह्मणों का सम्मान या सुविधा नहीं पा सकी थीं। आचार्य ने अन्यत्र बताया है कि डोम, चमार जैसी जातियाँ भी अपने पूर्वजों के ब्राह्मण होने का दावा करती थीं।[67] बहुत-से ब्राह्मण ऐसे थे जो अपने को ब्राह्मण कहते थे, किन्तु अन्य ब्राह्मण उन्हें ब्राह्मण नहीं स्वीकारते थे।[68] ऐसे ब्राह्मणों को अकसर अनार्यों का ब्राह्मण कहा गया है। आचार्य सेन का कहना है कि ऐसे ही ब्राह्मण तांत्रिक तथा वेद-बाह्य समाधानों एवं अनुष्ठानों को संरक्षण प्रदान करते थे।[69] ब्राह्मणों की ही तरह अनेक जातियाँ ऐसी भी थीं जो अनेक कारणों से क्षत्रिय बन गयी थीं। रहे शूद्र, तो वे या तो ब्राह्मण धर्म को स्वीकार कर सकने की स्थिति में नहीं थे या फिर महत्त्वहीन होने के कारण ब्राह्मणधर्म को स्वीकारने ही न पाए। सिद्धों की एतत्सम्बन्धी तल्ख उक्तियाँ इन स्थितियों का संकेत देती हैं। वैसे तल्खी के हिसाब से देखा जाए तो ब्राह्मण श्रेष्ठता को अस्वीकार करते समय सिद्धों ने प्रायः तर्क का आश्रय लिया है, जबकि ब्राह्मणों द्वारा शूद्रों को ब्राह्मणत्व न देने के प्रसंग में वे कम तार्किक और अधिक तलख हैं। इस तरह सिद्धाचार्य चाहे ब्राह्मण रहे हों, क्षत्रिय रहे हों या शूद्र रहे हों, उनके नाम जातिसूचक हों या चर्यासूचक, वे निश्चित रूप से अवैदिक परम्परा

और आस्था-विश्वास वाले समाज की उपज थे।

सिद्धों की साधना को सहज-साधना और उनके मत को सहजयान कहा जाता है। तांत्रिक बौद्धधर्म से विकसित होने वाला बौद्ध सहजयान या सहजिया सम्प्रदाय, मूल बौद्धधर्म के हीनयान या महायान से बहुत ही कम मात्रा में सम्बद्ध है। विद्वानों ने पाया है कि यह सम्प्रदाय मूल बौद्धधर्म से नितान्त भिन्न रूप, प्रकृति एवं परम्परा का उद्‌गम वाला है। डॉ. शशिभूषण दास गुप्त ने इसे गुह्य साधना वाले योगि सम्प्रदाय का बौद्ध-प्रभावित रूप माना है।[70] भारतवर्ष में बहुत पुराने जमाने से तपप्रवण गुह्य योग साधना की लम्बी परम्परा रही है। पीछे हमने जिस श्रमण-परम्परा पर विचार किया है, उसमें इस योग-साधना का पर्याप्त प्रभाव स्पष्ट है। ईस्वी सन् की सातवीं शताब्दी से लेकर बारहवीं शताब्दी के बीच इस गुह्य योग-साधना को बड़ी ही व्यापक स्वीकृति मिली है और शैव, शाक्त, वैष्णव एवं बौद्ध दर्शनों से प्रतिच्छायित होकर इसने क्रमशः शैव तन्त्र, शाक्त तन्त्र, वैष्णव तन्त्र एवं बौद्ध तन्त्र को रूप दिया है। बौद्ध-सहजिया सम्प्रदाय, वैष्णव-सहजिया सम्प्रदाय, बंगाल का बाउल सम्प्रदाय, नाथ सम्प्रदाय, धर्म सम्प्रदाय आदि सातवीं से बारहवीं शती के बीच विकसित होने वाले विभिन्न धर्ममत इसी गुह्य साधना पर आधृत हैं। अपने प्रवर्तकों तथा अनुयायियों के दार्शनिक-धार्मिक दृष्टिकोण में भेद के कारण वे बाहर-बाहर से ईषत् भिन्न रूपों में अभिव्यक्त होने पर भी मूलतः एक ही जैसी विचार-परम्परा से निस्सृत हैं। आगे चलकर नाथ-परम्परा से विकसित होने वाले विभिन्न सन्त सम्प्रदाय भी मूलतः इसी गुह्ययोग-साधना से सम्बद्ध हैं। गुह्ययोग-साधना उनका जातीय दर्शन और ब्राह्मण तथा वेद का विरोध उनकी जातीय विशेषता है।

विक्रम सम्वत् की दसवीं शताब्दी में भारतवर्ष के महान् गुरु गोरखनाथ का आविर्भाव हुआ था।[71] भारतीय धर्म-साधना के इतिहास में यह काल काफ़ी उथल-पुथल का था। दसवीं शताब्दी में यद्यपि ब्राह्मणधर्म सम्पूर्ण रूप से अपना प्राधान्य स्थापित कर चुका था, तथापि बौद्धों, शाक्तों, शैवों का एक बहुत बड़ा समाज ऐसा था जो ब्राह्मण और वेद के प्राधान्य को नहीं मानता था। सहजयान और नागपन्थ के अधिकांश साधक नीची जातियों के इसी समाज में उत्पन्न हुए थे।

सन्त या उनकी विचार-परम्परा में पड़ने वाले नाथ, सिद्ध आदि ब्राह्मणेतर समाजों से सम्बद्ध रहे हैं। हिन्दुओं के मन में जैनों, बौद्धों आदि के प्रति कभी अच्छे भाव नहीं रहे। बौद्ध से निष्पन्न 'बुद्ध' और जैनों के 'नग्नाटक' सम्प्रदाय से निष्पन्न 'नंगा' शब्दों का अर्थापकर्ष इन सम्प्रदायों के प्रति ब्राह्मणधर्मी हिन्दुओं के विचारों-भावों का अच्छा परिचय देता है।[72] बौद्धिक-स्तर पर शंकर, कुमारिल और

उदयन द्वारा बौद्ध-धर्म के उन्मूलन के प्रयास भी उक्त दुर्भाव के अच्छे गवाह हैं।[73] 'मृच्छकटिक' नाटक के सातवें-आठवें अंक में बौद्धों के प्रति हिन्दुओं की घृणा और अनादर की वृत्ति का अच्छा उद्‍घाटन हुआ है। यह कोई नई बात नहीं है। भिन्न आचार-परम्परा में पड़ने वाले कमजोर व्यक्तियों या व्यक्ति-समूहों के प्रति इस प्रकार की घृणा और उन्हें तुच्छ, हीन तथा अस्पृश्य समझने की वृत्ति सार्वभौम है। भारतीय अछूतपन की रूप-कल्पना में इस तत्त्व का भी पर्याप्त हाथ रहा है।

भारतीय अछूत जातियों के अछूतपन के कारण हैं और ये सभी किसी-न-किसी रूप में सन्तों की पूर्ववर्ती स्थिति को स्वरूप देने में सहायक रहे हैं। उनकी हीन सामाजिक मर्यादा का इनसे घना सम्बन्ध है।

स्पष्ट है कि सन्त जिन जातियों में उत्पन्न हुए थे वे जातियाँ या उनकी पूर्ववर्ती परम्पराएँ अवैदिक मूल से सम्बद्ध थीं : सामंती समाज व्यवस्था के उदय से पूर्व तक वैदिक परम्परा वाले कुलीन वर्गों द्वारा वे भले ही अछूत या पराई समझी जाती रही हों, आर्थिक दृष्टि से वे काफी सुराक्षत थीं और राजा या गण की ओर से उन्हें यथेष्ट संरक्षण प्राप्त था। ईसा की चौथी शती में समाज के उपरले स्तर से उभरने वाले सामंतों ने पहली बार इन अवैदिक मूलवाली जातियों की जिजीविषा के मार्ग में अड़चनें डालनी शुरू कीं, किन्तु सातवीं शती से ब्राह्मणधर्म के पुनरुत्थान के साथ इनकी अधोगति बड़ी तेजी से शुरू हुई। इनमें से जो आर्थिक-राजनैतिक-दृष्टि से समर्थ थीं, वे वैदिक वर्णाश्रम-व्यवस्था में सम्मिलित-स्वीकृत होती गईं, पर ऐसों की संख्या काफी कम थी। अधिकांश अवैदिक जातियाँ क्रमशः आर्थिक-सामाजिक दृष्टि से हीन से हीनतर होती गईं। सिद्ध इन्हीं जातियों के प्रवक्ता थे और ब्राह्मणों से इस बात पर नाराज थे कि वे शूद्रों को ब्राह्मण जैसी ऊँची मर्यादा क्यों नहीं देते?[74] स्पष्ट है कि आठवीं-नवीं शती में सामंती अर्थ-व्यवस्था और समाज-व्यवस्था ने अवैदिक मूलवादी जातियों में वैदिक वर्णाश्रम-व्यवस्था के प्रति कुछ ऐसे अनुकूल भाव पैदा कर दिए थे कि वे उसे स्वीकार करने के लिए मनसा तत्पर होने लगी थीं – यह बात और है कि ब्राह्मणों ने इस तत्परता को स्वीकृति नहीं दी। क्यों नहीं दी, इसका कारण निश्चित रूप से अर्थ-व्यवस्था से सम्बद्ध है। स्पष्ट है कि धर्म की आड़ में विकसित होने वाली भारतीय सामंती समाज-व्यवस्था ने इन अवैदिक मूल की मेहनतकश जातियों की जिजीविषा को बहुत बुरी तरह कुचला-दबाया, परिणामतः वे वैदिक धर्म-कर्म के प्रति उग्र रूप से अनास्थाशील और वैरभावापन्न बनती गईं। मुसलमानों के प्रति आस्था, समूह के समूह रूप में मुसलमान धर्म स्वीकार लेने का उत्साह,

आक्रमणकारी मुसलमानों के साथ मिलकर की जाने वाली लूटपाट आदि इसी वैरभाव से गोचर उपलक्षण हैं।

इन सबका परिणाम अच्छा नहीं हुआ। प्रारम्भ में जो धर्म ठाकुर के अवतार दिखाई पड़ते थे, वे मुसलमान धार्मिक कट्टरता, विलासिता, आडम्बर आदि में हिन्दुओं से किसी भी तरह कम नहीं थे। सन्तों ने पुकार-पुकारकर कहा है, "अरे इन दोउन राह न पाई।" खैर, उन दोनों को कोई राह मिली हो या न मिली हो, अवैदिक मूल वाली जातियों को सचमुच कोई राह नहीं मिली। हिन्दू इन्हें पराया तो मानता आया ही था, अब मुसलमानों का मुखबिर, अतः अपना शत्रु मानने लग गया था। मुसलमानों ने रस चूसकर इन्हें गुठली की तरह कूड़े में सड़ने-गलने के लिए फेंक दिया था। हिन्दू और मुसलमानी दाँतों की खरोंच वाली गुठलियों के इसी समाज में सन्त पैदा हुए थे और चिन्तन-मनन के स्तर पर इन गुठलियों के प्रवक्ता थे। यही कारण है कि बाहर-बाहर से चाहे वे हिन्दू रहे हों, चाहे मुसलमान, पर सचमुच ये "न हिन्दू थे, न मुसलमान।" ये तो माया को नकारने वाले "साईं केरे जीव" थे जो सामंती वर्ण व्यवस्था के पंक से कमल की तरह ऊपर उठ गए थे।

यही सन्तमत की सामाजिक और सांस्कृतिक पीठिका है।

सन्दर्भ

1 संस्कृत-संगम, आचार्य क्षितिमोहन सेन, पृ. 41।

2 मनुस्मृति 3, 151-52।

3 मानस, उत्तर., दोहा 99 ख।

4 मैं कासी का बासी बामन नाम मेरा परबीना।
एक बार हरिनाम बिसारा पकरि जुलाहा कीना।।

5 देखिए रविदास रामायण : रैदास जी की बानी, भगवान रविदास की सत्यकथा।

6 आचार्य हजारी प्रसाद द्विवेदी, कबीर, 1955, प्रस्तावना, पृ. 9।

7 मृच्छकटिक (नाटक), प्रकरण 8।

8 नट, भेद, भिल्ल, रजक, चर्मकार, बुरूद, कैवर्त (कुल 7)।

9 चाण्डाल, श्वपाक, नट, भेद, भिल्ल, रजक, चर्मकार, विरत, दास, भट्ट, कौलिक, पुष्कर (कुल 12)।

10 जाति भी ओछी करम भी ओछा, ओछा कसब हमारा।
नीचे से प्रभु ऊँच कियो है, कह रैदास चमारा।–रैदास जी की बानी, पृ. 43।

11 उन्होंने स्वयं लिखा है–'मेरा जात कुटवाँ ढला ढोर ढोवंता नितहिं बनारसी आस पास"– गु. ग्र. सा., रागु मलार, पद 1, सन्त धन्ना का एक पद इसका समर्पन करता है। "जाके कुटुम्ब के ढेढ सब ढोर ढोवंत", वही, रागु आसा, पद 1।

12 भगवान रविदास की सत्यकथा, पृ. 9-10।

13 "धुनिग्रामे उत्पन्नो दादू योगेन्द्रो महामुनि" – रज्जब की सब्बांगी।

14 बंगाली बाउलों का वन्दना सम्बन्धी एक वाक्य है– "श्रीयुत दाऊद बन्दि दादू यार नाम"– दादू, आचार्य क्षितिमोहन सेन, पृ. 17 पर उद्धृत।

15 दादू के शिष्य जनगोपाल जी ने 'दादू की जन्म-लीला' नाम पुस्तक में लिखा है – 'दादू पिता प्रगट जाके, गरीबदास सुत उपज्या ताके।'

16 गरीबदास जी की वाणी के सम्पादक स्वामी मंगलदास इन्हें दादू का पौष्यपुत्र मानते हैं।

17 काउंसिल आदेश की परिगणित जातियों वाली सूची में उत्तर प्रदेश (भाग-4) की काँदू जाति को अछूत नहीं माना गया है, पर आजमगढ़ तथा उसके पास-पास सवर्ण हिन्दू जातियाँ काँदू का छुआ पानी नहीं पीतीं। पलटू साहब फ़ैजाबाद में पड़ने वाले आजमगढ़ की पश्चिमी सीमा पर स्थित नागपुर, जलालपुर गाँव में उत्पन्न माने जाते हैं।

18 पीपुल्स ऑफ, इण्डिया, रिजली, पृ. 31-32।

19 मध्यकालीन धर्म-साधना, 1956, पृ. 259-60।

20 वही, पृ. 264, इनकी जनसंख्या 56200 बताई गई है।

21 देखिए कबीर, आचार्य हजारी प्रसाद द्विवेदी, 1955, प्रस्तावना, पृ. 4।

22 पं. धर्मानन्द कोसम्बी, भगवान बुद्ध (हिन्दी) 1956, पृ. 23।

23 हिस्ट्री एण्ड कल्चर ऑफ़ इंडियन पीपुल्स, जिल्द 1, पृ. 261।

24 वही, पृ. 236।

25 ऐतरेय ब्राह्मण, 7,29,4।

26 सम प्रॉब्लम्स ऑफ़ इण्डियन लिटरेचर, पृ. 21-40।

27 'इन्द्र' व्यक्ति-विशेष का परिचायक न होकर पद-विशेष का परिचायक है। इन्द्र व्यक्ति नहीं स्थिति है, संज्ञा न होकर विशेषण है। इन (योद्धा) ÷ द्र (श्रेष्ठ)। टैवीलोनी भाषा में 'द्र' का अर्थ 'शिखर' या प्रमुख होता है। इस प्रकार इन्द्र का अर्थ है 'श्रेष्ठतम योद्धा'। राज्य और प्रभुत्व विस्तार के लिए किए जाने वाले सौ अश्वमेघ यज्ञ किसी योद्धा को इन्द्रत्व दिला सकते थे। सहज अनुमेय है कि अनार्य कबीलों से आर्य योद्धाओं को प्रायः जूझना पड़ता था और अनार्य दुर्विजेय थे।

28 ऋग्वेद 8, 96, 13-15 तथा 'भागवत्' आदि पुराणों की कई कथाएँ इसका समर्थन् करती हैं।

29 पं. धर्मानन्द कोसम्बी, भगवान् बुद्ध (हिन्दी), 1956, पृ. 27।

30 बृहत्कथा कोश, सं. डॉ उपाध्ये, पृ. 11।

31 ऋग्वेद, 8, 136, 1-7 तथा अन्य।

32 शैवमत, डॉ. यदुवंशी, 1955, पृ. 8।

33 वही, पृ. 7।

34 सिद्ध, नाथ और सन्त भी ठीक ऐसा मानते हैं।

35 महाभारत, शान्ति पर्व, 261-64।

36 इस प्रकार के अन्य प्रसंगों के लिए देखिए–महाभारत, 12, 265, में विचक्षण की अहिंसा सम्बन्धी शिक्षा। महाभारत 12, 275 में प्रतिपादित सिद्धांत 'अहिंसा एकलो

धर्म तस्मात् हिंसा न यज्ञिया।'

37 महाभारत में अहिंसा तथा अन्य श्रमण-नैतिकता से सम्बद्ध और भी कई प्रकरण हैं जो स्पष्टतः बौद्ध और जैन दर्शनों से सम्बद्ध हैं। इनके लिए देखिए–सम प्रॉब्लम्स ऑफ इण्डियन लिटरेचर, डा. विण्टरनित्ज, पृ. 34-38।

38 'शूद्रयोनानाहं जातो'–महाभारत, 5, 40, 5।

39 जातकों में विदुर (या बिदुर) ने अपने लिए कहा है – 'अद्दः हि जोनितो अहमपि जातः।'

40 ते सुरा आत्तवचसो हेऽलवो हेऽअलवः इति वदन्त परावभूतः। तत्रैतामपि वाचमूटुः। उपजिज्ञासां स म्लेच्छस्तस्मान्न ब्राह्मणो म्लेच्छेदसूर्य्या हैषा वागेब ....(शतपथब्राह्मण)।

41 महाभारत, शान्तिपर्व 1099 में अन्त्यजों के सैनिक होने का उल्लेख इस दृष्टि से महत्त्वपूर्ण है।

42 श्रीकृष्ण ने विदुर के घर खाया सही, पर पका हुआ अन्न नहीं, शाक–जो छूत से परे माना जाता है।

43 राम ने भी पका हुआ अन्न नहीं बेर खाया था जो छूतछात से परे था। और परिणामस्वरूप शबरों, निषादों तथा बन्दर, भालू आदि वन्य जातियों की एक दुर्विजेय वाहिनी संगठित करके शैव रावण को ध्वस्त कर दिया था। शबरी के इन बेरों का भी खूब प्रचार किया गया। शबरी के बेर, विदुर का और गाँधी की हरिजन बस्ती शाक राम, कृष्ण और गाँधी की महानता के साथ ही, सम्बद्ध शूद्र समाजों की शक्ति की भी मुखर व्याख्या करते हैं।

44 ऐतरेय ब्राह्मण, 6, 29, 4।

45 महाभारत, 12, 269-71।

46 वही, 14, 28, 6।

47 सम प्रॉब्लम्स ऑफ़ इण्डियन लिटरेचर, पृ. 32।

48 हि. क. ई. पी. जिल्द, 1, पृ. 249।

49 अधिकांश सन्त इन्हीं अन्त्यज जातियों से सम्बद्ध हैं जो अनेक कारणों से अपवित्र और अछूत मान ली गई थीं।

50 'आगम' की विस्तृत चर्चा के लिए देखिए–हिन्दी साहित्य कोश, भाग–1, संस्करण 2 में 'आगम' पर मेरी टिप्पणी।

51 नागों से सम्बद्ध विस्तृत ऐतिहासिक सूचना के लिए देखिए–अछूत कौन और कैसे, अम्बेडकर, 1949, पृ. 57-68।

52 ये वही कोलिय हैं जो बुद्ध के प्रतिवेशी (पड़ोसी और शत्रु) थे। देखिए – भगवान् बुद्ध, पं॰ धर्मानन्द कोसम्बी।

53 डॉ॰ कोसम्बी, इतिहास, पृ. 148, 123।

54 एक कबीला दूसरे कबीले में शादी-ब्याह कर सकता है पर जाति नहीं कर सकती।

55 उक्त जाति की स्थिति के विस्तृत विवरण के लिए देखिए – डॉ. कोसम्बी, हिस्ट्री, पृ. 140।

56 विस्तृत विवरण के लिए देखिए– डॉ॰ कोसम्बी, इतिहास, पृ. 141-43।

57 एंजेल्स।

58 आचार्य क्षितिजमोहन सेन, भारतवर्ष में जाति भेद, पृ. 41।

59 आचार्य हजारी प्रसाद द्विवेदी, हिन्दी-साहित्य की भूमिका, 1959, पृ. 13।

60 मनुस्मृति, अध्याय 3, 151-52, तथा आगे, चाणक्य नीति, अध्याय 11, 13-14।

61 हिन्दी साहित्य की भूमिका, 1959, पृ. 5।

62 वही, पृ. 3

63 हिन्दी साहित्य की भूमिका, पृ. 5।

64 सिद्धों, अतः सिद्ध साहित्य की काल-सीमा के सम्बन्ध में विद्वानों में पर्याप्त मतभेद हैं, फिर भी इनको मोटे रूप से 800 ई. से 1100 ई. के बीच माना जा सकता है। विस्तृत विवरण के लिए देखिए– 'सिद्ध-साहित्य', डॉ. धर्मवीर भारती, 1955, पृ. 35-45।

65 पुरातत्त्व निबन्धावली, पृ. 148 तथा आगे, अथवा 'सिद्ध साहित्य' 1955, पृ. 31-32।

66 'आदिसिद्ध' कौन था इस पर काफ़ी विवाद है। अधिक लोग सरह को 'आदिसिद्ध' मानने के पक्ष में हैं। विस्तृत विवरण के लिए देखिए– 'सिद्ध साहित्य', पृ. 45-48।

67 सिद्ध-साहित्य, 1955, पृ. 91-92।

68 भारतवर्ष में जाति-भेद, पृ. 41।

69 सस्कृति-संगम, पृ. 41।

70 मनुस्मृति, 3, 151-152।

71 संस्कृति-संगम, पृ. 43।

72 डॉ. प्रबोध चन्द्र बागची ने भारतीय रहस्यवादियों की जाति पर विचार करते हुए बताया है कि अधिकांश सिद्धों का नाम चर्या-नाम था और ये चर्याएँ केवल योग चर्याओं का संकेत करती थीं, अतः यह आवश्यक नहीं कि ये सिद्ध उन निम्न जातियों के हों, जिनका संकेत उनके नामों से मिलता है। देखिए–विश्वभारतीय क्वार्टर्ली, अगस्त-अक्टूबर, 1945, पृ. 45-48।

73 आब्स्क्योर रिलिजस कल्टस्, 1962, भूमिका, पृ. 33-34।

74 नाथ-सम्प्रदाय, 1950, पृ. 96।

75 देखिए– शब्दों में इतिहास, शीर्षक 'मेरे बोध-निबन्ध' में बुद्ध, नंगा तथा लुच्छा शब्दों का अर्थ, विकास और उनके कारण।

76 देखिए–'हिन्दी साहित्य की भूमिका', पृ. 5।

77 सरह आदि सिद्धों के पदों में इस बात के प्रभूत प्रमाण सहज लभ्य हैं।

भक्ति आन्दोलन में कबीर और उनके निर्गुण पंथ का स्थान

— लल्लन राय

उत्तर भारतीय भक्ति आन्दोलन के स्वरूप, उसकी स्थिति-परिस्थिति और उसके मूल चरित्र पर विचार करते हुए हमें कुछ बद्धमूल धारणाओं से मुक्त होना पड़ेगा। इसके लिए शास्त्र-निरपेक्ष अवतारवाद विरोधी निर्गुण पन्थ और शास्त्र सापेक्ष्य अवतारवादी सगुण पंथ के बीच उपस्थित मूलभूत अन्तर को रेखांकित करना होगा। रामानुजाचार्य (श्री संप्रदाय) का विशिष्टाद्वैतवाद और सेवक-सेव्य भाव पर आधारित भक्ति हो, चाहे वल्लभाचार्य का शुद्ध-द्वैतवाद और पुष्टिमार्गी भक्ति, निम्बार्क का द्वैताद्वैतवाद हो या चैतन्य देव की गौड़ी-वैष्णव भक्ति, चाहे मध्वाचार्य की द्वैताद्वैतवादी भक्ति, इनकी मूल चेतना को कबीर और उनके निर्गुण पंथ ने कहीं भी और कभी भी अपना आधार नहीं बनाया। यह सही है कि उत्तर भारत के बाहर के इन आचार्यों ने प्रस्थान त्रयी (गीता उपनिषद और ब्रह्मसूत्र) की अत्यन्त उदार व्याख्या द्वारा पूर्णाद्वैतवादी शांकर वेदान्त की कुछ कट्टरपंथी त्रुटियों का परिहार किया। गौतम शास्त्र की आड़ लेकर सामाजिक दृष्टि से उनकी वर्णाश्रमी जाति-पाँति पर आधारित कट्टरता और असमानता की भावना को भी उक्त धर्माचार्यों ने कुछ शिथिल करने का प्रयास किया--यह भी सही है।

वल्लभ सम्प्रदाय में दीक्षित अष्टछाप के आठ कवियों में कम-से-कम तीन-कृष्णदास, कुंभनदास और चतुर्भुजदास शूद्र जाति के थे। रसखान जैसे भावविभोर भक्त कवि मुसलमान थे, जिन्हें बल्लभाचार्य के पुत्र गोसाई विट्ठलनाथ ने अपना शिष्य बनाया था। रूज, सनातन और हरिदास जैसे मुसलमान भक्त कवि, महाप्रभु चैतन्य के प्रधान शिष्यों में गिने जाते हैं। रामानुज की शिष्य परम्परा में आने

वाले आचार्य रामानन्द के बारह शिष्यों में कबीर मुसलमान जुलाहा, रैदास हरिजन, धर्मदास अछूत, धन्ना जाट किसान और सेन नाई जाति के थे। लेकिन सभी वैष्णवाचार्यों से रामानन्द की स्थिति कुछ विशिष्ट थी। वे रामानुजाचार्य की शिष्य परम्परा के अपने गुरु राघवानन्द के उत्तराधिकार का परित्याग कर पुनः उत्तर भारत में आए थे। कबीर ने उनकी केवल रामनाम और जाति-पाँति की समानता की अतिशय क्रांतिकारी भावना को ग्रहण किया था। रामानुजाचार्य की भी अपनी सीमा थी, जो सामंती-सामाजिक संबंधों का पूरी तरह अतिक्रमण नहीं कर सकी थी। यद्यपि उन्होंने एक अछूत आलवार भक्त तिरुप्पन की 'तिरुवैमोली' रचना को वैष्णवों के वेद का दर्जा दिया, फिर भी सामाजिक व्यवहार के क्षेत्र में जाति-पाँति के भेद को चुनौती दे पाना उनके लिए संभव नहीं हुआ। कीर्तन-भजन में अछूतों की एकता स्वीकार करते हुए भी उन्होंने दक्षिणवाद के रूप में 'तेन कलाई' का निर्देश दिया। इसके अनुसार सभी लोग अपनी जाति के अनुसार अलग-अलग पंक्ति में बैठकर भोजन करते थे। रामानन्द ने इस तरह की मर्यादा को अस्वीकार किया और अपने गुरु राघवानन्द के अतिशय मर्यादावाद से असंतुष्ट होकर ही अपने उत्तराधिकार का परित्याग किया।

आचार्य क्षितिमोहन सेन के हवाले से आचार्य हजारी प्रसाद द्विवेदी ने रामानन्द के सम्बन्ध में लिखा है, "रामानन्द ने देखा कि भगवान के शरणागत होकर जो भक्ति के पथ में आ गया, उसके लिए वर्णाश्रम का बंधन व्यर्थ है, इसीलिए भगवद् भक्त को खान-पान की झंझट में नहीं पड़ना चाहिए। यदि ऋषियों के नाम पर गोत्र और परिवार बन जाते हैं, तो ऋषियों के भी पूजित परमेश्वर के नाम पर सबका परिचय क्यों नहीं दिया जा सकता। इस प्रकार सभी भाई-भाई हैं, सभी एक जाति के हैं। श्रेष्ठता भक्ति से होती है, जाति से नहीं।" (हिन्दी साहित्य, पृ. 75)। यहाँ यह ध्यान देने की बात है कि रामानन्द ने केवल भक्ति के क्षेत्र में जातीय समानता की बात की है। कबीर ने भक्ति के साथ ही सामाजिक क्षेत्र में भी जातीय समानता की माँग प्रस्तुत करते हुए ईश्वर के नाम पर सभी मनुष्यों की बराबरी का जोरदार दावा किया। इस दृष्टि से रामानन्द से भी उनका अन्तर स्पष्ट है।

तेरहवीं शती के आरम्भ में शंकराचार्य के अद्वैतवादी वेदान्त के विरोध में अपना द्वैतवादी दर्शन प्रस्तुत करते हुए गुजरात के मध्वाचार्य ने ब्रह्म जीव और जगत की अलग-अलग सत्ता स्वीकार कर अध्यात्म दर्शन के क्षेत्र में ही नहीं, वरन् सामाजिक क्षेत्र में भी एक क्रांतिकारी विचार प्रस्तुत किया। एक सामाजिक यथार्थदृष्टा की तरह उन्होंने जगत की द्वैतता को देखा-परखा और उसके निराकरण का समुचित प्रयास

किया। इस विचारधारा ने परम्परानिष्ठ पुराण पंथियों के समुदाय में खलबली मचा दी। 'मध्व-मुख-मर्दन' आदि जैसे अनेक ग्रन्थों द्वारा उनका जोरदार विरोध किया गया। उन्होंने शंकराचार्य द्वारा 'गौतमशास्त्र' की आड़ में वर्ण-व्यवस्था, जाति-प्रथा और अन्यान्य सामाजिक विकृतियों तथा असमानताओं के औचित्य-स्थापना का खुलकर विरोध किया। इस दृष्टि से वे रामानुजाचार्य, यहाँ तक कि रामानन्द से भी अधिक क्रांतिकारी थे। उन्होंने अपने शिष्यों को स्पष्ट निर्देश दिया कि वे जाति और सम्प्रदाय के भेद पर आधारित सामाजिक कुरीतियों को दूर करने का प्रयास करें। उनका स्पष्ट मत था कि ब्राह्मणों तथा उच्च जातियों की भाँति ही शूद्रों को भी वेदों के अध्ययन का अधिकार होना चाहिए और अछूतों को भी विष्णु-भक्ति से रोका नहीं जाना चाहिए। यह विचारधारा कबीर के अधिक निकट अवश्य थी, लेकिन अपने निहित अन्तर्विरोधों के कारण उन्हें किसी भी रूप में ग्राह्य नहीं हुई। वे अच्छी तरह जानते थे कि अक्षर ज्ञान से विरहित निम्नजातीय समुदाय न तो वेद-शास्त्र का अध्ययन ही कर सकता है और न ही उनके अध्ययन से उन्हें सामाजिक लाभ हो सकता है। क्योंकि ये ही वे आधार हैं जिनकी आड़ में उनकी शूद्रता का औचित्य सिद्ध किया जाता है।

यहाँ संक्षेप में उपर्युक्त पृष्ठभूमि इसलिए प्रस्तुत की गई है कि उत्तर भारत के सगुण भक्ति आन्दोलन के पुरस्कर्ता वैष्णव आचार्यों से सम्बद्ध एक वास्तविकता को रेखांकित किया जा सके। इन सभी ने केवल 'प्रस्थानत्रयी' को ही स्वीकार नहीं किया वरन् वेद, उपनिषद के रूप में शास्त्रसम्मत मान्यताओं का भी निषेध किया। सगुणोपासना के माध्यम से इन आचार्यों द्वारा अवतारवाद, कर्म-फल, पुनर्जन्म संबधी वेदान्तिक मान्यताओं को भी आगे चलकर सहारा मिला। यह सही है कि इन वैष्णवाचार्यों ने कर्मकाण्ड बहुल पुरोहितवादी ब्राह्मण वर्चस्व को अस्वीकार किया, लेकिन शास्त्रीय मतवादों से बाहर आकर नहीं। कबीर में कहीं भी इन आचार्यों का निर्णायक प्रभाव दिखायी नहीं देता। उनका चिन्तन इस चुनौतीपूर्ण घोषणा से आरम्भ होता है :

'मैं कहता आँखिन की देखी, तू कहता कागद की लेखी।'

वस्तुतः ब्राह्मणवाद का वैचारिक आधार अछूत निम्न जातियों की पहुँच से बहुत दूर, 'कागद की लेखी' के रूप में परम्परागत शास्त्रसम्मत मान्यताएँ और उनकी ओट में चलने वाले पुरोहिती कर्मकाण्ड ही थे, जिन पर कबीर ने गिन-गिनकर चोटें की हैं। वेद-पुराण पाठी पण्डित-पुरोहितों और कतेब-कुरानपाठी काज़ी-मौलवियों को हिकारत की नजर से देखने वाले कबीर ने धर्म-कर्म के क्षेत्र में शास्त्रों का पूर्ण

निषेध किया है। तथाकथित शास्त्रीय मान्यताओं की आड़ में जिस वर्णवादी मर्यादा को लोक-जीवन पर जबरन थोपा जा रहा था, उसकी कलई कबीरदास ने पूरी तरह उतार दी है।

जहाँ तक उत्तर भारतीय भक्ति-आन्दोलन के उद्भव के मूल स्रोतों और विकास-परम्परा का प्रश्न है, उस पर हमें नये सिरे से पुनर्विचार करने की जरूरत है। इस सम्बन्ध में अब तक प्रायः जार्ज ग्रियर्सन, आचार्य रामचन्द्र शुक्ल और आचार्य हजारी प्रसाद द्विवेदी द्वारा स्थापित मान्यताओं को झाड़-पोंछकर जो नयी मान्यताएँ स्थापित की जाती रही हैं, उनमें पर्याप्त संशोधन की आवश्यकता है। यहाँ उन मान्यताओं का ब्यौरा देना जरूरी नहीं है। उत्तर भारतीय भक्ति-आन्दोलन न तो ईसाई भाव-विह्वलता की देन था, जैसा कि ग्रियर्सन ने सिद्ध किया था, और न ही इस्लामी शासन और उसकी धार्मिक असहिष्णुता या अत्याचार का ही प्रतिफलन था। इस तथ्य को आचार्य द्विवदी ने पूरी तरह स्पष्ट कर दिया है। लेकिन कबीर-साहित्य के मर्मज्ञ और प्रकाण्ड विद्वान आचार्य द्विवेदी उत्तर भारतीय भक्ति के स्रोतगत अंतर को नजर-अंदाज कर गए हैं। इस सम्बन्ध में उन्होंने लिखा है, "स्पष्ट है कि आलवारों का भक्तिवाद जनसाधारण की वस्तु था, जो शास्त्र का सहारा पाकर सारे भारतवर्ष में फैल गया। भक्तों के अनुभूतिगम्य सहज सत्य को बाद के आचार्यों ने दर्शन का क्रमबद्ध और सुनिश्चित रूप दिया। यही बात उत्तर भारत के लिए भी सत्य है। यहाँ भी साधारण जनता के भीतर जो धर्म भावना वर्तमान थी उसने शास्त्र की अँगुली पकड़कर अपने शक्तिशाली रूप को प्रकट किया। इन प्रदेशों में पौराणिक धर्म का प्रचार पहले से ही था।" "भक्ति के लिए जो बात नितान्त आवश्यक है, वह है भगवान के ऐसे रूप की कल्पना जिसके साथ व्यक्तिगत सम्बन्ध स्थापित किया जा सके।" (हिन्दी-साहित्य, पृ. 63) इससे जाहिर है कि कबीर और उनके निर्गुण पंथ का उद्भव सम्बन्धी इस मान्यता से कोई सम्बन्ध नहीं है।

'भगवान के ऐसे रूप से' द्विवेदी जी का तात्पर्य उनके अवतारी रूप, विशेषतः एक और कृष्ण के अवतार से है। अतः यह मत उत्तर भारत के सगुणोपासक वैष्णव भक्त के उद्भव या विकास को रेखांकित करता है, जिसका सम्बन्ध 'प्रस्थानत्रयी' और उसके विशिष्ट भाष्यकर्ताओं—रामानुज, मध्व, निम्बार्क, बल्लभ आदि आचार्यों से जोड़ा जा सकता है। तत्कालीन सामाजिक-सांस्कृतिक परिस्थितियों से क्षुब्ध होकर कबीर ने लगभग इनके विरोध में अपने निर्गुण पंथ का प्रचार-प्रसार किया था। वल्लभाचार्य को छोड़कर उक्त तीनों आचार्य तेरहवीं शती के पूर्व के हैं, जो कबीर के पूर्ववर्ती थे। इनके अतिरिक्त रामानन्द को छोड़कर उत्तर भारतीय भक्ति-आन्दोलन के

जितने आचार्य और कवि हैं, सभी एक प्रकार के परवर्ती है। इससे स्पष्ट है कि एक आन्दोलन के रूप में उत्तर भारत में भक्ति-आन्दोलन की शुरुआत कबीर के माध्यम से हुई, जिसे 'प्रस्थानत्रयी' या उसके विशिष्ट भाष्यकर्ताओं से किसी भी रूप में जोड़कर नही देखा जा सकता। उसका वास्तविक स्रोत तत्कालीन वर्णाश्रमवादी, जाति-पाँति की सामाजिक व्यवस्था पर आधारित उत्तर भारतीय समाज था। यदि कबीर के निर्गुण पंथ को किसी परम्परा से जोड़ना ही है तो उसे सन्त ज्ञानेश्वर, नामदेव या फिर नाथों-सिद्धों की परम्परा से भी जोड़ा जा सकता है। यदि उसे पीछे ले जाना है, तो दक्षिण की आलवार भक्ति से भी जोड़ा जा सकता है। इस संदर्भ में भक्ति-आन्दोलन के उद्भव-विकास से सम्बद्ध यह उक्ति पर्याप्त सार्थक है–

भक्ती द्राविड़ ऊपजी लाए रामानन्द।
परगट किया कबीर ने सप्तदीप नौ खण्ड।।

संस्कृत की एक पुरानी उक्ति ('उत्पन्ना द्राविडै') पर आधारित होने के बावजूद यह उक्ति भारतीय भक्ति-आन्दोलन के उद्भव के एक महत्त्वपूर्ण तथ्य को रेखांकित करती है। इससे यह भी सिद्ध होता है कि दक्षिण की आलवार भक्ति (यद्यपि उसमें सगुणोपासना मुख्य थी) की विरासत के वास्तविक उत्तराधिकारी कबीरादि निर्गुण सन्त ही हैं, न कि अवतारवादी-वैष्णव आचार्य एवं भक्तगण। यहाँ मैं इस तथ्य को विशेष रूप से रेखांकित करना चाहूँगा कि एक विशेष युग के जिन समाजार्थिक दबावों के तहत और सामंती शोषण की परिस्थितियों में दक्षिण भारत में पाँचवीं-छठी शती में आलवार भक्ति का उदय हुआ था, तेरहवीं-चौदहवीं शती में उत्तर भारत के निर्गुण भक्ति आन्दोलन की परिस्थितियाँ इस्लाम के आगमन के बावजूद उससे बहुत भिन्न नहीं थीं। इस काल में हिन्दू सामंती शोषण के साथ मुस्लिम सामंती शोषण भी जुड़ गगा था। बावजूद इसके आलवार भक्ति के उदय के मूलभूत कारण ही उत्तर भारतीय निर्गुण पंथ के भी उदय के कारण बने थे। आलवार भक्ति के मूल चरित्र को उद्घाटित करते हुए मुक्तिबोध ने लिखा है : "भक्ति-आन्दोलन दक्षिण भारत से आया। समाज की धर्मशास्त्रवादी, वेद-उपनिषद्वादी शक्तियों ने उसे प्रस्तुत नहीं किया, वरन् आलवार सन्तों ने और उनके प्रभाव में रहने वाले जन-साधारण ने उसका प्रसार किया।" (रचनावली 5, पृ. 293) यही बात कबीर निर्गुण पंथ के विषय में भी कही जा सकती है। वैसे यह सही है कि तेरहवीं-चौदहवीं शती में समूचे भारत में भक्ति-आन्दोलन का लगभग एक साथ आरम्भ हुआ और वह लोक-चेतना के दबाव के तहत हुआ। लेकिन निर्गुण पंथ के रूप में उत्तर भारत के भक्ति-आन्दोलन का एक विशिष्ट चरित्र

भी था, जो सगुण भक्ति से उसे भिन्न करता है। यह विशिष्ट धर्मशास्त्रवादी वेद-उपनिषद्वादी शक्तियों के विरोध के साथ ही बहुसंख्यक निम्न जातीय समुदायों की उद्धार भावना से अपेक्षाकृत अधिक ओत-प्रोत था। इसमें सम्पन्न उच्च जातीय संस्कारशील वर्गों के प्रति आक्रोश भी अधिक था। तथ्य उसे विभिन्न सम्प्रदायों में विभक्त सगुण पंथ से अलग करते हैं।

उपर्युक्त विवेचन-विश्लेषण के माध्यम से मेरा उद्देश्य केवल यह दिखाना है कि उत्तर भारतीय भक्ति-आन्दोलन यदि सही अर्थों में एक सामाजिक-सांस्कृतिक आन्दोलन था, तो उसमें कबीर और उनका निर्गुण पंथ एक विरोधी शक्ति या विपक्ष के रूप में खड़ा हुआ था, जिसने हिन्दू-मुस्लिम सामंती शोषण और उसकी सामाजिक-धार्मिक कट्टरता के प्रति विद्रोह किया था। निर्गुण सन्तों के साथ ही इसमें सूफी सन्त भी सम्मिलित थे। कालक्रम से बाद में उठने वाला सगुण आन्दोलन अपनी सम्पूर्ण उदारता और सदाशयता के बावजूद कालान्तर में एक प्रतिरोधक शक्ति ही बना। उत्तर भारतीय भक्ति-आन्दोलन में निर्गुण और सगुण के बीच विरोध और प्रतिरोध की स्थिति तत्कालीन सामाजिक-सांस्कृतिक अन्तर्विरोधों की एक नयी अभिव्यक्ति के रूप में हमारे सामने आती है जो इस क्षेत्र की निजी विशेषता है। अन्यथा भक्ति-आन्दोलन के पूरे इतिहास में निर्गुण और सगुण उपासना के मध्य इस प्रकार का विरोध-भाव नहीं रहा है। दक्षिण के आलवार भक्तों से लेकर महाराष्ट्र में सन्त ज्ञानेश्वर, नामदेव या गौड़ी वैष्णव भक्ति के पुरस्कर्ता चण्डीदास-चैतन्य तक में निर्गुणोपासना का विरोध नहीं दिखाई देता। ज्ञानेशवर, नामदेव और रामानन्द में सगुण के साथ ही निर्गुणोपासना का भी पूरा अवकाश दिखायी देता है। लेकिन उत्तर भारतीय कृष्ण भक्ति में भ्रमर गीतों के माध्यम से निर्गुणोपासना के विरुद्ध एक जोरदार अभियान चला। ग्रामीण किसान-चरवाहा संस्कृति की निकटता के बावजूद कृष्ण भक्ति में पौराणिक कथाओं की बहुलता ने उसे आसानी से कर्मकाण्डी पुरोहितों के हाथों का खिलौना बनने दिया। इससे एक तरफ अवतारवाद की प्रतिष्ठा को बल मिला तो दूसरी तरफ कर्मफल, भाग्यवाद, पुनर्जन्म की शंकराचार्य सम्मत वेदान्तिक मान्यता के लिए ठोस आधार प्रस्तुत हुआ। सामंती मूल्य व्यवस्था के दृढ़ीकरण में जो कोर-कसर रह गयी थी, उसे अपनी राम भक्ति के माध्यम से वर्णाश्रम धर्म की पुनर्प्रतिष्ठा द्वारा गोस्वामी तुलसीदास ने पूरा किया।

इस प्रकार उत्तर भारतीय आन्दोलन, भारत के अन्य क्षेत्रों की भाँति एक सीधा-सपाट आन्दोलन न होकर तत्कालीन दो विरोधी सामाजिक-सांस्कृतिक शक्तियों की टकराहट भी सिद्ध होता है। अतः निर्गुण और सगुण के बीच दो

उपासना-पद्धतियों के बीच का अन्तर ही नहीं, वरन् दो विरोधी वर्ग समुदायों, दो विरोधी वर्ग हितों और दो विपरीत आशाओं-आकांक्षाओं का कठोर संघर्ष भी था। अधिक स्पष्ट शब्दों में कहा जाए तो भक्तिकाल में निर्गुण मत के विरुद्ध सगुण का संदर्भ शोषित-उत्पीड़ित और उपेक्षित निम्न जातीय बहुसंख्यक वर्ग समुदायों के विरुद्ध सम्पत्तिशाली, उच्चवंशीय, संस्कारशील अल्पसंख्यक वर्ग का संघर्ष भी था। इसमें प्रथम के सर्वश्रेष्ठ प्रतिनिधि कबीरदास और दूसरे के प्रखरतम प्रतिनिधि गोस्वामी तुलसीदास माने जा सकते हैं।

यहाँ मैं यह नहीं स्थापित कर रहा हूँ कि सगुण भक्ति में सामंत विरोधी तत्त्व थे ही नहीं। कृष्णभक्ति और रामभक्ति में पुरोहिती कर्मकाण्ड का विरोध मिलता है। तुलसीदास में सामंतवाद विगलित मूल्य व्यवस्था के प्रति सच्चा आक्रोश भी व्यक्त हुआ। लेकिन उनकी दृष्ट उनके जीर्णोद्धार या पुनरुत्थान पर ही अधिक रही है। तत्कालीन सामंती व्यवस्था की विकृतियों के कटु आलोचक होते हुए भी उन्होंने उसके सर्वाधिक ठोस स्तम्भ वर्णाश्रम की रक्षा में एड़ी-चोटी का पसीना कर दिया है। तुलसीदास द्वारा स्थापित सकारात्मक मूल्यादर्शों के प्रति पूरी तरह नतमस्तक होते हुए भी मैं इस तत्य को रेखांकित करना चाहूँगा कि यह एक ऐसा चोर दरवाजा बना जिसमें आसानी से प्रवेश कर प्रतिक्रियावादी पुराणपंथी शक्तियाँ उनकी तमाम सारी उपलब्धियों को मटियामेट कर सकती हैं और आज कर रही हैं। अवतारवाद, पुनर्जन्म, कर्म-फल, भाग्यवाद आदि की पुनर्प्रतिष्ठा में गोस्वामी जी ने जिस तन्मयता और तत्परता का परिचय दिया है, वह पूरे भक्ति-आन्दोलन के लिए बेमिसाल है।

इसके विपरीत कबीरदास ने तमाम कृष्णभक्तों और रामभक्त तुलसीदास के बहुत पहले हिन्दू समाज में कृष्ण को विष्णु का अवतार मानकर उसकी उपासना करने वाली प्रवृत्ति का जोरदार खण्डन किया था। मन्दिर-मस्जिद, मूर्ति-पूजा, तीर्थ स्थान, विभिन्न पर्व-त्योहार आदि धर्म के अन्यान्य आडम्बरों के केन्द्र बने हुए थे। संख्या, गायत्री, व्रत, तीर्थ स्थान, छापा-तिलक, पूजा-अर्चना के कर्मकाण्डी विधान का समाज में पूरा जोर था। संस्कार के रूप में जन्म से मृत्यु तक और उसके बाद श्राद्ध के रूप में अनेक विधान समाज में मौजूद थे। इनका सूत्र ब्राह्मण समुदाय के पण्डे-पुरोहितों के हाथ में था। धार्मिक क्षेत्र की यह कर्मकाण्ड बहुलता सामाजिक क्षेत्र में वर्ण-व्यवस्था, जन्य जाति-पाँति, ऊँच-नीच, छुआछूत की भावना को बढ़ावा दे रही थी। कबीरदास ने अपने युग की इन तमाम सारी धार्मिक-सामाजिक विकृतियों पर खुलकर प्रहार किया। ब्रह्म या विष्णु के अवतार के रूप में दाशरथि राम हिन्दू समाज

की सम्पूर्ण आचारनिष्ठा और सामाजिक-धार्मिक मान-मर्यादा के जीवंत प्रतीक बन चुके थे। रामानन्द से रामनाम मन्त्र ग्रहण करने के बावजूद कबीरदास ऐसे पहले भक्त हैं, जिन्होंने दशरथ-सुत राम की भगवत्ता पर प्रश्नवाचक चिह्न लगाया। इसके साथ ही नन्द-सुत कृष्ण और सभी अवतारों की मान्यता का अनेक युक्तियों से खण्डन कर ब्रह्म की निर्गुण निराकार सत्ता का प्रतिपादन कर उनके साथ अनेकानेक मानवीय सम्बन्धों की स्थापना की। शास्त्रसम्मत ब्राह्मण श्रेष्ठता, वर्णाश्रमधर्मी लोक मर्यादा के आधारस्तम्भ अवतारवाद की मान्यता को खण्डित करना कबीर के लिए आवश्यक प्रतीत हुआ। भारत में इस्लाम के प्रवेश की आरम्भिक आवस्था में ही कबीर ने मूर्तिपूजा, मन्दिर, मस्जिद, जप-जाप, रोजा-नमाज आदि के सामाजिक-अधार्मिक आशय-अभिप्रायों को अच्छी तरह समझ लिया था। भारतीय जाति-व्यवस्था की विकृतियों और हिन्दू-मुस्लिम साम्प्रदायिक विद्वेष के गम्भीर परिणामों पर उनकी दृष्टि एक साथ गयी। अतः राम-रहीम की एकता के साथ ही उन्होंने ईश्वर के नाम पर सभी मनुष्यों की एकता और समानता का जोरदार अभियान चलाया। हिन्दू-मुस्लिम साधारण जनता पर उनकी वाणी का प्रभाव पड़ा। उत्पीड़ित निम्न जातियों में आत्म-गौरव और आत्म-विश्वास की भावना का उदय हुआ। उनके अपने बीच से अनेक सन्त-महात्मा और कवि-कलाकार सामने आए। उन्हें धर्मनिष्ठ संस्कृति-कर्मी के रूप में पूरे समाज को मान्यता देनी पड़ी। उत्तर भारतीय सामाजिक जीवन में एक नये विचारवाद को प्रोत्साहन मिला। इसकी घोर प्रतिक्रिया भी स्वाभाविक रूप से सामने आयी।

कबीर के इस विचारवाद की आरम्भिक प्रक्रिया में निर्गुण-निराकार का विरोध कृष्ण भक्ति में भ्रमर गीतों के माध्यम से हुआ। बावजूद इसके कृष्ण-भक्ति में वर्तमान निम्न जातीय तत्त्वों के दबाव के कारण कबीर की जाति-पाँति सम्बन्धी मान्यताओं का खण्डन नहीं मिलता। यह कार्य तुलसीदास के माध्यम से सम्पन्न हुआ। कबीर और तुलसी के बीच समय का बहुत बड़ा अन्तर था। कबीर की मृत्यु के 15-20 वर्षों के बाद जन्मे तुलसीदास ने अपने आसपास के वातावरण में गूँजने वाली कबीर की चुनौतियों को गंभीरता से महसूस किया था। अपनी अनेक युक्तियों से उन्हें निरस्त करने का तुलसीदास ने सफल प्रयास किया। अपने 'रामचरित मानस' में शिव-पार्वती का काक भुषण्डि-गरुड़, याज्ञवल्क्य-भारद्वाज के सम्वाद और अन्यान्य कथा प्रसंगों की योजना द्वारा उन्होंने जहाँ एक ओर दशरथ-सुत राम की भगवत्ता की प्रतिष्ठा की, वहीं दूसरी ओर श्रुतिसम्मत बताकर वर्णाश्रमधर्मी सामाजिकता के पौराणिक आदर्शों को लोक-मर्यादा का रूप दिया। इस प्रक्रिया में

उन्होंने अवतारवाद के साथ ही पुनर्जन्म, कर्म-फल, भाग्यवाद की लोक-विरोधी मान्यताओं को लोक-जीवन में पुनः आरोपित किया। ये वे मान्यताएँ हैं जो वर्ण-व्यवस्था और उससे उत्पन्न जातिवाद को ईश्वरकृत मानकर दृढ़ आधार प्रदान करती हैं।

यहाँ मेरा उद्देश्य सगुण-निर्गुण की तुलना में कबीर निर्गुण पंथ की व्यापक समाज-निष्ठता को रेखांकित मात्र करना नहीं है। आज की परिस्थितियों में उत्तर भारत भक्ति-आन्दोलन की समस्त उपलब्धियों की एक मूल्यवान सांस्कृतिक विरासत के रूप में रक्षा का प्रश्न अधिक महत्त्वपूर्ण हो गया है। भक्ति-आन्दोलन एक देशव्यापी आन्दोलन था। इसने समूचे देश को सांस्कृतिक सूत्र में आबद्ध किया। इस प्रक्रिया में दक्षिण के वैष्णव आचार्य 'प्रस्थानत्रयी' की नयी और उदार व्याख्या के माध्यम से राम और कृष्ण के साथ उत्तर की यात्रा करते हैं। चैतन्य देव के शिष्यों के माध्यम से बंगाल वृन्दावन से जुड़ता है। नाथद्वार, द्वारिका, कन्याकुमारी के साथ ही अयोध्या, मथुरा, वृन्दावन जैसे नये सांस्कृतिक केन्द्र स्थापित होते हैं। कबीर की जन्मभूमि और तुलसी की कर्मभूमि प्रसिद्ध शैव नगरी काशी वैष्णवों का सबसे बड़ा तीर्थ बनती है। इन सांस्कृतिक केन्द्रों को आज राष्ट्रीय एकता और अखण्डता का केन्द्र कैसे बनाया जाए— यह हमारे लिए अहम मुद्दा बन गया है। वे शक्तियाँ आज पुनः सिर उठा रही हैं, जो धर्म और संस्कृति के नाम पर, जाति और सम्प्रदाय के नाम पर देश और समाज की एकता को खण्डित कर अपना हित राधती रही हैं। बाबरी मस्जिद और राम जन्मभूमि के विवाद के माध्यम से अयोध्या इनका पहला निशाना बना है। 'अब काशी और मथुरा की बारी' का निर्लज्जतापूर्ण उद्घोष किया जा चुका है। इसके लिए साधारण जनता के सैकड़ों वर्षों के कठोर संघर्ष के परिणाम-स्वरूप उपलब्ध मूल्यवान दस्तावेज, भारतीय संविधान तक को चुनौती दी जा रही है। इसकी रक्षा का समुचित मार्ग भी भक्ति-आन्दोलन की विरासत में खोजा जा सकता है।

भक्ति-आन्दोलन से लेकर राष्ट्रीय मुक्ति-आन्दोलन की एक लम्बी संघर्षपूर्ण परम्परा हमारे सामने है। सगुण साधकों की उदार उच्चाशयता और निर्गुण साधकों की क्रांतिकारी विरासत ने जिस सांस्कृतिक एकता के सूत्र में पूरे देश को पिरोया था, उसे राष्ट्रीय मुक्ति-आन्दोलन ने व्यावहारिक स्तर पर ठोस रूप दिया था। उत्तर-दक्षिण, पूरब-पश्चिम की सम्पूर्ण हिन्दू, मुस्लिम, बौद्ध, सिक्ख जनता को एक मंच पर लाकर राष्ट्रीय मुक्ति-आन्दोलन ने पहली बार भारत को राजनीतिक दृष्टि से एक अखण्ड राष्ट्र के रूप में प्रतिष्ठित किया। निर्गुण सन्तों के धार्मिक-सामाजिक संघर्ष में उठाये गए बहुत से महत्वपूर्ण मुद्दों को स्वाधीन भारत के संघीय संविधान

में पहली बार कानून का दर्जा मिला, उनमें से अधिकांश को मौलिक अधिकारों के रूप में प्रतिष्ठित किया गया। भारतीय वर्ण-व्यवस्था और जाति-प्रथा की विकृतियों के कट्टर विरोधी डा. अम्बेडकर की रहनुमाई में निर्मित इस संविधान के धर्म-निरपेक्ष स्वरूप की रक्षा के प्रश्न के साथ गहराई से जुड़ गया है। धर्म और सम्प्रदाय के नाम पर साधारण जनता को गुमराह कर उसे फिर से अपने शोषण का शिकार बनाने वाली जन-विरोधी शक्तियों की गहरी साजिश आज राजनीति का जामा धारण कर मैदान में उतरी है। वे न केवल हमारी मूल्यवान सांस्कृतिक विरासत को तहस-नहस करने, वरन् एक लम्बे और संघर्ष से परिपूर्ण राष्ट्रीय मुक्ति-आन्दोलन द्वारा अर्जित जन-तांत्रिक मूल्यों की हत्या करने पर तुली हुई हैं। इस क्रम में वे कबीर से लेकर तुलसी तक, राममोहन से लेकर केशवचन्द्र सेन तक, भारतेन्दु-रवीन्द्रनाथ से लेकर प्रेमचन्द तक की समस्त उपलब्धियों पर पानी फेर सकती हैं। ऐसी स्थिति में कबीर और उनके निर्गुण पंथ के सन्देश हमारे लिए पहले की अपेक्षा और अधिक प्रासंगिक बन गए हैं। जाति-पाँति पर आधारित वर्णाश्रम-व्यवस्था के निषेध, हिन्दू-मुस्लिम विद्वेष के विरुद्ध जो समाजव्यापी संघर्ष कबीर ने छेड़ा था, उसे आज नयी शक्ति के साथ संवैधानिक ढाँचे की रक्षा करते हुए फिर से छेड़ने की जरूरत है। इसके लिए सामाजिक-सांस्कृतिक संघर्ष में भी साधारण जनता को विश्वास में लिये बिना सफलता नहीं मिल सकती।

सन्त काव्य में सामंत-विरोधी चेतना

– कृष्ण कुमार सिंह

मध्यकाल की सामाजिक संरचना सामंती ढाँचे पर आधारित थी। सामंत वर्ग प्रभु वर्ग था। डॉ. सतीश चन्द्र के अनुसार, मध्यकाल के सामंत वर्ग के लक्षण कुछ इस प्रकार थे—उच्च कुल में जन्म, भूमि से वंशानुगत सम्बन्ध, राजकीय सेवा में उच्च पद, खास तरह की आचार-संहिता, खास जीवन शैली, वीरता, परम्परागत विद्या की पृष्ठभूमि आदि। (इण्डियन सोसाइटी : हिस्टॉरिकल प्रोबिंग्स, पृ. 248-29) एक ओर उपर्युक्त लक्षणों से युक्त शोषक सामंत वर्ग था तो दूसरी ओर इन लक्षणों से रहित शोषित, पीड़ित जनता का विशाल समुदाय। दोनों की आर्थिक-सामाजिक स्थितियों में जमीन-आसमान का अन्तर था। शासक सामंत वर्ग तथा उनके विभिन्न स्तरों के शोषण का शिकार था निम्न वर्ग। मेहनतकश लोगों का यह वर्ग समाज का मुख्य उत्पादक वर्ग था। किसान, दस्तकार, मजदूर आदि इसके विभिन्न स्तर थे।

सन्त काव्य शोषणमूलक सामंती व्यवस्था से विद्रोह का काव्य है। शोषित वर्ग से आये कवियों को अपने वर्ग के शोषण-उत्पीड़न का गहरा ज्ञान ही नहीं, उसका अनुभव भी है। उनकी वर्ग-चेतना एकदम साफ है। उन्होंने उस वर्ग से अपना गहरा तादात्म्य स्थापित किया था जो सामंती शोषण के व्यूह में बुरी तरह फँसा था, छटपटा रहा था। सन्त कवियों ने अपने समाज में व्याप्त वेदना को वाणी दी। उनकी विद्रोह चेतना का ताना-बाना तत्कालीन परिस्थितियों में निर्मित हुआ था, स्वभावतः मध्यकालीन भारतीय समाज की ऐतिहासिक शक्तियों के विश्लेषण के बिना सन्त काव्य के अन्तःकरण का उद्घाटन नहीं किया जा सकता है।

सन्त कवियों को मध्यकालीन समाज के वर्गों की गहरी समझ है। उनकी रचनाओं से गुजरते हुए बार-बार हमारा ध्यान इस ओर जाता है। सन्त कवियों के

अगुवा कबीरदास के अनुसार यह ऐसी व्यवस्था है जहाँ—

एकनि दीना पाट पाटंबर, एकनि सेज निबारा।
एकनि दीना गरे गूदरी, एकनि सेज पयारा।।

एक रेशमी वस्त्र धारण करने वाला और गद्देदार पलंग पर सोने वाला है तो दूसरा गुदड़ी लपेटने वाला और पुआल पर सोने वाला। यह 'कंट्रास्ट' है। इतिहासकार मोरलैंड के अनुसार, मध्यकाल में रेशम 'विलास की वस्तु' माना जाता था। (इण्डिया ऐट द डेथ ऑफ अकबर, पृ॰ 259)। पलँग भी सामंत वर्ग के पास होता था। ठीक इसके विपरीत जनता के पास आवश्यक कपड़े, नहीं होते थे। लंगोटा, लुंगी आदि से लोगों को सन्तोष करना पड़ता था। यहाँ तक कि स्त्रियों के पास अपने शरीर को ढाँकने के लिए साड़ी के अलावा और कोई कपड़ा नहीं होता था। एक ही साईं के इन जीवों की स्थितियों में इतना वैषम्य क्यों ? कबीर के मन को यह सवाल बराबर मथता है। ऐसा क्यों है कि—

इक हूँहि दीन देहि दान, इक करें कलापी सुरा पान?

कवि को सुरापान करने वालों के वर्ग चरित्र की अच्छी तरह पहचान है। सन्त सूरदास भी इन्हें पहचानने में कोई गलती नहीं करते—

मैं सुखिया सुख सेज सुखापन, है गय भूमि रजधानी।
हो दुखिया दिन रैन भरौ दुख मोहि विपत्ति परी, नहीं घानी।।

सोने के लिए आरादायक सेज, बैठने के लिए सुखासन, हाथी, घोड़े, भू-सम्पत्ति और प्रासाद, एक ओर इन सबसे विभूषित सामंत वर्ग तो दूसरी ओर दिन-रात दुखी रहने वाला, विपत्तिग्रस्त व्यक्ति, जिसके घर पर छप्पर तक नहीं है। यह गहरा वैषम्य कवि की चिन्ता का मुख्य विषय है। सन्त कवि मध्यकालीन समाज के कटु यथार्थ को देखकर चुप नहीं बैठते, बल्कि उसके कारणों की पड़ताल करते हैं।

सन्त काव्य में भूख की चर्चा बहुत हुई है। यह कोई आकस्मिक बात नहीं है। यह मध्यकालीन समाज का यथार्थ है। जहाँ लोग भयंकर गरीबी से त्रस्त हों, दिन-रात पसीना बहाकर भी जहाँ वे दो जून का भोजन न पाते हों और भूख से मरने को विवश हों, वहां के जागरूक कवियों की रचनाओं में यदि भूख की चर्चा न हो, उसकी अनुगूँज न सुनाई पड़े तो यह एक अस्वाभाविक और आश्चर्यजनक बात होगी। सन्त काव्य के सन्दर्भ में इस आश्चर्य की कोई गुंजाइश नहीं। कबीरदास

कहते हैं—

भूखा-भूखा क्या करे, कहा सुनावे लोग।

भूख में व्याकुल व्यक्ति को सम्बोधित इस पंक्ति में 'कहा सुनावे लोग' अत्यन्त व्यंजक प्रयोग है। कहीं से मदद की कोई आशा नहीं, इसलिए कवि लोगों को अपनी व्यथा सुनाने से मना करता है। सन्त रैदास कहते हैं—

साधौ का सास्त्रन मुनि कीनौ।
अन पावनी भगति नहीं आधी, भूखै अन्न न दीनौ।।

भक्ति की भी सार्थकता तभी है जब भूखे व्यक्ति की मदद की जाये। जो भक्ति जनसाधारण से, लोक से कटी हो, उसकी समस्याओं, उसकी तकलीफों, उसकी भूख से कटी हो, कवि उसे नकारता है। भक्ति की यह कसौटी कितनी क्रान्तिकारी है। पलटू साहब उसी व्यक्ति को सन्त मानते हैं जो भूखों को भोजन दे—

पलटू रहे गरीब होय, भूखे को दे खाय।
सन्तन के सिर ताज है, सोई सन्त हवै जाय।।

वस्तुतः यह सन्त कवियों की भक्ति का सामाजिक आधार है जिसे उनके काव्य की चर्चा के प्रसंग में रेखांकित किया जाना चाहिए।
सन्तों की भक्ति का मूल मन्त्र है—

जाति-पाति पूछे नहिं कोई, हरि को भजै सो हरि का होई।।

उन्होंने जाति-प्रथा पर जोरदार हमला किया। जाति प्रथा के विरोध को सामंती व्यवस्था के एक अंग के विरोध के रूप में देखा जाना चाहिए। जाति-प्रथा का सामंती समाज-व्यवस्था से अभिन्न सम्बन्ध है। अपने आरम्भिक काल में पेशे पर आधारित यह प्रथा आगे चलकर जन्म पर आधारित होकर रूढ़ हो गई और इस प्रकार सामाजिक विकास की बाधक बन गयी। शोषण की इस पद्धति को तर्क-संगत बनाने के प्रयास किये जाते रहे। शोषित-पीड़ित लोग विभिन्न जातियों में विभाजित रहने के कारण एकताबद्ध नहीं हो पाते थे। इसका फायदा शासक वर्ग उठाता था। प्रसंगात् डॉ. इरफान हबीब के शब्दों में, ''जाति-प्रथा तमाम उत्पादन प्रणालियों में शोषक वर्ग के लिए लाभदायक अवश्य रही होगी। मसलन, यह इससे जाहिर होता है कि हालाँकि हिन्दुस्तान के बाहर जिन मुल्कों में इस्लाम का वर्चस्व रहा, वहाँ

जाति-व्यवस्था नहीं पायी जाती थी, लेकिन जब मुसलमान हिन्दुस्तान में आये तो उन्होंने हिन्दू धर्म की और चाहे जो भी आलोचना की हो, यह आलोचना कभी नहीं की कि जाति-व्यवस्था है, इसलिए यह धर्म बुरा है। बल्कि उन्होंने जाति-व्यवस्था को एक तरह से स्वीकार लिया, उसे स्वीकार किया और उसका पूरा इस्तेमाल किया।" (कथन, दिसम्बर 1982, पृ॰ 33) कहना न होगा कि सामंती समाज में जाति-प्रथा की प्रतिक्रियावादी भूमिका का यह वस्तुपरक विवेचन है। सन्त कवि जाति-व्यवस्था का विरोध पूरी ताकत से करते हैं। वे उसे नकारते हैं। यह उनकी सामंत-विरोधी चेतना का ठोस प्रमाण है। सन्त कवियों का जाति-प्रथा विरोधी स्वर अतिपरिचित है, इसलिए प्रस्तुत प्रसंग में उस तफसील में जाने का कोई विशेष औचित्य नहीं।

सन्त काव्य में भक्ति की क्रांतिकारी अवधारणा मिलती है। उसमें सामंत वर्ग के प्रसंग में भक्ति की चर्चा कदाचित् नहीं मिलती है। कबीर का विचार है कि उसके पास और जो भी हो, भक्ति नहीं है।

कहे कबीर मदन के माते हिरदे देखु विचारी।
तुम घर लाख कोठि अस्व हस्ती, हम घर एक मुरारी।

'मदन के माते' यह कितना सार्थक सम्बोधन है। कवि का यह असाधारण साहस भक्ति की देन है। सन्त मलूकदास के अनुसार–

माया के गुलाम, गोदी क्या जाने बंदगी।
दिजन की पूजा देय, गरीबन से रिंदगी।

ब्राह्मण-पुरोहितों का सम्मान करने वाले, माया के गुलाम और गरीबों का शोषण करने वाले लोग कौन हैं, कहने की आवश्यकता नहीं। उनका भक्ति से कुछ लेना-देना नहीं है। ऊँच-नीच का भेद मानने वाले लोग कबीर की दृष्टि में पशु हैं।

जब लग ऊँच-नीच करि जाना, ते पसुवा भूले भ्रम नाना।।

गुरु नानक सभी जीवों में एक प्रकाश देखते हैं। अतः भेद-भाव का कोई कारण उनकी समझ में नहीं आता–

नहिं को उत्तम नाँहीं को हीना।
सम में एक जोति प्रभु कीना।।

ईश्वर के सामने सब एक बराबर हैं, सन्त कवियों द्वारा इस बात का रेखांकन सामाजिक, आर्थिक समानता के विचार का रेखांकन है।

कुलीनता की अवधारणा एक सामंती अवधारणा है। उस व्यवस्था में कुल श्रेष्ठता से व्यक्ति के महत्त्व का निर्धारण होता था। सन्त कवि इस सामंती मूल्य को नकारते हैं। उनके लिए महत्त्व कुल का नहीं, बल्कि व्यक्ति के कर्म का है। कबीर के शब्दों में–

ऊँचे कुल का जनमियाँ, जे करणी ऊँच न होइ।

सन्त रज्जब के अनुसार–

कुल परबन नहिं पूजिए, सुन प्रतिभा को मान।
त्यूँ रज्जब रामहिं भजे, गई सकल कुल कान।।

मध्यकालीन सामंती व्यवस्था में 'कुल पर्वत' के मुकाबले 'सुत प्रतिभा' की महत्ता का यह उद्घोष वस्तुतः व्यक्तित्व की महत्ता का उद्घोष है। ऐसा करके कवि ने उस व्यवस्था के प्रति अपना विरोध प्रकट किया है, जिसमें व्यक्तित्व का कोई मोल नहीं होता है।

सन्त काव्य में धार्मिक नेताओं के प्रति तीव्र आक्रोश की अभिव्यक्ति हुई है। ब्राह्मण-पुरोहित, मुल्ला और काजी उस समय के प्रमुख धार्मिक नेता थे। ये लोग सामंत वर्ग के पिछलग्गू होते थे। दान-दक्षिणा, अनुदान आदि के रूप में शासक वर्ग से वे बहुत कुछ पाते थे। वे वस्तुतः सामंत वर्ग का ही एक स्तर थे। जमींदारों के साथ उनका चोली-दामन का सम्बन्ध था। शोषण और अन्याय पर आधारित व्यवस्था तथा उसके सड़े-गले मूल्यों का अन्ध समर्थन और उन्हें न्याय-संगत ठहराने के लिए धार्मिक ग्रंथों का उपयोग, उनकी प्रतिक्रियावादी भूमिका के सूचक हैं। शासक वर्ग की दृष्टि में धार्मिक नेताओं की उपयोगिता के सम्बन्ध में डॉ. इरफान हबीब ने लिखा है–"इस वर्ग के पोषण में राज्य का अपना स्वार्थ था। जहाँगीर इसे 'लश्कर-ए-दुआ' अर्थात् प्रार्थना की सेना कहता था और उसका विचार था कि यह सेना साम्राज्य के लिए उतनी ही महत्त्वपूर्ण थी, जितनी वास्तविक सेना।" (इकॉनॉमिक एण्ड पोलिटीकल वीकली, फरवरी 1979 अंक में प्रकाशित शरद पाटिल के लेख से उद्धृत)। आकस्मिक नहीं है कि इतिहासकारों पुरोहितों में को अनुदान देने के लिए शासकों के बीच होने वाली स्पर्धा की चर्चा रही है। सन्त कवियों द्वारा पुरोहितों आदि के विरोध को इस सन्दर्भ में अच्छी तरह समझा जा सकता है।

सन्त कवि धार्मिकता के प्रभाव से मुक्त हैं। यही उनकी ताकत है। कबीर गर्व-पूर्वक कहते हैं–

पंडित मुल्ला जो लिख दिया, छाड़ि चले हम कछू न लिया।

इस सन्दर्भ में कबीर के अल्पश्रुत किन्तु महत्त्वपूर्ण दोहे की चर्चा की जा रही है। दोहा है–

वामन ते गदहा भला, आन देव से कुत्ता।
मुल्ला ते मुरगा भला, सहर जगावे सुत्ता।।

यहाँ कबीर ने देवी-देवता, ब्राह्मण-पुरोहित और मुल्ला सबको समेट लिया है। एक तरफ सुख की नींद सोने वाला जनता को सुलाने वाला पुरोहित है, तो दूसरी तरफ गदहा अपने गर्दभस्वर में ही सही, रात-बिरात रेंककर जगाने का काम करता है। उसी तरह एक ओर पुरोहित का समानधर्मा मुल्ला है, तो दूसरी ओर है मुर्गा जो जागरण का अग्रदूत है। कबीर की दृष्टि में पुरोहितों और मुल्लों से गदहे और मुर्गे अच्छे हैं, वरेण्य हैं। उनकी कसौटी है जागरण। जो भी जाग रहा और दूसरों को जगा रहा है, कबीर उसके साथ हैं। सदा जागने और समाज की दुर्दशा पर आँसू बहाने वाला कवि लोक जागरण के विरोधी तत्त्वों की प्रतिगामी भूमिका से अच्छी तरह परिचित है और समाज को उनसे सावधान रहने को कहता है। सन्त पल्टू साहब भी लोगों को पुरोहित से सावधान रहने को कहते हैं। जो जग को बगदाने वाले और 'खेत चढ़ाकर मूड़' कटवाने वाले हैं। लोक जागरण के हिमायती सन्त कवि नेताओं पर प्रहार के द्वारा सामंती व्यवस्था की अकड़न और अगतिशीलता को तोड़ने का प्रयास करते हैं।

सामंत वर्ग का इतिहास वस्तुतः विलासिता, आडम्बर और फिजूलखर्ची का इतिहास रहा है। भोग उनके जीवन का केन्द्रीय तत्त्व है। सन्त काव्य में उनके अतिशय भोग-विलास, आडम्बर और उनकी फिजूलखर्ची का विरोध मिलता है। सामंत वर्ग का विरोध, उनके रहन-सहन के तरीकों आदि के विरोध के रूप में प्रकट हुआ है। मध्यकाल का सामंत वर्ग विलासिता में आपाद मस्तक डूबा हुआ था। सामंत वर्ग के लिए बड़ी मात्रा में विलास सामग्री का उत्पादन होता था जिसमें उन्नत दर्जे का गहना-जेवर, कपड़े, इत्र आदि शामिल हैं। शासक वर्ग की जरूरतों को पूरा करने के लिए उत्पादन कार्यों में लोग जब-जब कम पड़ने लगे, तो लोगों को बड़े पैमाने पर गुलाम बनाया गया। यही कारण है कि उस समय बड़ी-बड़ी दास मंडियों का अस्तित्व था। डॉ. इरफान हबीब ने लिखा है कि फीरोज़ तुगलक के पास एक लाख अस्सी हजार दास थे, जिसमें बारह हजार कारीगरों के रूप में शाही कारखाने में काम करते थे। (मध्यकालीन भारत, अंक 1, पृ. 35)। शाही कारखानों में मुख्यतः

विलास-सामग्री का उत्पादन होता था।

सामंत वर्ग के पास काफी संख्या में हाथी, घोड़े होते थे। हाथी, घोड़ों की संख्या पर उनकी प्रतिष्ठा निर्भर थी। मोरलैंड ने लिखा है कि अकबर के काल में गहने-जेवर के बाद सबसे अधिक खर्च हाथी, घोड़ों पर ही होता था। उनके हाथी, घोड़े भी गहनों से लदे रहते थे। (इण्डिया ऐट द डेथ ऑफ अकबर , पृ॰ 259)। जमींदारों, सामंतों के सन्दर्भ में हाथी-घोड़ों की चर्चा सन्त काव्य में प्रायः मिलती है। पलटू साहब हाथी की सवारी और मलमल जरी की चर्चा करते हैं–

फूलन सेज हाथी की है असवारी।
कबहीं मलमल जरी ओढ़ते साल-दुसाला।

सुन्दरदास सामंतों की विलासिता, भोगवादिता का कड़े शब्दों में विरोध करते हुए लिखते हैं–

करत प्रपंच इस पंचानि के बसि परियो।
पर दाय रत, मैं न आनत बुराई को।।
पर धन हरे, पर जीव की करत घात।
मध मांस खाह, लवलेस न भलाई को।।
इहां तो किये बिलास, जम की न तोहि त्रास।
उहाँ तो न ह्वैहै कछु राज पोपाँबाई को।

यहां उल्लिखित सारे लक्षण सामंत वर्ग के हैं। विलासी सामंत वर्ग, जो मोरलैंड के शब्दों में 'ऐय्यासी और धन का परस्पर मिश्रण' (इण्डिया ऐट द डेथ ऑफ अकबर, पृ. 261) था, की भोगवादिता का वस्तुपरक चित्रण इन पंक्तियों में हुआ है। 'राज पोपाँबाई' अर्थात् अंधेर नगरी सामंती व्यवस्था के अतिरिक्त और क्या है? यह संज्ञा उस व्यवस्था की विडम्बना प्रस्तुत करती है। उसके खात्मे की कवि की तीव्र कामना स्पष्ट व्यंजित है। जो लोग 'कलिया नान पुलाव पुट भरके खाइ, सीसे महै सराब चिराग जलाइ के' (पलटू साहब के शब्द) सुखासन पर सोने वाले हैं, उनका अन्त अवश्यंभावी है। कवि उस व्यवस्था का अन्त देख रहा है।

जीमे बरस हजार आखिर को मरेगा।

यह उस अन्यायपूर्ण व्यवस्था को कवि का शाप है जिसे मरना ही था।

सामंती व्यवस्था में हर चीज बिकाऊ होती है। सामंत वर्ग उपभोक्ता होता है।

उसकी संस्कृति भोगवादी संस्कृति है। नारी इसका शिकार होती है। उसे उपभोग की एक वस्तु के रूप में देखा जाता है। शासकों, जमींदारों के यहाँ बड़ी संख्या में नारियों की उपस्थिति किस बात की सूचक है? इसी व्यवस्था में वेश्यावृत्ति का विकास होता है। इसके फलने-फूलने की पूरी गुंजाइश होती है। मध्यकाल में वेश्याओं की स्थिति के बारे में कबीर कहते हैं–

सतबन्ती को गजी मिले नहीं, बिस्म पहिरे खासा है।
जोहि घर साधू भीख न पावे, भड़वा खात बताशा है।

सामान्य गृहस्थ नारियों को गजी अर्थात अत्यन्त साधारण किस्म का मोटा कपड़ा भी नहीं मिलता और वेश्याएँ रेशम पहनती हैं। जिस घर में साधू-सन्तों की कोई पूछ नहीं, उसमें भडुए सम्मान पाते हैं। ध्यातव्य है कि यहाँ वेश्याओं का नहीं, बल्कि उस भोग-मूलक व्यवस्था का विरोध किया गया है जिसमें ऐसी विडम्बना मिलती हो। सामंत वर्ग की विलासी, भोगवादी जीवन-शैली के बर-अक्स जनसाधारण की तकलीफों का बड़ा ही मार्मिक चित्रण सन्त काव्य में मिलता है। कबीर अपने एक पद में बच्चों की बिक्री की चर्चा करते हैं–

को है लरिका बेचई, लरिकी बेचई कोई।

विश्वास नहीं होता कि यह कोई कल्पना नहीं, बल्कि मध्यकाल का सामाजिक यथार्थ है। गरीबों द्वारा अपनी दयनीय हालत से परेशान होकर अपने-अपने बच्चों को बेचने की बात प्रामाणिक है। मोरलैंड ने पन्द्रहवीं-सोलहवीं शताब्दी में अकाल मौत और बड़े पैमाने पर बच्चों की बिक्री के बारे में लिखा है। (इण्डिया ऐट द डेथ ऑफ अकबर, पृ॰ 266)। एक रुपये से भी कम दाम में बच्चे बेचे जाने का उल्लेख मिलता है। अकाल मौत, बच्चों की बिक्री आदि तथ्य दिल दहला देने वाले हैं। सन्त काव्य इन सच्चाइयों को बड़ी प्रामाणिकता के साथ प्रस्तुत करता है।

सन्त कवियों की शक्ति का स्रोत था समाज और उससे गहरा लगाव। वे समाज से पलायन कर जंगल जाकर ईश्वर की तलाश करने वाले महात्मा नहीं थे। सन्त कवियों में अधिकांश गृहस्थ थे। स्वभावतः वे संसार विमुख सन्यासियों, वैरागियों पर व्यंग्य करते हैं। कबीर कहते हैं–

अवधू भूले को घर लावै।
सो जन हमको भावै।।

घर में जोग भोग घर में ही, घर तज बन जावै।
घर में युक्त मुक्त घर में ही, जो गुरु अलख लगावै।।

जहाँ भूले को घर लाने की बात हो रही हो, वहाँ भला संसार-त्यागी महात्माओं के लिए क्या जगह हो सकती है। ऐसे लोग कबीर को फूटी आँख नहीं सुहाते। कहाँ राजदरबारों का चक्कर लगाने वाले महात्मा और कहाँ उसकी छाया तक से दूर रहने वाला कवि। दोनों विपरीत छोर पर स्थित हैं। कबीर को ऐसे लोभियों पर जरा भी विश्वास नहीं—

कलि का स्वामी लोभिया, पीतल घरी खटाइ।
राजद्वारे यों फिरे, ज्यों हरहाई गाइ।।

दरबारों में फिरने वाले सन्यासी दूध पीकर कहते हैं—

अन्नहिं छाड़ि इक पीवहि दूध।
हरि न मिले बिन हिरदे सूध।।

उनका दूध पीना सांकेतिक है। क्या मध्यकाल में सन्यासी आदि इसी स्थिति में थे? प्रख्यात समाजशास्त्री वैरिंगटन मूर ने भारत के सन्यासियों का सम्बन्ध उच्च वर्ग से माना है। (इनस्टिस : द सोशल बेसेज ऑफ ओबिडिएन्स एण्ड रिवोल्ट, पृ. 54) यह सही है। मोरलैंड ने भी उन्हें उपभोक्ता उच्च वर्ग के अन्तर्गत रखा है। सन्त गरीबदास के अनुसार समृद्ध लोग सन्यास ग्रहण करते हैं—

चढ़कर तुरग कुदावते और पालकी फील।
ते नर जंगल आ बसे जम कूँ फेरा लील।।

गरीबदास की ये पंक्तियाँ बैरिंगटन मूर के मत की पुष्टि करती हैं। सन्त कवियों की दृष्टि में सन्यास किसी भी स्थिति में वरेण्य नहीं। उससे अच्छी तो मौत है। पलटू साहब के शब्दों में—

जियते मरना भला है, नहीं भला बैराग।

सन्त काव्य में ज्योतिषी आदि का विरोधी भी मिलता है। ज्योतिष में वही लोग विश्वास करते हैं जिनका ईश्वर में पक्का विश्वास नहीं है, सन्त कवियों की ऐसी मान्यता है। सामंती व्यवस्था में ज्योतिषी सम्मान पाते थे। शासक वर्ग से उन्हें बड़ी मात्रा में भूमि अनुदान आदि प्राप्त होता था। ज्योतिषी की सलाह के बिना मध्यकाल

का सामंत कोई महत्त्वपूर्ण कार्य नहीं करता है, हालाँकि इस मामले में हमारा देश आज भी लगभग उसी स्थिति में है जहाँ शासकों की कार्य दिशा का निर्धारण ज्योतिषियों और तांत्रिकों की सहायता से होता है। सन्त कवि इन चीजों को अन्धविश्वास मानते थे। वे स्वयं तो इनसे मुक्त थे ही, लोगों को भी इनसे दूर रहने की सलाह देते थे। मलूकदास कहते हैं–

मन ते इतने भरम गँवावो।
चलत विप्र जन पूछो दिन का दोष न लावो।

आकस्मिक नहीं है कि सन्त कवि परम्परागत कर्म सिद्धान्त को नकारते हैं। कर्म सिद्धान्त का इस्तेमाल वैषम्यमूलक व्यवस्था को बरकरार रखने के लिए किया जाता था। हमारे जीवन के दुखों का कारण पूर्व जन्म के हमारे कर्म हैं, यह बात सन्तों के गले के नीचे नहीं उतरती। उनका वैज्ञानिकों का मन इस चालाकी को समझता है। डॉ. रोमिला थापर कर्म सिद्धान्त की प्रतिगामी भूमिका के बारे में लिखती हैं कि सामंती व्यवस्था में उसके द्वारा "सामाजिक प्रतिरोध का डंका सुन्न कर दिया गया था।" (एंशिएंट इण्डियन सोशल हिस्ट्री, पृष्ठ 52) मोक्ष के ठेकेदारों का मजाक उड़ाते हुए कबीर कहते हैं–

जोजत एक परिमित नहीं आने, बातनि ही बैकुन्ठ बखाने।।

दादूदयाल इस सिद्धान्त के पीछे छिपे तत्त्वों को पहचानते हैं जो–

मूवा पीछे पद पहुँचावे, मूवा पीछे तारे।
मूवा पीछे सदगति होवे, दादू जीवन मारे।

अन्तिम पंक्ति मध्यकाल की जनता के उत्पीड़न का स्पष्ट बयान है। यह गहरी संवेदना जगाती है। कहने की आवश्यकता नहीं कि सन्त काव्य लौकिक जीवन में गहरी आस्था का काव्य है।

वस्तुतः सन्त काव्य प्रतिबद्ध काव्य है। वह शोषक-सामंत वर्ग के विरुद्ध जनता के हितों को प्रतिबिम्बित करता है। जीवन और काव्य दोनों स्तरों पर सन्त कवि जनता के साथ रहे हैं। इससे ही उनकी विश्व-दृष्टि का निर्माण हुआ है। शोषित वर्ग के प्रबल पक्षधर सन्त कवि खुली निगाह से किसी चीज को देखकर और परखकर ही स्वीकार करते हैं। "सूरा सो पहिचानिये जो लरे दीन के हेत"– कबीर जैसी स्पष्ट घोषणा करने वाले कवियों की पक्षधरता सन्देह से परे है। यह पक्षधरता उन्हें

उच्चकोटि का मानवतावादी बनाती है। एक ओर सन्त कवि समाज में क्रियाशील हैं, तो दूसरी ओर उनकी रचनाओं में भी क्रियाशीलता है। उन्होंने लोकधर्म की प्रतिष्ठा की। यह लोकधर्म सामंत विरोधी है। उनका साहित्य-विवेक उनके जीवन-विवेक से अलग नहीं है। सन्त कवियों ने अमानवीय सामंती व्यवस्था के विरोध में अपनी आवाज बुलन्द की और शोषण-रहित समाज का सपना देखा। कहना न होगा कि आज भी यह सपना बहुत सार्थक और मूल्यवान है।

सन्त साहित्य में गुरु नानक का योगदान

– सेवा सिंह

कतिपय ऐतिहासिक कारणों से सन्त साहित्य के सन्दर्भ में गुरु नानक काव्य का अध्ययन बहुत महत्त्वपूर्ण है। पर सिख पन्थ के संस्थात्मक आदिस्रोत के रूप में इनके काव्यों को धर्मग्रन्थ की मान्यता दिये जाने से यह अध्ययन एक सजग, विवेकशील तथा वैज्ञानिक दृष्टि की अपेक्षा रखता है। परम्परा में नानक देव (1461–1539 ई॰) सिख पंथ के प्रवर्तक गुरु माने जाते हैं। सिख पंथ अपने प्रथम दस गुरुओं की महती साधना के साथ, 'खालसा राज' (1799–1849 ई॰) की स्थापना और उसके विघटन के बाद औपनिवेशिक भारत की मुक्ति के कतिपय महत्त्वपूर्ण संघर्षों में योगदान देता हुआ, स्वातन्त्र्योत्तर भारत में अपनी प्रगति-अवगति के रू-ब-रू वर्तमान साम्प्रदायिक रूप में मौजूद है। सिखों के पाँचवें गुरु अर्जुन देव (1581–1605 ई॰) द्वारा सम्पादित 'आदि ग्रन्थ' (1604 ई॰) में गुरु नानक का काव्य, जिसे परम्परा 'वाणी' की संज्ञा से अभिहित करती है, 19 भागों में संग्रहीत है। 947 'शब्दों' के अतिरिक्त जपु नीसाणु, सिध गोसटि, दखणीं ओंकार, आसा दी वार, माझ दी वार, मलार दी वार, पट्टी तथा बारहा मास तुखारी उनकी लम्बी रचनाएँ हैं। इन रचनाओं की प्रामाणिकता असंदिग्ध है।

गुरु नानक का जीवन वृत्तान्त पौराणिक आख्यानों के भीतर से पुनः निर्मित किया गया है। ये आख्यान 'जनमसाखी' संज्ञा से अभिहित हैं। इनका प्रचलन ईसवीय सोलहवें शतक के अन्त में अथवा सत्रहवें के आरम्भ में होने लगा था। भाषा इनकी पंजाबी है तथा लिपि 'गुरमुखी'। लघु कथाओं के रूप में संकलित इन जनम साखियों के रचयिता का नाम अज्ञात है। गुरु नानक के समकालीन मुगल सम्राट

बाबर (1443–1530 ई॰) की संस्मरणात्मक पुस्तक 'तुजुके बाबरी' में गुरु नानक का उल्लेख नहीं मिलता, जबकि किंवदन्ती है कि उनकी बाबर से भेंट हुई थी। गुरु नानक के जीवन वृत्तान्त का प्राचीन उल्लेख उनसे सौ वर्ष बाद की रचना 'दबिस्तान-ए-मजाहिब' के नानक पंथियाँ अध्याय में मिलता है। इसमें भी प्रायः जनम साखियों का ही अनुसरण किया गया है। आधुनिक विद्वानों ने उपलब्ध विभिन्न साखियों के विवेकपूर्ण अध्ययन के आधार पर अन्तःसाक्ष्यों को दृष्टिगोचर करते हुए गुरु नानक का इतिहास-सम्मत जीवनवृत्त देने का प्रयत्न किया है।[2] इस आधार पर गुरु नानक का प्रादुर्भाव 14 अप्रैल सन् 1469 ई॰ तलवंडी राय भोय जिला शेखूपुर तथा परलोकवास 22 सितम्बर सन् 1531 ई॰ करतारपुर में हुआ। इनके जीवन काल को चार भागों में विभाजित किया जा सकता है। 1469 ई॰ से 1497 ई॰ 28 वर्ष की अवधि उनके गार्हस्थ्य जीवन की है, 1521 ई॰ तक 24 वर्ष के लिए वे चार विभिन्न 'उदासियों' के रूप में दूर-सुदूर क्षेत्रों का भ्रमण करते रहे। उनकी पहली यात्रा के मुख्य स्थान कुरुक्षेत्र, पहोवा, हरिद्वार, दिल्ली, मथुरा, वृन्दावन, अयोध्या, प्रयाग, बनारस, पटना, गया, राजमपल, मालदेव, ठाका, धनपुर, कामरूप, धोबड़ी, गोहाटी, चिट्टगाँव, मनीपुर, कलकत्ता, जगन्नाथपुरी आदि हैं। लौटते समय वे विन्ध्य प्रदेश, मध्य भारत तथा राजस्थान के जबलपुर, चित्रकूट, झाँसी, ग्वालियर, झज्जर, जींद, जगराऊँ आदि स्थानों पर गए।

दूसरी यात्रा रूपी उदासी 1510 ई॰ में प्रारम्भ होती है। यह दक्षिण दिशा या जैन तथा बौद्ध स्थानों पर भ्रमण के लिए विख्यात है। तीसरी उदासी के दौरान गुरु नानक सिद्धों के मठों का भ्रमण करते हैं और चौथी उदासी का भ्रमण क्षेत्र पश्चिम देश है। पाँच वर्ष के इस्लाम के केन्द्रीय स्थानों मक्का-मदीना, बगदाद, मिस्र, तुर्की, ईरान का पर्यटन करते हुए कंधार, अफगानिस्तान से होते हुए काबुल के मार्ग से 1521 ई॰ में वापस करतारपुर पहुँचे। तदुपरान्त मृत्युपर्यन्त अर्थात् 1521 ई॰ से 1539 ई॰ गुरु नानक गृहस्थी के रूप में करतार में सत्संगीत तथा 'वाणी' रचना में संलग्न रहे। इस अवधि की उनकी सर्वोत्कृष्ट रचनाएँ हैं 'बाबर वाणी'।[3] यह अपने समकालीन ऐतिहासिक उल्लेखों तथा युद्ध में नरसंहार की मार्मिक तथा कारुणिक अभिव्यंजना के लिए गुरु नानक की एक चिरन्तन रचना है। 'जपु नीसाण' (प्रबन्ध काव्य) तथा बारा माहा तुखारी (खण्ड काव्य) इस अवधि की दो अन्य महान रचनाएँ हैं। इनमें सामाजिक जीवन की लाक्षणिकताएँ तथा सार्थक मानवीय जीवन का विकास प्रतिपादित हुआ है। 'जपु नीसाण' काव्य की निर्माण योजना कलात्मक तथा तर्क संगत है। चार-चार के समूह में इसके चालीस छन्द, दस मंजिले भवन की

भाँति उत्तरोत्तर आरूढ़ हैं। पहले श्लोक में आदर्श भाव 'सचु' की चार बार आवृत्ति हुई है। प्रथम 'पउड़ी' (सीढ़ी) में वास्तविक विषय को एक प्रश्न से आरम्भ किया गया है।

"किव सचिआरा होई अै"[4] के प्रश्न के साथ सामाजिक तथा सैद्धान्तिक रूप से तत्कालीन प्रचलित धर्म साधनाओं की सारहीनता प्रतिपादित करते हुए आदर्शपूर्ण आत्मिक जीवन के उत्तरोत्तर विकास का चित्रण है। अन्तिम 'पउड़ी' (सीढ़ी) में रूपकालंकार की योजना के माध्यम से सम्पूर्ण विषय को शाब्दिक बिम्ब में साकार कर दिया गया है :

"जतु पाहारा धीरजु सुनिआरू।
अहरणि मति वेदु हथिआरू।"[5]

गुरु नानक का दूसरा खण्ड काव्य 'बारामाहा राग तुखारी' है। इसमें सत्रह छन्द हैं। इसमें मनुष्य के आत्मिक वियोग को बारह मासों के नामों की टेक पर अभिव्यक्ति प्रदान की गयी है। गुरु नानक की इस अन्तिम रचना में पंजाब के पवन, पानी, वृक्ष, फल, ऋतुएँ, दिन, मास, विगत जीवन की रसमयी भावपूर्ण अनुभूतियों के भीतर से कल्पना लोक में जीवन्त हो उठे हैं।[6] इस पद्यबद्ध कृति से पंजाब का समग्र प्राकृतिक परिवेश, सभ्यता तथा बोली साहित्यिक जगत का अक्षय कोष बन गई है। पुरुषार्थ के प्रश्न के साथ ऐसा मानवीय आदर्श जिससे जीवन रूपी 'सौहागिन' परमात्मा द्वारा स्वीकृति पा सके, इस रचना का केन्द्रीय विषय है :

बेदस माह रूती थिती बार भले
घड़ी मूरत पल साचे आये सहजि मिले।
प्रभ मिले पिआरे कारज सारे करता सम विधि जाणै
जिन सीगारी तिसहि पिआरी मेल भइया रंगु माणै
घर सेजि सुहावी जा पिरि रावी गुरमुखि मस तकि भागो
नानक अहिनिस रावै प्रीतम हरिवरू बिरू सुहागो।।[7]

नानक का काव्य विशेष समाजार्थिक ऐतिहासिक स्थिति की देन है। इसमें तत्कालीन सामाजिक परिवेश का वर्णन ही नहीं, प्रभाव भी है। यह काव्य अन्तरंग आध्यात्मिक, दार्शनिक, वाद-विवादी द्वन्द्वात्मक तथा विशिष्ट प्रयोजनीयता के संकल्प से प्रतिबद्ध है। साथ काव्य-रूपों की व्यापकता, साहित्यिकता, कला तथा सौन्दर्यबोध की कतिपय समस्याओं तथा जटिलताओं से भी सम्बद्ध है। सिख पंथ

का धार्मिक ग्रन्थ होने तथा समग्रता में पंजाब के मनोलोक का अभिन्न अंग बनने के कारण इसकी सामाजिकता, दार्शनिकता तथा कलात्मकता से पृथक तथा सम्बद्ध करने पर अध्ययन की अनेक जटिलताएँ पेश आती हैं। इधर के अध्ययनों में गम्भीर रूप के भेद तथा मतभेद इस समस्या से सम्बन्धित हैं। नानक-काव्य का दृष्टिकोण तथा प्रभाव कितना भी विशाल या व्यापक हो, इसके अध्ययन के आधार मुख्य रूप से पंजाबी भाषा इतिहास तथा क्षेत्रीय विचारात्मक प्रारूप रहे हैं। ये अध्ययन अधिकतर सिक्ख चिंतकों तथा विद्वानों के पास बने रहने से भी इसमें सर्वोत्तमता का अहंभाव से लेकर साम्प्रदायिकता की संभावनाएँ कम हुई हैं। साम्प्रदायिकता के मौलिक आयोजन के दबाव में, स्पष्टतया प्रतीकात्मक रूप में प्रयुक्त मिथकों तथा लोक स्रोतों एवं किंवदन्तियों को ऐतिहासिक साक्ष्य मान लेने की प्रवृत्ति ने अनेक विचारधारात्मक असंगतियाँ तथा सामाजिक अन्तर्द्वन्द्व पैदा किये हैं। गुरु नानक काव्य को मौलिक, विशिष्ट तथा अजीब रहस्यमूलक पारलौकिक स्थापित करने के लिए भक्ति-आन्दोलन की निर्गुण सन्त काव्यधारा से विच्छिन्न करके देखने की प्रवृत्ति विकसित हुई है। समग्र भक्ति-आन्दोलन के हिन्दूवादी अध्ययनों की भाँति यहाँ भी इस्लामी तत्त्व के प्रति एक अ-ऐतिहासिक नकारात्मक दृष्टिकोण है।

इस्लाम के कुछ दशकों के बाद दमिश्क खिलाफत के समय (661-749 ई॰) नव-मुस्लिम मानसिकता वाले आक्रमणकारियों, विजेताओं, सुल्तानों की पक्षधर शरीयत की चुनौतियों के रूप में सूफी आन्दोलन का जन्म हुआ था। पंजाब के क्षेत्रों में प्रविष्ट होकर इसने लोक चेतना के अनेक नये आयामों को स्पर्श करते हुए यहाँ के जन-जीवन को गहराई तक प्रभावित किया है। सूफी फकीर बाबा फरीद (1175-1266 ई॰) पंजाबी साहित्य के प्रवर्तक कवि हैं। उनका काव्य 'आदि ग्रन्थ' में सम्मानपूर्वक सम्मिलित किया गया है। उल्लेखनीय है कि जब सिक्ख गुरुओं के काव्य को रणजीत सिंह काल में वेदान्तिक परिधि[8] में समेटने का प्रयत्न किया जा रहा था, पंजाब के सूफी कवि[9] स्थापित राज्य सत्ता के सामंतीय शोषण और 'शरीयत' की चुनौतियों का डटकर सामना कर रहे थे।[10] सूफी दरवेशों की पंजाबी कविता गुण और मात्रा में पंजाबी साहित्य की कल्पना नहीं की जा सकती। सूफी कवियों का लोक साहित्य पंजाबी जन-जीवन और संस्कृति का अटूट एवं अभिन्न अंग है।

औपनिवेशिक भारत के तथाकथित पुनर्जागरण के रूप में प्रादुर्भूत सिंह सभा लहर (सम्वत् 1929) के अन्तर्गत भारतीय धर्मों में इस्लाम और हिन्दुत्व की प्रतिद्वन्द्विता में सैद्धान्तिक दृष्टिकोण से कम, साम्प्रदायिक दृष्टिकोण से अधिक, गुरु काव्य को समझने-समझाने के प्रयास रणजीत सिंह काल की गुरुवाणी की सामंतीय

अनुकूलता[11] के स्वाभाविक परिणाम थे, इसके अतिरिक्त आधुनिक काल में यान्त्रिक भौतिकवादी दृष्टि से भी गुरु काव्य के अध्ययन की परम्परा चिन्ता का विषय है। इस प्रकार के अध्ययनों में काव्य-रूप, परमात्मा हुकम, भाषा आदि परमार्थिक शब्दार्थों या बिम्बों, प्रतीकों को दार्शनिक धारणाएँ सिद्ध करने की धुन में युग का 'मुहावरा' तलाश करने की अवधारणा प्रस्तुत की गयी है। उन काव्यांशों के आधार पर, जिनमें भौतिक समाज, जीवन-जगत के बाह्यमुखी लौकिक स्वरूप के उद्घाटन की संभावना विद्यमान थी, समग्र गुरु काव्य के कथ्य और रूप को क्रान्तिकारी प्रमाणित करने का अत्युत्साह है। तथा जिन काव्यांशों के सीधे, स्पष्ट परमार्थिक अर्थ ध्वनित थे, उन्हें 'मुहावरे' के रूप में सामाजिक वस्तु की काव्यमयी या कलामयी अभिव्यंजना बता दिया गया है।[12]

– ''गुरवाणी का परमात्मा अवधारणा है, उसकी वस्तु एक प्रकार का सामाजिक यथार्थ है।''
– ''गुरवाणी योगियों का इसलिए खण्डन करती है क्योंकि उसकी परमात्मा की अवधारणा में क्रान्तिकारी चेतना नहीं है।''
– ''गुरवाणी के हुकम[13] की अवधारणा का आधुनिक वैज्ञानिक शब्दावली में अनुवाद सामाजिक उन्नति का कानून है।''
– ''गुरवाणी का सारतत्व है : धन के प्रभुत्व में मनुष्य दास है।''
– '' 'नाम' लोक की तात्विक दृष्टि से द्वन्द्वामत्कता के निजी स्वर में सामाजिक परिवेश की प्रतिनिधि अभिव्यक्ति है।''

पंजाब क्षेत्र के इन यान्त्रिक भौतिकवादी अध्ययनों के अतिरिक्त गुरु काव्य के हिन्दी क्षेत्रों के अध्ययनों में शिव कुमार मिश्र ने मार्क्सवादी दृष्टि का दावा करते हुए बताया है कि ''मार्क्सवादी दृष्टि ने मुझे भक्ति-काव्य को उसके सही परिप्रेक्ष्य में देखने की दृष्टि दी है।''[14] उनका कथन है कि इस्लाम की ओर से आई चुनौती के समक्ष भारतीय समाज को दृढ़ता के साथ खड़े रह सकने की शक्ति इस भक्ति-आन्दोलन से मिली।[15] ''इस्लाम के आगमन ने भारतीय सामाजिक जीवन को और भी रूढ़िबद्ध किया, उसे फिर से संगठित होने की और इस प्रकार बाहरी दबाव से अपनी रक्षा करने की प्रेरणा दी।'' ''कबीर के सामने था कट्टरपंथी पंडित वर्ग—संकीर्ण मुल्ला समाज तथा उनसे त्रस्त कोटि-कोटि साधारण जनता जो सामाजिक जीवन की विसंगतियों का सबसे अधिक शिकार बनी थी और नानक के सामने था पंजाब का साधारण जन जिस पर इस्लाम का दबाव सबसे अधिक पड़ा था।[16] देखने की बात है कि इस्लामिक

चुनौती अथवा मुसलमानी दबाव की अ-ऐतिहासिक प्राकल्पना के साथ डा॰ शिवकुमार मिश्र के निष्कर्ष किस प्रकार मार्क्सवादी हैं?[17] भारत में इस्लाम के आगमन की लगभग पाँच सौ वर्ष की दीर्घावधि के घटना-क्रम को समाजार्थिक रूपान्तरणों से विच्छिन्न, औपनिवेशिक इतिहासकारों के मुस्लिम युग की तर्ज पर अरबों, तुर्कों, अफगानों, मुगलों को मात्र इस्लामिक कीले से बाँधकर नानक के संदर्भ में मुस्लिम दबाव को एक मुद्‌दे के रूप में प्रस्तुत करना सम्यक् इतिहास-बोध में बाधक सिद्ध हुआ है। तर्कसंगत बात यह है कि साम्प्रदायिकता के दबाव से जन्म लेने वाला आन्दोलन अथवा काव्य सामंतीय शोषण के विरोध की भूमिका का निर्वाह नहीं कर सकता क्योंकि सामाजिक सम्बन्धों को वर्गीय अन्तर्विरोधों की अपेक्षा साम्प्रदायिक विभाजन के रूप में देखने की प्रवृत्ति बनी रहती है।

हमें आगे देखने का पर्याप्त अवसर मिलेगा कि मध्यकालीन भारत के त्वरित घटना-क्रम में उत्पादन के बड़े परिवर्तनों के कारण नये आर्थिक सम्बन्धों ने वर्ण-व्यवस्था, धार्मिक बाह्याचार, ब्राह्मणवाद, ग्रंथों की प्रामाणिकता, 'शरीयत' आदि के बेमानी होने की जमीन तैयार कर दी थी। सांस्कृतिक क्रान्ति के रूप में भक्ति आन्दोलन का इन परिवर्तनों को लोक-चेतना का अभिन्न अंग बना देने में अत्यन्त महत्वपूर्ण ऐतिहासिक योगदान है।

पंजाब में पाँच सौ वर्ष के तुर्क, अफगान सल्तनत का मुगल शासन में रूपान्तरण गुरु नानक के जीवन-काल की सबसे बड़ी राजनीतिक घटना थी। 1520 ई. में बाबर ने सैदपुर पर तीसरा आक्रमण किया। गुरु नानक इस युद्ध के प्रत्यक्षदर्शी थे। उन्होंने अत्यन्त मार्मिक रूप में इस युद्ध का उल्लेख किया है। 'ईश्वर! तूने खुरामान को अपनी छत्रछाया में ले लिया और भारतवर्ष की हत्या करवा डाली। तू इस नरसंहार का कर्ता है पर अपने को दोषी न बनने देने के लिए तूने मुगल को यमराज के रूप में भारत पर आक्रमण करने भेज दिया।"[18] इस पद्यांश की "आपै दोसु न देई करता, जमु करि मुगल चड़ाइआ" पंक्तियाँ एक अन्य ऐतिहासिक तथ्य का निर्देश करती हैं। दैनिक अभ्याचार तथा सांस्कृतिक जीवन-पद्धति में गुणात्मक परिवर्तन हो गये थे। राजपूतों की सत्ता के बाद ब्राह्मण वर्ग संरक्षण रहित हो गया था। अपने ज्योतिष ज्ञान के कारण ब्राह्मणों को अफगान अमीरों से संरक्षण मिलने लगा। वे विभिन्न उत्सवों तथा कर्मकाण्डों की सम्पन्न्ता के लिए पारिवारिक पुरोहित हो गये थे। वे मन्दिरों की देखभाल तथा पाठशालाओं में अध्यापन करने लगे थे। अनेक ब्राह्मणों को गैर-पुरोहिती धन्धों, व्यापार, साहूकारी, कृषि या अन्य निम्न स्तरीय

सेवा कार्यों के लिए विवश होना पड़ा।

व्यापार की वृद्धि के दौर में 14वीं शताब्दी में पंजाब के खत्रियों को पर्याप्त लाभ प्राप्त हुए थे। नानक भी इसी प्रकार के एक खत्रिवंश में पैदा हुए थे। उनके पंथ निर्माण में खत्रिरियों की बड़ी भूमिका है। यही कारण है कि गुरु काल के पहले चरण में सिखों द्वारा अमृतसर जैसे नये व्यापारिक केन्द्रों की स्थापना हुई और नगरों की अभिवृद्धि के लिए प्रयत्न किये जाते रहे।

पश्चिमी दोआबे में अरोड़े तथा सतलुज-यमुना के बीच बनियों का प्रभुत्वशाली वर्ग था। देखने की बात यह है कि 15वीं शताब्दी तक हिन्दुओं की परम्परागत वर्ण-व्यवस्था का रूप नये वर्गों में स्थानांतरित होने लगा था। स्पष्टतया दस्तकारी स्तर के औद्योगिक विकास, नगरीय मंडियों, इस्लामी हुकूमत तथा धर्म ने भारत के सामाजिक सम्बन्धों को बहुत गहराई तक प्रभावित किया है और इससे निश्चित रूप से जाति व्यवस्था के प्रबन्ध ढीले हुए हैं। जैसा कि मुहम्मद हबीब ने अपने अध्ययनों में स्पष्ट किया है कि भारत पर जिसे मुस्लिम विजय कहा जाता है, पर वास्तव में जो गौर विजय है, उसका तात्पर्य दो बातों से है, पहला था शासक वर्ग के रूप में गौरी तुर्कों द्वारा ठाकुरों का स्थान ले लेना, दूसरा था भारत के शहरी कामगारों की विमुक्ति और इसके साथ ही इस वर्ग का बड़ी संख्या में नये धर्म के प्रति आकर्षित होना।[27] वास्तव में भारतीय नगर-श्रमिक के सामने जब शरीयत और हिन्दू-स्मृतियों के सामाजिक आर्थिक प्रावधान उपस्थित थे, तो व्यावहारिक विकल्प के रूप में उसने शरीयत को पसन्द किया, और नगर-श्रमिक का फैसला निर्णायक रहा, क्योंकि सरकारें और साम्राज्य नगरों में ही बनाए-बिगाड़े जाते हैं, ग्राम्य प्रदेशों में कभी नहीं।[28]

विद्यमान सामाजिक-राजनीतिक व्यवस्था जनता को अपने उन राजपूत स्वामियों के रक्षार्थ प्रेरित नहीं कर पाती जो आखिर आज भी राजस्थान की आबादी के खाली 8 प्रतिशत होते हैं। तुर्कों में ऐसी कोई खौफनाक बात नहीं थी जो राजपूतों में नहीं रही हो और उन्हें बर्दाश्त न करनी पड़ी हो।[29] गुप्त साम्राज्य के पतन के बाद की पाँच सदियों में किसान और कारीगर जमीन से इस तरह बाँध दिये गये थे जैसे पहले कभी नहीं हुआ था, क्योंकि अब जमीन तो सीधे पुरोहितों, मन्दिरों, सरदारों, सामंतों और राज्याधिकारियों के नियंत्रण में थी, और सर्वसत्ता सम्पन्न स्वामी-वर्ग ने वैसी ही व्यवस्था कायम की जो उसकी स्वार्थ-सिद्धि के लिए सर्वाधिक उपयुक्त थी। भूमिधर मध्यवर्ती लोगों की राजनीतिक तथा आर्थिक शक्ति जितनी सुदृढ़ इस काल में हुई उतनी पहले किसी काल में नहीं हुई थी।[30] तुर्कों के आने पर यहाँ स्थितियों में सुधार आना शुरू हुआ। क्योंकि मुसलमानों ने यहाँ फिर से नकद अदायगी का

चलन बड़े पैमाने पर शुरू कर दिया था जिससे किसानों पर भूमिधर मध्यवर्ती लोगों का प्रत्यक्ष नियंत्रण बहुत ढीला पड़ गया।[31]

पूर्व मध्यकाल की सामंती व्यवस्था में किसानों के पास गुजर-बसर के बाद जो कुछ भी बच जाता था, उसे श्रीमन्त वर्ग उनकी भूमि पर अपने उच्चतर अधिकारों के बल पर उनसे ले लेता था और यह वसूली वस्तुतः जिंसों के रूप में दी जाती थी। इसके अलावा उनके शरीरों पर भी ऐसे ही आधिपत्य रखने के कारण वह उनसे बेगार लिया करता था। यह सब हमें न तो ईसवी सन् की प्रारम्भिक सदियों से पूर्व और न तुर्कों की भारत विजय के बाद किसी बड़े पैमाने पर देखने को मिलता है।[32]

इस प्रकार समाजार्थिक परिवर्तनों ने पूर्व मध्यकालीन सामंती दुश्चक्रों से शोषित भारतीय किसान एवं कारीगर के लिए मुक्ति की संभावनाओं का यथार्थ आभास पैदा किया। यह आभास अनुभव के धरातल पर अधिक था, वास्तविक रूप से कम। क्योंकि पूर्व मध्यकाल के शोषण की विकरालता से मुक्ति के बाद भी उन्हें नये उदीयमान वर्गों, व्यापारी, जमींदार, विशेषाधिकार प्राप्त अमीर-उमरा से मुक्त होने की आशा नहीं थी। यही अन्तर्द्वन्द्व भक्ति-आन्दोलन में अनेक रूपों में अभिव्यंजित हुआ है। इसके साथ ही पूर्व मध्यकालीन सामंती तत्त्वों से पुष्ट तथा उस व्यवस्था को न्यायोचित सिद्ध करने वाली संस्थाओं का खण्डन इसका मुख्य मुद्दा रहा है। उस दौर में अपनी तरह से संघर्षरत लोक-चेतना इस आन्दोलन का उपजीव्य है। अफगान-मुगल शासन के सन्धिकाल में गुरु नानक का काव्य भक्ति-आन्दोलन का एक शिखर है।

गुरु नानक काव्य में वर्ण-व्यवस्था, जाति-पांति विषमता, तत्कालीन धर्म साधनाओं के बाह्याचारों का खण्डन, अपने पूर्ववर्ती सन्तों की भांति अत्यन्त विशदता से व्यक्त हुआ है, पर नानक के युग का मुख्य अन्तर्विरोध वे सामंती असंगतियाँ तथा विद्रूपताएँ थीं जिनकी पृष्ठभूमि में एक और नये व्यापारी वर्ग की स्वलाभ की आशाएँ-आकांक्षाएँ थीं। दूसरी ओर जमींदार वर्ग था। इनके परस्पर अन्तर्द्वन्द्व तो थे ही, लेकिन जनता को लूटने में कोई पीछे नहीं था। उनका कहना था—

जै रत लगै कपड़े जामा होई पलीतु
जो रत पीवहि माणसा, तिन किउ निरमल चीत।[33]

वस्त्रों पर रक्त के छींटे पड़ने से वस्त्र गन्दे हो जाते हैं, पर जो लोग आदमी का ही रक्त पी जाते हैं, वे कैसे निर्मल होंगे।

इसी प्रकार गुरु नानक का कथन था कि पराया हक मुसलमान के लिए सूअर

मारने के समान है तथा हिन्दू के लिए गोहत्या। गुरु उसी को साक्षी देगा जो दूसरों को उनके अधिकारों से वंचित नहीं करेगा—

हक पराइआ नानका, उस सूअर उस गाइ।
गुरु पीर हामा ता भरे, जा मुरदार न खाइ।[34]

नानक ने एक स्थल पर मानवीय मनोविकारों के काव्यमयी रूपक द्वारा सामंती विसंगतियों का वर्णन किया है, "पाप राजा, लोभ मंत्री, असत्य उनका प्रमुख कार्यकर्त्ता है। काम उनका सर्वाधिक परामर्शदाता है जिससे वे बार-बार विचार करने के लिए पूछते रहते हैं। प्रजा प्रज्ञाहीन तथा लोग स्वामीभक्ति में लीन रहते हैं। पंडित- पुरोहित नृत्य करते हैं, बाजे बजाते हैं, नाना रूप का शृँगार करते हैं, ऊँचे स्वर से वीर स्तुति के गीत गाते हैं, मूर्ख लोग विद्वान माने जाते हैं, पाखण्ड बुद्धि कौशल समझा जाता है। सब लोग धन संचय में अनुरक्त हैं। अपने को यति कहने वाले यम-नियम नहीं जानते। घर-द्वार छोड़कर बैठ जाते हैं। कई हिन्दू घर के अन्दर बैठकर पूजा करते हैं, मुसलमान लोगों के समक्ष कुरान पढ़ते हैं और उन नियमों पर चलते हैं जो शासकों को अच्छे लगते हैं। अरे भाइयों, इन पाखण्डों को छोड़ो।"[35]

"मनुष्य भक्षी लोग नमाज पढ़ते हैं, जिनके गले में यज्ञोपवतीय है वे छुरी चलाते हैं। उनके घर में ब्राह्मण शंख-ध्वनि करते हैं।"[36]

''लज्जा और धर्म दूर भाग गए हैं। सर्वत्र मिथ्याचार व्याप्त है। जो मस्तक पर तिलक लगाते हैं और धोती टेढ़ी करके कक्ष में दबाते हैं वे हाथ में छुरी रखते हैं, वे जगत भर के कसाई हैं, वे ही मुसलमान शासकों की दृष्टि में प्रमाणित होने के लिए नीले वस्त्र धारण करते हैं।''[37] यह परिवेश नानक के लिए असत्य था।

कूड़ राजा कूड़ परजा सभ संसार।
कूड़ मंडप कुड़ माड़ी वैसणहारू।[39]

जबकि उनके अनुसार जगत अपने तात्विक रूप में सत्य है।

सचे तेरे खंड, सचे ब्रह्मन्ड।।
सचे तेरे लोच, सचे आकार।।
सचे तेरे करणे, सरच बीचार।।
सचा तेरा अमरू, सचा दी बाणु।।
सचा तेरा हुकमु, सचा फुरमाण।।[39]

नानक काव्य में कुदरत का वर्णन बहुत विशाल, व्यापक और उच्च कोटि की कल्पना शक्ति का परिचायक है। आरती के आयोजन की विराटता की कलात्मक अभिव्यंजना में गगन थाल है, सूर्य-चन्द्रमा उसमें जल रहे दीपक हैं, सितारे मोतियों का ढेर हैं, मलयानिल पवन धूप-अगरबत्ती है, पवन चँवर फहरा रहा है, समस्त बनों की वनस्पति कुसुमित पुष्प है।

गगन में थातु रवि चन्दु दीपक बने
तारिका मंडल जनक मोती।
धूप मलआनली पवणु चबरो करे
सगल वनराइ फूलंत जोती।[40]

ऋतु वर्णन में संयोग-वियोग की अभिव्यक्तियाँ अत्यन्त भावपूर्ण हैं, ये उनकी उच्चकोटि की साहित्यिक प्रतिभा की परिचायक हैं।

'चेतु बंतु भला, भवन सुहावड़े।
बन फुले मंझावारि, मैं फिर भरि बाहुड़े।
पिर घरि नहीं आवै धन किउ सुखु पावै।
बिरहि विरोध तन छीजे।

कौकिल आव सुहानी बोलै किउ दुख अंक सही जै।
भवर भवंता फूली डाली, किउ जीवा गुरु माए
नानक चेति सहजि सुखु पावै, जै हरि बरू घरि धन पाइ।'[41]

बरसै निसि काली किउ सुखु बाली
दादर मोर लबंते।
प्रिउ प्रिउ चवै बवीहा बोले
भुइअंगम फिरहि डसन्ते।[42]

आध्यात्मिक वर्णनों में गुरु नानक ने अनेक स्थलों पर रहस्यवादी शैली में रति भाव की भव्य अभिव्यक्तियाँ की हैं :

गुणवंती सहु राविया निरगुणि कूकै काइ।
जे गुणवंती थी रहै ता भी सहु रावण जाइ।
मेरा कंतु रीसालू की धन अवरा रावे जी।
करणी कामण जै थीऔ जे मनु धागा होइ।
माणकु मुलि न पाइऔ लीजै चिति परोइ।[43]

गुरु नानक द्वारा प्रयुक्त काव्यालंकार जीवन-जगत के यथार्थ प्रत्यक्षों से लिये गये हैं जिनमें कृषि, वाणिज्य और शिल्प, गार्हस्थ्य, मृगया, तथा शतरंज, चौपड़, नाट्यकला, आदि क्रियाएँ भी हैं। कृषक जीवन के प्रतीक का प्रयोग है—शरीर को क्षेत्र, मन को हालिक, धर्मपूर्वक किए हुए श्रम को क्षेत्र बनाओ। भगवन्नाम के बीज का वपन करो। सन्तोष को सुहागा और नम्रता को वृत्ति बनाओ। प्रेम के कर्मों से बीज अंकुरित होगा।[44] ऐसे उदाहरण नानक वाणी में अधिकांश हैं। उनका एक अन्य प्रयोग देखिए, चुपके से मछली को पकड़ लेने वाला धीवर का जाल मृत्यु का लक्षक है।[45]

नानक की रचनाओं में विविधता को लक्षित किया जा सकता है। उनके काव्य में रहस्यवादी गीतितत्व की छटा है तो अन्यत्र दार्शनिक, आलोचनात्मक गहराई भी विद्यमान है। सर्वत्र भक्तिमूलक अभिव्यक्तियों के साथ-साथ कतिपय स्थलों पर सौन्दर्यपरक ऐन्द्रिय चित्रणों में नानक अपनी कविता के लिए सन्त साहित्य परम्परा में शीर्ष हैं।

इस प्रकार अपने चिन्तन, भक्ति, काव्यत्व प्रतिभा के बल पर युग के मुख्य अन्तर्द्वन्द्वों को लक्षित करते हुए, मध्यकालीन सन्तों की उपलब्धियों को गहरा कर, युग-चेतना के सांस्कृतिक आयाम को लोक-चेतना का अभिन्न अंग बना देने में गुरु नानक की ऐतिहासिक भूमिका है।

सन्दर्भ

1. यह 'जर्नल ऑन इंडियन हिस्ट्री' के अगस्त 1940 के अंक में प्रकाशित हुआ, और इसी का पुनः प्रकाशन 'पंजाब पास्ट एण्ड प्रेजेन्ट' (पंजाबी विश्वविद्यालय, पटियाला) के अप्रैल 1967 के अंक में हुआ।
2. इन्दु भूषण बनर्जी : 'द एवोल्यूशन ऑफ द खालसा' भाग 1, 1937, डब्ल्यू. एच. मैकलाएड : 'गुरु नानक एण्ड द सिक्ख रिलीजन', 1968।
3. आदि ग्रन्थ, पृ. 417।
4. आदि ग्रन्थ, पृ. 1।
5. वही, पृ. 8।
6. वही, पृ. 1107-10।
7. वही, पृ. 1110।
8. निर्मल सम्प्रदाय, सम्पादक प्रो. प्रीतम सिंह, पृ. 117, तथा दे. गुरवाणी टीके : आनन्दघन, सम्पादन रतनसिंह जग्गी।
9. दे. डॉ. सरवण सिंह परदेसी : बाबा फरीद दी दुख चेतना।
10. वही।

11. दे. निर्मल सम्प्रदाय, सम्पादक प्रो. प्रीतम सिंह।
12. प्रो. किशन सिंह : गुरबाणी दा सच, पृ. 3।
13. वही, पृ. 17।
14. डॉ. शिवकुमार मिश्र : भक्ति काव्य और लोक जीवन, पृ. 51।
15. वही, पृ. 53।
16. वही, पृ. 54।
17. वही, दे. भूमिका।
18. आदि ग्रन्थ, पृ. 390।
19. वही, पृ. 145।
20. बाबरनामा 28, जहाँ बाबर 'खान-ए-जहान' पदवी वाले हिन्दू का उल्लेख करता है जो ग्वालियर के पास मुगलों को परेशान कर रहा था। (के.एम. अशरफ कृत 'लाइफ एण्ड कंडीशंस ऑफ दि पीपल ऑफ हिन्दोस्तान', पृ. 96)।
21. वही, पृ. 97।
22. दे. जे. एम. ग्रेवाल : 'गुरु नानक इन हिस्ट्री'।
23. गुरु नानक : ''लेख संग्रह'' पृ. 20 (प्रगति प्रकाशन, मास्को)।
24. मोरलैंड : एग्रेरियन सिस्टम ऑफ मुस्लिम इंडिया, पृ. 11।
25. गुरु नानक : लेख संग्रह, पृ. 22।
26. बुल्लिआ घर मसाल धड़वाई रहिंदे,
    ठाकर दुआरे ठग
    विच मसीती वस्मण कसाई
    आशक रहण अलग
    बुल्लिआ ! रंग मछली जा चढ़िओ,
    लोकी 'पुछण' खैर
    क्षसाँ इह कुझ दुनी तो खटिआ,
    मुह काला नीले पैर।
    —बुल्ले शाह (1680-1758 ई.)।
27. मध्यकालीन भारत, अंक 1, सम्पादक : इरफान हबीब, पृ. 12।
28. मध्यकालीन भारत, अंक 3, पृ. 21।
29. इतिहास की पुनर्व्यवस्था, पृ. 116 (राजकमल प्रकाशन, दिल्ली)। हरबंश मुखिया का लेख— 'मध्यकालीन भारतीय इतिहास और साम्प्रदायिक दृष्टिकोण'।
30. रामशरण शर्मा, भारतीय सामंतवाद, पृ. 280।
31. मोरलैंड, पूर्वोद्धृत।
32. रामशरण शर्मा, पूर्वोद्धृत।
33. आदि ग्रन्थ, पृ. 402।
34. गुरु नानक रचनावली, सम्पादक रतनसिंह जग्गी, (भाषा विभाग, पटियाला) पृ. 110।
35. आदि ग्रन्थ, पृ. 463-72।
36. यही।

37. वही।
38. वही, पृ. 468।
39. वही, पृ. 463।
40. वही, पृ. 13।
41. वही, पृ. 1107।
42. वही, पृ. 1108।
43. वही।
44. वही, पृ. 595।
45. वही, पृ. 55।

गुरु नानक के काव्य में इतिहास और संस्कृति

– कुँवर पाल सिंह

गुरु नानक के व्यक्तित्व और कृतित्व के अध्ययन के बिना भक्ति-आन्दोलन का अध्ययन अपूर्ण है। गुरु नानक का समय सन् 1469 ई. से सन् 1539 ई. तक है। गुरु नानक का समय इतिहास का सबसे उथल-पुथल का समय है। राजनैतिक दृष्टि से यह समय तुगलक, लोदी और मुगल शासकों का है। इन शासकों में उदार एवं कट्टरपंथी दोनों प्रकार के शासक थे। फिरोज तुगलक, सिकन्दर लोदी जैसे असहिष्णु और आततायी बादशाह थे, वहीं मुहम्मद तुगलक जैसे उदार शासक भी थे। गुरु नानक ने अपनी आँखों से भारत में बाबर के आक्रमण तथा सत्ता स्थापित करने को देखा। गुरु नानक ने युद्धों में साधारण जनता पर होने वाले अत्याचारों एवं कष्टों का वर्णन किया है। गुरु नानक भक्तिकाल के एकमात्र कवि हैं जिन्होंने सामंतों और युद्धलोलुप बादशाहों का अपने काव्य में खुलकर प्रतिरोध किया है। आक्रमणकारियों का सबसे अधिक प्रकोप स्त्रियों, कारीगरों और किसानों पर होता है। धर्म इन शासकों के लिए हथियार की तरह है। मूलतः ये कसाई हैं–

कलि काती राजे कसाई धरमु पंख करि उड़रिआ।

शासक घोर विलासी और अराजक थे। धर्म उनके लिए अपने पापों को ढकने के लिए एक खूबसूरत पर्दा था। अपनी विलासिता और ऐश्वर्यपूर्ण जीवन जीने के लिए वे किसानों, श्रमिकों और शिल्पीवर्ग का निर्मम शोषण करते थे। राज्यकर्मियों में भ्रष्टाचार व्याप्त था। स्थिति यहाँ तक थी कि पद और सम्मान खरीदे एवं बेचे जाते थे। (मौ. लतीफ : पंजाब का इतिहास, पृ. 493)

1526 ई. में बाबर ने भारत पर आक्रमण किया। गुरु नानक उस समय ऐमनाबाद में थे। उस आक्रमण में भारतवासियों पर बहुत अत्याचार हुए। गुरु नानक की दृष्टि में हिन्दू एवं मुसलमान दोनों धर्मों के साधारणजन इन अत्याचारों को झेल रहे थे। बाबर का मुख्य संघर्ष पठानों से हुआ और सबसे अधिक पठान ही कत्ल किए गए। राणा सांगा से दिल्ली और आगरा पर कब्जा करने के दो साल बाद संघर्ष हुआ। बाबर का संघर्ष शासकों से था, चाहे वे हिन्दू हों अथवा मुसलमान। मध्यकालीन सत्ता के संघर्ष को धार्मिक संघर्ष मानना सबसे बड़ी भूल है। हर आक्रमणकारी स्त्रियों के साथ दुर्व्यवहार करता था, ये स्त्रियाँ हर जाति, धर्म और सम्प्रदाय की होती थीं। गुरु नानक ने इस स्थिति का मार्मिक वर्णन किया है–

जिन सिर सोहनि पटिआ मांगी पाइ संधूर।
ये सिर काती मुंनी अन्हि गल विच आवै धूड़ि।
महला अन्दरि होदीआ हुणि बहणि न मिलन्ह हदूरि।
जदहु सीआ वी आहीआ लाड़े सोहनि पासि।।
तिन्ह गलि सिलका पाईआ तुटन्हि मोतसरीआ।।

(नानक वाणी, पृ. 292)

'जिन स्त्रियों के सिर पर पट्टियाँ सुशोभित थीं और उनकी माँग में सिंदूर डाला गया था, उनके केशपाशों को कैंची से काट दिया गया। धूल उड़-उड़कर उनके गले में पहुँचती थी। उन्हें अब बाहर बैठने को भी नहीं मिलता था। जब उनका विवाह हुआ था, उनके वर उनके पास थे। .....अब उनके गले के मौक्तिक मोतियों की लड़ी टूट गई थी और उनके गले में रस्सी पड़ी हुई थी।' गुरु नानक ने नारी की स्थिति को पूरी संवेदना के साथ अनुभूत किया है और उसे अभिव्यक्ति दी है पूरे भक्तिकाल में इतनी तीव्र नारी-चेतना हमें अन्यत्र सुनाई नहीं देती। गुरु नानक ने उसे समाज में पुरुष के बराबर अधिकार प्रदान किया है। इतना ही नहीं, वे नारी को प्रतिष्ठा की अधिकारिणी मानते हैं।

नानक साधारणजन और नारी की दुर्दशा के लिए तत्कालीन शासकों को उत्तरदायी मानते हैं। ये शासक पापी और दुष्कर्मी हैं, इन्हें स्नेह से ठीक नहीं किया जा सकता। नानक सभी पीड़ितों के साथ हैं। वे ऐसे समाज की स्थापना करना चाहते हैं जिसमें ऊँच-नीच, पाखण्ड और धार्मिक द्वेष और भेद-भाव न हो। भक्तिकाल में गुरु नानक एकमात्र कवि हैं जिन्होंने खुलकर क्रूर शासकों की आलोचना की है। अपने स्वार्थ के लिए ये शासक निरपराध लोगों को कड़ी सजाएँ देते हैं और मौत के घाट उतार देते हैं। उनके हृदय में निरपराधों के लिए कोई दया भाव नहीं है–

एती मार पई कुरलाणें
तै की दरदु न आइया।

वे वाल्मीकि की परंपरा को आगे बढ़ाते हुए कहते हैं–

करता तू सामना का सोई
जे सकता सकते कउ मारे
ता मनु रोस न होई।

गुरु नानक ने देश-विदेश की जितनी यात्राएँ कीं, शायद ही किसी सन्त अथवा भक्त कवि ने की हों। वे देश के हर तीर्थ-स्थल पर गये। उन्होंने स्वयं सब कुछ अपनी आँखों से देखा। सन्यासियों, वैरागियों, सूफियों, योगियों, पंडितों, मुल्ला और मौलवियों, सबसे बात की। श्रेष्ठ मानव समाज के लिए जो भी सूत्र उन्हें मिले, वे ग्रहण किए। उन्होंने भाईचारा, जनकल्याण, सत्य की खोज को अपने जीवन का लक्ष्य बनाया। धर्म के नाम पर फैले पाखण्डों, बाह्याडम्बरों का खुलकर विरोध किया। द्वेष और घृणा के स्थान पर प्रेम और बन्धुत्व का संदेश दिया। जाति-पाँति और छुआछूत को दूर करने के लिए उन्होंने हर संभव प्रयास किए। ईश्वर एक है और उसे सहज ही प्राप्त किया जा सकता है, उसके लिए किसी मंदिर, मठ और मस्जिद में जाने की आवश्यकता नहीं है। वे साधारणजन, वंचितों और पीड़ितों को एक नया विचार और दृष्टि दे रहे थे। उन्हें आत्म-सम्मान का जीवन जीने का एक सपना दे रहे थे। कोई छोटा-बड़ा नहीं है, ईश्वर की दृष्टि में सब बराबर हैं। नानक ऐसे समाज को बदलने का आह्वान करते हैं जो झूठ, दम्भ, मिथ्याचेतना और दूसरों के अधिकार हनन पर आधारित हो। समाज का आधार दया, करुणा, मनुष्यता, सत्य एवं सदाचार है। जो व्यक्ति संयम और पवित्रता को छोड़ देता है, मनुष्य कहलाने लायक नहीं है। उन्होंने लोगों को सच्चे धर्म पर चलने का आह्वान किया। धर्म के नाम पर भ्रम फैलाने वाले तमाम व्यक्तियों और संस्थाओं का विरोध किया। नानक ने अपनी कविताओं में ब्राह्मणों, योगियों, शाक्तों और जैनों आदि के धार्मिक आडम्बरों का विस्तार से वर्णन किया है और कहा है कि ये लोग धर्म के नाम पर पाखण्ड कर रहे हैं। योगी शरीर पर भस्म का लेप करता है, उसके हृदय में अंधकार और अज्ञान का वास है। ये लोग मोह-माया में फँसने के कारण ईश्वर की वास्तविकता को भूल जाते हैं–

माहर भसम लेपन करे अंतर गुवारि।
खिंथा झोली बहु भेख करै दुरमति हाहकारी।

साहिब सबहु न ऊचरै माइया मोह पसारी।
अंतर लालच भरमु है भस्मै गावरी।

(नानक वाणी, 137)

नानक समाज में व्याप्त व्यभिचार का विरोध करते हैं–

चौर जारा रंडीआ कुटणीआ दीवाणु
वेदीना का दोमती वेदीना का खाणु
सिफती सार न जाणनी सढा बसै शैतानु।

(नानक वाणी, पृ. 486)

गुरु नानक ने समाज को तीन वर्गों में बाँटा–शासक वर्ग, सैनिक वर्ग और साधारण जन। शासक वर्ग में मुल्ला और मौलवी भी शामिल थे और हिन्दू राजाओं के यहाँ पुरोहित और ज्योतिषी इस वर्ग का हिस्सा थे। शासक वर्ग चाहे हिन्दुओं का हो अथवा मुसलमानों का, हर तरह की सुविधा का उपभोग करता था। उन्हें कंचन और कामिनी की तृष्णा बराबर रहती थी। रूपवती स्त्रियों का खुला व्यापार होता था। शासक वर्ग और उनके सामंत अपने हरम और महलों में बहुत-सी स्त्रियाँ रखते थे। हिन्दू, मुसलमान दोनों में परदा प्रथा, बाल-विवाह, बहुपत्नी प्रथा आदि बुराइयाँ व्याप्त थीं। धर्म के नाम पर साधारणजन पर अनेक अत्याचार होते थे। रामधारी सिंह दिनकर ने इस पर टिप्पणी करते हुए लिखा है–''ये जातियाँ बहुत बड़ी संख्या में ब्राह्मणों की व्यवस्था से पीड़ित होकर इसलिए मुस्लिम बन गयीं क्योंकि वैसा करके स्पृश्यता के मामले में हिन्दुओं से बराबरी का दावा कर सकती थीं। हिन्दुओं के धर्म-परिवर्तन का यह मुख्य कारण था।'' (रामधारी सिंह 'दिनकर'–संस्कृति के चार अध्याय, पृ. 275)

अन्त्यजों को समाज में कोई सामाजिक, धार्मिक एवं राजनीतिक अधिकार प्राप्त नहीं था।

नानक के साहित्य में सबसे अधिक इतिहासबोध है, वे युगीन घटनाओं पर अपनी प्रतिक्रिया व्यक्त करते हैं। उनकी दृष्टि किसानों, छोटे व्यापारियों की उपेक्षा नहीं करती। बहुत से लोग इतिहास और साहित्य के अन्तःसम्बन्धों को बहुत यांत्रिक रूप से देखते हैं। नानक का उल्लेख 'तुजके बाबरी' में नहीं मिलता, उसी तरह कबीर का उल्लेख हमें किसी समकालीन ऐतिहासिक शोध में नहीं मिलता। इसी प्रकार तुलसी अकबर के समकालीन होते हुए भी अबुल फजल के किसी ऐतिहासिक ग्रंथ में नहीं दिखाई देते। इसका मतलब है कि सत्ता इन विद्रोही सन्तों को आसानी से

स्वीकार नहीं करती। इनके प्रति शासकों का उपेक्षा भाव रहता है। लेकिन जब ये लोग साधारण जनता में अपना स्थान बना लेते हैं, तब शासक वर्ग उनकी उपेक्षा करने में असमर्थ होता है। इनकी क्रान्तिकारी छवि को चमत्कार में बदलने का भरपूर प्रयास करता है। रहस्य, अध्यात्म और महानता के आवरण में उनकी परिवर्तनकारी भूमिका को धूमिल करने का षड्यन्त्र करता है।

गुरु नानक अयोध्या तथा उसके आस-पास के सभी तीर्थों पर गये, बाबर की मृत्यु के बाद 9 वर्ष तक जीवित रहे, लेकिन अब तक उनकी किसी भी रचना में राममंदिर अथवा राममंदिर का विध्वंस करके बाबरी मस्जिद का निर्माण वाली बात नहीं मिलती। यदि इस तरह की कोई घटना घटित हुई तो यह निश्चित रूप से बड़ी घटना थी, गुरु नानक जैसे समर्थ रचनाकार से कैसे ओझल हो सकती है?

गुरु नानक ने अपने जीवन में धार्मिक पाखण्डों, सामाजिक कुरीतियों और बाह्याडम्बरों का डटकर विरोध किया। परम्परा जब रूढ़ि बन जाती है, तो समाज को घुन की तरह खोखला कर देती है। उन्होंने हिन्दू-मुसलमानों के पाखण्डों और आडम्बरपूर्ण क्रिया-कलापों का विरोध करते हुए जीवन को सहज रूप में जीने की प्रेरणा दी। उन्होंने मठ, मस्जिद, तीर्थों के स्थान पर एक निरंकार को जपने का आह्वान किया। उनके समय में योगी भी मुक्ति के स्थान पर पाखण्ड फैला रहे थे, चमत्कारों के द्वारा साधारण जनता को भ्रमित कर रहे थे और जनता का आत्मविश्वास छीन रहे थे। नानक के यहाँ पाखण्डों के विरोध में काफी स्पष्टवादिता है।

पढ़ि पुसतक संधिआवादं, सिल पूजसि बगुल समाधं।
मुखि झूठ बिभूखण सारं। त्रेपाल तिहाल विचारं।
गलि माला तिलकु लिलाट दुई छोटी बसत्र कपाटं।
जे जाणसि बह्मं करमं समि फोकट निसचऊ करमं।

(नानक वाणी, पृ. 344)

नानक के विचार लगभग कबीर से मिलते हैं—

भेखी हाथ न लभई तीरथि नहीं दाने।
पूछउ वेद पंडतिआ मूठी विणु माने।
नानक कीमती सौ करै पूरा गुरु गिआने।

(नानक वाणी, पृ. 595)

गुरु नानक छुआछूत और ऊँच-नीच में विश्वास नहीं रखते थे। वे सभी को समान समझते थे। समाज में व्याप्त ऊँच-नीच, भेद-भाव का उन्होंने विरोध किया है–

जाणहु जोति न पूछहु जाती आगै जाति न है

(नानक वाणी, पृ. 248)

नानक जाति की अवधारणा को पूर्णतया खारिज कर देते हैं–

नीची अन्दर नीच जाति नीची हूँ अति नीचु।
नानकु तिनके संगि साथ वडिआ सिउ किया रीस।
जिथै नीच समाली अनि तिथै नदरि तेरी बखसीस।

(नानक वाणी, पृ. 102)

नानक कहते हैं कि मैं नीची जाति में जो नीच हैं और उन नीचों में भी जो बहुत नीच हैं, उन्हीं के साथ हूँ।

पकड़ जाति फकड़े नाउ सभना जीआ इका छाउ।
आपहु जे को भला कहाए, नानक तापरू जापै जापति लेखे पाए।

नानक कहते हैं कि जातिगत श्रेष्ठता का अहंकार बेकार है। वास्तव में कोई व्यक्ति अपनी जाति अथवा नाम के बल पर अच्छा कहलाता है तो अच्छा नहीं बन जाता है। नानक कहते हैं कि कोई भला तभी समझा जाता है जब परमात्मा के लेखे में प्रतिष्ठा प्राप्त करे अर्थात् उसके कार्य अच्छे हों–

खसमु बिसारहि ते कम जाति, नानक नावै बाझु सनाती।।

(नानक वाणी, पृ. 247)

परमात्मा के द्वार पर न कोई जाति है और न कोई जोर-जबरदस्ती है, अर्थात् परमात्मा के यहाँ ऊँच-नीच, छुआछूत का कोई प्रश्न नहीं और न ही किसी के व्यक्तित्व का जोर वहाँ चलता है–

"जाति महि जोति महि जाता अकल कलाभरपूरि।"

(नानक वाणी, पृ. 342)

नानक ने अपनी रचनाओं में समन्वय पर विशेष बल दिया। वे समाज में विभेद उत्पन्न करने वाले बाह्याचारों, पाखण्डों एवं कुरीतियों का खण्डन करते हैं–

"जोग सबद गिआन सबद वेद सबदं ब्राह्मणह।
ख्यती खबदं सूर सबद, सूद्र सबदं पराकृतह।
सरब सबदं त एक सबदं जै को जानसि भेउ।
नानक ताको दासु है सोई निरंजन देउ।।
(नानक वाणी, पृ. 231)

वे हिन्दुओं, मुसलमानों, योगियों आदि की आडम्बरपूर्ण क्रियाओं की निन्दा करते थे। तीर्थयात्रा, नदियों में स्नान, निर्वस्त्र घूमना आदि के साथ मुसलमान शरीयत के कई अंगों का भी उन्होंने खंडन किया। उनके शब्द हैं–

पढ़ि पुसतक संघिआ वादं, सिल पूजसि बगुल समाधं
मुखि झूठ विभूखण सारं। त्रेपाल तिहाल विचारं।
गलि माला तिलकु लिलाट दुई छोटी बसत्र कपाटं।
जे जाणसि ब्रह्म करमं समि फोकट निसचउ करमं।
(नानक वाणी, पृ. 595)

लोग तीर्थों में स्नान करने तो जाते हैं, किन्तु वे मन के खोटे और शरीर के साफ नहीं होते हैं। नहाने से उनका ऊपरी शरीर भले ही साफ हो जाता है, किन्तु मन साफ नहीं होता। ऐसे लोगों की तुलना नानक देव ने कड़वी लौकी से की है। उसे बाहर से चाहे जितना साफ करें, धोएँ किन्तु उसके अन्दर विषैलापन ही रहता है–

भेखी हाथ न लभई तीरथि नहीं दाने।
पूछउ वेद पंडतिआ मूठी बिणु गाने।
नानकं की मति सौ करै पूरा गुरु गिआने।
(नानक वाणी, पृ. 595)

नानक बाह्याडम्बरों पर व्यंग्य करते हैं--

धोती ऊजल तिलकु गलि माला, अंदरि क्रोधु पड़हि नाटसाला।
नाम विसारि माइआ मदु पीआ विनु गुरु भगति नाही सुखु थीआ।
(नानक वाणी, पृ. 478)

नानक कहते हैं कि जो व्यक्ति उजली धोती पहनते हैं, मस्तक पर तिलक और गले में माला पहनते हैं किन्तु उनके मन में क्रोध भरा हुआ है, वे किसी धार्मिक ग्रंथ

को पढ़ते हुए ऐसे लगते हैं मानो नाट्यशाला में नाटक का अभिनय कर रहे हैं। वे परमात्मा के नाम को बिसार कर माया रूपी मदिरा पीते हैं, किन्तु बिना गुरु के न भक्ति ही प्राप्त होती है और न सुख ही प्राप्त होता है।

नानक ने ब्राह्मणों के दिखावे, जप-तप, माला-तिलक आदि पर भी व्यंग्य किया है–

बुहि बकरा रिन्हि खाइआ सभु को आखे पाइ।
होण पुराणा सुतीऐ भी फिरि पाईऐ होरू।
नाना तभु न तुटई जे तगि होवै जोरू।

(नानक वाणी, पृ. 346)

नानक मुसलमानों के बाह्याडम्बरों और पाखण्डों पर भी प्रहार करते हैं–

मुसलमान कहावणु मुसकलु जा होइ ता मुसलमाणु कहावै।
अवलि अडलि दीनु करि मिहा कसकमाना मालु मुसावै।
होइ मुसलिसु दीन मुहाणे मरण जीवण का भरमु चुकावै।
रब की रजाइ मंने सिर उपरि करता मने आपु गवावै।
तउ नानक सरब जीआ मिहरमति होइ त मुसलमाण कहावै।

(नानक वाणी, पृ. 181)

नानक योगियों के पाखण्डों पर भी प्रहार करते हैं। वे कहते हैं कि योग शरीर पर भस्म लगाने, कानों में कुण्डल पहनने, मुद्रा पहनने, सिर मुँडवाने और शृंगी बजाने से प्राप्त नहीं होता। सच्चे योग की सिद्धि माया में रहकर भी माया से विरक्त होने से प्राप्त होती है–

जोग न खिथा जोगु न डंडे जोगु न भसम चढ़ाइए।
जोग न मुंदी मूंडि मुड़ाइए जोग न सिंगी वाईए।
अंजन माहि निरंजनि रहीए जोग जगति इव पाईए।

(नानक वाणी, पृ. 441)

मध्यकाल में भारतीय किसान और शिल्पी वर्ग सामंती दुश्चक्रों के बीच मुक्ति की संभावनाओं की तलाश करता रहता था। इस समय शोषण की प्रक्रिया जटिल हो गई थी। शासकों के साथ नया व्यापारी वर्ग, जमींदार और अमीर वर्ग अपने नए शोषण तंत्र के साथ साधारण जन को उत्पीड़ित कर रहा था। एक वर्ग और था–पुरोहित वर्ग जो इस अन्याय और अत्याचारों को न्यायोचित ठहराने का प्रयत्न

कर रहा था। नानक और उनके समकालीन कवियों ने इन जटिलताओं के बीच से लोक-संघर्ष का विकास किया। अफगान और मुगलकाल में कुछ नए वर्ग पैदा हो रहे थे, ये वर्ग कभी स्वयं शोषित और पीड़ित थे, लेकिन जब ये साधन-सम्पन्न हुए, तो जनता को लूटने में किसी से पीछे नहीं थे।

जै रत लगै कपड़े जामा होई पलीतु
जो रत पीवहि माणसा, तिन किउ निरमल चीत।

(आदि ग्रन्थ, पृ. 402)

नानक के काव्य में प्रकृति का बहुत वर्णन है, उन्होंने इसकी अभिव्यंजना बड़े कलात्मक ढंग से की है। उनके यहाँ प्रकृति सहचरी के रूप में है–

गंगन में थातु रवि चन्दु दीपक बने
तारिका मंडल जनक मोती।
धूप मलआनली पवणु चबरो करे
सगल वनराइ फूलंत जोती।

(आदि ग्रन्थ, पृ. 13)

नानक ने ऋतु वर्णन में अपनी साहित्यिक प्रतिभा का उत्कृष्ट नमूना प्रस्तुत किया है–

चेतु बसंतु भला, भवन सुहावड़े।
बन फुले मंझावारि, मैं फिर धरि बाहुड़े।
पिर धरि नहीं आवै धन किउ सुखु पावै
विरहि विरोध तन छीजे।
कौकिल आव सुहावी बौलै किउ दुख अंक सही जै।

(आदि ग्रन्थ, पृ. 1107)

गुरु नानक ने सिद्धान्त और व्यवहार की खाई को कभी गहरा नहीं होने दिया। उन्होंने जीवन भर दलितों, पीड़ितों और वंचितों के लिए संघर्ष किया और जब उत्तराधिकारी के चयन का प्रश्न उठा, तो इन्होंने अपने पुत्रों की ओर नहीं देखा, हालाँकि उनके दोनों पुत्र बहुत योग्य एवं ज्ञानी थे। उनके बड़े पुत्र श्रीचन्द्र ने उदासी सम्प्रदाय की नींव डाली। उनके अनुयायी बैरागी जीवन बिताते हैं। छोटे पुत्र लखमीचन्द्र भी ज्ञानी पुरुष थे और सिखों में आज भी उनका बहुत मान-सम्मान है। गुरु ने लहना जाट को अपना उत्तराधिकारी चुना। मध्यकालीन समाज में जाटों की

सामाजिक स्थिति बहुत अच्छी नहीं थी। गुरु नानक ने उसे अंगद नाम देकर अपना उत्तराधिकारी नियुक्त किया। आज के संदर्भ में यह प्रश्न अधिक विचारणीय है। 12 सितम्बर, 1539 ई. को गुरु नानक ने अपना शरीर त्याग दिया। गुरु नानक के मार्ग पर चलने वाले सिक्ख कहलाते हैं।

'सरबंगी' का ऐतिहासिक एवं सामाजिक परिवेश

शिवकुमार शाण्डिल्य

'सरबंगी' मध्यकालीन सन्त-काव्य का महत्त्वपूर्ण संकलन है। सन्त दादूदयाल के शिष्य सन्त रज्जबदास ने इस ग्रंथ में सन्त कबीर से लेकर अपने समय के लगभग सभी ख्यात, अल्प ख्यात तथा अज्ञात एक सौ सन्तों, भक्तों तथा सूफियों आदि की वाणियों का बड़ी ईमानदारी के साथ संकलन किया है। यह संकलन किसी भी सांप्रदायिक आग्रह से सर्वथा मुक्त है। सन्तों की वाणियों के अतिरिक्त इसमें उनके पन्द्रह लघु ग्रंथों को भी समाविष्ट किया गया है, जिनमें दो ग्रंथ संस्कृत के हैं।

इस ग्रन्थ की अभी तक ग्यारह पांडुलिपियाँ उपलब्ध हो सकी हैं। दस का उल्लेख विलेण्ड एम. कालवर्ट ने अपने ग्रन्थ 'दि सरबंगी ऑफ दि दादू पंथी रज्जब' के पृष्ठ 81 पर किया है। गुरुमुखी लिपि की एक प्रति रविदास पीठ, पंजाब विश्वविद्यालय के आचार्य एवं अध्यक्ष प्रो. धर्मपाल सिंहल को घिराचौं (पंजाब) से मिली है। प्रो. सिंहल ने इस पांडुलिपि को सन् 1990 में जालंधर से प्रकाशित करा दिया है।

इस ग्रन्थ की अभी तक कुल पाँच प्रकाशित प्रतियाँ उपलब्ध हैं :

1. श्री बृजलाल वर्मा द्वारा संकलित-संपादित सरबंगी, 1953।
2. मेरे सहयोग से डॉ. शिहाबुद्दीन ईराकी द्वारा संपादित 'सबंगी'।
3. प्रो. धर्मपाल सिंघल द्वारा संपादित सरबंगी।
4. कालवर्ट द्वारा संपादित सरवांगी। इसमें कुछ ही अंशों का संकलन-संपादन करके प्रकाशित कराया गया है। इसे पूर्ण अविकल प्रति नहीं माना जा सकता।
5. प्रो. शिबकुगार शांडिल्य, सरबंगी के अल्पज्ञान-अज्ञात सन्त (काव्य) 1979

ईराकी वाली प्रति अंगों में विभक्त है। इसमें विभिन्न सन्तों एवं भक्तों की 2463 साखियाँ, 3836 पद, 188 श्लोक, 877 सबद, 75 बैत, 15 कवित्त, 24 अरिल, 2 सवैये, 7 चौपाइयाँ, 2 रमैनी, 1 सोरठा, 1 कुण्डली और 1 गाथा संकलित है। संकलित पदों को शास्त्रीय रागों में विभक्त किया गया है। सम्पूर्ण संकलित काव्य की अवधि पन्द्रहवीं शती के आरम्भ से लेकर सत्रहवीं शती के नौवें दशक के बीच मानी जा सकती है।

अपने वृहत् कलेवर और ईमानदारी से किए गए संकलन के कारण ऐतिहासिक तथ्यों और सामाजिक परिवेश को उजागर करने की दृष्टि से यह महत्त्वपूर्ण स्थान रखता है।

'सरबंगी' में ऐतिहासिक तथ्य

'सरबंगी' सन्त-काव्य-ग्रंथ है। सतों को राजनीति से विशेष सरोकार नहीं था। इनका मुख्य लक्ष्य युगीन विसंगतियों को उजागर करके दिग्भ्रमित जनमानस को सही दिशा प्रदान करना था। प्रमुख सन्तों के जीवन से सम्बद्ध कुछ एक महत्त्वपूर्ण तथ्यों एवं घटनाओं को ही इसमें स्थान मिल सका है। अभिधा में एक-आध ही घटना का उल्लेख है, किन्तु लक्षणा और व्यंजना के आधार पर लगभग सभी घटनाओं को इस ग्रन्थ में टटोला जा सकता है। अभिधा में केवल इस घटना का उल्लेख है :

अकबर साहू बुलाईया, गुरु दादू कौं आप।
साँच झूठ ब्यौरौ हूवौ, तब रह्यौ नाँव परताप।

(अंग 39, पद 4)

सन्त रज्जबदास के जीवन से संबंधित एक किंवदंती लोक में प्रचलित है। ऐसा बताया जाता है कि सोलह वर्ष की आयु में रज्जब का विवाह आमेर के प्रतिष्ठित पठान परिवार से तय हुआ था। बारात जब आमेर की ओर जा रही थी, तो मावठा सरोवर के पास रज्जब को सन्त दादूदयाल की याद आई। उस समय दादू जी वहीं पर विराजमान थे। ये उनके दर्शन करने गए। सन्त उस समय ध्यानमग्न थे। समाधि टूटने पर सामने रज्जबदास को देखकर वे अत्यन्त प्रसन्न हुए। उन्होंने रज्जब को गृहस्थी अथवा प्रभु सेवा, दोनों में से किसी एक में मन लगाने का उपदेश दिया। रज्जब ने उस उपदेश को सुनकर अपने सिर का मौड़ उतारकर अपने छोटे भाई अज्जब के सर पर रख दिया और स्वयं विरक्त हो गये। विरक्त भाव धारण कर लेने पर भी इन्होंने दूल्हे का वेश नहीं उतारा क्योंकि इसी में उन्हें गुरु का साक्षात्कार हुआ

था। ऐसा भी बताया जाता है कि गुरु दादूदयाल की मृत्यु के पश्चात् इन्होंने सदैव अपनी आँखें बन्द रखीं। इनकी मृत्यु सन् 1689 में 122 वर्ष की आयु में हुई।

'सरवंगी' में गुरु दादूदयाल की मृत्यु के पश्चात् आँखें बन्द किए रहने का कोई उल्लेख नहीं मिलता। हाँ, दूल्हे का वेश धारण किए रहने का संकेत इस साखी से मिल जाता है :

रज्जब घर घरणी तजै, पर घरणी न सुहाय।
अहि तज अपनी कंचुकी, काकी पहरे जाय।।

(अंग 12, साखी 13)

इसी प्रकार अन्य अनेक ऐतिहासिक घटनाओं के संकेत इस विशालकाय ग्रन्थ में यत्र-तत्र-सर्वत्र मिल जायेंगे, केवल इतिहास दृष्टि स्पष्ट होनी चाहिए।

सरबंगी में अभिव्यक्त सामाजिक परिवेश

सन्तों के श्रोताओं में हिन्दुओं और मुसलमानों का सुखद सम्मिलन रहा है। इन श्रोताओं का कोई धर्म यदि कहा जा सकता है तो वह है—मानवतावाद। सन्तों के लिए भी हिन्दू या मुसलमान धर्म का इतना महत्त्व नहीं था जितना मानव धर्म का। इनका मुख्य लक्ष्य भाई-चारे की भावना को प्रशस्त करना था। सन्त किसी जाति, किसी विशेष समाज या किसी सम्प्रदाय से जुड़े नहीं होते। सबका दुख उनका दुख होता है और सबका सुख उनका सुख।

सन्तों के श्रोता अधिकतर जन-साधारण या आज की भाषा में सर्वहारा वर्ग के लोग हुआ करते थे। इनका जन्म अधिकतर निम्नवर्गीय समाज में हुआ था। मध्ययुग का यह समाज एक जब्दी हुई मनोवृत्ति का शिकार था। उस समय शासक वर्ग इनके शोषण को अपना नैतिक कर्त्तव्य मानता था। इन्हें छूने में उसे पाप अवश्य लगता था, किन्तु तिल-तिल गलाकर इन्हें खा जाने में उसे आनन्द का अनुभव होता था।

मध्ययुगीन सन्त सांस्कृतिक समन्वय के बहुत बड़े आन्दोलन के सूत्रधार रहे हैं। प्राकृतिक सन्तुलन के लिए जिस प्रकार भूकम्प, ज्वालामुखी, बाढ़ एवं सूखे आदि का आना अनिवार्य होता है, उसी प्रकार सामाजिक सन्तुलन के लिए आन्दोलनों, क्रांतियों एवं परिवर्तनों का होना आवश्यक है। सामाजिक सन्तुलन को बनाए रखने के लिए युगीन परिवेश से मानवमात्र की प्रकृति का सन्तुलन करना अनिवार्य है। परिवेश और मानव के इसी सन्तुलन को युगीन धर्म की संज्ञा दी जा सकती है। सन्तों ने अपने युग में इसी युगीन धर्म की शिक्षा पर बल दिया है। ये मानव को सांप्रदायिकता की भावना से ऊपर उठाकर उनके दिलों को जोड़ने का सुखद कार्य

करते हैं। या यों कहिए कि ये युगीन मानव को युगीन धर्म के लिए चेतन बनाते हैं। ये उन्हें उस धर्म में दीक्षित करते हैं जो उन्हें जोड़ता है, तोड़ता नहीं। यह ऐसा धर्म होता है जो दूसरे पर अत्याचार करना नहीं सिखाता। ऐसे धर्म में दीक्षित सच्चा धार्मिक कभी अत्याचारी नहीं हो सकता . वह सदैव सहनशील होता है। वह सदैव क्षमाशील होता है।

सन्तों ने सामाजिक नैतिकता की दृष्टि से अपूर्ण मानव को सार्थक सामाजिक पूर्णता की ओर अग्रसर किया। उनकी मान्यताएँ शाश्वत, अखंडित रहने वाली सामाजिक मान्याताएँ बन जाती हैं। समाज के विषय में भी कहा जा सकता है कि समाज की भौतिक मान्यताएँ भले ही लगातार बदलती रहें, किन्तु उनका नैतिक दृष्टिकोण सदा एक-सा रहता है।

मेरे विचार से समाज अवचेतनाओं की सामूहिक अन्तःक्रियाओं से निर्मित ऐसी सामूहिक अवचेतना है जिसका प्रवाह चिरंतन एवं स्थायी होता है। इस सामूहिक अवचेतना को वैयक्तिक और निजी चेतना के रूप में खंड-खंड करके देखना उचित नहीं है। समाज एक गतिशील व्यवस्था होते हुए भी अपने मूल में कुछ शाश्वत मान्यताओं को समाहित किए रहता है। ये मूल्य सार्वभौमिक होते हैं और इस दृष्टि से समाज, सामूहिक अवचेतना का संघटन होता है। ऐसी सघटना का प्रवाह चिरन्तन हुआ करता है।

स्थूलतः सामाजिक तथ्यों एवं मान्यताओं पर इन दृष्टियों से विचार किया जा सकता है :

1. राजनीतिक परिवेश
2. धार्मिक मान्यताएँ
3. सामाजिक संवेदनाएँ
4. लोकाचार
5. लोक कलाएँ
6. दार्शनिक मान्यताएँ
7. लोक-मान्यताएँ एवं लोक-भाषा

1. राजनीतिक परिवेश

भारतवर्ष के आरम्भिक मुस्लिम शासकों में धार्मिक कट्टरता देखी जा सकती है। किन्तु मुगलकाल तक आते-आते ये शासक पूर्णतः भारतीय हो गए थे। आरम्भ में कट्टरपंथी धार्मिक असहिष्णुता का दौर सघन था। किन्तु आपसी सम्मिलन और

एकता की धारा भी लगातार प्रवाहित हो रही थी। इस सम्मिलन ने ऐसे सन्तों को जन्म दिया जो आपसी भेद-भाव को मिटाकर सर्वत्र भाईचारे को प्रसारित करना चाहते थे।

सरबंगी के इन सन्तों में बाबा शेख फ़रीद, कबीर, रैदास, गुरु नानक, दादूदयाल एवं रज्जब के नाम अग्रणी माने जाते हैं। इन सन्तों ने विश्व-बंधुत्व, धार्मिक सादगी, एकेश्वरवाद, जातिप्रथा का विरोध, अस्पृश्यता और मूर्तिपूजा को नकारने जैसे सिद्धान्तों की अपने काव्य में महत्त्वपूर्ण भूमिका अदा की। एक तरफ था उदारतावादी दृष्टिकोण और दूसरी तरफ धर्म-गुरु धार्मिक कट्टरता को लगातार बढ़ावा दे रहे थे। इस कट्टरता में उनका स्वार्थ निहित था। इस बात के प्रमाण भी मिलते हैं कि धार्मिक गुरु जमींदारी और इकताओं के मद में भूले थे। इनका राजनीतिक सत्ता से उतना ही गहरा तालमेल था जितना इनका अपने धर्म के लोगों पर वर्चस्व था। ये द्वैत की राजनीति में जी रहे थे और इसी प्रकार के तालमेल ये अपने सामाजिक जीवन में बनाए हुए थे। ऊपर से तिलक, दानी और भीतर से कतरनी। इसीलिए कबीर जैसे सन्तों को ढोल पीट-पीटकर कहना पड़ा :

हरिजन हंस दसा लिए डोले। निर्मल नांव चवै जस बोले।
मानसरोवर तट के वासी। रामचरन चित आनी उदासी।
मुक्ताहल बिन चंचन लावै। मूनि गहै कै हरि गुन गावै।
कउआ कुबुधि निकटि न आवै सौ हंसा निज दरसन पावै।
कहे कबीर सोई जन तेरा। खीर नीर का करै नबेरा।।

(सर्वंगी, साध पारिख कौ अंग, राग भैरों 4)

2. धार्मिक मान्यताएँ

सरबंगी में सम्मिलित सन्तों, नाथों, भक्तों एवं सूफियों के समय में सामाजिक व्यवस्था का आधार अस्थिर राजनीतिक संस्कृति रहा था। ब्राह्मणों एवं मौलवियों-काजियों द्वारा निर्मित जटिल सामाजिक व्यवस्था का सब ओर बोलबाला था। मुस्लिम राजनीतिक संस्कृति जितना ही अपना असर कर रही थी, उतना ही हिन्दू-संस्कार अपने को कैंचुए की तरह सिकोड़ रहा था। इस संकुचन के फलस्वरूप हिन्दू संस्कार अत्यन्त संकुचित हो गए थे। उनमें जादू-टोना, मंत्र-तंत्र में विश्वास बढ़ा जा रहा था। आचार्य हजारीप्रसाद द्विवेदी ने इसे उनकी जब्दी हुई मनोवृत्ति कहा है।

सामंतवाद ने राजनीतिक अस्थिरता, सामाजिक असमानता, अस्तित्व रक्षा के लिए सर्वत्र शंका भाव के प्रसार और अनेक कठोर बन्धनों को जन्म दिया था। इस व्यवस्था के कारण हिन्दू समाज के एक बहुत बड़े वर्ग को सामाजिक रूप से पद-दलित, पर-पीड़ित और धार्मिक दृष्टि से संत्रस्त बना दिया गया था।

अधिकतर सन्त, नाथ और भक्त निम्न-कुलोत्पन्न थे। उन्हें मन्दिर में पूजा-अर्चना करने का अधिकार नहीं था। वैसे इस्लाम की धार्मिक कट्टरता में भी उनका विश्वास नहीं था। उन्होंने दोनों धर्मो के गुणों को ग्रहण करके सहज धार्मिक मार्ग प्रस्तुत किया। इनके काव्य में जाति-पाँति, ऊँच-नीच, जप-यज्ञ, होम, गायन, नाच एवं स्वाँग आदि पाखण्डों से ऊपर उठकर सच्चे धर्म के निर्माण का लक्ष्य सर्वत्र परिलक्षित होता है। वे मूढ़ धार्मिक अन्धविश्वासों को भुलाकर प्रेम और भक्ति का मार्ग प्रशस्त करना चाहते थे। इनकी विचार-धारा युगीन विचार-धाराओं की अच्छाइयों का सम्मिलन है। मुस्लिम विचार-धारा के अनुरूप ये ईश्वर को करोड़ों सूर्यों की सम्मिलित ज्योति का रूप मानते हैं। बौद्धों की भाँति ये अच्छे कर्मो को निर्वाण-प्राप्ति का मार्ग प्राप्त करने की विचार-धारा प्रस्तुत करते हैं। सूफियों की भाँति ये प्रत्येक आत्मा में विश्वात्मा की व्याप्ति का अनुभव करते हैं। वेदान्तियों की भाँति ये अपनी अच्छाइयों के माध्यम से सोऽहम् की स्थिति तक पहुँच जाने में विश्वास करते हैं। सन्त नामदेव, दास को जग से न्यारा मानते हैं :

भाई रे जग थैं दास नियारा।।
वेद-पुरान सोधि सब देखौं। पंडित करौ विचारा।।
दधि मथि जैसे घृत करि लीनाँ, बहुरि न एकठ थाई।।
पावक दार जतन करि काढै। बहुरि न कहा सगाई।।
पारस परिस होत जैसे कंचन। बहुरि न तंबक होई।।
ढाक पलास बेठियौ चंचन। कष्ट कहै नहिं कोई।।
जे जन राँम नामहिं जानैं छाड़ि क्रम की आसा।।
ते जन रामहिं राँम समानैं। प्रणवत नामदेव दासा।।

(सरबंगी, माया मध्य मुक्ति कौ अंग, राम सारंग 2)

3. सामाजिक संवेदनाएँ

सरबंगी के सन्त, नाथ, भक्त एवं सूफी युगीन समाज में व्याप्त विसंगतियों के मानसिक क्लेश की अनुभूति तो करते थे, किन्तु अनावश्यक अमर्यादित भाषा के

प्रयोग से सदा बचना चाहते थे। यह उनके वाणी-संयम का अंग भी कहा जा सकता है। सामाजिक संवेदनाओं से छुटकारा दिलाने के लिए इन्होंने भक्ति का सीधा-सच्चा मार्ग पकड़कर सड़ी-गली सामाजिक मान्यताओं से छुटकारा पाने का आसरा दिया।

धर्म, दर्शन, राजनीति, आर्थिक स्थिति और भाषा को युगीन सामाजिक संवेदनाओं का आधार माना जा सकता है। सन्त इनसे प्रभावित हुए बिना नहीं रह सके। नए संक्रमण ने नई संवेदनाओं को जन्म दिया। राजनीति तथा धर्म के सम्बन्ध में पीछे प्रकारान्तर से विचार किया जा चुका है। सन्तों ने साकार को उपास्य बनाने के लिए, साकार की उपासना करते हुए भी, उसे निराकार के धरातल पर प्रतिष्ठित किया क्योंकि सरकार की स्थिति में उपास्य किसी का भाई, पिता, बेटा, पति या नाती आदि सब कुछ हो सकता है, किन्तु अपने में प्रतिष्ठित गुणों के आधार पर वह इन सब बन्धनों से परे हो जाता है। मात्र गुणमय हो जाने पर वह पूज्य, आराध्य और श्रद्धेय बन जाता है। संभवतः यही कारण है कि सन्तों ने साकार की उपासना के स्थान पर निराकार की आराधना पर बल दिया। यह उसका सीधा-सरल मार्ग था।

इस्लाम के अल्लाह के नामों को सन्तों ने सदैव भरतीय नाम ही माना है। ये किसी टेढ़े-मेढ़े दर्शन का अनुसरण नहीं करते। मत-मतान्तरों को छानकर वे ऐसा कुछ निकाल लेते हैं जो सारे समाज को जोड़ने का काम करता है, तोड़ने का नहीं।

सरबंगी के लगभग सभी सन्तों, भक्तों और सूफियों आदि ने सामाजिक विसंगतियों के प्रभावों को अपने काव्य में वाणी प्रदान अवश्य की, किन्तु उन विसंगतियों से छुटकारा पाने का सीधा-सरल मार्ग भी प्रदर्शित किया।

कुछ उदाहरण दृष्टव्य हैं :

काया डंड मन मैं हरि गुना।
जल बिन निर्मल हरि के जनाँ।।

काली कोयल अंब अहार। उजल बग बहु जीव संघार।।
बुधि बिन बाइस सबै अहार। खीर-नीर बहु हंस विचार।।
कहि नापा हरि करनी सार। बर्नबाँन कौ उतर्यौ पार।।

—वर्ण और बानी से कोई पार नहीं उतर पाता है। आचरण की शुद्धि की सबसे बड़ा दरकार है।

(सरबंगी, सूक्षिम सेवा कौ अंग, राग भैरूँ 7)

रहै नियारा सब करैं। काहू लिपत न होइ।
आदि अन्ति भनै घड़े। दादू सम्रथ सोइ।।

(वही, सम्रथाई कौ अंग, साखी 2)

साचे झूठे ज्ञान का, पाया पारिख भाग।
रजब राग अनंत है, परि दीवा दीपक जाग।।

(वही, गुप्त गोपी जीव प्रगट प्रछूया कौ अंग,
ज्ञान प्रछूया, साखी)

4. लोकाचार

सरबंगी के सन्त लोक-मानस और लोकाचार से पूर्णतः परिचित थे। लोक की माटी से इनका अन्तरंग परिचय था। सभी सन्त लगभग गृहस्थ थे। ये लोकाचार को कहीं भी नहीं भूले थे। सामाजिक व्यवहार का इन्हें पूर्ण ज्ञान था। ये समाज को आपस में जोड़ने वाली लोक-परम्पराओं और लोकाचारों को मनसा स्वीकार करते थे, किन्तु जो लोकाचार तोड़ने का काम करते थे, उन्हें ये कभी भी स्वीकार नहीं थे। ऐसे लोकाचार इनके लिए हेय और त्याज्य थे।

समाज में दोष पैदा करनेवाले लोकाचारों से इन्हें नफ़रत थी। समाज में सड़ाँध पैदा करनेवाली रीतियों और लोकाचारों से बँधे रहना इनके स्वभाव के विरुद्ध था। हार्दिक प्रेम अथवा सौहार्द को बढ़ावा देनेवाले लोकाचार को इन्होंने सदैव महत्त्वपूर्ण माना। सन्त रज्जबदास ने तो अनेक दृष्टांतों के माध्यम से ऐसे लोकाचार को बुरा बताया।

कुछ उदाहरण दृष्टव्य हैं :

रजब माला मोहिनी, जाकौं सतगुरु देइ।
सो सुणि कांधे काठका, कबहु भार न लेई।
रजब सुमिरण महिला, माला रहित सु होइ।
पंच पचीसौ त्रिगुण मन, बिरला फेरे कोइ।
ब्रह्म वेद ब्रह्मन्ड यहु, कीया सकल कुरान।
रजब माँड मुनाफ कौ, बाँचे साध सुजान।

(वही, भजन भेद कौ अंग, साखी 17, 18 एवं 22)

5. लोक-कलाएँ

सन्तों के साहित्य में लोक-कलाओं का भी उल्लेख स्थान-स्थान पर मिल जाता है।

सरबंगी के अधिकांश सन्त किसी न किसी पेशे से जुड़े थे। अपने पेशे के प्रति ये पूरी तरह ईमानदार थे। इनके काव्य में अपने पेशों से सम्बद्ध शब्दावली स्थान-स्थान पर मिल जाती है। कबीर के काव्य में जुलाहीगीरी की शब्दावली सर्वत्र बिखरी मिल जाती है। इसी प्रकार महामानव रैदास के काव्य में चर्मचारी से सम्बद्ध शब्दावली के अनेक उदाहरण मिल जाते हैं। कुछ अन्य सन्तों के काव्य में भी इसी प्रकार लोकोपयोगी कलाओं के उदाहरण मिल जाते हैं।

कसणी *शिष सोना ह्वै सोलहाँ।*
रज्जब कसणी सार।

(सरबंगी, अंग 5, साखी 28)

कुम्भ, कुम्भार *सेवग कुम्भ कुम्भार गुर, घाड़ि घाड़ि काढै खोट।*
रजब भाहिं समाइ करि, तब बाहरि दे चोट।।

(वही, अंग 5, साखी 9)

चन्द्रमणि *चिदानन्द चन्द्र शुक्ला। चन्द्रमणि गुरु सन्त।*
उभै मिलन अमृत सवहि। पीवहि जीवनि जंत।

(वही, अंग 8, साखी 19)

ताँबा, लोही *रज्जब ताँबा लोह पखि, पारस है प्रभु नाँव।*
परसे सौ कंचन भये, यहु निरपख निज ठाँव।।

(वही, अंग 77, साखी 7)

काजल *छैला काजल दूध सौं, धोयें सेत न होय।*

(वही, अंग 92, साखी 49)

गोट *गात गोट के रूप हैं, बाजीगर निज नाथ।*
बषेरि मेलतो बेर क्या, ए सब उनके हाथ।

(वही, अंग 8, साखी 12)

नींबू, धतूरा, आक *नींब धतूरे आक विष, मध्य बिसै उन माँहि।*

(वही, अंग 22, साखी1)

6. दार्शनिक मान्यताएँ

सरबंगी में वेदान्त से लेकर सन्त रज्जबदास के समय तक की सभी दार्शनिक मान्यताओं को देखा जा सकता है। इसमें अद्वैत, विशिष्टाद्वैत, शुद्धाद्वैत, द्वैताद्वैत, इस्लाम एवं सूफी दर्शन, बौद्ध एवं जैन मतों की मान्यताओं के साथ-साथ सभी मत-मतान्तारों के सूक्ष्म तन्तुओं को खोजा जा सकता है।

इस सम्बन्ध में विस्तार की अपेक्षा है। इसे इस छोटे से लेख में नहीं बाँधा जा सकता। धर्म-दर्शन-सम्बन्धी शब्दावली के कुछ उदाहरण प्रस्तुत हैं :

श्रुति, ब्रह्म — *ब्रह्म जगति श्रुति सार मैं, तामस हैं गुण दोइ।*
(वही, अंग 11, साखी 9)

षट दर्शन — *षट दर्शन सलिलहुं षड्या, आत्म लोटी होइ।*
गुरु राज मूरित गढ़ै, सो बन्दे सब कोइ।
(वही, अंग 3, साखी 28)

आदम, औलिया अलाह — *आदम ईदम औलिया, गहिए जगह अलाह।*
(वही, अंग 20, साखी 6)

हदीस — *मन बच क्रम रजब कहि, बेचत वेद हदीस।*
(वही, अंग 22, साखी 39)

7. लोक-मान्यताएँ एवं लोक-भाषा

सरबंगी में लोक की सम्पूर्ण मान्यताओं के विषद चित्र देखे जा सकते हैं। सारे सन्त, भक्त और सूफी आदि लोक की माटी से गहनतः सम्पृक्त थे। सरबंगी में जन सामान्य के खान-पान, पूजा-पाठ विधियों, रिश्ते-नातों, सौंदर्य प्रसाधनों, आधि-व्याधियों, कृषक के उपकरणों, मनोरंजन के साधनों, दैनिक उपयोग की वस्तुओं, पशु-पक्षियों एवं जलचर आदि का चित्रण विस्तारपूर्वक हुआ है।[1]

सरबंगी की भाषा पूर्णतः लोक-मानस की भाषा है। इसके संस्कृत श्लोक भी लोक के भारतीय संस्करण हैं। कुछ उदाहरण दृष्टव्य हैं :

अथ ग्रन्थ सर्वगी लिखतं हैं।[2]
दादू नमो नमो निरंजनं, नमस्कार गुरदेवतह।
वन्दनं श्रवसाधवा, प्रणामं पारंगतह।

(वही, अस्तुति कौ अंग)

प्रथमि हतं पुनः हतं, प्रछालि पादौ करं।
पुन चैंब चक्रहधरं, भवर करं छीन गलं।
दो दलं भस्म लिलाहि हततं, पुनः प्रचूष करं।
रे रे चित किं भ्रमसि अपस जित कालो न वंचिसी।

(वही, अंग 5, श्लोक)

इस लघु निबन्ध में सरबंगी में अभिव्यक्त ऐतिहासिक तथ्यों एवं सामाजिक परिवेश को समास शैली में अभिव्यक्त करने का प्रयास किया गया है। इन दोनों पक्षों पर कई एक शोध प्रबन्धों के बाद भी बात कहने को शेष रह जाएगी। इस ग्रन्थ पर मैं चार शोध-प्रबन्धों का निर्देशन कर चुका हूँ, किन्तु मुझे लगता है कि अभी कम से कम और छह ग्रन्थों की अपेक्षा है जिससे इस ग्रन्थ के साथ कुछ न्याय किया जा सके।

संदर्भ

1. संपा. बृजलाल वर्मा, सरबंगी।
2. संपा. सिहाबुद्दीन ईराकी, सर्बंगी, 1985।
3. संपा. प्रो. धर्मपाल सिंहल, सरबंगी (गुन गंजनामा सहित), 1990।
4. संपा. विलैंड एम. कालवर्ट, दि सरबंगी ऑफ दि दादू पंथी रज्जब, 1978।
5. संपा. प्रो. शिवकुमार शाण्डिल्य एवं डा. बीनू वर्मा, सरबंगी के अल्पज्ञात-अज्ञात सन्त (काव्य खंड), 1889।

(प्रस्तुत लेख में सारे संदर्भ ईराकी वाली प्रति में मेरे संशोधनों के साथ प्रस्तुत किए गए हैं।)

कबीर से सब डरते हैं

– प्रो. कुँवर पाल सिंह

इतिहासकार ने कहा था कि इतिहास से सब डरते हैं क्योंकि वह सबको आइना दिखाता है और हम यथार्थ नहीं देखना चाहते और कृत्रिम यथार्थ हमें अधिक पसंद है। यह बात कबीर के लिए भी सच है कि कबीर से सब डरते हैं–दोस्त और दुश्मन दोनों। पिछले पाँच सौ साल से ये प्रयास हो रहे हैं कि कबीर को हाशिए पर रखा जाए। कुछ दिनों तक लोग इसमें सफल भी हुए, लेकिन कबीर न रामचन्द्र शुक्ल के मुहताज हैं और न अपने नासमझ भक्तों के। एक फक्कड़, नई परंपरा बनाने वाला और एक ऐसे धर्म की परिकल्पना करने वाला जहाँ सभी शरण ले सकें बिना भेदभाव के, भले ही इसे उटोपिया कहें, लेकिन कबीर जीवन-भर किसी भी परम्परागत धर्म, पंथ या सम्प्रदाय का विरोध करते रहे। जितनी कबीर को मंदिर और मठों से चिढ़ थी, उतनी ही मस्जिदों से थी। कबीर धर्म के हर व्याख्याकार का विरोध करते हैं। कबीर ने जब यह कहा–

"पोथी पढ़-पढ़ जग मुआ, पण्डित भया न कोय।
ढाई आखर प्रेम का, पढ़े सो पण्डित होय।।"

तो यहाँ पोथी का अर्थ साधारण किताब नहीं है, बल्कि वह धर्म-ग्रंथ हैं जो मनुष्य को रास्ता नहीं दिखाते, मनुष्यता का पाठ नहीं पढ़ाते। उनसे मुक्ति भी नहीं होती। कितनी ही एकता की बात करें, पर उनके व्याख्याकारों, पंडों, पुरोहितों और मौलवियों आदि ने मनुष्य को अलगाव के रास्ते पर ही धकेला है।

"तू कहता कागद की देखी, मैं कहता आँखिन की देखी।"

कबीर सिद्धांत और व्यवहार की धार्मिक संस्थाओं और समाज में जो खाई है, उसकी ओर बराबर ध्यान आकर्षित करते हैं। जो कबीर को अनपढ़, अज्ञानी कहते

हैं, वह यह भूल जाते हैं कि मध्यकाल के किसी सूफी, सन्त और भक्त के पास विश्वविद्यालय और कॉलेज की उपाधि नहीं थी, उनको ज्ञान जीवन की पाठशाला से मिला था। इसलिए कबीर पर ये आरोप कि वे अनपढ़ थे, हास्यास्पद है, यह हमारे पूर्वाग्रहों की छवि है। जब यह सब कहने और करने से कोई परिणाम नहीं निकला, तब कबीर के लगभग एक सौ पचास साल बाद कबीर को वैष्णव रामानन्द का शिष्य घोषित किया और दो क्षेपक जोड़े—

"काशी में हम परगट भये और रामानन्द चेताये।"

और दूसरा—

"काशी का मैं बाम्हनवासी नाम मेरा परवीना।
एक बार हरि नाम बिसारा पकड़ कीन्हा जुलाहा कौन बुनेगा ताना।।"

यह सब कबीर के उस क्रांतिकारी स्वरूप को धूमिल करने का प्रयास है। न कबीर प्रगट हुए और न रामानन्द के शिष्य थे, वे वैष्णव परम्परा के साथ कभी नहीं रहे। जिस अवतारवाद की वे जीवन-भर निन्दा करते रहे, उसके वह समर्थक नहीं हो सकते। उनके नासमझ शिष्य कहते हैं कि कबीर पैदा नहीं हुए, बल्कि प्रकट हुए। उन्हें चमत्कारी कबीर चाहिए, सुधारक कबीर नहीं। आचार्य शुक्ल जैसे इतिहासकार भी भ्रम फैलाते हैं—"रामानन्दजी के माहात्म्य को सुनकर कबीर के हृदय में शिष्य होने की लालसा जगी होगी। ऐसा प्रसिद्ध है कि एक दिन वे एक पहर रात रहते ही उस (पंचभंगा) घाट की सीढ़ियों पर जा पड़े जहाँ से रामानन्दजी स्नान करने के लिए उतरा करते थे। स्नान को जाते समय रामानन्दजी का पैर कबीर के ऊपर पड़ गया। रामानन्दजी बोल उठे 'राम-राम कह'। कबीर ने इसी को गुरुमंत्र मान लिया और वे अपने को रामानन्द का शिष्य कहने लगे। वे साधुओं का सत्संग भी रखते थे और जुलाहे का काम भी करते थे।" यह कबीर के विचारों और दर्शन से मेल नहीं खाता और न इतिहास-सम्मत है। सन्त काव्य की मूल भावना को समझे बिना लोगों ने ये सब चीजें आरोपित की हैं। किसी व्यक्ति के विद्रोही चरित्र को धूमिल करना है, तो उसे मठ और मन्दिर में स्थापित कर दीजिए, अवतारवाद से जोड़ दीजिए, चमत्कारों की कहानियों से उसे आभामण्डित कर दीजिए, उसे पूजा की वस्तु बना दीजिए। हमारी कुलीन संस्कृति ने यह काम गौतम बुद्ध, महावीर स्वामी, सिद्धों और नाथों के साथ बहुत सफलतापूर्वक किया है। जो गोरखनाथ समाज को जाति-पाँति और संकीर्ण धर्म के बंधनों से मुक्त करने चले थे, उन्हीं के शिष्यों ने उन्हें मंदिरों और मठों में कैद कर दिया है। उनके नाम पर साम्प्रदायिक राजनीति कर रहे हैं।

गोरखपुर के महन्त अवैद्यनाथ साम्प्रदायिक राजनीति में बढ़-चढ़कर हिस्सा ले रहे हैं तथा गोरखनाथ ने जिस अवतारवाद का विरोध किया, उसे वे प्रतिष्ठित करने में लगे हुए हैं।

हमारे देश में मंदिर संस्कृति इतनी प्रबल है कि वे तमाम परिवर्तनकारी व्यक्तियों को, चाहे वह समाज सुधारक हों, महान कवि हों, उन्हें मंदिर में स्थापित कर देती है। इस संस्कृति के सबसे अधिक निशाने पर कबीर और तुलसी हैं। तुलसी को बार-बार मंदिर में प्रतिष्ठित करते हैं, लेकिन वे चुपके से निकलकर कोल, किरात, निषाद और आदिवासियों में खड़े हो जाते हैं। हिन्दुत्ववादी शक्तियाँ उन्हें हिन्दू संस्कृति के पुरोधा, धर्म के उद्धारक, मुक्तिदाता कहकर और 'रामचरितमानस' का अखण्ड पाठ करके अपने घेरे में लेते हैं। तुलसी कुछ दिन इनकी कैद में रहते हैं और फिर 'माँग के खाइबो, मसीत को सोइबो, लेबे को एक न देबे को दोऊ' का उद्घोष करते हुए इनके चंगुल से मुक्त हो जाते हैं।

कबीर, वो कभी इनके घेरे में आए ही नहीं। कबीर भारतीय सामंती समाज की मूल अवधारणा पर चोट करते हैं। जातिवाद, वर्ण-व्यवस्था और धार्मिक संस्थान भारतीय सामंतवाद के मूलाधार हैं और जो भारतीय स्वतंत्रता की पचासवीं वर्षगाँठ पर भी जनता को बाँट रहे हैं और उसके दुःख-दर्द बढ़ा रहे हैं। जाति और धर्म के आधार पर आज भी सत्ता को प्राप्त करने की होड़ हो रही है। किसान-मजदूर और कारीगर तक भी इनके हाथों पिस रहे थे और आज भी पिस रहे हैं। इसलिए ये सत्ताधारी वर्ग कबीर से आज भी डरते हैं। कबीर ने केवल सामाजिक ऊँच-नीच पर चोट नहीं की, बल्कि आर्थिक विषमता पर भी बराबर चोट की है—

"एकनि दीना पाट पटंबर, एकनि सेज निवारा।
एकनि दीना गरै गूदरी, एकनि सेज प्यारा।।"

कबीर किसानों, कारीगरों, मजदूरों और श्रमिकों की दयनीय दशा की ओर बार-बार ध्यान आकर्षित करते हैं। वे निर्धनता को जीवन का सबसे बड़ा अभिशाप मानते हैं। कारीगर और किसान दिन-रात श्रम करते हैं, बुनकर कपड़ा बुनते हैं, लेकिन उन्हें पहनने को वस्त्र नहीं हैं। जो कोई श्रम नहीं करते, उत्पादन में कोई हाथ नहीं बँटाते, वे पैदावार का सर्वश्रेष्ठ भाग अपनी सुख-सुविधा में खर्च करते हैं। कबीर इस स्थिति पर आक्रोश प्रकट करते हुए कहते हैं—

"निर्धन आदर कोई न देई। लाख जतन करै ओहु चित्त न धरेई।।
जो निर्धन सरधन कै जाई। आगै बैठा पीठ फिराई।।"

कुछ लोगों पर अपार दौलत है, सारी सुख-सुविधाएँ हैं। किसानों का पूरा अनाज अपने कोठों और खत्तियों में भर लेते हैं। साधारणजन अभावों का जीवन जीते हैं।

"आसा जीवै जग मरै, लोग मरे मरि जाइ।
सोइ भूतै धन संचते, सो उबरे जा खाइ।।"

कबीर धन संचय को अनुचित मानते हैं। शोषण को बुरी निगाह से देखते हैं। किसी को दूसरे के कमाए हुए धन से भोग-विलास की अनुमति नहीं मिलनी चाहिए। वे साधारणजन के साथ सिर्फ इतना चाहते हैं कि ठीक से परिवार का पोषण हो सके और कोई श्रेष्ठ पुरुष आता है, तो उसका भी सत्कार किया जा सके। कबीर की इतनी ही आकांक्षा है जो उस युग में पूरी नहीं हो रही थी।

"भूखे भगति न कीजै। यह माला अपनी लीजै।।
हो माँगो संतन रेनां। मैं नाही किसी का देना।।"

कबीर शुद्ध सन्त नहीं हैं, रोटी और भक्ति में से किसी एक को चुनना है तो पहले रोटी की बात करते हैं। यह एक ध्रुव सत्य है कि रोटी की व्यवस्था के बिना भक्ति और अध्यात्म चिंतन दिवास्वप्न की तरह हैं। कबीर स्पष्ट रूप से इस तथ्य को स्वीकार करते हैं।

कबीर के यहाँ कोई द्विविधा नहीं है। वे यथास्थितिवाद के विरोधी हैं। जाति, वर्ण, ऊँच-नीच पर आधारित व्यवस्था उन्हें फूटी आँख नहीं सुहाती है। वे उस पर व्यंग्य करते हैं। वे बहुत से साधु, सन्यासियों को इस व्यवस्था का पोषक मानते हैं। जोगी, साधु, सन्यासी अपनी सुख-सुविधा के लिए राजदरबारों में चले जाते हैं। वे भोली जनता को भ्रमित करते हैं और पथ-भ्रष्ट भी। यह सत्ता और दरबार जनविरोधी हैं। सत्ता और साधु का पीतल और खटाई का संबंध है। खट्टे पदार्थ को पीतल के बर्तन में रखिए तो वह विष हो जाएगा।

"कलि का स्वामी लोभिया, पीतल धरि खटाइ।
राजदुवारे यों फिरै, ज्यों हरहाई गाइ।।"

उन सन्यासियों की भी कबीर आलोचना करते हैं जो अपने मूल उद्देश्य से भटक जाते हैं। बात तो हरि की करते हैं, लेकिन रास्ते विपरीत दिशा में चलते हैं जो किसी साधु के लिए उचित नहीं है।

"उन्नहिं हाँड़ि इक पीतहि दूध। हरि न मिलै बिन हिरदै सूध।"

धर्म के नाम पर कबीर किसी तरह के पाखण्ड को स्वीकार नहीं करते। भले ही यह पाखण्ड साधु, सन्त करें या शासक। हिन्दू और इस्लाम धर्म के पुरोधा, काजी, मुल्ला, मौलवी, शेख, पंडे, पुरोहित, पुजारी अपने तथा अपने आश्रयदाताओं के हितों के अनुसार धर्म की व्याख्या करते हैं। कबीर उस धर्म को अस्वीकार करते हैं जो पाखण्डों का सृजन करे और कुछ लोगों की कमाई का साधन बने। धार्मिक पाखण्डों की मलाई खाने वालों को कबीर धिक्कारते हैं। वे वचन से नहीं, बल्कि कर्म से व्यक्ति की पहचान करने की बात करते हैं—

"उज्जल देखि न धीजिये, बग ज्यूँ माँडे ध्यान।
धीरे बैठि चपेटसी, यूँ ले बड़े ग्यान।।"

भारतीय सामंतवाद कुलीनता पर बहुत बल देता है। मनुष्य की योग्यता का मूल्याँकन उसके ज्ञान और कर्म से नहीं होता, बल्कि कुलगत श्रेष्ठता से होता है। कबीर ने इस कुलीनता के विचार को खुली चुनौती दी है। वे इससे सहमत हैं—

"जाति न पूछौ साधु की, पूछ लीजिए ज्ञान।"

यदि कर्म अच्छे हैं, तो मनुष्य अच्छा है, चाहे वह दलित के घर पैदा हो या शहँशाह के यहाँ।

"ऊँचे कुल न जणमियाँ, करणी ऊँच न होय।
सुमरन कलश हरा भरा, साधु निन्दा सोय।।"

कबीर ने ये बातें साढ़े पाँच सौ साल पहले कही थीं जहाँ शासन की इच्छा कानून होती थी, उसका एक शब्द राजा को रंक और रंक को राजा बना देता था। किसी की जान लेना तो मामूली बात थी। धर्म के ठेकेदारों का तब भी शासन पर काफी वर्चस्व था। अपने अस्तित्व पर प्रश्नचिह्न लगाने वाले किसी व्यक्ति को बर्दाश्त करने का प्रश्न ही नहीं उठता था। वे उसे कठोर दण्ड दिलवा सकते थे और मृत्युदण्ड भी। इतिहास में इन धार्मिक अनाचारों के हजारों लोग शिकार हुए हैं। मध्यकाल में काजी, मुल्ला, मौलवियों और पंडे-पुरोहितों में काफी आपसी मतभेद थे, लेकिन पाखण्डों और धार्मिक एवं सामाजिक आडम्बरों का विरोध करने वालों के विरुद्ध संयुक्त मोर्चा बना लेते थे क्योंकि इन दोनों के अस्तित्व को खतरा था। धर्म के नाम पर राजसी ठाट-बाट भोगते थे। कबीर ने उस समय इनका खुला विरोध किया। पाखण्डों, आडम्बरों और किसी भी धर्म की सही आलोचना को आज लोग सहन करने

को तैयार नहीं हैं। जरा-सी खाल खुरच दो लोग मरने-मारने पर उतारू हो जाते हैं। पचास साल की स्वतंत्रता, धर्मनिरपेक्षता हाशिए पर चली जाती है। धर्म और इतिहास का आइना दिखाने पर तो लोग और भी विचलित हो जाते हैं। इतिहास और धर्म की मनमानी व्याख्या कर रहे हैं, ताकि सत्ता तक आसानी से पहुँचा जा सके। इसके लिए वे कोई भी कीमत अदा करने को तैयार हैं। देश के विभाजन से लेकर जनता के बँटवारे तक। जाति और धर्म राजनीति के अस्त्र और शस्त्र हैं। धार्मिक कठमुल्लावाद ने अनेक लेखकों, चिंतकों और विचारकों को भारत, पाकिस्तान, बंग्लादेश तथा अन्य देशों में शरणार्थी बना दिया है, या तो वह चुप बैठ गए हैं या देश छोड़ के चले गए हैं। विचार स्वातंत्र्य की हमारी संविधान जमानत देता है, लेकिन कमजोर मनःस्थिति के आत्मविश्वासहीन शासक सत्ता के गलियारों में जमानत और संविधान दोनों को छिपा देते हैं। मुझे एक मजेदार प्रसंग याद आ रहा है। अलीगढ़ विश्वविद्यालय की घटना है। बाहर से एक प्रोफेसर की नियुक्ति हो गयी। स्थानीय प्रत्याशियों को यह बात बुरी लगी। वे चाहते थे कि प्रोबेशन की अवधि में ही इन्हें निकाल दिया जाए। उन प्रोफेसर साहब ने पाठ्यक्रम में कबीर को शामिल कराया था। पाठ्यक्रम में—

"कांकर पाथर जोड़ के मस्जिद लई बनाय।
ता चढ़ि मुल्ला बांग दे, का बहरा हुआ खुदाय।।"

तथा

"यहु सब झूठी बंदिगी, बरियाँ पंच निवाज।
साचै भारै झूठ पढ़ि काजी करै अकाज।।"

आदि साखियाँ थीं। 1956 की विश्वविद्यालय की कार्यकारी परिषद् में राजनेताओं और जमींदारों का वर्चस्व था जिन्हें हिन्दी साहित्य का कोई विशेष ज्ञान नहीं था। विरोधियों ने कार्यकारी परिषद् के सदस्यों को ये साखियाँ दे दीं और कहा कि प्रोफेसर इस्लाम विरोधी किताबें पढ़ा रहे हैं। इसकी सजा के रूप में प्रोफेसर साहब की प्रोबेशन अवधि एक साल और बढ़ा दी गई और चेतावनी दी गई कि ऐसी रचनाओं को पाठ्यक्रम से निकाल दें। मरता क्या न करता। प्रोफेसर साहब को कबीर से अपनी नौकरी अधिक प्यारी थी। कबीर टाट बाहर कर दिए गए। अपने युग में उन्होंने क्या झेला होगा, इसकी सहज ही कल्पना की जा सकती है। काजी और पण्डित दोनों ही एक ही थैली के चट्टे-बट्टे हैं। वे बाह्य आडम्बरों को प्रमुखता देते हैं, प्रेम को नहीं। वास्तविकता यह है कि प्रेम ही सबको जोड़ता है—

"प्रेम न बाड़ी ऊपजै, प्रेम न हाट बिकाय।
राजा परजा जो रुचै, सीस देय लय जाय।।"

कबीर के यहाँ कोई धर्म प्रेम-साधना पर बल नहीं देता। सब में तोता रटन्त है।

"बहुयई पढ़ियई मूढ़ पर तालू सुक्कइ जेण।
एक्कु जि अक्खर तं पढहु सिवपुरि जम्मइ जेण।।"

तथा

"काजी कौन कतेब बखानै।
पढ़त-पढ़त केते दिन बीते गति एकै नहिं जानै।।"

"हौं तौ तुरक किया करि सुन्नति औरंतिसौ का कहिये।
अधर सरीरा नारि न छूटे आधा हिन्दू रहिये।।"

कबीर न वेद के रास्ते पर चलना चाहते हैं, न कुरान के। वे अपना रास्ता अलग बनाते हैं। ये दोनों मार्ग प्रेम के मार्ग से मनुष्य को अलग करते हैं।

"पीछे लागा जाइ था, लोक बेद के साथि।
आगे थैं सतगुर मिल्या, दीपक दीया हाथि।।"

"पासा पकड़्या प्रेम का, सारी किया सरीर।
सतगुर दोव बताइया, खेलै दास कबीर।।"

कबीर स्पष्ट करते हैं कि तीर्थ करने और राम-राम जपने से मनुष्य का भला नहीं हो सकता—

"तीरथ करि करि जग मुवा, डूँघै पॉणी न्हाइ।
रॉमन्हि राम जपंतड़ौ, काल घसीट्याँ जाइ।।"

"तीरथ गए ते बहि मुए जूड़े पाणि न्हाय।
कहहिं कबीर पुकारि के राक्षस हाय पछताय।।"

पत्थर के पूजने से शीतलता अर्थात् शक्ति नहीं मिलती, उसके लिए कर्मठता

होनी चाहिए। ये तो दिखावा मात्र है।

"कबिरा पूजै शालिग्राम को, मन की भ्रांति न जाय।
शीतलता सपने नहीं, दिन-दिन अधिकी लाय।।"
"जप तप दीखै थोथरा, तीरथ व्रत विश्वास।
सूआ सेंमल सेइया, ज्यों जग चला निरास।।"

कबीर का अध्ययन भारतीय विश्वविद्यालयों में बहुत देर से शुरू हुआ। बावजूद तमाम सीमाओं के आचार्य हजारीप्रसाद द्विवेदी ने बनारस हिन्दू विश्वविद्यालय तथा अन्य विश्वविद्यालयों में कबीर के अध्ययन को प्रोत्साहन दिया लेकिन स्वयं उन्होंने तथा अन्य लोगों ने कबीर के क्रांतिकारी रूप का मूल्यांकन नहीं किया। उन्हें ब्रह्म, माया, हठयोग, साधना, उलटबासियों तक ही अधिक सीमित रखा। वह कबीर इन विद्वानों की पुस्तकों में कम दिखाई पड़ता है जो शोषित और पीड़ित की बात करता है और भूख और गरीबी का चित्रण करता है। कबीर के काव्य का एकमात्र ध्येय है कि मनुष्य से बड़ा कोई धर्म नहीं है। इस पर इन विद्वानों ने विशेष बल नहीं दिया है। कबीर की राय है कि कोई भी धर्म मनुष्य को एक करने में समर्थ नहीं है। हर धर्म में सिद्धांत और व्यवहार की गहरी खाई है, इसे पाटा नहीं जा सकता। इन्हें छोड़कर ही एक नया रास्ता बनाया जा सकता है। इस नए पथ के निर्माण में अनेक कठिनाइयाँ हैं फिर भी साधारणजन के कल्याण के लिए इस पथ का निर्माण बहुत आवश्यक है। कबीर के इस पक्ष को पाठ्यक्रम में रखने से लोग आज भी डरते हैं। कबीर ने धर्म के उस पक्ष का सदैव विरोध किया जो शासकों और शोषकों का साथ देता है। कबीर एक जन-धर्म की स्थापना करना चाहते थे जिसमें वे एक सीमा तक ही सफल हुए। कबीर आह्वान करते हैं कि मेरा मार्ग कठिन है, उस पर चलने के लिए सब कुछ त्यागने की आवश्यकता है। नए निर्माण के लिए विध्वंस भी आवश्यक है।

"कबिरा खड़ा बाजार में लिए लुकाटी हाथ
जो घर फूकै आपना चले हमारे साथ।"

लोकजीवन और जायसी

—प्रो. कुँवर पाल सिंह

मलिक मुहम्मद जायसी का हिन्दी साहित्य में वही स्थान है जो सूर और तुलसी का है। जायसी शुद्ध रूप से अवध के लोक-जीवन के कवि हैं। भारतीय लोक-जीवन का जितना प्रामाणिक एवं सटीक चित्रण जायसी ने किया है, अन्यत्र दुर्लभ है। इस दृष्टि से उनकी तुलना केवल सूरदास से की जा सकती है। सूरदास ने ब्रज के लोक जीवन, उसकी संस्कृति, कृषि व्यवस्था तथा उससे जुड़े हुए व्यवसायों का मार्मिक एवं प्रामाणिक चित्रण किया है। अवध के लोक-जीवन और उनके सुख-दुख, लोक की मर्यादा, हर्षोल्लास आदि का चित्रण जायसी की अपनी विशेषता है। प्रेम, वेदना के चित्रण में तो वे हिन्दी के सर्वश्रेष्ठ कवि हैं। उनके महाकाव्य 'पद्मावत' में लोक जीवन और आध्यात्मिकता का अद्भुत समन्वय है।

आज सूफियों पर संकीर्ण मानसिकता के लोग तरह-तरह के आरोप लगा रहे हैं। उन्हें इस्लाम का प्रचारक जैसे नामों से स्मरण कर रहे हैं। अपनी कलुषित भावनाओं से साहित्य को भी माननीय गरिमा से च्युत करना चाहते हैं। वे यह भूल जाते हैं कि किसी भी भक्त और सूफी कवि में धर्म का शास्त्रीय रूप नहीं है, बल्कि लोक की प्रबलता है। शास्त्रीय धर्म पण्डे, पुराहितों, मुल्ला, मौलवियों के माध्यम से सत्ता तथा राजनीति का हथियार बन जाता है। यह धर्म का जनविरोधी रूप होता है। कबीर, जायसी, सूर, तुलसी, मीरा, नानक आदि सभी ने इस धर्म का विरोध किया है और लोकोन्मुखी धर्म को अपने साहित्य में महत्त्व दिया है। इस लोकोन्मुख में प्रेम, सद्भाव, त्याग और आपसी विश्वास निहित है। घृणा, संदेह और सत्ता का इन कवियों ने निरंतर विरोध किया है।

अनन्य कवियों की तरह जायसी के जीवन के संबंध में भी अनेक मत हैं, लेकिन अन्तः साक्ष्य के आधार पर यह तय है कि वे बाबर और शेरशाह सूरी के

समकालीन हैं। बाबर का समय 1526-1530 तथा शेरशाह का समय 1540-1545 ई. है। जायसी ने स्वयं अपने विषय में कहा है–

"भा अवतार मोर नौ सदी,
तीस बरिस ऊपर कवि बरी।।"

नवीं सदी हिजरी का तात्पर्य है कि 801 व 900 हिजरी के मध्य, अर्थात् सन् 1398 ईस्वी और 1497 ईस्वी के बीच किसी समय उनका जन्म हुआ और तीस वर्ष की आयु से उन्होंने काव्य-रचना आरंभ की। 'पद्मावत' का रचनाकाल उन्होंने–'सन् नौ सौ सैंतालीस अहै' अर्थात् हिजरी 947 तद्नुसार 1540 ईस्वी बताया है। 'आखिरी कलाम' के संबंध में कवि का आत्मकथन है–

"नौ सौ बरिस छत्तीस जो भए,
तब यह कविता आखर कहे।।"

'पद्मावत' में जायसी ने शेरशाह सूरी को तथा 'अखिरी कलाम' में मुगल बादशाह बाबर को शाहे-वक्त के रूप में स्मरण किया है।

'पद्मावत' लोक-गायकों के माध्यम से साधारणजन तक पहुँचा। सन् 1572 में बंगाल के बाऊल गायक पद्मावत की कथा लोगों को सुना रहे थे। अवधी भाषा का दूसरा कालजयी महाकाव्य 'रामचरितमानस' लगभग 35 साल बाद लिखा गया। तुलसी के रामचरितमानस में 'पद्मावत' के दोहा-चौपाई छन्द का विकसित रूप देखने को मिलता है। 'पद्मावत' का महत्त्व इसलिए भी है कि यह बोल-चाल की अवधी में लिखी गई है। यह सम्मान मध्यकाल के किसी महाकाव्य को प्राप्त नहीं है। तद्भव रूप में संस्कृत एवं फारसी के शब्द अवश्य प्रयुक्त हुए हैं। अवध क्षेत्र की कहावतें, मुहावरे, लोकोक्तियाँ तथा सूक्तियों का प्रचुर मात्रा में प्रयोग हुआ है। जायसी ने अपने पूर्ववर्ती सूफी कवियों मुल्ला दाऊद (चंदायन) तथा कुतुबन (मृगावती) की भाषा और शैली को विकसित किया है। 'पद्मावत' 58 खण्डों में विभक्त है। इसमें मूल कथा के साथ आरंभ में स्तुति, प्रशंसा और अभिनंदन के कई प्रसंग हैं। पच्चीसवें खण्ड से राजा रत्नसेन, नागमती और पद्मावती की कथा आरंभ होती है। यह कथा लोक में पहले से ही प्रचलित थी, जायसी ने उसे आध्यात्मिक रंग और सूफी खुशबू प्रदान की।

मूल कथा के साथ इसमें कई उपकथाएँ भी हैं, लेकिन इससे मूल कथा में कोई व्यवधान नहीं आता। सिंहल के राजा गंधर्व सेन की सुंदर पुत्री पद्मावती अपने तोते

हीरामन से अपने यौवनागम तथा कामपीड़ित रहने की चर्चा करती है। तोता उसके लिए योग्य वर की तलाश का वचन देता है। दुष्ट व्यक्ति की शिकायत पर राजा तोते की हत्या का आदेश देता है। पद्मावती तब तो किसी प्रकार उसको बचा लेती है, पर तोता स्वयं को असुक्षित समझकर समय पाकर उड़ जाता है। तोता बहेलिए द्वारा पकड़ा जाता है और चित्तौड़ के एक ब्राह्मण द्वारा खरीद लिया जाता है। हीरामन परम विद्वान था, वह वेद-शास्त्रों का ज्ञाता था। चित्तौड़ में उसकी प्रशंसा सुनकर वहाँ का युवक राजा रत्नसेन उसे खरीद लेता है। वह राजा का प्रिय बन जाता है। एक दिन राजा की अनुपस्थिति में उसकी पत्नी नागमती तोते से अपने रूप-गुण के विषय में पूछती है। हीरामन पहले तो टालता है, पर उसके आग्रह करने पर वह सिंहल की पद्मिनी स्त्रियों के सौन्दर्य का उल्लेख करके पद्मावती की विशेष चर्चा करता है और नागमती को उसके समक्ष काली-अँधेरी रात के समान बताता है। नागमती क्रुद्ध भी होती है, और आशंकित भी कि कहीं तोते से पद्मावती का रूप-गुण सुनकर राजा दरबार छोड़कर सिंहल न चला जाए। वह धाय को उस दुष्ट तोते को मार डालने का आदेश देती है परंतु राजा के भय से धाय उसे छिपाकर रख लेती है। राजा तोते के उड़ जाने या बिल्ली द्वारा खाए जाने के समाचार से बहुत नाराज हुआ। भयभीत दासी तोता लाकर दे देती है और राजा को यथास्थिति का ज्ञान होता है। राजा पद्मावती का रूप-गुण सुनकर बेसुध हो जाता है और सुध आने पर योगी बनकर घर से निकल पड़ता है। तोता पहले उसे योग मार्ग और प्रेम मार्ग की कठिनाइयों की बात बताकर हतोत्साहित तथा विरत करने का प्रयास करता है, परन्तु उसे अपने मार्ग पर दृढ़ देखकर उसका पथ-प्रदर्शक बनता है। सोलह हजार अन्य कुँवर भी राजा के साथ योगी बनकर चलते हैं। मार्ग की भीषण बाधाओं और कष्टों के बाद वे सिंहल पहुँचे। सिंहल के शिवमंदिर में वे डेरा डालते हैं। राजा तप करता है और पद्मावती का ध्यान करता है। तोता पद्मावती के पास जाकर अपनी व्यथा-कथा सुनाता है तथा राजा के आने की सूचना देता है। उसके रूप, गुण, कुल का परिचय देकर वह उसे उपयुक्त पात्र बताता है। पद्मावती अभिभूत होती है और पूजा के बहाने बसंत पंचमी के दिन मंदिर में आने का आश्वासन देती है।

पद्मावती के आने पर उसके असीम सौन्दर्य को देखकर रत्नसेन बेसुध हो गया। वह चन्दन से उसकी छाती पर लिख गई—हे योगी, तूने भीख पाने लायक योग नहीं सीखा। जब फल-प्राप्ति का अवसर आया, तो तू सो गया। सुध लौटने पर उसके विरहाग्नि में जल जाने की आशंका से रूप बदलकर शिव-पार्वती प्रकट होते हैं। पार्वती द्वारा ली गई परीक्षा में रत्नसेन सफल होता है। महादेव की सिद्धि-गुटिका के

बल पर योगी सिंहलगढ़ पर आक्रमण करते हैं। पद्मावती भी जान हथेली पर लेकर बैठी है, पर तभी शिव राजा को रत्नसेन की वास्तविकता बताते हैं। राजा शिव के चरण पकड़ लेता है। रत्नसेन-पद्मावती का धूमधाम से विवाह सम्पन्न होता है। अन्य राजकुमारों का भी सिंहल की सुन्दरियों से विवाह होता है।

उधर चित्तौड़ में नागमती विरह से तड़प रही थी। एक पक्षी उसकी विरहावस्था का वर्णन रत्नसेन के पास आकर करता है। वह चित्तौड़ के लिए व्याकुल हो जाता है। राजा बहुत से धन-द्रव्य के साथ रत्नसेन और पद्मावती को विदा करता है। समुद्र भिखारी के रूप में उसके धन का चालीसवाँ भाग माँगता है, पर गर्व में चूर रत्नसेन इसकी कोई परवाह नहीं करता। परिणामस्वरूप उसके जहाज भटक जाते हैं। जहाज डूबने लगते हैं। राजा को एक राजपक्षी उठाकर किसी द्वीप पर ले जाता है। पद्मावती एक अन्य द्वीप के तट पर लगती है और रत्नसेन के लिए विलाप करती है। रत्नसेन भी दूसरे स्थान पर विरह में तड़पता है। लक्ष्मी उनकी फिर परीक्षा लेती हैं जिसमें वे सफल सिद्ध होते हैं। दोनों को लक्ष्मी के आग्रह पर समुद्र मिला देता है। कुछ दिन वहाँ अतिथि रूप में रहकर समुद्र से भी भेंट में बहुमूल्य वस्तुएँ प्राप्त करके वे चित्तौड़ की ओर चलते हैं।

रत्नसेन के दरबार में राघवचेतन नाम का विद्वान एवं सिद्ध पण्डित था। उसके वेद-विरुद्ध आचरण के कारण राजा उसे देश से निर्वासित कर देता है। वह अपने अपमान का बदला लेने दिल्ली पहुंचता है। दिल्ली में अलाउद्दीन बादशाह को पद्मावती का रूप-गुन सुनाकर वह पद्मावती को प्राप्त करने को आक्रमण करने के लिए उकसाता है। बादशाह चित्तौड़ को घेर लेता है। आठ वर्षों के युद्ध का कोई परिणाम नहीं निकलता। अलाउद्दीन संधिपत्र भेजता है। राजा चित्तौड़ में उसका स्वागत करता है। भोज आदि के बाद जब राजा बादशाह को छोड़ने दुर्ग द्वार तक जाता है, तो उसे धोखे से बन्दी बनाकर दिल्ली ले जाया जाता है। इसी अवसर पर कुंभलनेर का राजा देवपाल पद्मावती के पास अपनी दूती तथा बादशाह अपनी एक वेश्या भेजकर पद्मावती को फुसलाना चाहते हैं, पर दोनों प्रयास विफल होते हैं। गोरा बादल की सहायता से पद्मावती रत्नसेन को मुक्त करवाने की योजना बनाती है। एक पालकी में एक लुहार बिठाया जाता है। अन्य सोलह हजार पालकियों में सशस्त्र सैनिक बैठते हैं। बादशाह को संदेश भिजवाया जाता है कि पद्मावती अपनी सखियों सहित आ रही है, पर वह पहले राजा से मिलकर किले की कुंजियाँ राजा को सौंपने की अनुमति चाहती है। लुहार राजा के बंधन काटता है। राजपूत योद्धा मार-काट करते चित्तौड़ की ओर बढ़ते हैं। गोरा शाही सेना को रोकता है और अनेक योद्धाओं

सहित वीरगति को प्राप्त होता है। बादल राजा को लेकर चित्तौड़ पहुँचता है। पद्मावती उसके पहुँचते ही देवपाल की करतूत उसे सुनाती है। वह बिना रुके कुंभलनेर पर आक्रमण करता है। युद्ध में देवपाल की गर्दन काट ली जाती है, पर वह भी सांग से रत्नसेन पर आक्रमण करता है जिससे उसके पेट में चोट लगती है। मार्ग में रत्नसेन मर जाता है। राजा के शव के साथ दोनों रानियाँ सती हो जाती हैं। तब तक अलाउद्दीन फिर चित्तौड़ को घेर लेता है। किले पर उसका अधिकार हो जाता है, लेकिन उसके हाथ में जौहर की राख के सिवा कुछ नहीं आता। वह बेबस रह जाता है–

"छार उठाई लीन्हि एक मूंठी,
दीन्ति उड़ाई पिरिथमी झूठी।।"

कथा में बहुत से नाम ऐतिहासिक हैं, लेकिन इसका पूरा ताना-बाना लोक पर आधारित है। जायसी का कर्मक्षेत्र अवध है, उन्होंने वहाँ के जीवन को लिया है। वहाँ की अलिखित, मौलिक परम्परा, लोक विश्वास, लोक उपादान का उपयोग बहुत ही सहज रूप में किया है। उन्होंने जन्म से लेकर मृत्यु तक लोक में प्रचलित संस्कारों का सजीव चित्र अपने रचना संसार में प्रस्तुत किया है। जन्म के समय होने वाले सामाजिक रीति-रिवाज, आनंद-बधाइयों का जायसी के यहाँ सविस्तार उल्लेख है। पद्मावती के जन्म के पश्चात् 'छठी' के आयोजन का वर्णन किया गया है–

"बाजइ अनन्द उछाह बधाए। केतिक गुनी पोथी लै आए।।"

सामाजिक जीवन में विवाह संस्कार को सर्वोच्च स्थान प्राप्त है। विवाह के समय अनेक रीति-रिवाजों का सम्पादन होता है। जायसी इनसे भली-भाँति परिचित हैं। विवाह के पूर्व लगन निर्धारण लोक में प्रचलित है।

"लगन धरा और रचा बियाहू। सिंहल नेवत फिरा सब काहू।।"

हिन्दू समाज में शव को जलाने की प्रथा है। हिन्दू विश्वास के अनुसार काशी में मरना पुण्य का प्रतीक है। जायसी इसका सजीव चित्रण करते हैं।

"जाइ बनारसि जारिउं क्या। पारिउं पिंड नहाइउं गया।"

जायसी ने अपनी पूरी काव्य सामग्री लोक-जीवन से प्राप्त की है, इसलिए जायसी का सम्पूर्ण काव्य लोकोन्मुख है। जायसी में सांस्कृतिक सजगता का दिग्दर्शन स्थान-स्थान पर होता है। उनके यहाँ प्रकृति, समाज और मनुष्य–तीनों के अन्यन्त

घनिष्ठ एवं अंतरंग संबंध हैं। जायसी मानवीय संवेदनाओं के सबसे सफल चितेरे हैं। बारहमासा के माध्यम से भारत के प्राकृतिक जीवन को सफल अभिव्यक्ति मिली है। बारहमासा में ग्राम संस्कृति साकार हो उठी है। पद्मावत का बारहमासा अवध के लोक-जीवन और लोकसंस्कृति की यथार्थ एवं मार्मिक अभिव्यक्ति है। जायसी नगरबोध के नहीं, बल्कि ग्रामबोध के कवि हैं। इसलिए लोक में जायसी को जो लोकप्रियता एवं प्रसिद्धि मिली, भद्रजनों की उपेक्षा के पश्चात् आज भी कम नहीं हुई। जायसी ने बारहमासा में नागमती का वियोग वर्णन एक साधारण जन के रूप में किया है। मध्यकाल में नारी चाहे रानी हो अथवा सामान्य महिला—उनकी स्थिति में मूलभूत अन्तर नहीं था। नागमती के पास केवल सुखद अतीत है, उसका वर्तमान और भविष्य दुःख की आशंकाओं से भरा है। पति विछोह के उपरान्त नारी के सम्मुख अस्तित्व पर प्रश्नचिह्न लग जाता है। रत्नसेन जब पद्मावती को प्राप्त करने के लिए चला जाता है, नागमती उसके वियोग में व्याकुल हो जाती है और चित्तौड़ के पथ को निरंतर देखती है। उसको निरंतर यह भी चिंता है कि उसका पति किसी नागरि नारि के वश में पड़ गया है—

"नागमती चितउर पथ हेरा। पिउ जो गए पुनि कीन्ह न फेरा।
नागर काहू नारि बस परा। तेइ मोर पिउ मोसौं हरा।

सुअ काल होइ लेइगा पीऊ। पिऊ नहिं, जात, जात बरू जीऊ।"

उसकी सखी उसे ढाढ़स बँधाती है—

"धरतिहि जैस गगन सौं नेहा। पलटि जाव बरषा ऋतु मेहा।"

"मिलहिं जो बिछुरै साजन, अंकम भेंटि अहन्त।
तपनि मृगसिरा जे सहैं, ते अद्रा पलुहंत।।"

जायसी ने भारतीय त्यौहारों में होली और दीपावली का विस्तार से चित्रण किया है, लेकिन इनसे भी महत्त्वपूर्ण है जायसी का 'बसन्त-उत्सव'। बसन्त का सांस्कृतिक महत्त्व क्या है? भारतीय परम्परा में और लोक में बसंत का क्या स्वरूप है? 'पद्मावत' के बसंत खण्ड में इसे कवि आनन्द, उल्लास और नृत्य के उत्सव के रूप में दिखाता है। बसन्त पंचमी के आते ही सर्वत्र आनंद का संचार हो जाता है। प्रकृति नाना भाँति के शृंगार करके बसन्त का स्वागत करती है। भौंरे और चिड़ियाँ अपने संगीत की मधुर तान छेड़ते हैं।

"आजु बसन्त नवल ऋतुराजा। पंचमि होइ, जगत सब साजा।
नवल सिंगार वनस्पति कीन्हा। सीस परासहि सेंदुर दीन्हा।

बिगसि फूल बहु बासा। भौंर भाई लुबुधे चहुँ पासा।
पियर-पात दुःख झरे नियाते। सुख पल्लव अपने होइ राते।''

फाल्गुन की पूर्णिमा को होली का उत्सव मनाया जाता है। होली के अवसर पर अवध में अनेक प्रकार के नृत्य किए जाते हैं जिनमें प्रमुख हैं चांचर, घनौरीगान, मनोरा, ठूमक आदि। जायसी पद्मावत में होली का एक चित्र प्रस्तुत करते हैं–

''पिउ संजोग धनि जोबन बारी। भौंरे पुहुप संग करहिं मारी।
होइ फाग भलि चांचरि जोरी। विरह जराइ दीन्ह जस होरी।
भा तेवहार जौ चांचरि जोरी। खेलि फाग अब लाइय होरी।
फागु करहिं सब चांचरि जोरी। मोंहितन लाइ दीन्ह जस होरी।
चैत बसन्ता होइ घमारी। मोहिं लेखे संसार उजारी।''

दीपावली का त्यौहार भारतीय संस्कृति में अपनी अलग विशेषता रखता है। हिन्दू इसे राम की विजय-यात्रा के बाद अयोध्या आगमन से जोड़ते हैं। दीपावली के आगमन पर पति वियोग में नागमती उद्विग्न हो जाती है–

''अबहूं निठुर! आउ एहिबारा। परब देवारी होइ संसारा।
सखि झूमक गावैं अंग मोरी। हौ झुरोंव, बिछुरी मोरि जोरी।
सखि मानै तिउहार सब गाइ, देवारी खेलि।
हौं का गावौ कंत बिनु, रही छार सिर मेलि।।''

ग्राम जीवन में सावन के हिंडोले का उत्सव महत्त्वपूर्ण है। श्रावण मास में धरती वर्षा पाकर हरी-भरी हो जाती है, तब ग्राम-बालाएँ किसी वृक्ष का सहारा लेकर झूले बँधवाती हैं और श्रावण गीतों को गाती हुई सखियाँ अपना आनन्दोल्लास व्यक्त करती हैं। जायसी ने एक पूरा प्रकृति दृश्य खींचा है– हरी धरती पर रेंगती बीर-बहूटियाँ, पानी किनारे उगी हुई घास पर अपने पैरों को हिलाकर भन-भन शब्द करता मंमीरा, झूले पर झूलती कृषक बालाएँ–

''रकत आंसु परे भुई टूटी। रैंगि चली जसु बीर बहूटी।
सखिन्ह रचा पिउ संग हिंडोला। हरियर मुई कुसुंभितन चोला।
हिय हिंडोल जस डोले मोरा। विरह झुलावै देइ झंकोरा।''

जायसी ने अपनी प्रेम कथा को आध्यात्मिक रंग देने का प्रयास किया है। 'पद्मावत' के उपसंहार में उन्होंने कहा है कि मैंने विद्वानों से जो कहानी सुनी थी, उसे यहाँ प्रस्तुत किया है, मैंने तो उसे भाषा दी है। जायसी ने कहा है कि इसे प्रेम कथा मानना भूल होगी।

"मैं एहि अरथ पंडितन्ह बूझा। कहा कि हम्ह किछु और न सूझा।।
चौदह भुवन जो तर उपराहीं। ते सब मानुष के घट नाहीं।।
तन चितउर, मन राजा कीन्हा। हिय सिंघल बुधि पदमिनि चीन्हा।।
गुरु सुआ जेइ पंथ देखावा। बिनु गुरु जगत को निरगुन पावा।।
नागमती यह दुनिया-धंधा। बाँचा सोइ न एहि चित बंधा।।
राघव दूत सोई सैतानू। माया अलाउदीं सुल्तानू।।
प्रेम-बथा एहि भाँति बिचारहु। बूझि लेहु जौ बूझै पारहु।।"

जायसी ने 'पद्मावत' का उपसंहार बहुत दिलचस्प ढंग से किया है। अलाउद्दीन को माया का प्रतीक अर्थात् धोखेबाज भ्रम फैलाने वाला माना है। यह स्मरणीय है कि इस्लामी कट्टरपंथी अलाउद्दीन को एक आदर्श सुल्तान मानते रहे हैं। राघव चेतन ने राजा रत्नसेन से विश्वासघात किया था और सुल्तान अलाउद्दीन को रत्नसेन पर आक्रमण करने के लिए प्रेरित किया, उसका चित्रण जायसी ने शैतान के रूप में किया है। शैतान निकृष्टतम खलनायक होता है। जायसी ने इस दृष्टि से शुद्ध भारतीय परम्परा का निर्वाह किया था। विभीषण ने भी रावण के साथ यही कार्य किया था। मर्यादा पुरुषोत्तम राम भी जनता में उसे नायक का स्थान नहीं दिलवा पाए। आज भी लोक में प्रचलित है– "घर का भेदी, लंका ढावै"।

'पद्मावत' का एक और महत्त्वपूर्ण संदेश है कि युद्ध किसी समस्या का समाधान नहीं है, घृणा से प्रेम की बेल नहीं सींची जा सकती। मध्यकाल का कोई भी युद्ध धर्मयुद्ध नहीं था। शासकों में राज्य लिप्सा थी। युद्ध के दो कारण और थे– कंचन और कामिनी। सुल्तान अलाउद्दीन को इन तीनों का ही मोह था। जायसी व्यंग्य करते हैं–

"जौहर भइ सब इस्तरी, पुरुष भए संग्राम।
बादसाह गढ़ चूरा, चितउर भा इस्लाम।"

जिस पद्मिनी के लिए अलाउद्दीन ने इतना विध्वंस किया, वह अन्य स्त्रियों के साथ जौहर करके राख हो गयी। पुरुष युद्ध में मारे गए। किला नष्ट हो गया और चित्तौड़ में इस्लाम की स्थापना के लिए केवल खण्डहर रह गए। इसलिए जायसी प्रेम को मनुष्यता का सबसे बड़ा साधक मानते हैं, किसी भी भाषा में प्रेम की अभिव्यक्ति हो सकती है।

> *"तुरकी, अरबी, हिंदुर, भाषा जेती आहि।*
> *जेहि महँ मारग प्रेम कर सबै सराहैं ताहि।।"*

लोक और शास्त्र का द्वन्द्व : सूरदास का काव्य

–प्रो. कुँवर पाल सिंह

सूरदास ब्रज लोक-जीवन के सबसे महत्त्वपूर्ण कवि हैं। उन्होंने सामंती संस्कृति के सामने बड़े प्रश्नचिह्न लगाकर लोक में एक नई चेतना जागृत की। सूर के साहित्य में न तो शास्त्रीय धर्म और दर्शन है, न परम्परागत काव्य के उपादान ही हैं। उन्होंने भारतीय संस्कृति के मानवीय चेहरे को हमारे सामने प्रस्तुत किया है। सूर के यहाँ भारतीय संस्कृति केवल अतीत स्मृति नहीं है, बल्कि समाज और जीवन की चेतना उनके काव्य की प्रमुख विशेषता है। सामंती समाज के कोढ़ में एक नए समाज और मनुष्य की कल्पना उन्हें अन्य भक्तिकालीन कवियों से अलग कर देती है। भारतेन्दु ने जो उद्घोष सन् 1871 में किया–

"नर-नारिहौंसमान सब"

वह हमें मध्यम स्वर में सूर के यहाँ सोलहवीं शताब्दी में सुनाई देता है। मध्यकाल में प्रायः सभी कवियों ने नारी को हेय दृष्टि से देखा है। कबीर और तुलसी जैसे सामाजिक चेतना सम्पन्न कवि भी नारी को वह सम्मान नहीं दे सके जिसकी वे अधिकारिणी थीं। सूर और मीरा का नारी विषयक दृष्टिकोण मध्यकालीन संस्कृति की सीमाओं का अतिक्रमण करता है। इन दोनों के जीवन अनुभव लौकिक हैं। सूर के यहाँ नारी समानता का यह विद्रोह कृष्णभक्ति के आवेग में ढक गया है। यह प्रेम अधिक स्वाभाविक और लोक जीवन से जुड़ा हुआ है। उनके यहाँ वात्सल्य, माधुर्य और प्रेम की अभिव्यक्ति सहज और स्वाभाविक है। प्रेम के संदर्भ में सूर का काव्य बहुत सर्जनात्मक है। सूर के प्रेम में अधिक विविधता, स्वाभाविकता और

गहराई है। उनकी गोपियाँ सारे शास्त्रीय नियमों, परंपराओं का उल्लंघन करती हैं। सूर ने एक नया प्रेम शास्त्र गढ़ा है। इस नवीन प्रेम शास्त्र पर दर्शन, अध्यात्म आदि का मुलम्मा चढ़ाने की विद्वानों ने बहुत कोशिश की है। उनकी गोपियों का लक्ष्य है—तन्मयता। इस लक्ष्य को प्राप्त करने के लिए वे शास्त्र, रूढ़ियों और परम्पराओं में से किसी की परवाह नहीं करते। आचार्य शुक्ल ने इसे लोक और वेद—दोनों की मर्यादाओं से परे बताया है। सूर ने नारी के लिए गढ़ी हुई समस्त मर्यादाओं को रूढ़ि के अन्तर्गत ही लिया है। रूढ़ियाँ शास्त्र और लोक—दोनों की होती हैं। इन रूढ़ियों के अनेक चेहरे होते हैं। ये लोक धर्म को शास्त्रीय बनाकर मानवीय भावों और गरिमा के स्वतंत्र विकास को रोकती हैं। बिना कुछ खोये किसी बड़े उद्देश्य की प्राप्ति नहीं हो सकती। गोपियाँ अपने लक्ष्य के लिए अपना सर्वस्व—लोक लाज, मर्यादा आदि खोने के लिए तैयार हैं। उन्होंने अपने डर और तमाम शंकाओं पर विजय प्राप्त कर ली है। गोपियों के प्रेम का स्वरूप बहुत स्पष्ट है—

"गोपी स्याम रंग राँची।
देह गेह सुधि बिसारि, बढ़ी प्रीति साँची।
दुविधा उर दूर भई, गई मति वह काँची।।
मातु-पिता लोक मीति बाकी नहिं बाँची।
सकुच जबहि आवै उर बार-बार झाँची।।"

गोपियों ने काफी सीमा तक सामाजिक बंधन तोड़ दिये। वे प्रेम की चरम अवस्था तक पहुँच गईं, जहाँ न कोई छोटा-बड़ा है न ही कोई राजा-रंक, सभी समान हैं। प्रेम मनुष्य को जोड़ता है, उसे मानवीय गरिमा प्रदान करता है। प्रेम की साधना मनुष्य को श्रेष्ठ बनाती है। प्रेम के बिना ज्ञान का कोई अर्थ नहीं है। कोरा ज्ञान मनुष्य को आत्मकेन्द्रित बनाता है। प्रेम की आग में तपकर ही मनुष्य कुन्दन बनता है—

"ऊधौ विरहौ प्रेम करै।
ज्यौं बिनु पुट पट गहत न रंग कौ, रंग न रसहिं परै।
ज्यौं घर दहै बीज अंकुर गिरि तौ सत फरनि फरै।
ज्यौं घट अनल दहत तन अपनौ, पुनि मय अमी भरै।।
ज्यौं रन सूर सहै सर सन्मुख, तो रवि रथहु अरै।।
सूर गुपाल प्रेम पथ चलि करि क्यों दुख सुखनि डरै।।"

नारी निन्दा मध्यकालीन समाज में एक रूढ़ि की तरह इस्तेमाल होती रही। हिन्दी प्रदेश में अधिकांश गालियाँ नारी से ही संबंधित हैं। इक्कीसवीं शताब्दी में भी इस दृष्टिकोण में मूलभूत अन्तर नहीं आया। प्राचीनता के कुछ तथाकथित पुजारी प्राचीन काल में भारतीय नारी की समानता और स्वतंत्रता की बात करते हैं, किन्तु उनका यह कथन तथ्यों से मेल नहीं खाता। शास्त्रों में भारतीय नारी का पराधीन एवं द्वितीय श्रेणी का रूप ही उभरकर आया। धर्मशास्त्र नारी की स्वतंत्रता को पूर्णतया वर्जित मानते हैं, नारी को बचपन में पिता, यौवन में पति तथा वृद्धावस्था में पुत्र के संरक्षण में रहना चाहिए (याज्ञवल्क्य आचार, अध्याय 85)। यही नहीं, कुछ दूसरे धर्मग्रन्थों में भी नारी के संबंध में जो विचार हैं, वे दृष्टव्य हैं—

"प्रव्रज्या देने के अवसर पर स्त्री, शूद्र, कुत्ते और काले पक्षी को नहीं देखना चाहिए।" (शतपथ ब्राह्मण, 14/11/31)

"स्त्री और शूद्र का जूठा खाने पर सात दिन जौ का दलिया प्रायश्चित के रूप में खाना चाहिए।" (मनुस्मृति, 5/136)

वृहद् नारदीय पुराण 14/43 में स्त्री को वेद-पाठ पढ़ने या सुनने की मनाही का समर्थन हुआ है।

लेकिन सूर के यहाँ नारी का पराधीन रूप नहीं मिलता। उन्होंने नारी को विभिन्न भूमिकाओं में चित्रित किया है—माँ, पत्नी, प्रेमिका और सखी। सूर के यहाँ नारी अभिजात्य वर्ग की हो या सामान्य वर्ग की—गुण-दोषों के आधार पर चित्रण किया है। उन्होंने परंपरागत सामाजिक बन्धनों का अतिक्रमण किया है। यशोदा अभिजात्य वर्ग की नहीं, एक सामान्य नारी है। माँ की चिंताएँ और अन्य भार सूर ने बहुत प्रामाणिक रूप से चित्रित किए हैं—

"कब मेरो लाल घुटुरूवनि रेंगे, कब धरनी पग द्वैक धरै।"

तथा

"नन्द ब्रज लीजै ठोंक बजाइ।"

सूर ने गोपियों और राधा के संदर्भ में सामंती मूल्यों का बहुत ही शालीनता से उल्लंघन किया है। उदाहरणस्वरूप राधा विवाहिता है, साधारण कृषक परिवार की है, लेकिन वह प्रेम की प्रतिमूर्ति है। राधा का चरित्र अद्भुत है और अद्वितीय है, धीरे-धीरे एक साधारण नारी देवत्व को प्राप्त होती है, राधा का नाम कृष्ण से पहले

लिया जाता है, इसके साथ वह स्वाभिमान की प्रतिमूर्ति होती है। कृष्ण के साथ उसका प्रेम समानता के आधार पर है। वह द्वारिका, मथुरा अथवा महाभारत के योगिराज कृष्ण से नहीं बल्कि गोकुल के नंदलाल से प्रेम करती है।

सूरदास ने वात्सल्य रस का कोई भी अंग अछूता नहीं छोड़ा है। सूर ने कृष्ण का वर्णन उनके जन्म से ही किया है। उन्होंने बाहरी रूपों तथा चेष्टाओं तक ही अपने को सीमित नहीं रखा है, वरन् उन्होंने बालकों की अन्तःप्रकृति में भी प्रवेश किया है और अभूतपूर्व सफलता प्राप्त की है। बच्चे प्रायः उस काम को अधिक करते हैं जिसको उनके माता-पिता इंकार करते हैं। यशोदा कृष्ण को दूध पिलाना चाहती हैं, लेकिन कृष्ण हठ कर जाते हैं और नहीं पीते हैं। तब यशोदा उन्हें लम्बी चोटी होने का आश्वासन देती हैं। इस आश्वासन पर वह दूध पीने को तैयार हो जाते हैं और साथ ही साथ चोटी को भी देखते हैं कि बढ़ी है या नहीं।

"मैया कबहिं बढ़ैगी चोटी।
किती बार मोहि दूध पियत भई, यह अजहूँ है छोटी।"

सूर ने कृष्ण के सौन्दर्य का बड़ा सजीव वर्णन किया है—

"किलकत कान्ह घुटुरुअन धावति।
कनक भूमि पर कर पग छाया, यह उपमा इत राजति।।
करि करि प्रतिपद प्रतिमनि बसुधा, कमल बैठकी साजति।।"

सूरदास ने कृष्ण की बाल चेष्टाओं का वर्णन उनका सखा बनकर किया है। सूर ने माँ के हृदय की अभिलाषा और भावनाओं का भी बड़ा सुन्दर वर्णन किया है—

"सिखवत चलन यशोदा मैया
अरवराय प पानि गहावति डगमगाय धरनी धरै पैयाँ।।"

"खीझत जात माखन खात।
अरुन लोचन भौंह टेढ़ी बार-बार जँभात।।
कबहुँ झुकि के अलक खेंचत, नैन जल भरिलात।।"

कृष्ण चन्द्रमा को देखकर अत्यन्त सुखी होते हैं और वह उसे प्राप्त करना चाहते हैं, जो बालकों का स्वभाव होता है। वह माता यशोदा से इसके लिए कहते हैं। वे इसके लिए अत्यन्त हठ करते हैं और आँगन में लोट जाते हैं—

"चन्द्र खिलौना लै हौं मैया, चन्द्र खिलौना लै हौं।
धौरी को पय पान न करिहौं, बेनी सिर न गुहैहौं।।
जैहौं लोटि आवहि धरति पै, तेरी गोद न अइहौं।
पुत्र कहेहौं नन्द बाबा को, तेरो सुत न कहैहौं।।"

बच्चों में यह स्वाभाविक गुण होता है कि वह खेलने में एक-दूसरे को चिढ़ाते हैं। यही सवाल कृष्ण के साथ भी है। उनसे सभी ग्वाल और दाऊजी यह कहते हैं कि तुमको नन्द बाबा ने मोल लिया है। इसकी शिकायत कृष्ण माता यशोदा से करते हैं—

"मैया मोहि दाऊ बहुत खिजायौ।
मोते कहत मोल को लीनों, तोहि जसुमति कब जायौ।।
गोरे नन्द यशोदा गोरी, तुम कत श्याम शरीर।
चुटकी दै दै हँसत ग्वाल सब, सिखै देत बलवीर।।"

सूर बालकों के प्रत्येक कार्य, भाव एवं चेष्टाओं से भलीभांति परिचित हैं। वे बाल मनोविज्ञान के ज्ञाता हैं।

सूरदास ने कृष्ण को जनसामान्य के बीच स्थापित किया। सूर के कृष्ण कुलीनता की परवाह नहीं करते, वे सामान्य से सामान्य व्यक्ति का भी उद्धार करते हैं, उसके साथ मित्रवत् व्यवहार करते हैं। व्याध और अजामिल का वे उद्धार करते हैं, वहीं वे दुर्योधन जैसे युवराज की उपेक्षा करके दासी पुत्र विदुर का आतिथ्य स्वीकार करते हैं और बड़े प्रेम से उनके यहाँ भोजन करते हैं।

"काहू के कुल तन न बिचारत।
अबिगत की गति कहि न परति है, व्याध-अजामिल तारत।
कौन जाति अरु पांति विदुर की, ता ही कैं पग धारत।
भोजन करत माँगि घर उनकैं, राज-मान-मद टारत।
ऐसे जनम करम के ओछे, ओछनि हूँ ब्यौहारत।
यहै सुभाव सूर के प्रभु कौ, भक्त-बछल-प्रन पारत।"

सूर सामान्य जन के सम्मान, उसके स्वाभिमान की रक्षा के लिए सजग हैं। वे जाति और कुल के आधार पर होने वाली विषमता को स्वीकार नहीं करते। अपने समर्थन में वे वेदों का सहारा भी लेते हैं।

"जन की और कौन पति राखै?
जाति-पाति कुल-कानि न मानत, बेद-पुराननि साखै।
जिहिं कुल राज द्वारिका कीन्हौं, सो कुल साप तैनास्यौ।
सोइ मुनि अंबरीष कै कारन तीनि युवन भ्रमि त्रास्यौ।
जाकौ चरनोदक सिर सिर धरि, तीनि लोक हितकारी।
सोइ प्रभु पांडु-सुतनि के कारण निज कर चरन पखारी।।
बारह बरस बसुदेव-देवकिहिं कंस महादुख दीन्हौ।
तिन प्रभु प्रहलादहिं सुमिरत हों नरहरि-रूप जु कीन्हौ।
जग जानत जटुनाथ, जिते जह निज-भुज सम सुख पायौ।
ऐसौ को जु न सरन गहे तैं कहत सूर उतरायौ।"

भक्तिकालीन कृष्ण काव्य के निर्माण में महाभारत, हरिवंशपुराण, ब्रह्मवैवर्तपुराण, पद्मपुराण, जयदेव के गीतगोविन्द और विद्यापति के पदों का महत्त्वपूर्ण योगदान है। इस पर सबसे अधिक प्रभाव श्रीमद्भागवत् का है। श्रीमद्भागवत् में कृष्ण के चरित्र और विभिन्न लीलाओं का जैसा सजीव चित्रण है, वह अन्य ग्रन्थों में नहीं है। सूरदास के 'सूरसागर' पर तो इसका स्पष्ट प्रभाव परिलक्षित होता है। अगर हम गहन दृष्टिपात करें तो पाएँगे कि 'भागवत्' और 'सूरसागर' में विषयवस्तु की दृष्टि से वह अंतर है जो एक पुराण और साहित्य में होता है। पुराण में धार्मिक चिंतन और दार्शनिक व्याख्याओं की प्रधानता होती है, जबकि साहित्य में लोक प्रमुख होता है। सूरदास ने अनेक नवीन प्रसंगों की योजना की है। सूरदास ने कृष्ण की बाललीला में अनेक नवीन प्रसंगों के सहारे बाल स्वभाव और वात्सल्य का भव्य उद्घाटन किया है। सूरदास ने बाललीला के चित्रण में नए-नए प्रसंगों के माध्यम से कृष्ण का मानवीय रूप व्यक्त किया है। राधा-कृष्ण के प्रेम-प्रसंग में भी सूर ने अनेक मौलिक उद्भावनाएँ की हैं जो बहुत ही स्वाभाविक हैं। इसी क्रम में देखें तो पाएँगे कि भ्रमरगीत में भी पर्याप्त मौलिकता स्पष्ट झलकती है। भागवत् में ज्ञान और भक्ति का सामंजस्य किया गया है, किन्तु सूर ने भक्ति की श्रेष्ठता प्रतिपादित की है। गोपियों के सम्मुख उद्धव तर्क करते दिखाई नहीं पड़ते, बल्कि वे निरीह जान पड़ते हैं और अन्त में भक्तिरस में अभिभूत होकर कृष्ण से कह देते हैं—

"मेरो कह्यो पवन को भुस भयो गावत नन्द कुमार।"

सूर ने राधा के मिलने का जो चित्रण किया है, वह तो सर्वथा भागवत्-निरपेक्ष है। इस प्रसंग से संबद्ध अनेक मौलिक उद्भावनाएँ सूर ने की हैं जो एक ओर तो राधा और कृष्ण के प्रेम को स्वाभाविकता प्रदान करती हैं, और दूसरी ओर नन्द-यशोदा और वृषभानु एवं उनकी पत्नी के वात्सल्य का उद्घाटन करती हैं।

सूरदास के जीवन के संबंध में अनेक भ्रांतियाँ और भ्रम हैं, इसका कारण यह भी है कि मध्यकाल में कई सूरदासों का वर्णन मिलता है। सबसे अधिक चर्चा मदन मोहन सूरदास की अकबर के दरबारी गायक के रूप में होती है। दूसरा विवाद उनके अंधेपन को लेकर है। सूर के कुछ अनुयायी उनमें अलौकिक प्रतिभा खोजना चाहते हैं, इसलिए उन्हें जन्मांध सिद्ध करके उनकी प्रतिभा को ईश्वरीय सिद्ध करते हैं। सूर ने रंगों का, प्रकृति के बदलते हुए रूपों का जो प्रामाणिक चित्रण किया है, वह कोई जन्मांध व्यक्ति नहीं कर सकता। साहित्य के मूल्याँकन की यथार्थ और इतिहास विरोधी दृष्टि रही है। चमत्कारों के बिना कोई महान व्यक्तित्व अधूरा है—यह परंपरा साहित्य के मूल्याँकन में बाधक है। बिना ऐतिहासिक प्रमाणों के अपनी इच्छा और भावना के अनुरूप कोई राय देना उचित नहीं है। इसका कोई प्रमाण नहीं मिलता कि सूरदास और अकबर की कोई भेंट हुई हो। सूरदास एक बीतरागी सन्त थे। इन्हें अन्य भक्त और सन्त कवियों की तरह सत्ता और सत्ताधारियों से कोई मोह नहीं था। आरंभ के दस वर्ष अकबर के शासन का कोई बृहत्त उद्देश्य नहीं था। 1568 के बाद ही अकबर ने अपने शासन की स्पष्ट रूपरेखा तय की। सम्राट अशोक के बाद वह दूसरा बादशाह था जिसने धर्म को शासन में हस्तक्षेप करने पर रोक लगाई, लेकिन यह अकबर के शासन के आरंभ की नहीं बाद की बात है। तमाम प्रमाणों ओर अंतःबाह्य साक्ष्यों के आधार पर सूरदास का समय 1483 ई. से 1563 ई. ठहरता है। सूरदास ब्रज भाषा के सर्वश्रेष्ठ कवि हैं ही, इसके अतिरिक्त उन्होंने मानक ब्रज भाषा का प्रारूप भी हिन्दी साहित्य को दिया है। उदात्त प्रेम के भी वे सर्वश्रेष्ठ चितेरे हैं। विरह और शृंगार के जितने मार्मिक चित्र सूर के यहाँ हैं, शायद ही हिन्दी का कोई कवि उनके समक्ष खड़ा हो सके। यह सही है कि उनका संसार तुलसी की अपेक्षा छोटा है, लेकिन उसमें जो गहराई और मार्मिकता है वह सूर को हिन्दी साहित्य में अलग स्थान दिलाती है। सहृदयता के बिना कोरी विद्वता उस बालू की तरह है, जिसमें स्नेह का जल नहीं है।

रामकथा : ऐतिहासिक-सामाजिक संदर्भ

– भगवान सिंह

पौराणिक, प्रागैतिहासिक या आद्यैतिहासिक घटनाओं के विषय में जब भी ऐतिहासिकता का सवाल उठाया जाएगा, प्रमाण इतने दोटूक नहीं हो सकते कि इनसे सभी को सन्तोष हो सके। कुछ लोगों को तो इस बात की शिकायत बनी रह ही सकती है कि प्रमाण पर्याप्त या निर्णायक नहीं हैं। इसके विपरीत दूसरे कुछ लोगों को अधिक प्रमाणों की माँग दुराग्रहपूर्ण लग सकती है। मौखिक परम्परा की सीमाओं का ध्यान रखते हुए किसी विवरण में यदि तथ्यपरकता एक अपेक्षित स्तर से आगे जाने लगे, तो यह उसकी ऐतिहासिकता का प्रमाण न होगा। इसे प्रक्षेपण या जालसाजी का प्रमाण माना जाएगा।

इस देश में लेखन का आविष्कार होने से बहुत पहले से सामाजिक अनुभवों को आकलित करने की एक शक्तिशाली परम्परा जन्म ले चुकी थी। गाथाओं और पवाँरों की यह परम्परा इतनी लोकप्रिय और सुदृढ़ थी कि लेखन का विकास हो जाने के बाद भी यह प्राचीन वृत्तों के परिरक्षण के लिए अधिक विश्वसनीय मानी जाती रही।

अतः जो लोग प्राचीन भारतीय इतिहास के इस महत्त्वपूर्ण स्रोत की सीमाओं के कारण आए विचलनों को देखकर इन्हें कोरा मिथक कहकर खारिज कर देने के पक्षधर के प्रकारांतर से यह कहना चाहते हैं कि यहाँ लेखन के आविष्कार से पूर्व के और उसके बाद लिखित के अतिरिक्त किसी सामाजिक अनुभव और जीवन तथ्य को सँजोकर रखने की चिन्ता ही नहीं की गई। यह एक विचित्र बात है कि एक ओर तो हम अपनी जातीय परम्परा और साहित्य के प्रति सचेतता को इस पराकाष्ठा पर पहुँचा देते हैं कि यहाँ लेखक से परिचय के अभाव में भी ग्रंथ के ग्रंथ इस तरह रच और रट लिये जाते थे कि प्रत्येक विद्वान एक चलता-फिरता ग्रंथागार बन जाता

था और मौखिक क्रम से ही वह अपना सारा ज्ञान अपने शिष्यों में उँड़ेलकर उन्हें भी ऐसे ग्रंथागारों में बदल देता था—याद्दाश्त ऐसी कि लिखित साहित्य में कालक्रम से अशुद्धि भले आ जाए पर इस मौखिक परम्परा में 'राई घटे न तिल बढ़े रह रे जीव निशंक' जैसी उलटबाँसी के दर्शन होते रहे हैं, और दूसरी ओर इसी कृति परम्परा पर इतना अविश्वास कि इसके विराट भण्डार में सच्चाई और ऐतिहासिकता का स्पर्श तक नहीं। ये दोनों अतिवाद एक-दूसरे का जवाब खुद बन जाते हैं: जिसे श्रुत परम्परा से हस्तांतरित माना जाता रहा है, वह लिखित परम्परा की देन है। पर इसके समानान्तर वास्तविक श्रुत परम्परा भी जीवित रही है और उसमें श्रुत परम्परा के स्वाभाविक दोष-गुण पाये जाते हैं। वह समस्त सत्य नहीं है पर उसमें सत्य के नाभिकीय गर्भ अवश्य हैं। जो इस बात को नहीं मानते, वे प्राचीन भारत को सचमुच विचित्रताओं का ऐसा देश सिद्ध करना चाहते हैं जहाँ वे नियम नहीं चलते जो दूसरे देशों और कालों के विषय में अनिवार्य हैं। वे इसे घटनाशून्य और अतीतहीन सिद्ध करते हर एक ऐसे निर्वात की सृष्टि करना चाहते हैं जिसमें ऐतिहासिक बोध के समानान्तर पुराण कथाओं का संसार अधिक विश्वसनीयता से जनमानस का हिस्सा बना रहे और उसकी चेतना को नियंत्रित करता रह सके और इसका उपयोग विनाशकारी रूप में किया जा सके। लोकवृत्तों को गल्प मानकर खारिज करने वाले और इतिहास मानकर यथातथ्य स्वीकार करने वाले परस्पर जुड़वाँ भाई हैं। अंधनिषेध और अंधस्वीकार करने में जो तत्व उभयनिष्ठ है, वही दोनों का सत्य है। बाकी सब मिथ्या।[1]

लोकवृत्तों के माध्यम से परिरक्षित इतिहास में घटनाओं का रूपान्तरित होना और एकाधिक सूत्रों का परस्पर जुड़ जाना स्वाभाविक था। जिन लोकप्रिय वृत्तों को लेकर जब-तब काव्य या गाथाएँ रची जाती रहीं, उनमें रचनात्मक दबाव और रचनागत उद्देश्य के कारण उनका रूप बदल दिया जाता रहा। यही नहीं कविसुलभ अधिकार का प्रयोग करते हुए सचेत रूप में ऐतिहासिक काल के वृत्तों को आद्यऐतिहासिक वृत्तों से जोड़ते-मिलाते हुए चमत्कार पैदा करने का प्रयत्न किया गया है।[2] किसी कथा में अतिमानवीय तत्त्वों के अतिरेक के कारण इसे समग्रतः मिथक मानना उचित नहीं है।[3]

रामकथा में अनेकानेक मिथक भरे पड़े हैं और इसमें एक शक्तिशाली मिथक निश्चय ही कृषि मिथक है। पर रामकथा न तो मिथक है न ही शुद्ध इतिहास। रामकथा एक लोकवृत्त है, एक लीजेंड। हम प्रायः लोकवृत्तों और पुराण कथाओं में, लीजेंड और मिथक में फर्क नहीं करते और इन्हें एक-दूसरे का पर्याय मान लेते हैं।

यह स्मरण रहे कि लीजेंड विकसित होता है और मिथक गढ़े जाते हैं। लीजेंड के मूल में ऐतिहासिक चरित्र या घटना का होना जरूरी है। मिथक की यह जरूरी शर्त नहीं है। लीजेंड के रूप में क्रमिक परिवर्तन करने वाला इसे अधिक रोचक या श्लाघ्य बनाने के लिए ही अपनी ओर से इसे कुछ सँवारता चलता है। इस क्रम में बहुत से मिथक भी इसके इर्द-गिर्द आ चिपकते हैं। मिथक के गढ़े जाने के पीछे एक निश्चित उद्‌देश्य होता है। यह उद्देश्य गढ़ने वाले के स्वार्थ से प्रेरित हो सकता है, किसी प्राकृतिक घटना या परिघटना की व्याख्या का प्रश्न हो सकता है और जब-तब मात्र कल्पनाविलास हो सकता है। इनके बीच फर्क करना जरूरी है। पर दुर्भाग्य से मिथक के भीतर इतिहास के सूत्रों की तलाश करने वाले कोसंबी तक ने इसको सीधे खारिज ही करने का दृष्टिकोण अपनाया।[4] यह ध्यान रहे कि मिलावट और प्रक्षेपण कहीं भी सम्भव है। पुरातत्त्व में भी, यहाँ तक कि ठीक अपने समय की कृतियों, अखबारों की रपटों और बयानों में भी। अतः सत्य की खोज वर्तमान में करनी हो तो भी किसी चीज पर आँख मूँदकर भरोसा नहीं किया जा सकता।[5]

पौराणिक गल्पों की विशेषता यह है कि ये खुराक तो यथार्थ से ही लेते हैं, पर यथार्थ के धरातल पर अधिक समय तक टिके नहीं रह पाते। चिड़िया चारा चुगने के लिए जमीन पर न उतरे तो जिन्दा नहीं रह सकती। वह दो-चार डग चलती और फुदकती है, पर अपने कमजोर पाँवों और पंखों के भार के कारण दौड़ नहीं सकती। इसके लिए उसे उड़ान भरनी ही पड़ेगी, नहीं तो धरती का यथार्थ उसे खा जाएगा। चिड़िया की ही तरह मिथक भी हवाई जगत की चीज है। लोकवृत्त सामूहिक लोकनृत्यों और पर्वों पर चिड़ियों के पंख और मुखौटे लगाकर थिरकते कलाकारों की तरह है जो देखने में तो किसी चिड़िया से अधिक हवाई लगेंगे पर इनकी विवशता है कि वे अपनी लाख कोशिश के बाद भी उड़ नहीं सकते। यथार्थ का गुरुत्वाकर्षण उनके लिए खासा भारी पड़ता है। अतः यदि किसी वृत्त की घटनावली भौतिक यथार्थ पर दूर तक चलती दिखाई देती है, तो मानना होगा कि इसके पीछे इतिहास का सच है। वास्तविक हुए बिना वह उस रूप में गढ़ी ही नहीं जा सकती थी। रामायण के भीतर दो कहानियाँ हैं। पहली, एक मनुष्य के अपने जीवन और सुख-दुख के भोग से सम्बन्ध रखती है। यह उसे असाधारण धैर्य, शौर्य और विवेक से सम्पन्न सिद्ध करती है। दूसरी, उसे अवतार बनाकर अपनी महिमा सिद्ध करने वालों द्वारा गढ़ी गई है जिसके चारों ओर मिथकों का एक जाल-सा बुन दिया गया है। इनमें से पहली रामकथा के प्रसंग में ही इतिहास का, इसकी वास्तविकता की खोज का प्रश्न आता है।

रामकथा की ऐतिहासिकता के प्रसंग में तीन बातें आती हैं जिनके बीच फर्क करना जरूरी है। इसमें पहली है राम की और इसी क्रम में रघुवंश की ऐतिहासिकता। दूसरी है रामकथा की ऐतिहासकिता। तीसरी है रामायण की, अर्थात् वाल्मीकीय रामायण आज जिस रूप में उपलब्ध है, उसकी ऐतिहासिकता।

फिर रामकथा के भीतर एकाधिक कथासूत्र हैं और इन कथासूत्रों के भी अपने स्वतन्त्र इतिहास और मिथक हैं। इन दोनों कारणों से इसका ताना-बाना बहुत जटिल हो जाता है। जरूरी नहीं कि इनके पीछे जिन वास्तविक घटनाओं का हाथ है, उनके सभी नायकों का नाम राम रहा हो।[6] घटना साम्य भी इसके मूल में हो सकता है। अतः यदि हम सीधे नाम की तलाश करने चलें तो हमें निराशा हो सकती है। यदि इस बात की खोज करने चलें कि किसी काल विशेष में राम के नाम से कोई कथा प्रचलित थी या नहीं, तो भी कुछ सूत्रों और बिन्दुओं को और रामकथा के कुछ रूपों को समझने में कठिनाई होगी।

सबसे पहले हम कथा के इतिहास को ही लें। हमारे पास जो सबसे प्राचीन कृति आज उपलब्ध है, वह वाल्मीकि रामायण है। इसमें आज कथित रूप में वाल्मीकि रचित सात काण्ड, पाँच सौ सर्ग और चौबीस हजार श्लोक हैं।[7] रोचक बात यह है कि रामायण के तीन पाठांतरों में लगभग एक-तिहाई अंश दूसरों से अनमेल पड़ता है।[8] पर इसके बावजूद इस बात का ध्यान रखा गया है कि श्लोक संख्या 24000 ही रहे या इतनी ही बताई जाए।[9]

रामायण का यह आकार उस काल का है जब रामायण को इतनी लोकप्रियता प्राप्त हो चुकी थी कि इसे आधार बनाकर अनेकानेक काव्य कृतियाँ रची जा चुकी थीं। कारण इसे "परं कवीनां आधार" (1.4.27) कहा गया है जो अन्यथा न लिखा जाता। दूसरी ओर कालिदास ने रघुवंश की प्रस्तावना में कहा है कि पूर्ववर्ती कवियों ने अपनी रचनाओं से रामकथा के मनकों को छिद्रित कर वाणी के प्रवेश के लिए पहले से ही सूराख बना दी है और इसलिए उनका काम उसी तरह आसान हो गया है जैसे हीरे की नोक से छिदी मणियों में धागा पिरोना।[10] इससे लगता है कालिदास के समय तक अनेकानेक रामायणों की रचना हो गई थी और कुछ काव्यों में रघुवंश से संबंधित अन्य चरित्रों का वर्णन ही मुख्य रूप से किया गया था। संभावना इस बात की भी है कि रामायण के एकाधिक रूप प्रचलित हों।

महाविभाषा नामक एक बौद्ध ग्रंथ था। यह आज उपलब्ध नहीं है। इसका चीनी में अनुवाद युआन च्वांग (सातवीं शताब्दी) ने किया था। इसमें रामायण के

विषय में कुछ वाक्य हैं जिनसे पता चलता है कि महाविभाषा के रचनाकाल में रामायण नामक 12000 श्लोकों का एक काव्य अस्तित्व में था। इसमें रावण के द्वारा सीता का अपहरण और राम द्वारा सीता के पुनरुद्धार की कथा वर्णित थी।[11] हो सकता है। वर्तमान 24000 श्लोकों के रामायण के 12000 श्लोक इस महाकाव्य में पहली शताब्दी से पाँचवीं शताब्दी के बीच जोड़े गए। वह तो रामायण के अन्तः साक्ष्यों से ही प्रकट है कि समूचा उत्तरकाण्ड और बालकाण्ड के अधिकांश सर्ग इसमें बाद में जोड़े गए थे। राम आदि के जन्म से सम्बन्धित कुछ विवरण अश्वघोष के बुद्धचरित के प्रभाव में रचे गए हो सकते हैं। बालकाण्ड और उत्तरकाण्ड की कुल श्लोक संख्या छह हजार से भी कम है, अतः जिन कांडों के प्राचीन होने में संदेह नहीं किया जाता उनका भी बहुत बड़ा भाग पहली से पाँचवीं शताब्दी के बीच का है।[12] रामायण के अनुसार ही जब ब्रह्मा वाल्मीकि के सम्मुख उपस्थित होकर उन्हें रामायण की रचना करने का सुझाव देते हैं, तो उन्हें यह आश्वासन देते हैं कि उन्हें प्रकाशित और रहस्यमय दोनों प्रकार के विवरणों का ज्ञान हो जाएगा।[13]

अतः रामायण के रचनाकारों के अनुसार भी वर्तमान विवरणों में से कुछ का तो पहले से नारदीय परम्परा से या लोकगाथाओं की परम्परा से एक निश्चित आधार था, पर बहुत कुछ नए तकाजों से कल्पना से गढ़कर मिला दिया गया। पहले इस कथा को भरथरी की कथा गाने वाले योगियों की तरह बड़े मार्मिक स्वर में सुनाते हुए भिक्षाटन करने वालों की एक जमात थी, जिसका आभास रामायण 14, 15-26 से मिलता है। संभवतः यह जाति भी योगियों की तरह बहुत समादृत नहीं थी, जिसका आभास इसके नाम कु-शीलव से मिलता है।[14] यह कथा भी भरथरी के गान की तरह सारंगी/इकतारा बजाकर मार्मिक स्वर में भाव समझाते हुए ही गाई जाती थी।[15]

बुद्ध से बहुत पहले राम नाम के एक व्यक्ति हो चुके थे और इनका चरित लोक विदित ही नहीं लोक समादृत भी था। इसका प्रमाण अनेक रूपों में मिलता है। बुद्ध के अपने पूर्व जन्म और राम कुल का सम्बन्ध राम से जोड़ने का प्रयत्न करते हुए स्वयं बुद्ध की महिमा को बौद्धों द्वारा बढ़ाने का प्रयत्न भी यह प्रकट करता है कि मूल कथा और उसकी अंतर्वस्तु वर्तमान कथा से भिन्न थी। वैदिक साहित्य में राम के नाम से जुड़े कतिपय भिन्न नामों का सम्बन्ध इससे भी हो सकता है और नहीं भी।[16]

महाविभाषा पर युआन च्वांग की टिप्पणी में 12000 श्लोकों के जिस रामायण का संकेत है, उससे तो लगता है कि इस यात्री को इस बात का भी भ्रम था कि

रामायण भी बौद्ध धर्मग्रंथ है। वह रामायण का उल्लेख करने के तत्काल बाद लिखते हैं, ''बौद्ध धर्मग्रंथ सरल नहीं हैं। इनका रचना विधान और अर्थगर्भिता अपरिमेय और अनवग्राह्य हैं।'' महाविभाषा की रचना पहली शताब्दी में कनिष्क के शासनकाल में हुई थी और इसमें 500 अर्हतों ने भाग लिया था। यूँ कहें कि महाविभाषा के रचनाकाल तक रामायण नाम का एक काव्य अस्तित्व में था जिसे बौद्ध भी, या संभव है बौद्ध ही, पवित्र मानते थे और इसलिए इसकी अंतर्वस्तु और राम का चरित्र उससे निश्चित रूप से भिन्न था जिस रूप में इसे ब्राह्मणवादी आग्रहों से बदला गया। बौद्धों द्वारा समादृत रामायण के राम उन विशेषताओं के कारण ही महान हुए हो सकते हैं जो ब्राह्मणवादी तकाजे से फेर-बदल करने और ब्राह्मणवाद के विरुद्ध पड़ने के बावजूद रामायण में बने रह गए हैं। उनकी ये विशेषताएँ हैं जन्मजात श्रेष्ठता और कनिष्ठता को महत्त्व न देना, यज्ञ आदि के आडम्बरों का विरोध, युद्ध और हिंसा को यथासंभव टालने का प्रयत्न, मानव मात्र के प्रति मैत्रीभाव। संभवतः इसी कारण राम के नाम के साथ ऋग्वेद में असुर शब्द का प्रयोग उसी तरह किया गया,[17] जैसे कृष्ण के साथ।[18] कृष्ण का यज्ञ और इन्द्र की पूजा का विरोध तो सर्वविदित है और उनके प्रसंग में यह नाम अनुचित नहीं है। राम के साथ भी इसकी संभावना मानना अतर्क्य न होगा। संभवतः यही कारण है जो राम के चरित के आदि गायक वाल्मीकि को भी ब्राह्मणद्रोही करार दिया गया था।

राम कथा का घटना क्षेत्र संभवतः पंजाब था। घग्घर को पटियाला के आस-पास आज भी सरयू कहते हैं।[19] लायलपुर (फैएलाबाद) के क्षेत्र में राची के तट के पचास किलोमीटर के क्षेत्र के विषय में यह मान्यता है[20] कि राम, लक्ष्मण और सीता ने अपने वनवास के दिन उसी क्षेत्र में बिताए थे। वहाँ इनके नाम से कुण्ड भी हैं। पंजाब से इसके सम्बन्ध का एक प्रमाण यह भी है कि दशरथ के देवासुर संग्राम में भाग लेने का उल्लेख आता है। भारतीयों के लिए स्वर्ग का अर्थ वास्तव में गंधर्व देश या सिंधु से पश्चिम का सारा भारत रहा है, जो मध्येशिया को भी समेटे हुआ था। अफगानिस्तान का नूरिस्तान तथा हिन्दूकुश के इंद्रकुन या इंद्र का उद्यान में प्राचीन स्मृतियाँ पिछली शताब्दी तक शेष रही हैं।[21] इंद्र के नगर पर असुरों के बार-बार के आक्रमण का सम्बन्ध भारत से बाहर बलूचिस्तान, अफगानिस्तान, कजाकिस्तान, ईरान और पश्चिमी एशिया के विविध स्थानों पर भारतीय व्यापारियों की बस्तियों पर स्थानीय कबीलों और प्रतिस्पर्धी असीरियनों के आक्रमण और व्यापारिक प्रतिस्पर्धा से रहा है। यदि दशरथ ऐसी किसी आपदा के समय आमन्त्रित किए गए थे और उन्होंने उसमें भाग लिया था, तो उनका पंजाब में बसा होना तथ्यों से अधिक मेल

खाता है। इस युद्ध में शामिल होने के लिए अयोध्या जितनी दूरस्थ नगरी से सहायता के लिए किसी का बुलाया जाना या इस प्रयोजन से किसी का आना बहुत सरल नहीं लगता। यूँ तो राम आदि भाइयों के पुत्रों के लिए राज्य का इन्तजाम करने के लिए मध्य और मध्यपूर्व देश सहित पूरे उत्तर पश्चिम भारत को समेट लिया गया है, पर उत्तर प्रदेश से पूर्व की ओर बढ़ने का कोई संकेत नहीं। जो भी संकेत हैं वे पश्चिम की दिशा की ओर इंगित करते हैं। कहते हैं भरत के पुत्रों के लिए गंधर्व देश को जीतकर उसमें तक्षशिला और पुष्कलावत (पेशावर) नगर बसाए गए (7 101-11) और इन्हें उनके राज्यों की राजधानी बनाया गया। लक्ष्मण के पुत्रों भी कारुपथ देश, जो संभवतः उत्तरकुरु या मध्येशिया को जाने वाले मार्ग पर, एक को पश्चिम तथा दूसरे को उत्तर की दिशा में अंगदीया और चन्द्रकान्ता नामक नगरियों (7 102.9-11) में स्थापित किया गया। शत्रुघ्न के पुत्र सुबाहु को मधुरा और शत्रुधाती को विदिशा का राज्य मिलता है (7.103 10-11)। केवल कुश और लव के बीच दक्षिण और उत्तर के राज्य आते हैं (17 107.7) —कुश के लिए विंध्य पर्वत के किनारे कुशावती (7.108.4) और लव के लिए श्रावस्ती (7.108.5)। ये विविध व्यक्ति नाम और स्थान नाम कल्पित हैं और कुछ को गुप्त काल के समय ज्ञात स्थानों के सन्दर्भ में गढ़ा गया है। यदि पूर्व के नामों को आबादी और कथा के पूर्व की ओर स्थानांतरण से सम्बन्धित माना जाए, तो घटना क्षेत्र पश्चिम की ओर ही खिसकता है, जिधर की ओर आबादी विचलन का प्रमाण नहीं मिलता।

रामायण में राम की दो कहानियाँ हैं। एक पार्थिव धरातल पर चलती है, दूसरी विचित्रताओं की एक शृंखला के रूप में। पहली दूसरी से अनमेल पड़ती है और इसके बावजूद बची रह गई है। इसका अर्थ यह है कि कथा में निहित उद्देश्य से प्रक्षेपण करने वालों को इस बात की चिन्ता थी कि यदि कथानक बदल गया तो लोकप्रिय कथा से बिल्कुल अनमेल पड़ने के कारण वे उसका लाभ नहीं उठा पाएँगे, अतः उन्होंने मूल कथा में अपनी ओर से कुछ मिलाया तो, पर उसमें से कुछ निकाला नहीं। जिन काण्डों में प्रक्षेपण सर्वाधिक हुआ है, उनमें ही विचित्रता सर्वाधिक मिलती है। अतः चमत्कार कथा बाद की है और मानव राम की करुण कथा पहले की। पहले की कथा में राम का जन्म दशरथ के कैकेयी से विवाह करने से पहले हो चुका था। कैकेयी किसी युद्ध पर नहीं गई थीं। विवाह के समय राज्याधिकार उनसे उत्पन्न होने वाले राजकुमार को देने का वचन दिया था। कथा का यह अंश शांतनु द्वारा दिये गए वचन जैसा ही था और सम्भव है, किसी एक ने दूसरे के चरित्र को प्रभावित भी किया हो। जाहिर है, सन्तान के लिए यज्ञ का विधान कल्पित है और संभवतः यह अश्वघोष

के बुद्धचरित से प्रभावित होकर गढ़ा गया है। पुरानी कहानी में राम के राज्याधिकार को संदिग्ध बनाने के लिए कैकेयी एक लम्बी तैयारी करती हैं। वह कौसल्या के लिए अलग आवास की व्यवस्था कराती हैं। उनके निर्वाह के लिए कुछ गाँवों को अलग करा देती हैं, ताकि राम का अधिकार वहीं तक सीमित रहे। वह राम की शिक्षा की व्यवस्था वशिष्ठ के प्रतिस्पर्धी विश्वामित्र के यहाँ कराती हैं, ताकि राजगुरु की असंदिग्ध निष्ठा और समर्थन उसे मिल सके। विश्वामित्र के आश्रम को जाते समय भी राम की हत्या के प्रयत्न किए जाते हैं और सिद्धाश्रम में उनके निवास के समय भी इसकी चेष्टा की जाती है, परन्तु विश्वामित्र की सावधानी के कारण यह सफल नहीं हो पाता। इस बीच कौसल्या को तरह-तरह से अपमानित किया जाता है। उधर राम उस अज्ञात कुल शीला कन्या से विवाह करने को तैयार हो जाते हैं जिससे अन्य कोई विवाह करने को तैयार नहीं। दशरथ की गुप्त सहमति के बिना इतना बड़ा निर्णय सम्भव नहीं। दशरथ किसी दबाव में ही पड़ोस के सबसे प्रभावशाली राजा का समर्थन पाने के लिए ऐसा समझौता कर सकते हैं। जो भी हो, इसकी जानकारी मिलने पर भरत का विवाह उनके भाई और सेनापति कुशध्वज की कन्या से करा दिया जाता है, ताकि मिथिला की ओर से राम को किसी तरह का लाभ न मिल सके। राम को युवराज बनाने के लिए दशरथ को बहुत चालाकी से एक योजना बनानी पड़ती है जिसमें भरत को और अपने साले और सेनापति को अयोध्या से बाहर भेजना पड़ता है, और संभ्रांत नागरिकों की एक सभा बुलाकर अपने पिछले वाग्दान के विरुद्ध निर्णय लेने की भूमिका तैयार करनी होती है। कैकेयी ने, जो राज्य पर उत्तराधिकार के मामले में दशरथ पर विश्वास नहीं करती, जो योजना तैयार कर रखी है उसके जाल में दशरथ स्वयं आ जाते हैं। अब कैकेयी, जो राम को मात्र उन कुछ गाँवों को देकर अलग कर सकती थी, राम को निर्वासित करने की बदले की कार्रवाई के लिए पूरा औचित्य निकाल लेती है। राम को अपमानित होकर निर्वासित होना पड़ता है, परन्तु न तो वह अपना विवेक खोते हैं न ही निराश होते हैं। वह कबीलाई जनों को संगठित करना आरम्भ करते हैं। दशरथ का तो वध कर ही दिया जाता है। राम को इसका बोध कराने के लिए भरत सैन्यबल सहित चित्रकूट जाते हैं कि यदि राम को अब भी किसी तरह की राज्य लालसा रह गई हो, तो वह इसका इजहार करें और उनकी भी वही गति बना दी जाए जो दशरथ की हुई थी। राम राज्य के प्रति अपनी अनिच्छा प्रकट करके और यह बताकर कि राज्य का वास्तविक उत्तराधिकारी तो भरत ही है, अपनी सूझ-बूझ का परिचय देते हैं और अपनी रक्षा करते हैं। इसके बाद राम का चित्रकूट में निवास तक असंभव बना दिया जाता है और उन्हें निरंतर अपनी रक्षा

के लिए भागते रहना पड़ता है। उनको किसी न किसी से अपने प्राणों का भय तो है ही। अंततः वही मारीच जो सिद्धाश्रम में उनके प्राण लेना चाहता था, पर विफल हुआ था, सीता के अपहरण का माध्यम बनता है और पौलस्त्य रावण का वध करके राम सीता को लेकर ससम्मान और पूरी तैयारी के साथ वापस आते हैं और अपना खोया हुआ राज्य वापस लेते हैं। उनके राज्य में सारी प्रजा खुशहाल रहती है। पर राम के शत्रु उन्हें फिर भी चैन से नहीं रहने देते और उन पर लांछन लगाते हैं और यह प्रवाद इतना उग्र रूप धारण कर लेता है कि राम को सीता के निर्वासन का नाटक करना पड़ता है।[22]

यहाँ तथ्यों को प्रस्तुत करने में हमने कुछ छूट ली है। पुरानी कथा इस रूप में रही हो ही नहीं सकती। तर्कसंगति के अखोट निर्वाह के कारण किसी विवरण की संदिग्धता का जो प्रश्न हमने आरम्भ में उठाया था, वह यहाँ भी लागू होता है। लोकवृत्त में सहानुभूति का पक्ष बहुत स्पष्ट होता है और यदि रचनाकार की या गायक की सहानुभूति राम के प्रति है, तो वह कैकेयी के प्रत्येक कार्य को तर्कसंगत सिद्ध करने की जहमत मोल नहीं लेगा। वह पक्षधरता के साथ लिखता या गाता है। इसमें जो स्याह है, वह कोयल से अधिक स्याह और जो सफेद है, वह दूध से अधिक सफेद है। अतः यदि हम लोकवृत्त को राम के पक्ष में मानें, तो वहाँ सब कुछ धुला हुआ और कैकेयी के पक्ष में सबकुछ मलिन ही मलिन होना चाहिए। ऐसा भी नहीं है। विवरण से जो ध्वनित है उसका उल्लेख हमने ऊपर किया है। यह विवरण, जो लोकगायक और उसकी कथा को लेकर उसमें प्रक्षेपण करके अपना प्रयोजन सिद्ध करने वाले अवतारवादियों की इच्छा और प्रयत्न के विपरीत कथा में बना रह गया है, यही इसकी ऐतिहासिकता का सबसे बड़ा प्रमाण है।

ऋषियों की परम्परा पर ध्यान दें तो घटना काल वैदिक काल सिद्ध होता है। कहानी का सम्बन्ध सुदास के परिवार से दिखाई देता है, जो इक्ष्वाकु और भरत कुल के थे। संभवतः भरत का नाम कुल के आधार पर कल्पना से गढ़ा हुआ है। सुदास के ही क्रमशः दो पुरोहित वसिष्ठ और विश्वामित्र हुए थे। इनके ही समसामयिक ऋषि अगस्त्य और जमदग्नि थे, अतः ऋग्वेद में ही प्रयुक्त शब्द परशुराम (8.73 17) और पृथुपशु (7.83 1) को आधार बनाकर परशुराम नाम के एक चरित्र को गढ़कर जमदग्नि के पुत्र के रूप में स्थापित करने का प्रयत्न भी इस सूत्र को वहाँ से जोड़ता है। वैदिक काल के ही एक दूसरे कवि गौतम राहूगण हैं, यद्यपि इनका काल कुछ बाद का लगता है। वह एक भयानक अकाल में सरस्वती तट के राजा विदेह माधव को लेकर मिथिला के क्षेत्र में आए थे, जहाँ से जनक वैदेह की घटना जुड़ी

हुई है। वैदिक विदेह के नाम माधव के साथ मधुविद्या का कोई सम्बन्ध था या नहीं, पर नाम से ऐसा लगता है। जनक को मधुविद्या का अन्वेषी माना ही गया है। विदेह माधव ने अकाल के निवारण के लिए यज्ञ का विशद आयोजन किया था और जनक द्वारा अकाल निवारण के लिए हल चलाने की घटना लोकपरम्परा के माध्यम से उसी का रूपान्तर हो सकता है, क्योंकि प्राचीन विवरणों से ऐसा लगता है कि इस क्षेत्र की समस्या अतिवृष्टि थी, सूखा नहीं। वैदिक ऋषि गौतम वामदेव को रामायण में दोटूक करके दो चरित्रों, वामदेव और गौतम, में बदल दिया गया है। गौतम वामदेव की पत्नी ने उसी अकाल में क्षुधानिवारण के लिए अपना शील बेचा था। उनका नाम अहल्या था या नहीं, पर इन्द्र के अत्याचार से अहल्या के शील भंग की कथा के पीछे प्राचीन कृषि मिथक और उस दुखद परिणति दोनों का हाथ हो सकता है। इनमें से एक इतिहास का सच है, दूसरा एक प्राचीन मिथक। उसी अकाल में वामदेव को जीवित रहने के लिए कुत्ते का मांस खाना पड़ा था।[23] वह कथा आगे चलकर विश्वामित्र के साथ जुड़ गई।[24] परन्तु ऐसा लगता है कि इस घटना को विश्वामित्र से जोड़ने के मूल में विश्वामित्र का वसिष्ठ विरोध था।[25] वसिष्ठ ब्राह्मणवाद के प्रतीक बन चले थे।[26] वशिष्ठ का सीधा विरोध करने वाले विश्वामित्र को बुद्ध के समान वसिष्ठ विरोधी क्षत्रिय बताकर उसके आर्षत्व को कम करने का प्रयत्न बुद्धोत्तर काल में किया गया। इसी क्रम में गौतम वामदेव के स्खलन को भी विश्वामित्र के सिर डालते हुए वामदेव को बचाने का प्रयत्न किया गया हो सकता है। वामदेव विषयक ऋचाओं को ऋग्वेद से हटाया नहीं जा सकता था। अतः यह कथा अब एक के स्थान पर दो के साथ जुड़ गई।[27] महाभारत के रचना काल में दुर्भिक्ष के प्रसंग में इसका उल्लेख विश्वामित्र के प्रसंग में ही और बड़े ही मर्मस्पर्शी रूप से उठाया गया।[28] संभवतः कोसल जनपद के लोग भी इसी या ऐसे ही किसी अकाल में आकर इस क्षेत्र में बसे और इनके कारण विदेह को सदानीरा या गंडक क्षेत्र से परे जाकर बसना पड़ा था और लम्बे समय तक सदानीरा या नारायणी ही कोसलों और विदेहों की सीमा बनी रही थी।[29] संभवतः इन दोनों स्थानों में से काफी संख्या में लोगों के पूर्व की ओर पलायन करने के कारण राम की प्राचीन कथा भी पूर्व की ओर खिसक आई जिसका घटना क्षेत्र पंजाब था। जो भी हो, ये सूत्र काफी उलझे हुए हैं। श्रुति परम्परा खेल के नियम नहीं मानती। इनमें घटनाएँ एक साथ काल और स्थान के भीतर और बाहर, दोनों ओर चलती रहती हैं। मूल चरित्र का सम्बन्ध सुदास के उस पुत्र से था जिसे ब्राह्मणवादी परम्परा में कल्माषपाद की संज्ञा दी गई है, परन्तु जिसका वास्तविक नाम राम प्रतीत होता है, जो राम के असुर कहे जाने और कल्माषपाद के राक्षस बन

जाने से भी प्रकट है।[30]

यह स्मरणीय है कि विश्वामित्र का अपने पौरोहित्य के समय वसिष्ठ ने स्वयं अपमान किया था और उन्हें पकड़कर मँगवाया था।[31] न कि क्षत्रियवंश में उत्पन्न विश्वामित्र नामक एक राजा ने एक जादुई गाय के अपहरण के लिए वसिष्ठ के विरुद्ध राजशक्ति का प्रयोग किया था।[32] विश्वामित्र और वसिष्ठ का विरोध ऐतिहासिक सत्य है, और रामायण की शबला और महाभारत की नन्दिनी की कथा ब्राह्मण और गाय की असाधारण शक्ति का आतंक खड़ा करने के लिए गढ़ा गया मिथक। जो भी हो, विश्वामित्र ने प्रतिज्ञा की थी कि वह अपना बदला लेकर रहेंगे और कल्माषपाद का विश्वामित्र का शिष्य होना[33] और उसी शिष्य के हाथों वसिष्ठ के पुत्र का वध, इस प्रयोजन में उनकी सफलता का प्रमाण है। इतना तो निश्चित है कि राम विश्वामित्र के यज्ञ की रक्षा के लिए ग्यारह वर्ष की अवस्था में नहीं गये थे[34] अन्यथा वह वहाँ चौदह वर्ष तक न रह जाते। ग्यारह वर्ष की आयु क्षत्रियों के उपनयन की आयु है ही। मानव राम की कथा में ग्यारह वर्ष की आयु में किसी की भी रक्षा का प्रश्न नहीं उठता, और यह तो मानना ही होगा कि पहले रामकथा मानवीय थी और इसका अवतारीकरण क्रमशः हुआ है। प्रश्न यह है कि किसी ऐसे चरित्र की कथा को द्विजवादियों ने अपनी मान्यताओं का वाहक क्यों बनाया? इसका उत्तर रामकथा की असाधारण लोकप्रियता में, और अपने लिए असुविधाजनक प्रतीत होने वाले विचारों और विश्वासों को उलटकर अपना हथियार बना लेने की ब्राह्मणवादी सूझ में पाया जा सकता है, जिसके चलते इसने पहले बुद्ध को गालियाँ दी[35] और जब इससे जनसमर्थन मिलने के स्थान पर किंचित क्षीण पड़ता दिखाई दिया, तो उन विचारों, समारोहों, विधानों और प्रथाओं को, जिनमें मन्दिरों और मठों की स्थापना भी शामिल है, ब्राह्मणवाद का अंग बना लिया जो ब्राह्मणवाद को पहले अरुचिकर लगे थे पर जिनको लोकप्रियता मिल चुकी थी, और स्वयं बुद्ध को अवतार बना लिया। बुद्ध को अवतार बनाने की उदारता का अक्सर जिक्र किया जाता है, पर यह नहीं बताया जाता कि बुद्ध को अवतार बनाकर भी बौद्धों का उच्छेदन करने का हथियार बनाया गया। बुद्ध विष्णु के मायावी अवतार हैं और यह मायावी अवतार उन्होंने उन दुष्ट नास्तिकों को उजागर करने के लिए लिया जो वेद को नहीं मानते थे पर जो छिपे हुए थे। इनको प्रकट करने का प्रयोजन यह था कि उनका आसानी से संहार किया जा सके।[36]

यह ब्राह्मणवाद का जुझारू रूप है जो अपने से भिन्न मतावलम्बियों को राक्षस कहकर उनके संहार का औचित्य सिद्ध करता रहा है और आवश्यकता होने पर उस

संस्था या व्यक्ति का भी उपयोग करने से परहेज नहीं करता रहा है। जिस तर्क से बुद्ध और बौद्ध मान्यताएँ ब्राह्मणवाद का अंग बन गईं उसी से राम, जो राक्षस करार दिए जाने के बाद भी अपनी लोकप्रियता नहीं खो सके थे, अब बौद्ध मत से लड़ने के लिए ब्राह्मणवाद के हथियार और अवतार बन गए।

सामाजिक न्याय के जो भी स्वर उभरे हैं, उनको बदलने के लिए न केवल बार-बार राम का ही उपयोग किया गया है अपितु स्वयं राम के मानवीय और प्रगतिशील चरित्र की भी हत्या करते हुए अपने स्वार्थ की पूर्ति करने और इतिहास के महारथ को पीछे ले जाने के प्रयत्न किए गये हैं। इस रहस्य को समझने के बाद ही हम यह भी समझ पायेंगे कि कबीर आदि सन्तों ने भारतीय समाज को जहाँ पहुँचा दिया था, वहाँ से इसे पुनः पीछे ले जाने के लिए तुलसी ने भक्ति की उस मानवीय धारा को भी वर्णवाद से कैसे दूषित कर दिया जिसमें जाति-पाँति अप्रासंगिक हो जाती है और मनुष्य की श्रेष्ठता की एक ही कसौटी रह जाती है कि वह ईश्वर में सच्ची आस्था रखता है या नहीं और उसका अन्तःकरण, जिसमें ईश्वर का निवास है, शुद्ध और निष्कलुष है या नहीं। तुलसी के राम मर्यादा पुरुषोत्तम हैं, यह तो हमें याद दिलाया जाता है, पर यह मर्यादा वर्ण की मर्यादा है।

यहाँ इस बात का स्मरण कराना आवश्यक है कि हम जिस रामायण को जानते हैं, उसमें राम को महान बनाने के लिए उन्हें विष्णु का अवतार नहीं बनाया गया, अपितु स्वयं विष्णु को भी ब्राह्मणों की इच्छा और आदेशों का पालक सिद्ध करने के लिए उन्हें राम के रूप में अवतरित दिखाया गया। विश्वनियंता विष्णु को ब्राह्मणों का सेवक बनाकर उसकी उस महिमा को भी नष्ट कर दिया गया जिसके कारण उत्पीड़ित और संतप्त मनुष्य उसका स्मरण करके अपने को दिलासा दे लेता है कि वह उसकी पुकार अवश्य सुनेगा और अन्यायी को दण्ड अवश्य देगा। यहाँ तो भगवान भी ऐसा गढ़ा गया जिसे ब्राह्मणों को छोड़कर दूसरे किसी के दुख से कोई मतलब ही नहीं और जिसका वर्ण-मर्यादा को आरोपित करने के अतिरिक्त कोई कर्त्तव्य ही नहीं, अतः वर्णवाद की सताई हुई शेष मानवता के लिए तो वह पीड़ा हरने वाले ईश्वर के स्थान पर उत्पीड़िन करने वाला आततायी बना दिया गया। इस रूप में भी इतना लाचार कि यदि किसी ब्राह्मण ने समझा दिया कि किसी अज्ञात कोने में कोई शूद्र तप कर रहा है जिसके इस कुकृत्य के कारण ही एक ब्राह्मण पुत्र की मृत्यु हो गई है, तो सम्राट होते हुए भी वह बिना कोई सोच-विचार किए, धनुष उठाकर आज्ञाकारी सेवक की भाँति दौड़ पड़ता है और आज्ञापालन करके ही लौटता है। उसकी यह भी मजाल नहीं कि इतने नगण्य व्यक्ति के वध के लिए अपने किसी अनुचर या सैनिक

को भेज दे। अतः हम पाते हैं कि जिसे हम भगवद्-भक्ति मान लेते हैं या जिसे इसी रूप में ब्राह्मणवादियों द्वारा समझाया जाता रहा है, वह अपनी अन्तिम व्याख्या में ब्राह्मण पुरोहितों और वर्णवादी कवियों द्वारा अपनी ही महिमा की स्थापना का प्रयत्न रहा है। इसके चलते भोले-भाले श्रद्धालुओं की तो बात ही दूर स्वयं भगवान को भी नीचे उतारने और राम जैसे उदात्त और महान चरित्र को हेय बनाने में भी उन्होंने संकोच नहीं किया है। राम ब्राह्मणवादियों के आराध्य नहीं हैं। वह उनके हाथ में आए हुए, या कहें अनेकानेक वर्णवादी कवियों द्वारा बड़े जतन से गढ़कर तैयार किए गए, हथियार हैं जिसे लेकर उन्होंने अपना पहला संग्राम बौद्ध धर्म के विरुद्ध लड़ा था और इसमें असाधारण सफलता प्राप्त की थी और फिर उसे अपनी कामधेनु बनाकर इच्छित फल दूहते रहे हैं।

प्रसंगवश, रामायण में आई शंबूक की कथा पर कुछ रुककर विचार किया जा सकता है। शास्त्रों में वेद पाठ का अधिकार शूद्रों को नहीं दिया गया था और ऐसा करने की दशा में कठोरतम दण्ड का विधान था, परन्तु शंबूक तो वेद पढ़ नहीं रहा था। उसे तपस्या करते दिखाया गया है और इस अपराध के लिए राम के द्वारा उसका वध कराकर वर्णवादी कवि रामवत चरितव्यं का आदर्श दिखाकर आदर्श राजाओं, सामंतों और जमींदारों तक से यह अपेक्षा कर रहे थे कि वे साधना और आत्म-शुद्धि का मार्ग अपनाकर अपनी सामाजिक अधोगति से उबरने का प्रयत्न करने वाले शूद्रों को कठोरतम दण्ड देकर, और आवश्यक हो तो उनका वध करके भी, हतोत्साहित करें। राम का स्वयं शंबूक वध के लिए दौड़ पड़ना अकारण नहीं है। पंडितों ने साधकों और सिद्धों का इतिहास छठीं-सातवीं शताब्दी के आस-पास से ही ढूँढा है, पर द्विवेदी जी को ऐसा लगता है कि "और भी टटोला जाय तो यह परम्परा बहुत पुरानी प्रतीत (सिद्ध) होगी।"[37] उनका यह अनुमान कितना सही है, यह इसी से प्रकट है कि वाल्मीकीय रामायण में इस कथा के जुड़ने के समय तक योग साधना और आध्यात्मिक सिद्धि को श्रेष्ठता का वास्तविक मानदण्ड बताकर वर्णवादी श्रेष्ठता को चुनौती देने वाले शूद्रों और इतर जनों का एक प्रभावशाली वर्ग अस्तित्व में आ गया था। इसे जनता में जो लोकप्रियता मिलने लगी थी, उससे वर्णगत श्रेष्ठता का दावा करने वाले आतंकित अनुभव करने लगे थे। चूंकि कालिदास के समय तक रामायण अपने वर्तमान रूप में आ चुका था, इसलिए इस विद्रोही उभार को कम से कम तीसरी-चौथी शताब्दी के आस-पास रखा जा सकता है और इसके उन्नायकों को सिद्धों, नाथों और सन्तों का पूर्ववर्ती माना जा सकता है।

परन्तु रामायण को मुख्य रूप से बौद्धधर्मों के विरुद्ध एक मनोवैज्ञानिक हथियार के रूप में विकसित किया गया था। रामायण और महाभारत की मूल-कथा में पहले कौन और कब लिखी गई, यह तय करना तो कठिन है, पर यह निश्चय के साथ कहा जा सकता है कि दोनों का विस्तार और उपयोग ब्राह्मणवाद की वापसी के लिए लगभग एक ही दौर में जोरदार ढंग से किया जाने लगा था और इस निमित्त इनकी कथावस्तु और अन्तर्वस्तु को गढ़ा और बदला जाने लगा था। दोनों में यज्ञ की महिमा और ब्राह्मणों की श्रेष्ठता प्रमाणित करने के लिए कथाएँ गढ़ी और जोड़ी जा रही थीं, और इन विवरणों और कथाओं को अतर्क्य और अकाट्य बनाने के लिए इन्हें ईश्वरीय चरित या कथन का अंग सिद्ध किया जा रहा था, और इसी क्रम में लगभग एक ही समय में कृष्ण और राम दोनों को विष्णु का अवतार बनाने का प्रयत्न चल रहा था। यही कारण है कि यज्ञ से सीधे सन्तान पैदा करा देने की कथा महाभारत में भी मिल जाती है। जो भी हो, इससे पहले के साहित्य में पहली बार यदि किसी को अलौकिक पुरुष सिद्ध करने का प्रयत्न किया गया था तो वह थे स्वयं बुद्ध।

बौद्ध कवियों के लिए बुद्ध के तर्कसंगत और मानवीय विचार ही पर्याप्त नहीं थे। वेद की अपौरुषेयता और अकाट्यता का सामना करने के लिए उन्हें बुद्ध के उपदेशों को एक लोकोत्तर पुरुष द्वारा दिया गया उपदेश सिद्ध करना था। इसके लिए उन्होंने बुद्ध का जो चरित तैयार किया, उसके अनुसार एक महोत्सव के सातवें दिन महामाया ने सुगन्धित जल से स्नान, व्रत आदि के बाद उनको गर्भ में धारण किया। गर्भाधान के बाद स्वप्न देखा कि चतुर्दिक महाराजिक देवताओं की पत्नियाँ उन्हें मानसरोवर ले जाकर किसी दिव्यात्मा का स्वागत करने योग्य बनाने के लिए उनका श्रृंगार कर रही हैं। सुमेध नामक बोधिसत्व प्रकट होकर कहते हैं कि वह पृथ्वी पर जन्म धारण करने का निश्चय कर चुके हैं और पूछते हैं कि क्या महामाया उसकी माता बनने को तैयार हैं। फिर आठ देवज्ञ ब्राह्मण बताते हैं कि गर्भस्थ पुत्र चक्रवर्ती राजा या संसार के अन्धकार का नाश करने वाला बुद्ध बनेगा। लुंबिनी वन में दिव्य रूप और दिव्य परिस्थितियों में उनका जन्म होता है। उनके जन्म पर आकाश में स्थित देवताओं द्वारा बुद्ध शब्द का उच्चार करते और वस्त्र उछालते हुए इधर-उधर घूमते हुए प्रसन्नता प्रकट की जाती है। इसे देखकर हिमालय में तपस्या कर रहे असित नाम के ऋषि अपने भान्जे नाकरू के साथ बुद्ध का दर्शन करने के लिए आते हैं। इसके बाद उनके महाभिनिष्क्रमण और बोधि-प्राप्ति तक की समस्त घटनाएँ अनन्य और विचित्र ही थीं। बुद्ध के साथ अन्तर केवल यह था कि वह अपने दस

पूर्व जन्मों में बोधिसत्व रहे थे और क्रमशः मुदिता, विमला, प्रभाक़ारी, अर्चिष्मती, सुदुर्जया, अभिमुखी, दुरंगमा, अचला, साधुमति, धर्ममधा आदि भूमियों को प्राप्त किया था। ब्राह्मणवादियों को लोक विश्वास में जमे हुए ऐसे अलौकिक बुद्ध की काट करने के लिए एक उनसे भी लोकोत्तर पुरुष चाहिए था। ब्राह्मणवादियों ने ठीक उसी हथियार का उपयोग बौद्धों के विरुद्ध किया जिसका विकास उन्होंने स्वयं किया था। उन्होंने अधिक बखेड़ा न पालकर राम और कृष्ण को सीधे विष्णु का अवतार बना दिया। एक ज्ञानयोगी और पूर्णावतार, जिसे योग और सिद्धि में बुद्ध के ऊपर दिखाकर उसके उपदेशों से बौद्ध विचारधारा की काट करनी थी; दूसरा कर्मयोगी, अपने आचरण से, या कहें सीधे शस्त्र उठाकर असुरों का संहार और धर्म या वर्णवाद की रक्षा करता हुआ, राजाओं, सामंतों और भूस्वामियों के सम्मुख आदर्श के रूप में पेश करने के लिए। रोचक यह है कि जिस धर्म से लोक के अन्धकार का नाश करने के लिए बुद्ध का आविर्भाव हुआ था, वही धर्म ब्राह्मण धर्म के ह्रास या ग्लानि का कारण बना और इसे इस ग्लानि या क्षय से बचाने और बौद्ध धर्म रूपी अधर्म के उत्थान को रोकने और दुष्ट बौद्धों का विनाश करने के लिए राम और कृष्ण के अवतार की आवश्यकता हुई, पर अभी बौद्ध धर्म इतना लोकप्रिय था कि यह बात सीधे कहने पर असर उल्टा पड़ सकता था। ऐसा लगता है कि आरम्भ में हिंसा का सहारा लेने और बुद्ध को सीधे गालियाँ देने का जो प्रयत्न किया गया, उससे जन-असन्तोष पैदा हुआ और इसलिए बुद्ध धर्म के उच्छेदन के परोक्ष प्रयत्न आरम्भ हुए और बुद्ध को अवतार पुरुष बनाकर प्रकट उदारता दिखाते हुए भी कृष्ण और राम से ही हीन नहीं दिखाया गया, परशुराम के एक अधूरे अवतार को गढ़कर बुद्ध को उससे भी हीन या चतुर्थांश का अवतार बनाकर उनके विचारों और उपदेशों को हल्का करने का प्रयत्न तो किया ही गया, उनको बौद्ध मतावलम्बियों को उजागर करके उनके संहार की भूमिका तैयार करने वाला भी बनाया गया।

आज उपलब्ध रामायण और महाभारत को ब्राह्मणवादी हथियार बनाने के लिए जाने कितने प्रतिभाशाली और अप्रतिम संस्कृत कवियों ने शताब्दियों तक श्रम किया और इसके जाने कितने रूप तैयार किए। उन्होंने अपनी मान्यताओं का प्रचार करने के लिए सैकड़ों कहानियों और हजारों चरित्रों की सर्जना की और इनकी प्राचीनता प्रमाणित करने के लिए कुछ के नाम प्राचीन ग्रंथों से सीधे उठा लिए और कुछ प्रधान चरित्रों की वंशावलियाँ रच डालीं जिनके ब्यौरे में जाना संभव नहीं। पर इन चरित्रों में सबसे रोचक विष्णु के अर्धांश का अवतार परशुराम हैं। यह पता नहीं चलता कि इनको इतना क्रोध क्यों आ गया था कि इन्होंने क्षत्रियों का संहार करके धरती

को इक्कीस बार निश्क्षत्र कर दिया था। यदि कोई यह सोचे कि फिर संसार में क्षत्रिय बचे कैसे हैं, तो इसका राज यह है कि क्षत्रियों के वध के बाद उनकी स्त्रियाँ ब्राह्मणों के पास सन्तान की कामना लेकर आईं और उन्होंने यह आश्वासन लेकर कि अब उनकी संतानें धर्म के पालन में तत्पर रहेंगी, उन्हें गर्भाधान कराया और उन्हीं के वंशज आज के क्षत्रिय हैं। हम यहाँ यह सवाल नहीं उठाते कि अकारण पूरी धरती से क्षत्रियों का विनाश करने के जिस दुष्कृत्य के कारण परशुराम को ईश्वर का अवतार बना दिया गया, उसका शतांश अपराध भी क्या कभी किसी घृणित राक्षस ने किया होगा। हम यह भी नहीं कहते कि जिस नृशंसता से ब्राह्मणवाद को लाभ हो सकता था, उसे वह देवोपम बना सकता था और ब्राह्मणवाद के नए उन्नायक आज भी यही कर रहे हैं। हम केवल यह याद दिलाना चाहते हैं कि इस मानस हत्या और मानस व्यभिचार के पीछे एक करुण यथार्थ है, जिसको यदि समझा जा सके तो इसे मात्र प्रतिक्रियावाद की वापसी न कहकर ठोस आर्थिक कारणों से ब्राह्मणों द्वारा अपने अस्तित्व रक्षा के संघर्ष के रूप में देखा जा सकता है। यह स्मरणीय है कि परशुराम नाम के चरित्र की सर्जना पुष्यमित्र शुंग के पौराणिक अन्धकार युग में ले जाकर की गई थी, जो मौर्य वंश के अन्तिम शासक का ब्राह्मण सेनापति था और जिसने खुले आम बृहद्रथ की हत्या करके सत्ता हथिया ली थी और घोषणा की थी कि जो मुझे एक भिक्षु का सिर काट कर देगा उसे मैं सौ दीनार दूँगा—"यो मे एकः श्रमण शिरो दास्यति तस्याहं दीनारशटं दास्यामि।" जाहिर है कि कुछ समय के लिए रक्तपात का दौर भी चला होगा। परन्तु जनता पर इसका प्रतिकूल प्रभाव होते देखकर उसने कुछ बौद्ध मठों को सहायता भी दी थी। उसने बौद्धधर्म के प्रभाव से उच्छिन्नप्राय यज्ञ-याज की परम्परा के प्रति असाधारण रुचि दिखाते हुए अश्वमेघ आदि भी किए थे। पुष्यमित्र ने श्रमणों का वध कराया था। संभव है उसने आरम्भिक उत्साह में सचमुच इक्कीस बुद्ध विहारों में रक्तपात मचाया हो। परन्तु यदि उसके नमूने पर पीछे जाकर एक उससे भी उग्र क्षत्रियहीता ऋषि की उद्‌भावना की गई, तो इसका कारण यह था कि जिस बुद्ध के धर्म से ब्राह्मणों को इतनी क्षति पहुँची थी वह क्षत्रिय थे। बौद्ध मतावलम्बियों से किस तरह निबटा जाना चाहिए, इसके ब्राह्मणवादी आदर्श हैं परशुराम। उनके कल्पित जमाने में बुद्ध और बौद्ध तो नहीं थे, पर वे क्षत्रिय तो थे ही जिनके कुल में बुद्ध और अशोक पैदा हुए। उन्हें ऐसी हर चीज से घृणा हो गई थी जिससे बुद्ध का किसी रूप में सम्बन्ध था, क्योंकि बौद्धधर्म की लोकप्रियता के कारण ऐसी हर चीज का मान बढ़ गया था जिसका सम्बन्ध बुद्ध से शा। बुद्ध ने वर्ण-व्यवस्था को ऐसी चुनौती नहीं दी थी, पर सभी वर्णों के पुरुषों और स्त्रियों के

लिए संघ के दरवाजे तो खुल ही गए थे। इससे वर्णवाद को तो चोट पहुँची ही थी, उपनिषद काल से ही क्षत्रियों ने दार्शनिक विषयों में जो रुचि लेना आरम्भ किया और ज्ञान के क्षेत्र में भी अपनी श्रेष्ठता का दावा करना आरम्भ किया था, वह बुद्ध के बाद अपनी पराकाष्ठा पर पहुँच गया था और बहुत से ब्राह्मण भी इसके कायल होने लगे थे। धर्मश्रद्धा के कारण जो भी दान आदि मिलता था, उसके मुख्य दावेदार बौद्ध हो गए थे। राजकीय दानादि भी विहारों को ही मिल रहे थे जिससे ब्राह्मणों की स्थिति सचमुच बहुत खराब हो गई थी और वे शास्त्रजीवी के स्थान पर शस्त्रजीवी बनने लगे थे। परशुराम की कथा में क्षत्राणियों के सन्तान के निमित्त ब्राह्मणों के पास आना भी एक तरह का आत्मप्रक्षेपण हो सकता है जिसका कुछ आभास इन्द्र द्वारा अहिल्या के दूषण से मिलता है। यूँ कहें कि आर्थिक दुरवस्था इस सीमा तक पहुँच चुकी थी कि ब्राह्मण को अपने धर्म से अधिक अपने अस्तित्व की चिंता हो चली थी। धर्म और वर्णमर्यादा के आधार पर उसे सम्मान और जीविका के साधन दोनों उपलब्ध थे, अतः धर्म की वर्णवादी प्रतिष्ठा भी एक आर्थिक लड़ाई थी। जो भी हो, ब्राह्मणों को एक आपात काल का सामना करना पड़ा था और जीवन रक्षा के लिए आपद्धर्म के रूप में विविध पेशे अपनाने पड़े थे जिनमें सबसे सम्मानित क्षात्र कर्म था। स्पष्ट है कि पुष्यमित्र यदि सेनाध्यक्ष के पद तक पहुँचा था, तो सैनिकों की भर्ती आदि में भी उसकी मुख्य भूमिका रही होगी और यदि सेना के सामने ही उसने बृहद्रथ का सिर उतार लिया था, तो यह अनुमान लगाना कठिन नहीं है कि सेना में किस वर्ण की प्रधानता रही हो सकती है। यह अकारण नहीं है कि महाभारत और रामायण में धनुर्विद्या में पारंगत और राजकुमारों को इसकी शिक्षा देने वाले द्रोणाचार्य, कृपाचार्य, परशुराम आदि की चर्चा आने लगती है। द्रोणाचार्य के धनुर्ज्ञान से अधिक महत्त्वपूर्ण यह तथ्य है कि दूध की नदियाँ बहाने वाले इस देश में दूध के लिए जिद करने वाले अपने पुत्र को उन्हें बड़ी युक्ति से आटा घोलकर फुसलाना पड़ा था। रोचक बात यह है कि आर्थिक विपन्नता से बचने के लिए जिन ब्राह्मणों ने क्षात्रकर्म अपनाया और ब्राह्मक्षत्र बने और जिनके नायक के कारण ब्राह्मणवाद की वापसी का रास्ता तैयार हुआ, वे भी ब्राह्मणवादी को ब्राह्मण हेय मानते रहे।

हम यहाँ इस ब्यौरे पर नहीं जाएँगे कि बुद्ध को कैसे गयासुर बनाकर उनका वध करा दिया गया और गया, जहाँ गौतम को बोधि की प्राप्ति हुई थी उसे केवल पितरों के तर्पण का तीर्थ बना दिया गया। रोचक यह है कि मौर्यवंश, जिसमें बौद्ध धर्म को राजकीय संरक्षण और प्रोत्साहन देने वाला अशोक पैदा हुआ था, उसे अकुलीन, तथा चन्द्रगुप्त को वृषल और मुरा नामक दासी की सन्तान बनाकर

तिरस्कृत करने का प्रयत्न किया गया। लंका, जहाँ भारत से बाहर बौद्ध धर्म का सर्वप्रथम प्रचार हुआ था, उसे रावण की नगरी और राक्षसों का निवास बना दिया गया। किसी शुभ मुहूर्त में किसी श्रमण का मुख देखना अशुभ बना दिया गया और बौद्धधर्म के ऐसे आयोजनों और उपक्रमों को जो जनता में लोकप्रिय हो चुके थे आत्मसात करते हुए, श्रमण परम्परा में प्रशंसनीय माने जाने वाले कार्यों, व्यवहारों और शब्दों को गालियों में बदल दिया गया। बुद्ध, जिन्होंने अपूर्व साधना करके असाधारण सिद्धि पाई थी उन्हें तिरस्कृत करने के लिए विकट असुरों की कल्पना की गई जो घोर तप करके असाधारण सिद्धियाँ प्राप्त करते हैं और लोक के अमंगल का कारण बनते हैं। यदि इस बात पर भी ध्यान दें कि बुद्ध कहा करते थे कि वह अयुत कोटि वर्ष तक जीवित रहेंगे, तो यह भी स्पष्ट हो जाएगा कि असुरों को जो वरदान प्राप्त होता है उसमें अमरता का वरदान भी क्यों हुआ करता है और जनता में बौद्धधर्म की असाधारण लोकप्रियता के कारण असुरों को रक्तबीज कैसे बना दिया गया।

अब यदि हम सन्तों के आन्दोलन पर और इनमें भी अग्रणी कबीर की ओर ध्यान दें, तो पाएँगे कि अनेक सन्तों के नाम पर पन्थ तो चल गया पर वे कोई नया धर्म नहीं चला रहे थे। धर्म-पुण्य और शुद्धि के द्विजातीय क्षेत्र से बहिष्कृत जनों की आध्यात्मिक भूख मिटाने की जो लम्बी लड़ाई शताब्दियों से चली आ रही थी, उसी के एक बिन्दु पर वे खड़े थे। शास्त्रीय धर्म के स्थान पर तर्कसंगत मानवीय और ईश्वरोन्मुख होते हुए भी ऐसे लोकोन्मुख धर्म के लिए संघर्ष कर रहे थे जो वर्ण और जाति और धर्म की मूर्खतापूर्ण दीवारों को तोड़कर सभी के लिए संभव हो सके और सभी के मिलजुलकर रहने का वातावरण तैयार कर सके। वह शास्त्रज्ञान के स्थान पर आत्मज्ञान पर बल दे रहे थे।[40] वे बाह्याडम्बर प्रधान धर्म के स्थान पर धर्म के सार तत्त्व पर, मानव मूल्यों की रक्षा पर बल दे रहे थे।[41] वे राम को नए सिरे से परिभाषित कर रहे थे। वर्णवादी राम के सामने एक आदर्श राम को खड़ा कर रहे थे। ईश्वर या परमसत्ता को परिभाषित कर रहे थे। मनुष्य की गरिमा और आध्यात्मिक ऊँचाई को नए सिरे से परिभाषित कर रहे थे। जो भौतिक जीवन के निषेध पर या इन्द्रिय दमन पर निर्भर नहीं है, जीवन से विरक्ति पर निर्भर नहीं है, पाखण्डपूर्ण आचरण पर निर्भर नहीं है, वह ईश्वर की उसी परिकल्पना के आधार पर विभिन्न मतों की जाँच कर रहे थे कथनी और करनी के अन्तर को दिखाकर उनका खण्डन उन्हीं के शास्त्र और व्यवहार की अतार्किकता को सामने लाकर कर रहे थे। यदि ईश्वर सर्वव्यापी है तो उसके लिए किसी काबे, कैलास, मन्दिर या मस्जिद की क्या आवश्यकता। ये तो उसे छोटा बनाते हैं।[42] यदि ईश्वर सर्वदर्शी और सर्वज्ञ है, तो

उसे इतनी ऊँची आवाज में पुकारने की क्या जरूरत। पूजा और नमाज की क्या आवश्यकता। वह तो अश्रव्य ध्वनियों को भी सुन और अन्तः की भावनाओं को देख सकता है।[43]

वह जिस आध्यात्मिक ऊँचाई को आदर्श मानते थे, वह है जीवन को ही वह गरिमा प्रदान कर देना जिसमें पूजा और आराधना अप्रासंगिक हो जाए।[44] उन्हें 'बेद कत्तेब' की चिन्ता नहीं थी। वह पंडित को चुनौती दे रहे थे, ''पंडित बाद बदंते झूठा'' —भजन-पूजन का उपहास करते हुए कह रहे थे।[45]

वे भौतिक जीवन की निस्सारता बनाने वालों की धज्जियाँ उड़ा रहे थे।[46] जहाँ दूसरे पंडित और ज्ञानी किताबी बातें कर रहे थे, कबीर अनुभव के बल पर उनकी उलझाई हुई गाँठों को सुलझाने की चिन्ता में थे। जहाँ दूसरे अपनी असाधारणता का दावा कर रहे थे, वे जीवन की साधारणता में निहित विराटता को रेखांकित कर रहे थे।[47]

वाणी की यही सरलता, विचारों की यही दृढ़ता और सरल जीवन का यही आदर्श था जो भारतीय जनमानस को इस तरह भा गया कि एक बार को लगा कि वर्णाधारित श्रेष्ठता समाप्त हो रही है और स्थिति यही रही तो धर्म की सीमाएँ भी ध्वस्त हो जाएँगी। वे एक नए मानव समाज और एक उच्चतर आध्यात्मिक जीवन के स्वप्नदर्शी थे, पर उनके सपने इतने ठोस थे कि उन्हें वास्तविकता में बदला जा सकता था और बदला जाने लगा था। कबीर इनमें सबसे प्रखर दृष्टि, ओजस्वी भाषा, अदम्य साहस और अडिग विश्वास के कवि थे और उनका अपने समकालीनों पर ही नहीं बाद की पीढ़ियों पर भी इतना गहरा असर पड़ा कि उनका एक अलग पन्थ ही चल पड़ा। जो ऊँची जातियों के थे, वे भी इस प्रभाव से उसी तरह नहीं बचे थे जैसे पंजाब में नानक के सन्देश से। बौद्ध धर्म की तरह सन्तों का यह मानवतावाद ही वर्णवादियों को धर्म की हानि प्रतीत होने लगता है और वर्णवाद की पूरी तिलमिलाहट और आवेश लेकर इसके बाद आते हैं तुलसीदास, जो भक्ति के गारे-चूने से प्रतिक्रियावाद की ऐसी मजबूत दीवार खड़ी करते हैं कि सन्तों द्वारा उठाया गया यह मानवतावादी ज्वार इसी से टकराकर टूट जाता है। वह एक-एक चप्पे पर प्रतिक्रियावाद की लड़ाई लड़ रहे थे। कबीर की तरह तुलसी भी भक्ति का आश्रय तो लेते हैं, पर मूलतः भक्त नहीं हैं। वह भी एक आन्दोलनकारी हैं और रोचक बात यह कि वह राम को कबीर से झपटकर उन्हें पुनः सगुण रूप में परिभाषित करते हुए अपना हथियार बनाते हैं। सगुण रूप में ही ईश्वर वर्णवाद का उन्नायक और संस्थापक बन सकता है। निर्गुण ब्रह्म के विषय में तो यह माना ही जाता है कि संसार में जिन

भी चीजों की सत्ता है, उनमें उनका निवास है। शूद्र और विधर्मी उससे न तो शून्य रह सकता है, न ही कोई निर्गुणोपासक किसी ऐसे प्राणी का अपमान कर या हानि पहुँचा सकता है जिसमें उसके ईश्वर का निवास है। पर सगुण के लिए मानव कोटियाँ थीं जिसमें सभी का समान हो जाना एक अनिष्टकर स्थिति थी। तुलसी इसी सगुण राम को लेकर उसी काशी में बैठकर अपनी वर्णवाद की लड़ाई लड़ रहे थे जहाँ से कबीर ने कभी अपने सन्देश दिये थे। अतः कबीर खासतौर से तुलसी की आँखों के आगे बने रहते हैं।

इस बात का अध्ययन अलग से होना चाहिए कि एक कवि और बौद्धिक के रूप में तुलसी किस सीमा तक कबीर से प्रभावित हुए हैं या यूँ कहें कि वह कितनी सफलता से स्वयं कबीर द्वारा गढ़े गए हथियारों का उपयोग प्रतिक्रियावाद को उभारने में करते हैं, पर यह तो स्पष्ट है ही कि वह कबीर के मत को ब्राह्मणवाद के लिए सबसे बड़ा खतरा मानकर उनके एक-एक कथन का या तो विरोध करते हैं या जहाँ ऐसा नहीं कर पाते, वहाँ विभ्रम फैलाते हैं।

कबीर दशरथ के पुत्र राम से अपने राम का अन्तर बताते हुए कहते हैं 'राम नाम को मरम है आना'। तुलसी इस प्रश्न को उमा की ओर से, जो तुलसीदास के मूल्यांकन में 'सहज जड़ नारि अयानी' है, उठाते हुए इसका उत्तर शिव के मुँह से और गालियों की बौछार करते हुए दिलवाते हैं।[48]

इस प्रकार तुलसी, कबीर जैसे सन्तों के उस राम प्रेम को भी पाखंड बता रहे थे जिसके आधार पर वे पूजा-पाठ, जप-माला, तीर्थ-व्रत आदि बाह्याचारों की निस्सारता सिद्ध कर रहे थे। कारण, यदि उनका प्रेम सच्चा होता तो भगवान को सगुण रूप धारण करना ही पड़ता। साक्षात प्रकट होकर दर्शन देना ही पड़ता। और फिर तुलसीदास बताते हैं, 'सुनि सिब के भव भंजन बचना। मिटि गै सब कुतरक कै रचना।' सहज, जड़ और अज्ञ प्राणियों को यह समझाने के लिए कि कबीर जो कुछ कह रहे थे वह कुतर्क पर आधारित था, तुलसी का यह विवेचन पर्याप्त था और किसी भी काल में समाज में सहज, जड़ और अज्ञ प्राणियों की संख्या ही अधिक होती है। वह मानते हैं कि मुक्ति के लिए न तो आचरण की शुद्धि आवश्यक है, न ईश्वर से सच्चा प्रेम। कोई जीवन भर पाप करता रहे और मरते समय उसके मुँह से राम का नाम चूक से भी निकल जाए, तो उसे मुक्ति मिल जाएगी।[49]

तुलसी ने एक ऐसे राम की पुनर्स्थापना की थी जिससे अधिक उपयुक्त राम किसी भ्रष्ट और अन्यायी समाज के लिए गढ़ा ही नहीं जा सकता। वह राम का नाम लेता हुआ बड़े से बड़ा अपराध और लोक का उत्पीड़न करता रह सकता है, क्योंकि

तुलसी के राम और उनका भाग्यवाद, दोनों मिलकर उसे अपने किए के उत्तरदायित्व से भी मुक्त कर सकते हैं।[50]

समाज की नैतिक गिरावट के समानान्तर तुलसी और उनके राम की भक्ति की लोकप्रियता का यदि आपस में कोई सम्बन्ध हो तो कोई आश्चर्य नहीं। जहाँ कबीर जाति की श्रेष्ठता का उपहास करते हैं,[51] वहाँ तुलसी सबसे अधिक बल जन्म की श्रेष्ठता और वर्णवाद पर देते हैं और इसे प्रभावशाली बनाने के लिए ब्राह्मण के साथ सन्त, ऋषि आदि जोड़ लेते हैं।[52] भगवान तो केवल विप्र और धेनु के दुख को ही दुख मानते हैं और केवल उसे ही दूर करने के लिए जन्म लेते हैं।[53] परन्तु पीड़ा हरने का उनका तरीका क्या है?

असुर मारि पापहिं सुरन्ह राखहिं निज श्रुति सेतु।

यूँ कहें कि जैसे वधिक ढूँढकर पक्षियों और पशुओं का शिकार करता है, उसी तरह भगवान राक्षसों के बढ़ जाने पर उनका शिकार करने के लिए अवतार लेते हैं।[54]

विप्रों के अतिरिक्त जिन देवताओं के लिए राम अवतार लेकर असुरों का संहार करते हैं उनका अपना चरित्र क्या है, इस पर तुलसीदास के विचार रोचक हैं :

सुर स्वारथी हरि हिय हारे।.....
सुर स्वारथी मलीन मन कीन्ह कुमंत्र कुठाट्।
रचि प्रपंच माया प्रबल भय भ्रम अरति उचाट्।

सच कहें तो यह देवताओं का चरित्र नहीं, अपितु देववादियों का अपना चरित्र है और यदि उन पर यह आरोप लगे तो वे इसमें संकोच भी अनुभव नहीं करेंगे।

कबीर वेद और कत्तेब या कुरान को एक किनारे करके सच्चे मन से व्यवहार करने की सलाह देते हैं, तो तुलसी हर मुश्किल को न केवल वेद का नाम लेकर आसान बना लेते हैं, अपितु वेद की उपेक्षा करने वालों को बार-बार गालियाँ देते हैं।[55] कबीर के लिए सभी स्थान एक जैसे हैं, पर तुलसी बार-बार तीर्थ महिमा बखानते हैं।[56] शकुन, अपशकुन, स्वर्ग, नरक, भाग्य आदि के हवाले रहते हैं। सन्तों और योगियों की चर्चा आते ही गालियों पर उतर आते हैं।[57] परन्तु उनकी सबसे अधिक गालियाँ शूद्रों के बाद स्त्रियों को सुननी पड़ी हैं जो अपनी ओर से भी अपने को समय-बेसमय गालियाँ देती रहती हैं।[58] उनका सतीत्व का मानदण्ड इतना कठिन है कि इस पर खरा उतरना सचमुच किसी जड़ के ही वश का है।[59]

सन्तों से तुलसी का बहुत बड़ा अन्तर यह है कि सन्त जहाँ नैतिक, वैचारिक

और भौतिक सभी स्तरों पर त्याग, निष्ठा, साहस और मैत्री का मानवीय संसार रचते हैं, वहाँ तुलसी स्वार्थ, लोभ, कायरता और निष्ठुरता को मूल्य के रूप में प्रतिष्ठित करते हैं।[60] यूँ कहें कि साहस इतना भी नहीं कि जिन मूल्यों में इतनी आस्था है, उनके लिए जान देने की बात की जाय, पर यदि आलोचना करने वाला कमजोर हुआ तो उसकी जबान तक काटी जा सकती है। इसलिए शारीरिक रूप से विकल, सामाजिक दृष्टि से सताए और पिछड़े हुए असहाय और बेकसूर लोगों के प्रति वह धर्म और नीति के नाम पर भी घृणा ही जगाते।[61]

यह सोचकर आश्चर्य होता है कि इसी तुलसी में हमारे मार्क्सवादी विचारक प्रगतिशील तत्त्वों की तलाश करते रहे हैं। इस बात की तलाश की जानी चाहिए कि तुलसी कहाँ मनु से आगे या अलग जाते हैं और किस अर्थ में उनसे प्रगतिशील माने जा सकते हैं और यदि नहीं जाते, तो प्रगतिशीलता के सूत्र कहाँ से जुड़ते हैं। जो भी हो, कबीर और नाथपंथी योगियों के प्रति ब्राह्मणवाद ने घृणा फैलाने का वैसा ही अभियान चलाया जैसा बौद्ध मत के विरुद्ध चलाया गया था। उनके विचारों को गर्हित बताने के लिए गंदी गालियों की तुकबंदियों को कबीर और जोगीड़ा की संज्ञा तो दी गई।

आज जब इसी श्रीरामवाद और तुलसीवाद का पुनः वही चरित्र राजनीतिक, सामाजिक और आर्थिक कार्यक्रमों से शून्य और समता विरोधी, न्याय विरोधी राजनीतिक तकाजों से सामने आ रहा है, इसका सामना करने में राम की एक नई परिकल्पना या राम के प्राथमिक चरित्र के उद्‌घाटन की भी कोई भूमिका हो सकती है या नहीं, यह हमें नहीं पता, पर धर्म और आस्था के क्षेत्र को ऐसे संगठनों के हवाले करके, इसके बाहर जाकर कारगर जवाब देने के जो अनुभव हैं, वे हमें बहुत आश्वस्त नहीं करते।

सन्दर्भ

1. भारतीय पुराख्यानों की एक बात हमें विस्मित करती है। एक ओर तो इनमें रूढ़ अर्थ में ऐतिहासिकता का अभाव है और दूसरी ओर एक ऐसी इतिहास दृष्टि है जिसकी आधुनिक काल के पहले अन्यत्र कल्पना की गई हो तो इसकी जानकारी हमें नहीं। यूँ कहें कि इतिहास के नाम पर राजाओं के कारनामों और प्रशस्तियों का जिक्र तो नहीं मिलता, पर सामाजिक अनुभवों का आकलन मिलता है। संस्थाओं और ज्ञान की कतिपय शाखाओं का इतिहास मिलता है। इस इतिहास के माध्यम से विचारों, मूल्यों और मान्यताओं की सार्थकता बताने और दृष्टिकोण में स्पष्टता लाने का प्रयास मिलता है। बहुत प्राचीन काल में समाज का ढाँचा क्या था, विवाह संस्था का उदय कैसे हुआ, स्त्रियों के लिए कठोर बंधनों का आरम्भ कब और क्यों हुआ, वस्त्र का, स्थायी

बस्तियों का, गृह निर्माण के प्रतिदर्शों का, कृषि का, राजसंस्था का, या ऐसी ही दूसरी गतिविधियों का विकास कैसे हुआ। मनुष्य ने ईंट का आविष्कार कैसे किया, पात्रों का आविष्कार कैसे हुआ, यज्ञ का आविष्कार कैसे हुआ, पौरोहित्य का आरम्भ कैसे हुआ, इन बातों का लेखा-जोखा मिलता है। एक खास बात और है, वह है इन प्राचीन कथाओं में कुछ के साथ कतिपय के नामों का जुड़ा होना। ये नाम सुनिश्चित संकेत नहीं देते। कुछ घटनाएँ और कुछ व्यक्ति तो काल्पनिक हैं ही। पर जो काल्पनिक हैं उनकी काल्पनिकता और इसके कारण बहुत स्पष्ट हैं। कहीं-कहीं भाषा के सिर से, व्युत्पत्ति के सहारे इतिहास में प्रवेश करने का प्रयत्न दिखाई देता है जो निरापद नहीं है, पर इसके बावजूद अनेक इतिहासकार इसका सहारा आज भी लेने में संकोच नहीं करते। यदि समुद्र का एक पर्याय सागर है और इसकी व्युत्पत्ति समझ में नहीं आती, तो इस शब्द की व्याख्या के बहाने ऋषियों के असाधारण महत्त्व को, तप की महिमा को समझाना और इसमें आश्रयदाता राजा के वंश के गौरव का बखान करते हुए उसकी निष्ठा अर्जित करना आसान था।

2. इस तरह की कल्पनाएँ कबीरदास तक के विषय में की गई हैं जिनमें वे मुहम्मद साहब, नानक और गोरखनाथ के साथ वाद संवाद करते हैं व सूक्ष्मवेद के उद्धारक बन जाते हैं। चमत्कार की अन्य कथाओं का तो अन्त ही नहीं। (कबीर, ह. प्र. द्विवेदी ग्रन्था., 210, 241-42)।
3. राम की ही तरह पहले बुद्ध के जीवन से जुड़ी विचित्र कथाओं के कारण उनको भी इतिहास पुरुष न मानकर सौर मिथक का ही एक रूप माना गया था। एक लम्बे समय तक माना जाता था कि होमर के महाकाव्य का कोई ऐतिहासिक आधार नहीं है और फिर ट्रॉय की खुदाई ने इसे मिथक से इतिहास बना दिया। इसी तरह हम पश्चिमी एशिया से जुड़ी अनेक कथाओं और मिथकों को ले सकते हैं। ज्ञात कालों के लोरिक, भर्तृहरि, कबीर, नानक आदि सभी चरित्रों के साथ विचित्रता जुड़ी पायी जाती है। इतने से ही ये अनैतिहासिक नहीं हो जाते।
4. डी. डी. कोसंबी, दि स्टडी ऑफ एन्श्येंट इण्डियन ट्रैडिशन, 1953, 196-214।
5. पिछले दिनों राम-जन्मभूमि को लेकर जो अच्छी-बुरी चर्चा हुई, उसका एक लाभ अवश्य हुआ कि पुरातत्त्व को भी संदिग्ध बना दिया गया। अब तक जिसका इतना शोर सुनाई देता था और जिसके आगे साहित्यिक साक्ष्य और पौराणिक वृत्त हँसकर टाल दिए जाते थे, वह विद्या स्वयं शोर के बीच डूबी है।
6. इसका अच्छा उदाहरण बौद्धों का अनाम जातक और कतिपय जैन कथाएँ हैं। देखें, कामिल बुल्के, रामकथा, 1971, 58, 63।
7. चतुर्विंशत् सहस्राणि श्लोकानां उक्तवान् ऋषिः। तथा सर्ग शतान पंच षट् कौंडानि तथोत्तरम्। 1,42।
8. पुसालकर, दि कल्चरल हेरिटेज ऑफ इण्डिया, जिल्द 2, 24-25।
9. जिन कृतियों में यह संख्या नहीं है, उनमें भी संख्या यही गिनाई गई है। उदाहरण के लिए निर्णय सागर प्रेम की प्रति में, जिससे ऊपर का श्लोक उद्धृत है, सर्गों की संख्या 500 के स्थान पर 635 (119, 75, 67, 68 128 और 111) है। अब यदि श्लोक संख्या में भी तदनुरूप अन्तर मानकर चलें तो यह 30000 को पहुँचनी चाहिए।

10. अथवा कृत वाग्द्वारे वंशोस्मिन पूर्वसरिभिः। मणौ वज्र समुत्कीर्णे सूत्रस्येवास्ति मे गतिः।
11. जगन्नाथ अग्रवाल, दि डेट ऑफ वाल्मीकि रामायण, ऋतंभरा, संपा. के. सी. वर्मा, 1986, खण्ड 5, 67।
12. एच. डी. सांकलिया, रामायण इन हिस्टॉरिकल पर्सपेक्टिव, 1982 में रामायण के वर्तमान स्वरूप को पाँचवीं शताब्दी का मानते हैं जो तथ्यों के अनुरूप लगता है। कुछ विद्वानों ने इस पर आपत्ति करते हुए रामायण को अधिक प्राचीन सिद्ध करने का प्रयास किया है, पर उन्होंने वर्तमान रूप और आदि कृति के बीच भ्रम के कारण ऐसा किया है। डी.सी. सरकार ने इसकी समीक्षा करते हुए इसे पुरातत्त्व और ऐतिहासिक साक्ष्यों के स्थान पर कल्पना पर आधारित बताया था। देखें, अग्रवाल उद्धृत पुरुषोत्तम लाल भार्गव, ऋतंभरा, जिल्द 5, 107-14।
13. काव्यं रामायणं कृत्स्नं सीतायाश्चरितं महत्। पौलस्त्ववधमित्येव चकार चरितव्रतः। 1, 4.7।
14. तमुवाच ततो ब्रह्मा प्रहसन् मुनि पुंगवम्।....
वृत्त कथय धीरस्य यथा ते नारदात् श्रुतम्। रहस्यं च प्रकाशं च यद् वृत्तं तेस्य भीमतः। रामास्यसह सौमित्रे राक्षसानां च सर्वशः वैदेस्याश्कैद यद् वृत्तं प्रकाश यदि वा रह। 1, 2, 30, 33-34।
15. कामिल बल्के, पूर्व. 44।
16. तन्त्रीं लय वदत्यर्थ विश्रुतार्थ अगायताम्। हलादयत्सर्व गात्राणि मनांसि हृदयानि च। श्रोत्राशग सुख गेयं तद् बभौ जन रांगदि। 1.4.34।
17. कामिल बुल्के, 2-6।
18. प्र तद्दः शीमे पृथवाने वेने प्र रामे वोचमसुरे मघवत्सु। क. 10.3.14।
19. पृ. 8.96.13-16।
20. आर. एस. विष्ट, व्यक्तिगत चर्चा।
21. डी.बी. भाटिया, भूतपूर्व उपसचिव, राष्ट्रपति भवन, मूल पूर्व निवास लायलपुर, पाकिस्तान, व्यक्तिगत चर्चा।
22. अहमद अली मोतमेदी, सम वोट्स ऑन दि माइथॉलोजी ऑफ दि काफिर्स ऑफ दि हिंदकुश बिफोर 1898, अफगानिस्तान, 12 4 7 और आगे। 22 क. भगवान सिंह, दि ओरिजिनल रामायणः हवाट इट रिएली वाज तथा धुंधकारी शक्तियाँ रामायण और रामकथा, हंस, जून-जुलाई 1988।
23. पृ. 4.18.13.।
24. महाभारत, शांति पर्व-141।
25. ऋग्वेद, 3.13 21-24।
26. ब्राह्मणवाद के प्रवर्तक वसिष्ठ माने जाते हैं। कहते हैं ऋषियों में वह अकेले ऐसे सिद्ध या वाक्सिद्ध थे जिन्होंने इन्द्र को अपनी आँखों से देखा। इसलिए उनसे ही पुरोहित प्रजा उत्पन्न हुई, यज्ञ में ब्रह्मा का पद बना और ब्राह्मण जाति आरम्भ हुई। अन्य ऋषि एक किनारे, ब्राह्मण ऋषि या ब्रह्मर्षि एक तरफ। यदि इस नजर से देखें तो विश्वामित्र ही नहीं, अन्य सभी ऋषि ब्राह्मणेतर हुए। जो भी हो, उनके विषय में तैत्तरीय संहिता

में कहा है :

ऋषयः वा इन्द्रं वै प्रत्यक्षं न अपशयन तैं वसिष्ठः प्रत्यक्षं अपश्यत् सः सब्रवीत् ब्राह्मण ते वक्ष्यामि यथा त्वत् पुरोहिताः प्रजाः प्रजनयिष्यते अथ मा इतरेभ्यः ऋषिभ्यः मा प्रवोच इति तस्मा एतान् स्तोम भागान ब्रवीत ततो वसिष्ठः पुरोहितः प्रजा प्रज़ायंत तस्मात् वसिष्ठिः ब्रह्मा कार्य प्र एव जायते। तैत्तिरीयसंहिता, 3. 5. 21।

27. मनु ने आपद्धर्म के प्रसंग में दोनों ऋषियों का उल्लेख किया है।
28. महाभारत, आदि पर्व, 175, अनु. 78।
29. शतपथ ब्राह्मण 1 4 1, एगलिंग, सेक्रेड बुक्स आफ ईस्ट सीरीज, 104, पाद टिप्पणी में इसे पूर्व की ओर आग लगाते हुए बढ़ने वाले एक अभियान के रूप में पेश किया है।
30. कल्माषपाद का शब्दिक अर्थ है कलुषित या लांछित आचरण वाला व्यक्ति। ऐसा सम्भव है कि किसी व्यक्ति का आचरण निंदनीय हो, पर यह संभव नहीं कि कोई पिता अपनी संतान का नाम लांछित आचरण वाला रखे। अतः उसके आचरण और व्यवहार का एक पहलू ऐसा था जिससे ब्राह्मणवाद की हत्या भी हो सकती है और इसके पीछे उसके व्यवहार के ऐसे पहलू भी हो सकते हैं जो वर्ण, लिंग और लोक व्यवहार की उस मर्यादा को अस्वीकार करते हों जिसे ब्राह्मणवाद ने इतने जतन से स्थापित किया था। इसका एक प्रमाण उसके द्वारा शक्ति का वध तो है ही। राम असुर को ध्यान में रखते हुए इस कल्पना की गुंजाइश है कि इसका वास्तविक नाम राम रहा हो और इसका अनुभव और आचरण इस राम के अनुरूप रहा हो जो अवतार और राक्षसहंता राम का खोल उतारने के बाद प्रकट होता है।
31. ऋग्वेद, 3.52 21-24।
32. रामा. 1.52-56, महाभा. आदिपर्व, 174।
33. महाभा. आदिपर्व, 175।
34. राम के विश्वामित्र के साथ गमन की आयु भी क्रमशः पन्द्रह या ऊनषोडस (1 20 2) और ग्यारह या ऊनद्वादश बताई गई है। प्रथम का उल्लेख बाल-काण्ड में आया है जिसमें बहुत अधिक हेर-फेर किए गए हैं, अतः दूसरी अर्थात् ग्यारह की आयु अधिक ग्राह्य प्रतीत होती है।
35. 2. 109 34।
36. मायामोहश्वरूडोऽसौ शुद्धोदन सुतोऽभवत्। मोहयामस दैत्यास्त्याजिता वेदधर्मागम्। ....ते च बौद्धाबभूवुहिं तेभ्योऽन्ये वेदवर्जितांः। (अग्निपुराग, 6 3-2)।
39. ग्रन्थावली, 4 225।
40. आतमज्ञान बिना जग झूंठा, क्या मथुरा क्या कासी।
41. किरिया-करम-अचार-छौंड़ा, छौंड़ा तीरथ का न्हाना।
    सगरी दुनिया भई सयानी, मैं ही इक बौराना।
    ना मैं जानूं सेवा बन्दगी, ना मैं घण्टा बजाई।
    ना मैं मूरत धरी सिंहासन, ना मैं पुहुप चढ़ाई।
    ना हरि रीझै जप तप कीन्हें, ना काया के जारे।
    ना हरि रीझै धोती छौंड़े, ना पांचों के मारे।

दया राखि धरम को पालै, जग सों रहे उदासी।
अपना सा जिव सबको जाने, ताहि मिलै अविनासी।

42. जहाँ मसीति देहुरा नाहीं, तह काकी ठकुराई।

43. मसिजद भीतर मुल्ला पुकारै, क्या साहब तेरा बहिरा है।
चिउंटी के पग नेवर बाजै, सो भी साहब सुनता है।
पंडित होय के आसन मारै, लम्बी माला जपता है।
अन्तर तेरे कपट कतरनी, सो भी साहब लखता है।

44. जहँ जहँ डोलों सोई परिकरमा, जो कुछ करों सो सेवा।
जब सोवों तब करों दंडवत, पूजों और न देवा।
कहो सो नाम, सुनो सो सुमिरन, खाव-पियों सो पूजा।
गिरह उजाड़ एक सम लेखों, भाव न राखों दूजा।
आँख न मूँदों कान न रूधों, तनिक कष्ट नहिं धारों।
उठत बैठत कबहुँ न छूटै, ऐसी तारी लागी।
कह कबीर यह उनमनि रहनी, सो परगट कर भाई।
दुख सुख से काई परे परमपद, तेहि पद रहौं समाई।

45. राम कह्याँ दुनिया गति पावै खांड कह्यां मुख मीठा।
पावक कहयाँ पांव जे दाझै जल कहि त्रिषा बुझाई।
भोजन कहयाँ भूख ज भाजै तो सब कोइ तरि जाई।

46. पांडे न करसी बाद विवाद। या देही बिन सबद न स्वाद।

47. नाहीं धर्मी नाहीं अधर्मी, ना मैं जती न कामी हो।
ना मैं कहता ना मैं सुनता, ना मैं सेवक-स्वामी हो।
ना मैं बंधा ना मैं मुक्ता, ना मैं बिरत न रंगी हो।
ना काहू से न्यारा हुआ, ना काहू का संगी हो।
सब ही कर्म हमारा कीया, हम कर्मन तै न्यारा हो।

48. एक बात नहिं मोहिं सोहानी। जदपि मोह बस कहेहु भवानी।
तुम्ह जो कहा राम कोउ आना। जेहि श्रुति गाव धरहिं मुनि ध्याना।
कहहिं सुनहिं अस अधम नर गसे जे मोह पिशाच।
पाखंडी हरिपद बिमुख जानहिं झूठ न साँच।
अग्य अकोबिद अन्ध अभागी। काई विषय मुकुर मन लागी।
लंपट कपटी कुटिल बिसेषी। सपनेहु सन्त सभा नहिं देखी।
कहहिं ते बेद सम्मत बानी। जिनके सूझ लाभ नहिं हानी।
मुकुर मलिन अरु नयन बिहीना। राम रूप देखहिं किमि दीना।
जिन्हके अगुन न सगुन बिबेका। जल्पहिं कल्पित बचन अनेका।
हरि माया बस जगत भ्रमाहीं। तिनहिं कतह कछु अघटित नाहीं।
बातुल भूत बिबस मतवारे। ते नहिं बोलहिं बचन बिचारे।
जिन्ह किय महामोह मद पाना। तिन्ह का कहा करिअ नहिं काना।

अगुनहिं सगुनहिं नहिं कछु भेदा। गावहिं मुनि पुरान बुध बेदा।
अगुन अरूप अलख अज जोई। भक्त प्रेम बस सगुन सो होई।

49. जाकर नाम मरत मुख आवा, अधमउ मुकुल होइ श्रुति गावा।

50. राम राम कहि जे जमुहाहीं, तिनहिं न पाप पुन्ज समुहाहीं।
उलटा नाम जपत जग जाना, वाल्मीकि भए ब्रह्म समाना।
काहू न कोउ सुख दुख कर दाता, निज कृत करम भोग सबु भ्राता।
और करै अपराधु कोइ और पाव फल भोगु।
अति विचित्र भगवंत गति को जग जानै जोगु।

51. कह कबीर वह जुग जुग जीवै जात पाँति कुल खोवै।

52. होइ न मृषा देव ऋषि भाषा।...
झूठ न होइ देवऋषि बानी।
नारद बचन अन्यथा नहीं।
बिप्र साप ते दूनहु भाई।
तमास असुर देह तिन्ह पाई।....
विप्र चरन देखत मन लोभा।
विप्रबंस के अस प्रभुताई, अभय होय जो तुमहि डेराई।....
हमहि तुमहि सरवरि कसि नाथा, कबहु न कहाँ चरन कहँ माथा।
तुम्ह गुरु विप्र धेनु सुर सेवी।....
सुर महिसुर हरिजन अरु गाई, हमरे कुल इन पर न बसाई।....
ब्रह्मादि सुर वर विप्र वेष बनाइ कौतुक देखहीं।
बंदि बिप्र सुर गुर पितु माता।....
बिप्र साधु सुर पूजत राजा।
बिप्र जेबांह देहि दिन दाना।
जाति पाँत धनु धरम बड़ाई।
जनु मारेसि गुरु बांझन गाई।
सोचिअ सूद्र बिप्र अवमानी, मुखर मान प्रिय ज्ञान गुमानी।...
कपटी कायर कुमति कुजाति, लोक बेद हेर सब भाँती।
हम जड़ जीव जीव गन घाती।
कुटिल कुचाली कुमति कुजाती।
पाप करत निसि बासर जाहीं।
नहिं पट कटि नहिं पेट अघाहीं।
देवि न होइ मुधा ऋषि भाषा।
मंगल मूल बिप्र परितोषू।
दहइ कोटि कुल भूसुर रोषू।
मुनि महिदेव साधु सनमाने।
बिदा किए हरि हर सम जाने।

पूजिअ बिप्र सील गुन हीना, सूद्र न गुनगन ग्यान प्रबीना।
सापत ताड़त परुष कहंता, बिप्र पूज्य अस गावहिं सन्ता।

53. निज इच्छा प्रभु अवतरहिं सुर महिं गो द्विज लागि।
जब जब होय धरम कै हानी, बाढ़हिं असुर अधम अभिमानी।
करहिं अनीति जाइ नहिं बरनी, सीदहिं बिप्र धेनु सुर धरनी।
तब तब प्रभु धरि विविध शरीरा, हरहिं कृपानिधि सज्जन पीरा।

54. अब सो मन्त्र देहु प्रभुमोही, जिहि प्रकार मारउँ मुनि द्रोही।
सकल मुनिन के आश्रमहिं जाइ जाइ सुख दीन्ह।
निश्चिरहीन करहुँ महि भुज उठाइ पन कीन्ह।...
....सुनत राम बोले हरखाई।
हम छत्री मृगया बन करहीं, तुम्ह से खल मृग खोजत रहहीं।

55. कपटी कुटिल कलहप्रिय क्रोधी, बेद बिदूषक बिस्व बिरोधी।
जय धुनि बेद बिमल बर बानी, लोक बेद बिधि सादर कीन्हीं।...
बेद बिदित कह सकल बिधाना।

56. कासी मरत परम पद लहहीं।

57. हम लखि महिंह हमार लखि हम हमार के बीच।

58. जदपि सहज जड़ नारि अयानी।...
सत्य कहहि कति नारि सुभाऊ, सब बिधि अगहु अगाध दुराऊ।
जानि न जाइ नारि गति भाई।...
बिधिहु न नारि हृदय गति जानी, सकल कपट अघ अवगुन खानी।
अधम ते अधम अधम अति नारी।
पाप उलूक निकर सुखकारी, नारि निविड़ रजनी अँधियारी।...
अवगुन मूल सूलप्रद प्रमदा सब दुख खानि।
राखिअ नारि जदपि उर माहीं, जुबती शास्त्र नृपति बस नाहीं।

59. बृद्ध रोगबस जड़ धनहीना।
अन्ध बधिर क्रोधी अति दीना।
ऐसेहु पति कर किय अपमाना।
नारि पाव जमपुर दुख नाना।

60. सन्त सम्भु श्रीपित अपबबादा, सुनिअ जहाँ तहँ अस मरजादा।
काटिअ तासु जीभ जो बसाई, श्रवनि मदि नत चलिअ पराई।

61. काने खोरे कूबरे कुटिल कुचाली जानि।
तिय बिसेषि पुनि चेरि कहि भरत मातु मुसुकानि।

रामकथा : ऐतिहासिक-सामाजिक सन्दर्भ

— शुकदेव सिंह

इस निबन्ध में रामकथा का विधिवत इतिहास लिखना लक्ष्य नहीं है। रामकथा धर्म, सम्प्रदाय, वर्णों और जातियों के वर्चस्व से कब कैसे परिवर्तित होती चली गई, इसके कितने रूप-रूपान्तर हुए, इसको विधिवत गिनना भी इस निबन्ध का लक्ष्य नहीं है। रामकथा की परम्पराएँ वर्चस्व की दृष्टि से कब ब्राह्मण-अब्राह्मण दिशाओं में दिशान्तरित हुईं, इसको अंकित करना लक्ष्य नहीं है। रामकथा मौखिक परम्परा से लिखित परम्परा में और मौखिक-लिखित परम्परा से अलग नाटक और लीला परम्परा में कैसे-कैसे आकृत और व्याकृत होती है, इसको भी इस निबन्ध में सूचीबद्ध कहना नहीं है। लीला परम्परा में जीवित विग्रह की विशेषता के साथ ही मूर्ति, मन्दिर, शास्त्र, संस्कृत भाषा और धर्म के अतिप्रतीक के रूप में रामकथा को पिछले 400 वर्षों में वर्णाश्रम प्रतीक के रूप में जैसे धर्मबद्ध किया गया, उसे भी विधिवत इस निबन्ध में आकलित नहीं करना है। रामकथा में कथानायक किस तरह कथाचक्र से बाहर निकलकर ईश्वर पर्याय अर्थात् रूप से नाम में, खानी से बानी में, अवतार से निराकार में, शब्दब्रह्म से मन्त्रब्रह्म, रूपान्तरित होते हैं, इसे भी तथ्यों, आँकड़ों और प्रमाणों से पुष्ट करना इस निबन्ध का लक्ष्य नहीं है। किस तरह रामकथा और मन्त्राक्षर राम, बचन संकीर्तनों में अतिरिक्त रगड़ के विकार के रूप में राम नाम बन जाता है, इस सूक्ष्म संगीताध्यात्म को निवृत करना भी इस निबन्ध का विषय नहीं है। वस्तुतः कथानायक लोकनायक राम का क्रमशः नाम में रूपान्तरण, पुनद्भव और विभिन्न जातीय और सांस्कृतिक विचलनों में राम की स्वीकृति और निष्कृति के कुछ परिणामों की चर्चा ही इस निबन्ध का विषय है। वस्तुतः यह निबन्ध नहीं, एक तरह का प्रस्ताव है, सोचने की दिशा में एक पहल, किसी के लिए चहल-पहल भी।

'सोशलिस्ट इण्डिया' में विदुषी रोमिला थापर ने रामकथा के ब्राह्मण और अब्राह्मण दिशान्तरण की तरफ ध्यान आकृष्ट किया था। तब से हिन्दी के आलोचक और पण्डित, रचनाकार और सौन्दर्यशास्त्री राम की व्याख्या में अपने ढंग से लगे हुए हैं। इधर अयोध्या विवाद ने राम की प्रासंगिकता को नये इतिहास-संकट के रूप में सामने कर दिया है और इतिहासकार ईंट-पत्थर-आलेखों को नये सिरे से ठोंक बजा रहे हैं और राम-राम जप रहे हैं। इसी में राम मन्दिर का सवाल उठ खड़ा हुआ है। राम मन्दिर था, इसे लवकुश ने बनाया, बौद्ध राजा मिहिर गुप्त ने नष्ट किया, फिर विक्रमादित्य ने यहाँ एक विशाल मन्दिर बनवाया और फिर विक्रमादित्य के मन्दिर को नष्ट किया गया, मस्जिद बनी और उसको गिराकर अब मन्दिर बनाने की मुहिम जारी है। इस मुहिम की वजह से ही राम का सवाल हमारे समय का सवाल है। रामकथा की चिन्ता हमारी निजी चिन्ता है। इन सारी चिन्ताओं को मैं दूसरी तरह से लेता हूँ और मुख्य रूप से अपनी बात को स्थापित करने के लिए यह कहना चाहता हूँ कि राम मन्दिर में देवता नहीं है, उनकी खण्डित मूर्तियाँ किसी म्यूजियम में देशभर में नहीं मिलीं। ठाकुर-बाड़ियों में राम परिवार के साथ जो राम की स्थापनाएँ हैं, वह सोलहवीं शती के अन्तिम वर्षों और सत्रहवीं शताब्दी के प्रारम्भ में हुईं। इन्हें राममन्दिर नहीं, ठाकुरबाड़ी कहते हैं। अयोध्या, वाराणसी और मथुरा में ऐसा अभी भी कोई धार्मिक स्थान नहीं है जिसे राम मन्दिर कहते हों। राम जन्मभूमि अयोध्या के कनक भवन में है, वह प्रसिद्ध हिन्दू तीर्थ है। वहाँ सीता और कौशल्या, दशरथ, कैकेयी सबके नाम से स्थान हैं। रामजन्म को मस्जिद में मानना धर्म के साथ अन्याय है। इस विवादास्पद स्थापना के अनेक कारण हैं। इसके लिए सांस्कृतिक परम्पराओं, धर्म-विश्वासों की क्रमबद्धता, भारतीय नाटकों, काव्यों, पुराणों, बौद्ध-जैन-जोगी-सन्त विश्वासों, यायावर कथा-साहित्य की रूढ़ियों, मन्दिर में प्रवेश के लिए निषिद्ध रामोपाधिधारी जातियों और धर्म-सम्प्रदायों, रामोपाधिधारक गद्दीधारी सन्तों का इतिहास समझना होगा। इसके लिए यह स्पष्ट करना जरूरी है कि कोई भी क्षत्रिय अपने को राजवंशी कहता, जाति-सूचक शब्द के रूप में राम को अपने साथ नहीं जोड़ता। राम का उपयोग पिछड़ी, शोषित, दलित, शूद्र कहे जाने वाली जातियों के लोग करते हैं जिनमें कानू, कुर्मी, अहीर, तेली, नाई, धोबी....सैकड़ों पिछड़ी जातियाँ हैं, और चमार, दुसाध, डोम कई तथाकथित अछूत जातियाँ हैं। ये सभी अपने नाम के साथ राम लगाने वाली जातियाँ हैं। साधु सम्प्रदायों में शिवनारायणी साधु, साधु सूचक राम का अपने नाम में उपयोग करते हैं। इसी तरह अघोरी कीनाराम पंथ के सन्त अपने नाम के साथ राम का नाम जोड़ते हैं। शिवनारायणी मुख्यतः चमार जाति

के होते हैं जिन्हें मन्दिर में प्रवेश नहीं मिलता था। अघोरी अपने मन्दिरों में भी प्रवेश नहीं करते, ब्राह्मण पुजारी से अपनी पूजा करवाते हैं। स्पष्ट है कि सांस्कृतिक विकास के क्रम में राम किस तरह शूद्रता से सम्बद्ध हुए, मन्दिर, मूर्ति, शास्त्र, संस्कृत, शिखा और यज्ञोपवीत से सम्बद्ध रूढ़िवादी सवर्णों के लिए राम लीलापुरुष हैं, मर्यादा-पुरुषोत्तम, लेकिन गुप्त रूप से उनके दिमाग में राम वही हैं जिसे यशपाल ने अपनी कहानी 'भगवान के पिता के दर्शन' के रूप में लिखा अथवा भीमराव अम्बेडकर ने 'रिडिल्स ऑफ हिन्दूइज्म' में जिसकी अपने ढंग से व्याख्या की। इस व्याख्या का एक परिष्कृत रूप हिन्दी में सद्यः प्रकाशित उपन्यास 'अपने-अपने राम' में देखा जा सकता है। ये निश्चित रूप से नकारात्मक निष्कर्ष हैं जो हमारी जाति ने, हमारी संस्कृति ने अपने-अपने ढंग से विकसित किये। राम के रूप में मन्दिर-देवता की परिकल्पना धर्म की दृष्टि से भी तर्क और बहस का विषय है। खास तरह से हिन्दू धर्म की दृष्टि से, और राम को दुर्बल प्रजाति के रूप में देखना भी निन्दा के साथ ही बहस और अतिवाद का विषय है। इसे मैं दोनों ओर की छिनैती मानता हूँ। फिर क्या कारण है कि राम को छीनने के लिए, अपने-अपने ढंग से स्थापित करने के लिए बहस छिड़ी हुई है? एक ओर हिन्दू धर्म-व्यवस्था के भीतर अन्तर्विरोधों की काट के लिए राम को ही काटा जा रहा है। दूसरी ओर वर्णाश्रम व्यवस्था, जातिवाद और हिन्दू कट्टरता को पुनर्स्थापित करने के लिए राम को ही झगड़े का विषय बना लिया गया है। ये दोनों अतिवाद हमारी जातीय और सम्पन्न सांस्कृतिक परम्पराओं के अल्पज्ञान के कारण हैं। अब ये तो परचे की नोकें हुईं इसलिए कि....

राम एक ऐसे कथा नायक हैं जिनकी मुख्य समस्या बेघर लोगों की समस्या से जुड़ी हुई है। राम एक बेघर ऋषि के तेजपुंज यज्ञ-धूम के परिणाम हैं, शृंगी ऋषि से मेरा अभिप्राय है। अल्पकाल में विद्या प्राप्त करते हैं और घर से बाहर निकलने पर विश्वामित्र की सहायता करते हैं। घर के बाहर ही विवाह जैसा गृहकर्म स्वयंवर के भीतर प्राप्त कर लेते हैं। यह धनुर्धर का स्वयंवर नहीं है, धनुर्भंग करने वाले का स्वयंवर है। राम के व्यक्तित्व की यही जड़ है। फिर उन्हें अयोध्या में घर नहीं मिलता। बेघर भटकते हैं, निर्वासित। इस निर्वासन में बेघर निर्वासित सुग्रीव से उनका मिलना होता है। बेघर निर्वासित विभीषण की उन्हें मंत्रणा मिलती है। अयोध्या, पम्पापुर और लंका—तीन राज्यों के निर्वासितों की कथा एक विशेष तरह का एपिक ग्रैन्जर, महाकाव्यात्मक गरिमा प्राप्त करती है, फिर भारतीय साहित्य उसे हजारों वर्षों तक मथता है। लोकश्रुति के अनुसार इस बेघर नायक पर वाल्मीकि ने सौ करोड़ श्लोक रचे जिनमें अधिकांश ब्रह्मलोक चले गए। चौंतीस हजार कुशलव के कारण रह गये।

संभवतः मौखिक परम्परा में रह गये। इसलिए आज भी कुशीलव परम्परा में गाते-बजाते हुए रामकथा अपने ढंग से विकसित हो रही है। कुशीलव का अर्थ ही हो गया है कि एक गाता दूसरा बजाता है। जब गाने वाला थक जाता है, तब बजाने वाला गाने लगता है। इस परम्परावादी जाति को कुशीलव कहते हैं। इसी अर्थ में वे राम की संतति हैं। संवृत रामायण में 24 हजार श्लोक हैं, अगस्त में 16 हजार, लोमस में 32 हजार, राम रहस्य में 22 हजार, मंजुल रामायण में 20 हजार, सौपद्य रामायण में 62 हजार, रामायण महामाला में 56 हजार, सौहार्द्र में 4 हजार, रामायण मणिरत्न में 36 हजार, शौर्य रामायण में 62 हजार, चान्द्र में 75 हजार, मैंद में 15 हजार, सुबद्ध में 32 हजार, सुवर्चस में 15 हजार, देव रामायण में एक लाख, श्रवण रामायण में सवा लाख, दुरन्त रामायण में 61 हजार, रामायण चम्पू में 15 हजार, फिर अध्यात्म रामायण, महारामायण, आनन्द रामायण अनेक रामायण ग्रन्थों में जो संस्कृत में उपलब्ध हुआ करते थे। वाल्मीकि रामायण भी अपने ढंग से अनेक पाठ रूपों में कम-वेश होता रहा है। इन रामायणों के अतिरिक्त नाटकों की एक लम्बी परम्परा रामकथा से जुड़ी हुई है। कल्हण ने राजतरंगिनी में यशोवर्मा और शिव स्वामी के नाटकों का उल्लेख किया है जिसमें 'यशोवर्मा का राज्याभ्युदय' उपलब्ध नहीं है और शिव स्वामी की रचना का भी पता नहीं चलता। लेकिन निश्चित रूप से राम्याभ्युदय नाटक अत्यन्त उच्चकोटि का नाटक था क्योंकि आनन्दबर्द्धन धनिक और विश्वनाथ जैसे ने इस नाटक का बड़े रुझान के साथ उल्लेख किया है। भागुराज की रचना उदात्त राघव का भी केवल उल्लेख ही मिलता है। धनिक ने 'दशारूपक' की टीका में इसका कई बार वर्णन किया है। धनिक ने अपनी टीका में छलित राम का उल्लेख किया। इसी परम्परा का विकास राजशेखर के बाल रामायण में मिलता है। बाल रामायण दस अंकों का नाटक है, इसके पहले अंक में रावण के द्वन्द की प्रस्तावना है। सीता के प्रति उसका काम-भाव रावण को एक स्त्री-नाटक के रूप में प्रस्तुत करता है। यह सब कुछ वाल्मीकि रामायण से बहुत कुछ मिलता-जुलता है। ऐसा लगता है कि बारहवीं शताब्दी तक रामकथा पर धार्मिक परतें बहुत कम चढ़ पाई हैं, अगर परतें चढ़ीं तो दूसरी परम्परा के ग्रन्थों में। यहाँ स्पष्ट करना आवश्यक है कि राम से सम्बद्ध नाटकों की परम्परा संवाद काव्यों से विकसित हुई। सौर्य रामायण हनुमान और सूर्य के सम्वाद के रूप में है, चान्द्र रामायण हनुमान और चन्द्रमा के सम्वाद के रूप में, रामायण मयन्द और कौरव के सम्वाद के रूप में, सुवर्चरा सुग्रीव और तारा के संवाद के रूप में, देव रामायण इन्द्र-जयन्त संवाद के रूप में है, स्रवण रामायण इन्द्र और जनक के संवाद के रूप में, दूरन्त रामायण वशिष्ठ और जनक के संवाद के रूप में

है, रामायण चम्पू में शिव और नारद का संवाद है। स्पष्ट ही इन सम्वादकर्ताओं की सूची देखने से यह अनुमान लगाया जा सकता है कि एक ओर वशिष्ठ और जनक की परम्परा है, इन्द्र और जनक की परम्परा है, इन्द्र और जयन्त की परम्परा है, दूसरी ओर सुग्रीव, तारा, हनुमान, नारद और शिव जैसे असवर्ण इस परम्परा के वादकर्ता हैं। वस्तुतः इन सम्वाद परम्पराओं का सम्बन्ध कुशीलव परम्परा के साथ है। विशुद्ध कथा के रूप में अट्ठारह पुराणों में एक परम्परा शुरू होती है और प्रायः अट्ठारहों पुराणों में रामकथा पायी जाती है। पुराणों में रामकथा को देवत्व और अति लौकिकता का आवरण मिलने लगता है। जनभाषाओं में यह परम्परा अपने ढंग से विकसित होती है। यह बहुत ही विचारणीय है कि जन-भाषाओं में जो परम्परा शुरू होती है, उन सब में संवाद परम्परा का ही वर्चस्व है। इसी का विकास तुलसी पूर्व विष्णुदास की रामकथा में भी है और यह बड़े ही विस्मय की बात है कि 1442 ई. में लिखे गये विष्णुदास की रामकथा में दोहा-चौपाई की शैली है और इसमें राम के जन्म से लेकर उनकी मृत्यु तक का आख्यान वर्णन है। संवाद काव्य के रूप में रामकथा लिखने की परम्परा अधिक प्रबल है। संभवतः यही कारण है कि नाटकों और काव्यों के बीच बहुत दूरी नहीं रह जाती। लेकिन एक ब्रात लक्ष्य करने की है कि जो परम्परा राम के जन्म से लेकर राम के मरण तक की थी, वह बीच-बीच में किन दबावों से खण्डित, एक-पक्षीय गुणात्मक हुई और कैसे उसके रूप बदले। भवभूति ने महावीर चरित और उत्तर रामचरित नाम से दो नाटक लिखे और उत्तर रामचरित में सहृदय और पाठक की समस्या की चिन्ता करते हुए भविष्य में कहीं दूर अपने किसी समानधर्मा का उद्भव संकलित किया। 'कालोऽयं निरवधि विपुला च पृथ्वी' कहकर उन्होंने अपनी चिन्ता काव्य-रसिक के सम्बन्ध में नहीं सीता-वनवास के सम्बन्ध में भी व्यक्त की थी। 7वीं शताब्दी में रामचरित का वह भाग जिसमें राम का कलंक बनता है, कथा से बाहर होने लगा था और पाठक और श्रोता, प्रशंसक और रसिक की समस्या से जुड़ गया था। निश्चित रूप से सातवीं शताब्दी तक रामकथा को तोड़ने-मोड़ने को लेकर शिविर बन चुके थे— संस्कृत में भी और जनपदीय भाषा में भी।

यहाँ एक बुनियादी समस्या की ओर मैं अपना ध्यान आकृष्ट करना चाहता हूँ, वह यह कि रामकथा लोक जन से उच्च जन में कैसे और कब गई। इस सम्बन्ध में डा. कामिल बुल्के ने कुछ निष्कर्ष निकाले थे। उन निष्कर्षों की सहायता से और स्पष्ट निष्कर्ष निकाले जा सकते हैं। उन्होंने अपने अध्ययन के क्रम में अपने पूर्ववर्ती ऋषि अध्येताओं का उल्लेख किया है और एक तुलनात्मक टेबुल बनाया है।

इनकी पाँच कोटियाँ हैं—ललित ग्रंथों की परम्परा, धार्मिक ग्रंथों की परम्परा, आधुनिक ग्रंथों की परम्परा, बौद्ध-जैन परम्परा और विदेशी परम्परा। सबसे पहले वे बुद्ध परम्परा को चिह्नित करते हैं और मानते हैं कि ईसा से 400 वर्ष पहले दशरथ जातक में रामकथा को मौखिक परम्परा से लिखित या अभिजात परम्परा में रूपान्तरित किया गया। फिर प्रायः 100 वर्ष बाद, ईसा से 300 वर्ष पहले, वे वाल्मीकि रामायण के वर्तमान रूप की कल्पना करते हैं, लेकिन वाल्मीकि रामायण को धार्मिक ग्रन्थ नहीं मानते, ललित ग्रन्थ के मुख्य रूप से 47 ग्रन्थों में गिनकर वे वाल्मीकि रामायण की परम्परा को बुद्धेत्तर परम्परा मान लेते हैं। यद्यपि डॉ. बुल्के ने अपनी स्थापना की बहुत व्याख्या नहीं की है, लेकिन उनके निष्कर्ष चुनौतीपूर्ण हैं। इससे परिणाम निकलता है कि जिस बुद्ध परम्परा ने दशरथ जातक लिखा, उसी परम्परा में प्रायः 11-12 सौ वर्ष बाद राम अनुपस्थित हो जाते हैं। बौद्धों के परवर्ती रूप से विकसित सिद्धों के साहित्य में राम प्रायः अनुपस्थित हैं। इतना बड़ा लोकनायक, लोकपुरुष कैसे बौद्ध परम्परा में छूटा, इसकी तह-तह जानकारी करनी होगी और इसके नतीजे निकालने होंगे। मुझे ऐसा लगता है 400 ई. पू. की यह परम्परा जैन-बौद्ध विसंवाद के कारण बौद्धों में लुप्त हुई। आठवीं शताब्दी में स्वयंभू विस्तारपूर्वक रामकथा का लेखन करते हैं। इसके पहले जैन कवि विमल सूरि ने तीसरी शताब्दी में वाल्मीकि रामायण का स्पष्ट रूप से विरोध किया था और ब्राह्मणों के द्वारा प्रचारित रामकथा का खण्डन किया था। दसवीं शताब्दी में पुष्पदन्त पुनः ब्राह्मण रामकथा का प्रत्याख्यान करते हैं। इस तरह स्पष्ट है कि बौद्ध परम्परा में रामकथा का महत्त्व कम होता है और जैन परम्परा में उसका तीसरी शताब्दी में उदय, और दसवीं शताब्दी तक विकास होता रहता है। इससे यह निष्कर्ष निकलता है कि दशरथ जातक की बौद्ध परम्परा और पुष्पदन्त की जैन परम्पराएँ दोनों कभी एक थीं, लेकिन जैसे-जैसे ब्राह्मण वर्चस्व बढ़ा और ब्राह्मण-श्रमण संघर्ष तीव्र हुआ, बौद्धों की शक्ति का क्षय हुआ, वैसे-वैसे बौद्धों ने राम को छोड़ा। इस जटिलता को हम भाषा से भी जोड़ सकते हैं। दूसरी शताब्दी से ही बौद्धों के अवदान ग्रन्थ संस्कृत में लिखे जाने लगे थे और पालि की निर्भरता को छोड़कर बौद्ध दार्शनिक न केवल संस्कृत भाषा पर निर्भर करने लगे, बल्कि उन्होंने कथावार्ता वाली लोकजीवन की शक्ति का भी परित्याग किया और तन्त्र, मन्त्र, वज्र, मुद्रा इत्यादि विषयों में लीन हो गये। इस प्रकार बौद्ध परम्परा का जो सबसे बड़ा बल था, कथाएँ कहकर विचार को समझाना, वही टूट गया। जब जातक कथाएँ छूटीं, तब रामकथा भी छूटी। इसे हम ब्राह्मण दबाव, अभिव्यक्ति पद्धति का विचलन, धर्म शक्ति का क्षय—कई बड़े कारणों से जोड़ सकते हैं। यही नतीजा जैन परम्पराओं का

भी हुआ। दसवीं शताब्दी के बाद जैन परम्परा में भी रामकथा छूट गई। कथा छूट जाती है—यह एक बड़ी घटना है। (क्या इस समय कथा नहीं छूट रही है?)

मेरे पास बहुत ही स्पष्ट प्रमाण और सही उद्धरण नहीं हैं, लेकिन सम्पूर्ण जनभाषाओं का साहित्य, उनके हस्तलेख, उन हस्तलेखों में प्राण संकल्पी, तिलक, बोध, सागर, संवाद, संबदी के रूप में लिखा हुआ भरपूर साहित्य है। यह साहित्य सिद्धों में चर्यापद के रूप में है। नाथ सिद्धों की बानियाँ, गोरखबानी जैसा प्रभूत साहित्य है। इस साहित्य में रामकथा तो अनुपस्थित है ही, राम की उपस्थिति बिल्कुल भिन्न ढंग से होने लगती है। वहाँ अलख है, निरंजन है, ज्योति, निश्चय चेतन है, सबद अदेश रूप है, सहज मुख रहणि, गगन मुख अमीरस है, वहाँ धीरे-धीरे राम-राम तन्त्र-शब्द के रूप में प्रयोग करने लगते हैं। नाथ जोगी साहित्य की पोथियों में रामकथा और राम नाम का सीधा प्रवेश ढूँढ़ना कठिन है, लेकिन इन्हीं परम्पराओं को स्वायत्त करने वाले शूद्र सन्त नामदेव, कबीर, रैदास, धन्ना, सदन और इसी परम्परा में सैकड़ों सन्तों के यहाँ प्रायः 400 वर्षों से विवर्जित कथानायक राम, अजपाजाप का विषय बन जाते हैं। यह राम के रूप का राम के नाम में जो निगीरण होता है, वह खानी का बानी में अन्तर्ध्यान के कारण। आकस्मिक नहीं है कि बानी नाम से जो साहित्य लिखा गया, चाहे हिन्दुओं ने लिखा चाहे मुसलमानों ने, सब में राम हैं और वे दशरथ-सुत से भिन्न हैं। इस दशरथ-सुत से भिन्न राम को फिर वक्ता-श्रोता परम्परा में 1442 में हम विष्णुदास की रामकथा में जीवित पाते हैं। विष्णुदास की रामकथा में राम की उपस्थिति कथानायक के रूप में होती है। वे सम्पूर्ण हैं, पैदा भी होते हैं और मरते भी हैं। अति लौकिकता उनमें है, लेकिन वे सम्पूर्ण निर्मल नहीं हैं। तुलसीदास अपनी पूर्व परम्परा का उल्लेख करते हुए जब 'रामायण शत कोट अपारा' की बात करते हैं, तो स्पष्ट ही उनके सामने ब्राह्मण और अब्राह्मण दोनों परम्पराएँ हैं, वे निगम से भी लेते हैं और आगम से भी लेते हैं। साथ ही नाना पुराण से मुख्य रूप से लेते हैं। आकस्मिक नहीं है कि उनकी इस पुराण निर्भर शैली को ध्यान में रखते हुए प्रसिद्ध अन्वेषक डॉ. श्रीकृष्ण लाल ने रामचरित मानस को प्रबंध काव्य न कहकर 'पुराण' कहा था और इस बात को लेकर बड़ा बावेला उठा था। रामकथा 'कलिमल हरणी' हुई। इसमें राम का उत्तर चरित अनुपस्थित हुआ, सीता लव-कुश से जुड़ा हुआ रामाख्यान, भवभूति के समय का उत्तर रामचरित, तुलसी के समय का उत्तरकाण्ड भी नहीं बन सका। तुलसी का उत्तरकाण्ड तो ज्ञान काण्ड है।

यहाँ एक गम्भीर समस्या की ओर ध्यान आकृष्ट करना जरूरी है। मध्ययुग

में कविता के संप्रेषण या प्रचार से सम्बन्धित विभिन्न कलाओं का विकास हुआ। साधु, मंगता, जोगी और यायावर इन कविताओं को अपने ढंग से द्वार-द्वार पर गाते थे। विवाहोत्सव हो रहा है और रावल जोगी संसार की नश्वरता का 'भरथरी' गा रहे हैं। 'निर्गुण' चल रहा है। माया, ब्रह्म, जीव, अलख का गान हो रहा है। अनेक श्रमजीवी जातियाँ, जिनमें कहार, धोबी, चमार और अहीर मुख्य हैं, वे अपने तीज-त्योहार उत्सवों को कविता और कथागीतों से जोड़े हुए थे। वेश्याएँ गाँव की महफिलों से लेकर कोठे तक सन्तों का ही भजन गाती थीं। नायक घराने के शास्त्रीय गायक, चाहे वख्श नायक हों या तानसेन नायक, भजन और निर्गुण में ही मार्ग और देशी राग-रागिनियों को रचते और लसते थे। भैरव ठाट से लेकर विहाग रंग की रागिनियों में सन्तों की कविता थी। पूरा मध्यकाल कवितामय था। सामंतो सेठों और साधुओं में कविता के ही बोल चलते थे। कबीर, रैदास और अन्य निर्गुणियाँ गुरुओं को लेकर 50 हजार से ज्यादा मठ, गुरुद्वारे, टीले, तकिया और आश्रम बन गये थे। गृहस्थ सन्तों की गादी पर 'बैरागी' और 'मलंग' बैठे हुए थे। सन्तों की जो स्थिति थी वही सूफियों की थी। वे भी प्रेमाख्यान लिख रहे थे। कविता की एक निश्चित निर्धारित संस्तुति बन चुकी थी। जनता घरों से निकलकर विरक्ति के क्षणों में आश्रम, टीला, तकिया और मजारों पर अपनी प्रार्थनाएँ लेकर जाती थी और कविता सुनकर आती थी। यह बड़ा ही सशक्त माध्यम था जो धार्मिक भी था, साहित्यिक भी था। यहाँ संवाद था, गोरख और कबीर की गोष्ठी, कबीर और रैदास के संवाद, मुहम्मद और गोरख का संवाद, सर्वत्र संवाद ही संवाद था और राम नाम की धुन थी। इस पूरे साधु मीडिया या घर के बाहर वाले यायावर मीडिया का विकास सन्तों के माध्यम से हुआ, लेकिन अचानक विरक्त सन्यासी तुलसीदास सवर्ण व्यवस्था के पुरस्कर्ता के रूप में स्थापित हो गये। उनके पहले का जितना राम काव्य था, चाहे वह नामोपासकों का हो या अवतार कथा वाचकों का हो, सबका पाठ स्थगित हो गया। रामलीला गाँव-गाँव में होने लगी। कहते हैं कि तुलसीदास के समकालीन मेघा भगत ने इसे शुरू किया और रामचरित मानस का पाठ धर्मग्रन्थ के रूप में शुरू हुआ। गाँव के गोठ, अलाव बैठकों में रामचरित मानस के पाठ शुरू हुए, टीका, भाष्य, क्षेपक को लेकर कथावाचकों की और रामलीला के नेमी-प्रेमी जनों की एक संस्कृति विकसित हुई। स्थिति यह हुई कि रामचरित मानस के पाठ बैठने लगे नवाहन और मास पर यश पाठ। इसके साथ ही शंका-समाधान सम्बन्धी अनेक ग्रंथ लिखे गये। रामचरित मानस की टीकाओं और क्षेपक रामायणों से अनुमान लगाया जा सकता है कि इस पोथी को प्रचलित करने

के लिए कितनी बड़ी हिन्दू वर्णाश्रम शक्ति का प्रयोग हुआ। यह पहला मौका था जब कविता और धर्म साधुओं से हटकर गृहस्थों के घर में बस गये और राम की, जिन्हें सीता और भाइयों के साथ एकत्र रहने का बहुत कम अवसर मिला था, उस बेघर राम के गृहस्थ पंचायत अर्थात् चारों भाई और सीता, सेवक हनुमान सहित ठाकुरवाड़ियों में भी बनाये जाने लगे। मेरी जानकारी में संवत् 1585 में कनक हवेली में पहला पंचायतन गृहस्थ राम का स्थापित हुआ। यह स्थान पंचगंगा घाट के पास है, इसके बाद ही ठाकुरवाड़ियों की परम्परा प्रारम्भ होती है। आप आश्चर्य करेंगे लेकिन यह सच है कि पचास हजार के आस-पास निर्गुणियाँ मठ क्रमशः अप्रासंगिक होते गये और इन मठों से संबद्ध साधुओं पर यह पंक्ति चस्पाँ हो गई—

साखी सबदी दोहरा कह कहनी उपखान
भगति निरुपहिं अधम कलि निन्दहिं वेद पुरान।

मठों ''परचयी'', 'जनम साख', 'वार्ता' और 'बात' नाम से जो पुस्तकें लिखी गयी हैं, उनसे स्पष्ट पता चलता है कि सन्तों को कितना संघर्ष करना पड़ा था। अपने सन्तों को बचाने के लिए चमत्कार ग्रंथ लिखने के सिवा कोई विकल्प नहीं था। इसीलिए 1645 में पीपा के पौत्र अनन्त दास ने आठ परचइयाँ लिखीं, इन सब परचइयों में सन्तों के संघर्ष और उनके चमत्कार का वर्णन है। कर्मकाण्ड, पूजा, तिलक, माला, मन्दिर, मस्जिद, पोथी, पुराण, पंडित और शेख का विरोध करने वाले सन्तों को जादुई लोक का सदस्य बना दिया गया। इस प्रकार मठों में चमत्कार मूलक साहित्य का लिखा जाना यह सिद्ध करता है कि उनका गृहस्थों से संवाद समाप्त हो रहा था। यह सन्तों की प्रभा का कृष्णापन्न काल है और अवतारवादी रामचरित मानस के प्रचार का स्वर्ण युग है। आश्चर्य तो तब होता है जब स्वामी रामानन्द से संबद्ध वैरागियों के आश्रमों में कबीर, रैदास, सेन, पीपा की जगह पर तुलसीदास का साहित्य प्रवेश करने लगता है। मैं यह नहीं कहना चाहता कि तुलसीदास के साहित्य में साहित्य नहीं है, मैं धर्म के भीतर संघर्ष और सामाजिक संदर्भण के लिए इस बात को सामने ला रहा हूँ। रामचरित मानस के क्षेपकों और सन्त मठों में लिखे जाने वाले चरित काव्यों में सीधा संघर्ष देखा जा सकता है। जन गोपाल के ध्रुव चरित, प्रहलाद चरित में भी राम हैं और क्षेपक ग्रन्थों में जोगियों में प्रचलित सात जन्मों वाली कथा के कथा सम्पुट हैं। इस पूरी प्रक्रिया को बहुत स्थूल ढंग से समझने से काम नहीं चलेगा। रामचरित मानस के प्रचार कार्य के बढ़ते-बढ़ते अचानक हिन्दी कविता के प्रभाव में मुसलमान अनुपस्थित होने लगता है। जायसी, कुतुबन, मज्झन से लेकर

नूर मोहम्मद तक। कबीर, दरियाँ, दादू, यारी साहब, रज्जब, वाजिद जैसे सैकड़ों मुसलमान कवि सन्त धारा से सम्बद्ध हैं। रीतिकाल में लेख आलम, मुबारक वगैरह अनेक मुसलमान कवि हैं, लेकिन 18वीं शताब्दी के अन्त में हिन्दी धारा में हिन्दू वर्चस्व बढ़ने लगता है, रसखान और रहीम जैसी सहज मुस्लिम वाणी फिर छायावाद युग के अन्त तक नहीं सुनाई पड़ती। मैं इसे रामचरित मानस के प्रचार तन्त्र से सम्बद्ध करता हूँ। तुलसीदास को इससे अलग रखना होगा। वे माँगकर खाते थे, मस्जिद में सोते थे, न किसी से लेना था... कामी को जैसे स्त्री प्रिय हो, लोभी को जैसे दाम, वैसी पूरी जीवन शक्ति के साथ वे राम-जपी थे। लेकिन उनकी कविता का चरितार्थ वही नहीं है। क्या आकस्मिक नहीं है कि रामचरित मानस और राम को लेकर अपने बीसवीं शताब्दी के अन्तिम वर्षों में ही अपनी कट्टरता और दुर्बलता की परीक्षा दी। रामचरित मानस के द्वारा जो संस्कृति विकसित हुई, वह अठारहवीं शताब्दी में रसिक सम्प्रदाय के रूप में विकसित हुई। अनेक गोपन ग्रंथ लिखे गये, लेकिन तुलसी पूर्व-पश्चात् लिखा हुआ राम काव्य अनुपस्थित है, चाहे वह भाषा वाल्मीक हो चाहे सूरसागर में उपलब्ध राम सम्बन्धी रचनाएँ : ईश्वरदास का 'भरत मिलाप', केशव की 'रामचन्द्रिका' या लालदास का 'अवध विलास'। इस तरह रामकथा हमारी जातीय शक्ति, लोकनायकत्व, गृह निर्वासन का कवित्व विकसित करती है, वहीं बनवासी राम, निर्वासित सुग्रीव, निष्कासित विभीषण का अंचल छोड़कर वह गृहस्थ वास करने लगती है। रामचरित मानस और उसके समर्थन में विकसित रामलीलाओं के कारण रामकथा का एक निश्चित स्वरूप प्रसारित हुआ। यह रूप बहुत कुछ ब्राह्मण परम्परा के पक्ष में है और परम्पराओं की विलुप्ति का कारण है। सीता वनवास या उत्तर रामचरित एक तरह विस्मृत कथा पक्ष है। देखना होगा कि यह प्रक्रिया किन सामाजिक दबावों में कब से शुरू हुई।

रामकथा की दो परम्पराएँ हैं। संस्कृत भाषा से लेकर अपभ्रंश से होती हुई दक्षिण भारतीय भाषाओं, बंगला, उड़िया इत्यादि में जो विकसित हुई, उन सब पर स्थानीयता, जाति धर्म और निजंधरों का दबाव है। इन दबावों में जो मुख्य बात हुई वह केन्द्रीय कथा के मुख्य कथ्य के लुप्त होने से सम्बन्धित है। रामकथा के तीन केन्द्रीय घटक हैं– नर, बानर और राक्षस। कुल तीनों जगह उत्तराधिकार की समस्या है। राम और भरत के बीच, बाली और सुग्रीव के बीच, रावण और विभीषण के बीच। तीनों निर्वासित एकत्रित होते हैं और तीनों को राजपद की प्राप्ति होती है। नर राज्य में नारी सर्वाधिक उपेक्षित वस्तु है। अग्नि परीक्षा के बाद भी सीता इतनी पवित्र नहीं होती कि वह राजकुल में रह सके। तारा वानर कुल की है, लेकिन वह राजकुल में

सुग्रीव की पत्नी के रूप में रह जाती है। मन्दोदरी विभीषण की राजमहिषी के रूप में लंका में ही रह जाती है। ध्यान देने की बात यह है कि तारा और मन्दोदरी की गणना भारतीय संस्कृति में दो सर्वश्रेष्ठ पंचकन्याओं में होती है। हमने पंचकन्याओं में तारा और मन्दोदरी को गिनकर उस मूल्य को स्थापित किया है जो संस्कृति और जीवन को एकार्थी नहीं रहने देता। सीता का निर्वासन जड़ आभिजात्य का प्रतीक है। इसीलिए मौखिक परम्परा में रामकथा के आभिजात्य से लड़ते हुए हजार-हजार गीत लिखे गये हैं, जिसे जतसार में जांता पीसती हुई औरतें गाती हैं, सोहर में नट्टिनें, वक्को स्त्रियाँ और भाटिनें भी सीता दुख गाती हैं। बिरहा नाम से गाये जाने वाले जनपदीय गीतों में भी सीता व्यथा है। धरती फटने और सीता के समाने का 'मोटिव' तो भारत के गाँव की स्त्रियों के रुदन गीतों का मुख्य ध्रुवक है। लेकिन अभिजात संस्कृति और ब्राह्मण प्रचारित रामकथा और रामलीला में सीता-व्यथा अनुपस्थित है।

रामकथा का एक दूसरा पक्ष है, ऋषि, मुनि संघर्ष और अन्तर्कथाओं से सम्बन्धित वशिष्ठ मुनि हैं, बाल्मीकि ऋषि। यह बहुत चौंकने वाली बात हो सकती है, लेकिन मैंने ऋषियों-मुनियों का जो साहित्य पढ़ा है और भारतीय जाति-मूलों का निजत्व देखते हुए अनपढ़े पृष्ठ देखे हैं, उससे यह निष्कर्ष निकलता है कि ऋषि द्रष्टा होते थे, वैज्ञानिक और अनुसंधित्सु। उनका ज्ञान तपवेद्य, स्वसांवेद्य होता था। वे प्रायः अब्राह्मण योगज, शूद्र, श्रमिक मतंग, व्याध और कभी-कभी चाण्डाल भी होते थे। मुनि मुख्यतः ब्राह्मण होते थे। वे देखते नहीं थे, द्रष्टा, मात्र द्रष्टा नहीं होते थे। वे दूसरे का देखा हुआ मनन करते थे, इसी अर्थ में वे मुनि थे। इन मुनियों के द्वारा ही आर्थिक पद्धति का अर्थात् एक स्वर गायन शैली का विकास हुआ। इन्होंने ही मन्त्र पाठ, यज्ञ और आहुति इत्यादि का विधान किया। इसमें ऋषियों का साझा होता था, लेकिन मुख्यतया नहीं। मतंग ऋषि हैं, सुतीक्ष्ण मुनि। क्रमशः वाल्मीकि ऋषि हैं और राम को ठगने वाला कपट मुनि। नारद जब ऋषि से मुनि बनना चाहते हैं तो विनोद के पात्र हो जाते हैं और एक मोहकथा उनसे चिपका दी जाती है। दुर्वासा मुनि श्रेष्ठ हैं। शापखल उनके व्यक्तित्व की सबसे बड़ी संज्ञा है। यह बात समझ लेने पर शबरी के आश्रम का रहस्य स्पष्ट हो जाता है। वे मतंगकन्या हैं। मतंग ऋषि के पुत्र का विवाह जनक के समकालीन महाव्याधि की पुत्री से हुआ था। वही महाव्याधि जो ब्रह्मवेत्ता था, मांस बेचता था, मतंग चाण्डाल ही थे। राम इस रहस्य को जानते हैं, वे शबरी का जूठा बेर खा लेते हैं क्योंकि वन में हैं, निर्वासित हैं, मनुष्य हैं। लेकिन सीता के जूठे होने के कलंक को झेलते नहीं, तब वे राजा हैं, आसनस्थ हैं। इस तरह की हजार व्याख्याएँ रामकथा से जुड़े प्रासंगिक मिथकों और पुरावृत्तों में घनीभूत हैं,

शबरी के जूठे बेर खाने वाला राम ही शूद्रों की उपाधि संज्ञा है। वह किनाराम के राम में है और वही जगजीवन राम के राम में है। शंबूक वधिर राम पर वशिष्ठ का अनुशासन है। वहाँ राम मुक्त नहीं है और यदि राममरण की कथाओं को ठीक-ठीक विश्लेषित किया जाय, तो वहाँ मुनि दुर्वासा अवश्य होंगे। इस सन्दर्भ में एक छोटा सा उदाहरण देना चाहूँगा। रामावतारी गाने वाली पूरे भारत में एक जाति है जिसे पाँवरिया कहते हैं। पँवारा या मुलाख्यान इसी जाति के नाम से जुड़ा हुआ है। ये लोग मुसलमान होते हैं और इनके पास एक छोटा-सा तारवाद्य होता है जिसे सारंगी, किंगरी या कुकुही कहते हैं। इसे बजाते हुए वे रामावतारी गाते हैं जो न केवल रामजन्म की कथा है, लेकिन धिगरिन चमाइन या शूद्रा की अस्मिता की भी कहानी है। कौशल्या को बेटा हुआ है, राजा दशरथ इस धाय, नर्स या नार काटने वाली वैद्या के पास जाते हैं। वह पालकी माँगती है। बाँस कटता है, पालकी बनती है, लेकिन नये बाँस की। घर में पहुँचने पर पीढ़ी माँगती है, तरह-तरह का सामान माँगती है, उसे मिलता है, नार कटता है। इस कथा को सुनने पर आरक्षण की लड़ाई लड़ने वाले लोगों को लगेगा कि क्या कभी लोक में शूद्रों का इतना मान था? नहीं रहा है, लेकिन कथा गीतों में राम के समय में राम से जोड़कर रामकथा के अनेक प्रसंग मिलते हैं जिनमें शूद्र, किरात, पिशाच, कीर, वानर सबको निरन्तर सम्मान दिया गया है। लुप्त होते हुए ऐसे हजारों कथागीतों को राम बोधक प्रसगों को जोड़ा जाएगा, तब यह पता चलेगा कि कहनी, उपखान कहने वालों से तुलसीदास को क्यों और कैसी चिढ़ थी और रामचरित मानस के माध्यम से, रामलीला के माध्यम से रामकथा के किन मूल तत्त्वों की कहाँ, कितनी, किस आक्रामक ढंग से हिंसा हुई है। किसी जाति के कथागीत परिकथाएँ (फैबुल), लोक वार्ताएँ, नाटक, यात्रा प्रसंग उस जाति की मूल जीवनी शक्ति, सच्चे विश्वासों और वास्तव निष्ठाओं के कल्प या सर्जन होते हैं। बड़ा काव्य इन सबको नहीं समेटता, अगर समेटता है तो उसका पुराणीकरण कर लेता है। पुराणीकरण से भी काम नहीं चलता तो टीका, भाष्य, कारिका, क्षेपक, साथ ही लीला, मन्दिर, पुस्तक इत्यादि का सहारा लेता है।

रामकथा भारतीय आख्यानों में सर्वाधिक लोकप्रिय आख्यान है और इसमें अनेक उपकथाएँ, जन्मान्तर प्रसंग, धार्मिक तत्त्व, अनेक जातियों के विश्वास-प्रसंग अनुस्यूत हैं। यक्ष, किन्नर, देवता शिव-पार्वती, विष्णु-लक्ष्मी, इन्द्र-जयन्त, जैसे नरेतर इष्टों का भी रामकथा में जगह-जगह पर प्रवेश हुआ। इन नरेतर और योनियों के कारण ही रामकथा में तरह-तरह के विजातीय तत्त्वों का समावेश हुआ है। मूलकथा अवान्तरित हुई है, और कथा के बीच में निहित हीन या कुत्सित को किसी देवी नरेतर

से सम्बद्ध करने की कोशिश हुई है। रामकथा मुख्यतः नराख्यान है, लेकिन इसकी पूरी दुनिया नरेतर विस्तार में बनती है। रामकथा का अतिफल राम और सीता परिणति मूल लव और कुश हैं, लेकिन इन दोनों युग्मों को प्रचलित ब्राह्मण कथा में गौण महत्त्व दिया गया है और इसी के समानान्तर लोकजीवन में इन युग्मों को महान आदिम विश्वास और अपरीक्षित विश्वासों से सम्बद्ध किया गया है। सीता इसी स्तर पर किसी महत्त्वाकांक्षी पिता की पुत्री, भाई की बहन, पति की पत्नी है। लोकोक्तियों, अहंकार आस्फालनों में इस तत्त्व को खोजा सकता है। सभी अतिभाव में कहते हैं कि मेरी माँ सीता है, मेरी बहन सीता है, मेरी बेटी सीता है। यह सर्वश्रेष्ठ और सर्वकाम्य क्या महाकाव्यों का कमाया हुआ है? या भारतीय जन का स्वयंभू आकांक्ष है? जितनी बड़ी कविता एक बड़ा कवि हजार-हजार वर्षों में लिखता है, उससे कहीं बड़ा विश्वास एक जाति कई हजार वर्षों के लिए रच लेती है। रामकथा बदलती रहेगी और सच मानिए, वह मन्दिर, शंख, संस्कृत भाषा, यज्ञोपवीत और शिखाधारियों के घंटे-घड़ियाल के बन्धन में कभी नहीं बँधेगी। रामकथा की यही विजय-यात्रा है। एक चलती और बदलती हुई निरन्तर जीवित वस्तु और जाति आख्यान को ही रामकथा कहते हैं, अगर ऐसा नहीं होता तो हम सब आप अपनी कहानी को क्यों, किसलिए 'राम कहानी' कहते हैं।

तुलसी साहित्य में तत्कालीन सामाजिक एवं राजनीतिक परिस्थितियाँ

–प्रो. कुँवर पाल सिंह

यह दुर्भाग्य ही है कि मध्यकाल के प्रमुख कवियों को धार्मिक एवं साम्प्रदायिक दीवारों के बीच बाँधने का निरंतर प्रयास किया जाता रहा है और आज भी उसमें कोई कमी नहीं हुई है। धर्म-सम्प्रदाय के इन धुरन्धरों की तुलसी पर विशेष कृपा है। तुलसी साहित्य का प्रचार-प्रसार करने के नाम पर ये विद्वान् उसे कुत्सित करने में संगठित रूप से लगे हुए हैं। इन लोगों का अब भी विश्वास है कि तुलसी देव-स्वरूप थे, और उनका साहित्य देववाणी। रामचरितमानस एक महान साहित्य-ग्रन्थ होने के स्थान पर धार्मिक ग्रन्थ हो गया। यह तुलसी, हिन्दी साहित्य और उसके जागरूक पाठकों के लिए बड़ा ही दुरूह बन गया है। इस स्थिति से उबारने का निदान वह नहीं है, जो हिन्दी के कुछ प्रगतिशील आलोचकों ने प्रस्तुत किया है।[1] इन लोगों ने तुलसी को पूर्णतः प्रगतिशील सिद्ध करने का प्रयास किया है। ये लोग यह भूल जाते हैं कि तुलसी सामंती समाज की देन हैं और उसके प्रतिनिधि कवि भी। तुलसी साहित्य के अपने अन्तर्विरोध हैं और वे अन्तर्विरोध भी बहुत साफ और स्पष्ट हैं। कहीं तुलसी सामंती समाज के मूल्यों का खुला समर्थन करते हैं और कहीं उसका विरोध। तुलसी एक स्थान पर लिखते हैं–

"महाभ्रष्ट चलि फूटि क्यारी।
जिमि स्वतंत्र है बिगरै नारी।।"[2]

"ढोल गँवार शूद्र पशु नारी।
सकल ताड़ना के अधिकारी।।[3]

तो दूसरी ओर तुलसी यह भी कहते हैं–

"कित विधि सृजी नारि जग माँही।
पराधीन सपनेहुँ सुख नाहीं।।"

कहीं वे अछूतों को यह अधिकार भी देने के लिए तैयार नहीं–

"पूजिय विप्र सील गुन हीना।
शूद्र न गुन गन ज्ञान प्रवीना।।"[4]

और कहीं उन्हें ब्राह्मणों से भी श्रेष्ठ बताते हैं–

"तुलसी भगत सुपच भलौ, भजै रैनि दिन राम।
ऊँचौ कुल केहि काम को, जहाँ न हरि को नाम।।"[5]

रामचरित मानस में तुलसी की सम्पूर्ण दृष्टि वेद-पुराण के बताये मार्ग और वर्ण-व्यवस्था के उचित पालन में केन्द्रित है। इस मार्ग से हटना वे संकटों को निमंत्रित करना मानते हैं। यह सच है कि तुलसी का मूल स्वर हिन्दू धर्म की वर्ण-व्यवस्था का सर्वोच्च रूप प्रस्तुत करना है। वह जो रूप चाहते हैं, वह समसामयिक समाज में ढूँढने से भी नहीं मिलता। तुलसी दुःखी हैं और आदर्श व्यवस्था की कल्पना राम राज्य में करते हैं। तुलसी के अनुसार विभिन्न वर्ण अपने-अपने कर्त्तव्यों से च्युत हो गए हैं, इसीलिए दुर्व्यवस्था है। इससे तुलसी को खीज है और उसे दूर करने का सुझाव देते हैं। इसके लिए अपने इष्ट देवों से इस दुर्व्यवस्था को दूर करने का आग्रह करते हैं।

"बरन-धरम गयो, आश्रम निवास तज्यो।
त्रासन चकित सो परावना परोसो है।
वेद पुरान बिहाइ सुपंथ, कुमारग कोटि कुचाल चली है।।"[6]

वे एक ओर कर्म की प्रधानता पर बल देते हैं, दूसरी ओर सब कुछ भाग्य के अधीन मानते हैं–

"कर्म प्रधान विश्व करि राखा।
जो जस करई तो तस फल चाखा।"[7]

"होइय वही जो राम रचि राखा।
को करि तरक बढ़ावै साखा।।"[8]

विश्व के महान कवियों की तरह तुलसी का दृष्टिकोण कहीं भी साम्प्रदायिक और संकीर्ण नहीं है। वह हर अत्याचारी और आततायी का विरोध करते हैं, चाहे उसकी कोई जाति और धर्म क्यों न हो। तुलसी को सबसे अधिक कष्ट और अपमान ब्राह्मणों के ही हाथों सहना पड़ा।

"धूत कहौ, अवधूत कहौ, जोलहा कहौ कोऊ।
काहू की बेटी सों, बेटा न ब्याहब, काहूकी जाति बिगार न सोऊ।।
तुलसी सरनाम गुलाम है राम को, जाको रुचै सो कहै कछु ओऊ।
माँगिकै खैबो, मसीत को सोइबो, लैबे को एकु न दैबे को दोऊ।।"[9]

"मेरे जाति पाँति न चहौं काहू की जाति पाँति,
मेरे कोऊ काम को न हौं काहू के काम को।
लोक परलोक रघुनाथ ही के हाथ सब,
भारी है भरोसो तुलसी के एक नाम को।।
अति ही अयाने उपखानो नहिं बूझैं लोग,
साह ही को गोतु गोत होत है गुलाम को।
साधु कै असाधु, कै भलो कै पोच, सोच कहा,
का काहू के द्वार परौं जो हौं सो हौं राम को।।"[10]
"कोउ कहै, करत कुसाज, दगाबाज बड़ो,
कोउ कहै, राम को गुलाम खरो खूब है।
साधु जानैं महासाधु, खल जानें महाखल,
बानी झूंठी-साची कोटि उठत हबूब है।
चहत न काहू सों न कहत काहू की कछु,
सब की सहत, उर अंतर न ऊब है।
तुलसी को भलो पोच हाथ रघुनाथ ही के,
राम की भगति-भूमि मेरी मत दूब है।।"[11]

आर्थिक दुर्व्यवस्था और गरीबी सबसे बड़े अभिशाप हैं। आर्थिक रूप से हीन व्यक्ति का न कोई आचार होता है और न कोई धर्म। उच्च वर्ण में जन्म ले लेने से भी उसकी स्थिति पर कोई विशेष प्रभाव नहीं पड़ता। साधन सम्पन्न लोगों की गुलामी उसकी नियति है। यह बात मध्यकाल में जितनी सत्य थी, उससे अधिक आज सच है। आर्थिक स्वाधीनता के बिना शेष सभी अधिकारों का कोई विशेष महत्त्व नहीं है।

नारों से बहुत से अन्य कार्य तो सम्पन्न हो सकते हैं, किन्तु साधारण लोगों की आर्थिक स्थिति नहीं बदली जा सकती—

"मातु पिता जग जाय तज्यो, बिधिहू न लिखी कछु भाल भलाई
नीच निरादर भाजन, कादर, कूकर-टूकन लागि ललाई।।"[12]

"जाति के, सुजाति के, कुजाति के पेटागि वस
आए टूक सबके, बिदित बात दूनी सो।।"[13]
"बारेतें ललात बिललात द्वार-द्वार दीन,
जानत हौं चारि फल चारि ही चनक को।"[14]

धन के बिना कोई धार्मिक, सांस्कृतिक एवं सामाजिक कार्य सम्पन्न नहीं हो सकता। सम्पत्ति की आधारभूमि पर बने किसी भी समाज में जीवन के किसी भी क्षेत्र में धन के बिना प्रतिष्ठा प्राप्त नहीं हो सकती। तुलसी इस बात को समझते हैं—

"दमदुर्गम, दान, दया, मख, कर्म, सुधर्म अधीन सवै धन को।
तप, तीरथ, साधन, जोग, विरागसों होइ, नहीं दृढ़ता तन को।।"[15]

अकाल

तुलसी के जीवन-काल में तीन बार भयंकर दुर्भिक्ष पड़े। दुर्भिक्षों की भयावहता का वर्णन उस युग के राजसी ग्रन्थों में विस्तार से मिलता है। ये अकाल इतने भयंकर थे कि एक बार उन्होंने सम्पूर्ण मानवीय मूल्यों एवं मानव गरिमा को समाप्त ही कर दिया, लोगों ने जीवित रहने के लिए अपने बच्चे ही नहीं बेचे, बल्कि मनुष्य द्वारा मनुष्य का भक्षण भी बड़े पैमाने पर हुआ। सन् 1595-96 ई. का दुर्भिक्ष इनमें सबसे भयंकर था।[16]

प्रथम 1555-56 ई. उत्तरी भारत में पड़ा। तीसरा जहाँगीर के समय सन् 1613-15 ई. अनावृष्टि से पड़ा। जहाँगीर ने अपने संस्मरणों में इस दुर्भिक्ष के विषय में स्वयं लिखा है। इस अकाल के बाद देश में भयंकर प्लेग फैला जिसमें लाखों लोग मर गए।[17]

तुलसी ने अपने ग्रन्थों में इस अकाल का चित्रण मानवीय संवेदना के साथ किया है। कवितावली में यह वर्णन बहुत ही संवेदनशील, विस्तृत और यथार्थ है।

"कलि बारहि बार दुकाल परे,
बिनु अन्न दुखी सब लोग मरे।

यह निसिचर दुकाल सम अहई,
कपि कुल देस परना अब चहई।।"[18]

"दिन-दिन दूनों देखि दारिद, दुकाल, दुःख,
दुरित, दुराज, सुख-सुकृत सँकोचु है।
मांगे पैंत पावत पचारि पातकी प्रचंड,
काल की करालता, भले को होत पोचु है।"[19]

"ऊँचे-नीचे करम, धरम-अधरम करि,
पेट ही को पचत, बेचत बेटा बेटकी।
'तुलसी' बुझाइ एक राम घनस्याम ही ते,
आगि बड़वागि तें बड़ी है आगि पेट की।"[20]

"खेती न किसान को, भिखारी को न भीख, बलि,
बनिक को बनिज, न चाकर को चाकरी।
जीविका बिहीन लोग सीध मान सोच बस,
कहैं, एक एकन सौं कहाँ जाई, का करी।।"[21]

इस भयानक अकाल ने किसानों की खेती नष्ट कर दी है। जब खेती नहीं है, तो व्यापार कैसा और रोजगार मिलना तो और भी कठिन है। जनता के पास जीविका का कोई साधन नहीं है। लोग हतप्रभ और किंकर्त्तव्यविमूढ़ हैं। राज्य की ओर से भी लोगों को कोई सहयोग और दिशा नहीं मिल रही है। सम्पन्न लोग बकवाद तो बहुत कर रहे हैं, परन्तु किसी के पास विपत्ति का कोई समाधान नहीं है।[22]

महामारी (प्लेग)

सन् 1616 के लगभग हिन्दुस्तान में प्लेग की महामारी सरहिन्द से लेकर सम्पूर्ण उत्तर भारत और गुजरात तक फैल गयी। यह बीमारी बड़े भयानक रूप में फैली। इसमें लाखों लोग मर गए। यह 1619 ई. के मध्य तक रही। जहाँगीर ने अपने संस्मरणों में इस महामारी के संदर्भ में लिखा है—"जब मैं गुजरात से लौट रहा था, तो मुझे यह समाचार मिला कि आगरा और उसके आसपास प्लेग की बीमारी वबा फैली हुई है। इससे बहुत से लोग मर रहे हैं। यह बीमारी चूहों के द्वारा फैलती है। अकेले आगरे में ही सौ व्यक्ति प्रतिदिन मर रहे हैं। इस बीमारी में गले के नीचे गिल्टी होती है,

तेज बुखार आता है और व्यक्ति मर जाता है। यह बीमारी जाड़ों में फैलती है और गर्मियों में समाप्त हो जाती है। यह देश के दूर-दूर भागों तक फैल गई है। लोग अपने घर छोड़-छोड़कर भाग गए हैं।''[23]

तुलसीदास ने इस महामारी का बहुत ही कारुणिक, सटीक और विस्तार से चित्रण किया है। एक सहृदय कवि, जिसने स्वयं प्लेग की इस महामारी को झेला, उसका चित्रण एक सम्राट की अपेक्षा अधिक जीवन्त तथा प्रामाणिक है।

''अधिभूत वेदन विषम होत भूतनाथ।
तुलसी विकल पाहि पचत कुपीर हौं
मारिए तो अनायास कासीवास खास फल,
ज्याइए तौ कृपा करि निरुज सरीर हौं।।''[24]

''रोग भयो भूत सो कुसूत भयो तुलसी को,
भूतनाथ पाहि पद पंकज गहतु हौं।।''[25]

उत्तरकाण्ड के आठ पद इसी महामारी के वर्णन में समर्पित हैं।[26]

राजव्यवस्था

तुलसी तत्कालीन राजव्यवस्था से बहुत असंतुष्ट हैं। जनता तरह-तरह से दुःख उठा रही है। उसकी सुख-सुविधा की ओर कोई ध्यान नहीं देता। अधिकारियों के तरह-तरह के अत्याचारों और अनाचारों को झेलना पड़ रहा है। जनता पर जो कुछ है, राजा और उसके संगी-साथी उसका भी अपहरण करने की चाल चल रहे हैं। हर निरंकुश शासन में, चाहे वो किसी काल का हो, सत्ता-सम्पन्न लोग निरंकुश होकर जनता को छलते रहते हैं। स्वयं सम्राट् जहाँगीर ने इस तथ्य को स्वीकार किया है कि सरकारी अधिकारी और जागीरदार जबरन किसानों की जमीन लेकर स्वयं खेती न करें। 'तुजुके जहाँगीरी' के अनुसार– "I gave an order that officials of the crown lords and Jagirdars should not forcibly take the ryots lands and cultivate them on their own account."[27]

स्पष्ट है कि तत्कालीन स्थिति में शासकीय अधिकारियों और जमींदारों द्वारा गरीब किसानों की जमीनों को जबरन हथिया लेने की प्रवृत्ति कितनी सामान्य हो गई थी। इस शुद्ध सामंती प्रवृत्ति के अधीन जीवन निर्वाह करने वाले सामान्य आदमी का मानस कराह रहा था। तुलसी का काव्य भी इस तत्कालीन प्रवृत्ति का प्रमाण प्रस्तुत करता हुआ परिलक्षित होता है।

"एक तो कराल कलिकाल सूल-मूलता में,
कोढ़ में की खाजु सी सनीचरी है मीन की।
वेद धाम दूरि गए, भूमिचोर भूप भए,
साधु सीधमान जानि रीति पाप पीन की।"[28]

"वेद पुरान बिहाइ सुपंथ,
कुमारग कोटि कुचाल चली है।
काल कराल नृपाल कृपालन,
साज समाज बड़ोई छली है।।"[29]

इसके अतिरिक्त तुलसी ने कलिकाल वर्णन में भी तत्कालीन समाज की सामाजिक, धार्मिक तथा राजनीतिक स्थिति पर विस्तार से प्रकाश डाला है। तुलसी उस स्थिति से खिन्न हैं और स्थान-स्थान पर आक्रोश प्रकट करते हैं और उस व्यवस्था को बदलने के लिए राम से अनुनय-विनय करते हैं। इस दृष्टि से कवितावली के उत्तरकाण्ड के पद 99, 100, 101, 102, 103, 104, 123, 169, 170, 171 एवं 172 विशेष दृष्टव्य हैं।

तुलसी को खेद है कि वर्णाश्रम की पुरानी व्यवस्था छिन्न-भिन्न होती जा रही है। किसी भी वर्ण के लोग उसका उचित ढंग से पालन नहीं कर रहे हैं। परन्तु क्या किया जा सकता है। यह व्यवस्था धीरे-धीरे अपनी ऐतिहासिक भूमिका खोती जा रही थी और तुलसी के चाहने से इतिहास का रथ पीछे तो नहीं मुड़ सकता था।

सन्दर्भ

1. इस प्रसंग में प्रो. रामविलास शर्मा एवं रूसी विद्वान् प्रो. वारन्निकोव के नाम विशेष उल्लेखनीय हैं।
2. रामचरित मानस, किष्किन्धाकाण्ड, 4/14/4।
3. रामचरित मानस, लंकाकाण्ड, 5/59/3।
4. रामचरित मानस, 3/34/1।
5. वैराग्य संदीपनी, 38।
6. कवितावली, पद 84-85।
7. रामचरित मानस।
8. वही।
9. कवितावली, उत्तरकाण्ड, पद 106।
10. वही, 107।

11. वही, 108।
12. वही, पद 57।
13. वही, पद 72।
14. वही, पद 73।
15. वही, पद 87।
16. अबुल फजल के अनुसर यह महाकाल 1596 ई. से शुरू होकर तीन साल रहा। यह इतना भीषण था कि लोगों ने एक-दूसरे का भक्षण करना आरंभ कर दिया तथा नगर के मार्ग तथा गलियाँ लाशों से पट गई थीं। [अकबरनामा (अबुलफजल, जिल्द-2) पृ. 35] तत्कालीन लेखक बदायूँनी ने भी इसकी पुष्टि की है। डॉ. सावित्रीचन्द्र 'शोभा' की पुस्तक 'सूर, तुलसी एवं दादू में समाज और संस्कृति' से उद्धृत, पृ. 32 एवं 51।
17. प्रोफेसर इरफान हबीब—सैग्रिरियन सिस्टम ऑफ मुगल इण्डिया, पृ. 103, (1963)
18. रामचरित मानस, 7/10।
19. कवितावली, उत्तरकाण्ड, पद 81।
20. वही, पद 96।
21. वही, पद 97।
22. वही, पद 98।
23. तुजुक-ए-जहाँगीरी, पृ. 6, 65-67 अनु. ए. रोजर्स (1968)।
24. कवितावली, उत्तरकाण्ड, पद 166।
25. वही, पद 167।
26. वही, पद 98-174, 175, 176, 177 एवं 183।
27. तुजुक-ए-जहाँगीरी, पृ. 9।
28. कवितावली, उत्तरकाण्ड, पद 137।
29. वही, पद 85।

भक्ति काव्य में नारी की स्थिति : मीरा के विशेष संदर्भ में

– सूरज पालीवाल

भक्ति काव्य मध्ययुगीन जड़ता और जतनशीलता के बीच मनुष्य के हृदय की पुकार के रूप में ध्वनित हुआ। सामंती शासन के भयावह शोषण ने जब समाज को विजित-विजेता, धनी-निर्धन, स्वामी-सेवक के रूप में बदल दिया, तब समानता और स्वतन्त्रता का उद्घोष नक्कारखाने में तूती की आवाज बनकर रह गया। चारों ओर अमानवीय शोषण और अन्याय का अँधेरा छा गया था। मनुष्य जीवन और पशु जीवन में किसी प्रकार का अन्तर नहीं रह गया था। राज्य करने और विलासितापूर्ण जीवन जीने की दुर्दमनीय इच्छा ने समाज को पतन के गर्त में ढकेल दिया था। उस समय नारी को चारदीवारी में बन्द कर विलास की वस्तु बना दिया गया था। गाँव के छोटे जमींदार से लेकर राजा-महाराजा तक में अनेक नारियों को पाने की इच्छा बलवती हो गई थी। अधिकतर लड़ाइयों का कारण नारी प्राप्ति की बरबस इच्छा ही थी। जिस प्रकार ज्यादा बड़े राज्य, ज्यादा धन-जमीन, ज्यादा गुलाम और ज्यादा सैनिक रखने पर बड़ा राजा कहलाता था, उसी प्रकार ज्यादा स्त्रियाँ रखना भी बड़प्पन की श्रेणी में था। जाहिर है, इस प्रकार की पतनशील परिस्थितियों में नारी जीवन अन्याय-अत्याचार का शिकार था। उनके सोचने के सारे रास्तों और देखने के समस्त गवाक्षों पर लज्जा का तथाकथित पहरा बैठाकर उसे निरीह और पालतू बना दिया गया था।

मध्ययुगीन जड़ता को बनाये रखने के लिए समाज में अनेक प्रकार के भेद किये गये थे। ऊँच-नीच का आधार धन के अलावा जन्मगत भी था। वर्णाश्रम व्यवस्था शोषण को निरंतरता प्रदान करने के लिए ही चलाई गई थी और कठोरता

के साथ उसका पालन एक आवश्यक समाज व्यवस्था के रूप में कर दिया था। वर्ण-व्यवस्था के अलावा दास-प्रथा भी अपनी चरम अवस्था में थी। हिन्दू कन्याओं को सम्पन्न मुसलमान अधिकाधिक संख्या में क्रय करके अपने घरों में रख लिया करते थे। कुलीन नारियों का अपहरण कराके अमीर लोग अपना मनोरंजन किया करते थे। मुहम्मद बिन तुगलक ने चीन सम्राट के पास भारतीय काफिरों में से एक-एक सौ स्त्री-पुरुषों को सौगात के रूप में भेजा था। इसके साथ ही ऐसे हिन्दू राजाओं का भी अभाव न था जो मुस्लिम महिलाओं, विशेषतः सैयद वंश की स्त्रियों, को दासी रूप में अपने यहाँ लाकर रखते थे।[1] आपसी वैमनस्य का दुष्प्रभाव नारी-जाति को ही भोगना पड़ा। जवान होते ही कन्या पर किसी दूसरे की दृष्टि न पड़े, इसलिए बाल-विवाह किये जाने लगे। प्रकारांतर से बाल-विवाहों को धार्मिक कवच प्रदान करते हुए उन्हें पुण्य का स्वरूप दे दिया गया। कहा जाने लगा कि रजस्वला होने से पहले कन्या का विवाह कर कन्यादान करने वाला ही पुण्य का भागी होता है। अतः इस तथाकथित पुण्य की लालसा में अबोध बालिकाओं के विवाह का प्रचलन हो गया। अपने समाज, पति एवं ससुराल से अनजान बालिका विवाहोपरान्त न जाने कितने कष्ट भोगने को विवश थी। बचपन में विवाह होने के बाद एक लम्बा जीवन उसके समक्ष होता था। पति की मृत्यु के बाद वह वैधव्य का लम्बा यंत्रणापूर्ण जीवन जीने को मजबूर थी। विधवा विवाह पर रोक होने के कारण वह आजीवन परिवार में अछूत की तरह जीवन जीती थी। परिवार का आवश्यक अंग होने के बावजूद उसे परिवार के किसी भी निर्णय में सहभागी होने का अधिकार नहीं था। शुभ कार्यों में उसे दूर रखा जाता तथा उसका मुँह देखना अपशकुन माना जाता था। इस उपेक्षा की शिकार नारी को इन सब यंत्रणाओं से बचने के लिए 'सती' होकर स्वर्ग में पति-संसर्ग का सुख भोगने का लालच दिया गया। रूढ़ियों से जकड़ा और अत्याचार भरा जीवन देखकर वह सती होना ही अच्छा समझती थी। धीरे-धीरे सती प्रथा को धार्मिक रूप देकर उसे गौरवान्वित कर दिया गया। बहु-विवाह की परम्परा ने सती प्रथा को और भी बढ़ावा दिया। परिणामतः मरने वाले पुरुष की प्रतिष्ठा उसके शव के साथ जलने वाली पत्नियों की संख्या से आँकी जाने लगी। अबोध बाल-विधवाओं को भी जबरन सती होने के लिए बाध्य किया जाता था। सती होने के समय रानियाँ घोड़े पर बैठकर सती होने के लिए प्रस्थान करती थीं। शमशान में पहुँचकर वाद्य यन्त्रों की तुमुल ध्वनि के साथ वे चित्ता में प्रवेश कर भस्म हो जाती थीं। प्रत्येक राजा के साथ इस प्रकार अनेक पत्नियाँ, उप पत्नियाँ, खवासनें और दासियाँ सती होती थीं। किसी विशेष समय या परिस्थिति में भले ही इस प्रथा को

समर्थन प्राप्त रहा हो, किन्तु इसमें जबरदस्ती किये जाने की सम्भावना बड़ी घातक थी। इस कारण मध्ययुग में असंख्य अबोध अबलाओं को अपने जीवन से हाथ धोने पड़े। पर्दा प्रथा भी इस युग में नारी की लज्जा और चरित्र की आवश्यक अनिवार्यता के रूप में चल पड़ी, जिसके परिणामस्वरूप नारी को अपनी इच्छा से देखना एवं बोलना भी प्रतिबन्धित कर दिया गया था। पुरुष वर्ग ने अपनी कायरता और भोग करने के एकाधिकार को बनाये रखने के लिए स्त्रियों पर इतने सारे प्रतिबन्ध लगा दिये और उसे समाज में सक्रिय भागीदारी की भूमिका से पीछे धकेलकर पशुवत् मूक जीवन जीने के लिए बाध्य कर दिया था।

सामाजिक-राजनीतिक कारणों के साथ धार्मिक सम्प्रदायों ने भी नारी शोषण को बढ़ावा देकर उसे घोर यंत्रणाओं भरे जीवन की ओर धकेल दिया था। इस प्रकार के संप्रदाय लम्पट साधकों की विलासिता और इच्छापूर्ति के अलावा और कुछ नहीं थे। ये संप्रदाय 'सहज साधना' और 'महासुख' के नाम पर इस प्रकार की घृणित प्रवृत्तियों में लीन थे। दर्शन और भक्ति के मुलम्मे के साथ अपने मत को जनता में प्रचारित कर रहे थे, लेकिन जनता पर इसका विशेष प्रभाव नहीं था। इस प्रकार के सम्प्रदायों में नीलपट संप्रदाय, कापालिक संप्रदाय, बौद्ध संप्रदाय, सहज संप्रदाय, कौल मार्ग तथा नाथ पंथ आदि थे, जिन्होंने वाम साधना को अत्यधिक मात्रा में प्रश्रय दिया था। नीलपट संप्रदाय में वेश्या, सुरा एवं काम का अत्यधिक महत्त्व था। इस संप्रदाय के साधक अत्यन्त निचली श्रेणी के भोगपरक धर्म का प्रचार करते थे। मध्य युग में शाक्त मत भी प्रभावशाली हुआ। इसमें स्त्रियों के साथ संसर्ग प्रचलित था। इनकी उपासना में घोर अनाचार था तथा इनके साधक गुह्य रूप से साधना करते थे।

इसी युग में शैव मत के एक साधना मार्ग के रूप में तथा वज्रयानी बौद्ध साधना के रूप में कापालिक मत प्रचलित था। ये लोग शक्ति के उपासक थे। मद्यपान तथा स्त्रियों के साथ विहार करने को साधना पद्धति का एक अंग मानते थे। इस प्रकार शैव, बौद्ध दोनों साधना पद्धतियों में स्त्री का अनुचित प्रयोग होने लगा था। बौद्ध भिक्षु संघ के नियमों का उल्लंघन कर पत्नियों, कन्याओं, तरुणियों और तरुण दासियों को पुष्पोपहार भेजते थे तथा उनके साथ भोग-विलास करते थे। इनका मुख्य उद्देश्य धर्म के नाम पर कामोपासना बनकर रह गया था। तंत्रवादी साधना की सफलता शिव-शक्ति के मिलन में मानी जाती थी। कालान्तर में यह शिव और शक्ति पुरुष और स्त्री मान लिये गए। कौल मार्गी साधना के साधक मद्य, मत्स्य, मांस, मुद्रा और मैथुन के सेवन के द्वारा सिद्धि प्राप्त करते थे। पंच पवित्र की यह साधना पद्धति आगे चलकर पंचमकार के रूप में परिणत हुई। अपने आविर्भाव काल में नाथ पंथ

का उद्देश्य ब्रह्मचर्य, वाक्संयम, शारीरिक और मानसिक पवित्रता, ज्ञान के प्रति निष्ठा, बाह्य आचरणों के प्रति निरादर, मद्य-मांस का पूर्ण बहिष्कार तथा आंतरिक शुद्धिमय जीवन था, किंतु बाद में नाथ की मुक्ति का प्रसंग इसी वामसाधना की देन है।

भक्ति काव्य को अपने पूर्ववर्ती धार्मिक संप्रदायों तथा राजनैतिक-सामाजिक परिस्थितियों का अध्ययन किये बिना नहीं समझा जा सकता। ऊपर जिन सामाजिक-राजनैतिक स्थितियों और धार्मिक सप्रदायों की संक्षेप में समीक्षा की गई है, उनका प्रभाव भक्ति काव्य पर निश्चित रूप से पड़ा था। यह तय है कि नारी को भोग की वस्तु बना देने वाला समाज उसे बंधनों में जकड़ने के लिए अनेक प्रकार के मायाजाल का प्रयोग करता रहा होगा। घर-परिवार से लेकर मठों तक में नारी स्वतन्त्र नहीं थी, लेकिन विचित्र बात यह है कि सामंती शासन, वर्ण-व्यवस्था तथा धार्मिक कठमुल्लावाद का विरोध करने वाले कबीर आदि कवियों ने भी, जो कि प्रकारांतर से समाज सुधारक भी कहलाए, नारी की निन्दा ही की है। उसे माया, ठगिनी, सर्पिणी और न जाने कितने कुत्सित रूपों में देखने का कार्य सगुण भक्त कवियों की तरह कबीर आदि सन्तों ने भी किया। सगुण भक्त कवियों को हम कुछ देर के लिए इसलिए भी छोड़ सकते हैं क्योंकि वे जिस समाज की स्थापना कर राम और कृष्ण के अवतारों की लीलाओं की विशद प्रशंसा करने में लगे हुए थे, वह समाज मध्ययुग के समाज से अलग नहीं था। तुलसी के राम राजा हैं, तो कृष्ण नौ लाख गायों के स्वामी। दोनों ही सामंत हैं। एक परम्परागत सामंती शासन के राजा हैं, तो दूसरे गोप संस्कृति के पालक। दोनों ही अपनी परम्परा और परिवार की नैतिकता के प्रति सजग हैं। लेकिन कबीर तो सारी रूढ़ियों का विरोध करते हैं, नारी विरोधी रूढ़ियों का विरोध क्यों नहीं कर पाते?

असल में मध्य-युगीन जड़ता में जकड़ी, उपेछित, लांक्षित और अमानवीय जीवन जीती नारी की मुक्ति की चिन्ता इन्हें थी ही नहीं। इसलिए उसे माया, ठगिनी एवं सर्पिणी आदि नाम देकर और अधिक लांछित किया गया। यहाँ एक बात विशेष रूप से स्पष्ट होनी चाहिए कि भक्त कवियों की नारी विषयक मान्यता को, उनके वक्तव्यों द्वारा ही पहचाना जाना चाहिए। सगुण-निर्गुण सभी एक स्वर से नारी निन्दा में होड़ लगाये हुए थे। जो जितनी निन्दा करता था, नये-नये रूपों में उसे समाज और धर्म के लिए अमंगलकारी प्रतिपादित करता था, वही बड़ा कवि और साधक कहलाता था। यह वाम साधना की प्रतिक्रिया भी हो सकती है। भक्त कवियों ने यह माना हो कि नारी ही पूर्ववर्ती सम्प्रदायों को भ्रष्ट करने वाली थी, इसलिए उसका विरोध

करना हमारा कर्त्तव्य है। तब हमें यह देखना होगा कि पूर्ववर्ती सम्प्रदायों से उसे मिला क्या? समाज में भी वह भोग की वस्तु समझी जाती थी और धार्मिक सम्प्रदायों में भी। वह धार्मिक सम्पदायों में अपनी मुक्ति के लिए गई हो, ऐसा नहीं था। यदि ऐसा होता, तो वह विरोध करती। उसे तो वही पुरुष ले गया था जो मध्ययुगीन समाज की देन था, जिसने नारी को भोग की वस्तु के अलावा और कुछ माना ही नहीं।

भक्त कवियों ने अपने वक्तव्यों द्वारा नारी को माया, ठगिनी, सर्पिणी, झूठी, अमंगलकारी एवं दुर्बुद्धि बताया है। सगुण भक्त कवियों ने उसके जिन चरित्रों की सर्जना की है, वे भी पुरुष प्रधान समाज में बराबरी की अधिकारिणी नहीं हैं। तुलसी ने सीता, कौशल्या, कैकेयी, मंदोदरी और सुलोचना को विशेष रूप से चित्रित किया है। लेकिन इनका कोई व्यक्तित्व पुरुष के समान है, यह कोरी कल्पना ही है। सीता का निर्वासन, कौशल्या की इच्छा के बिना उसके पुत्र को चौदह वर्ष का बनवास, कैकेयी के किये पर पूरे समाज ही नहीं उसके पुत्र तक ने जो कुछ कहा वह सब, मंदोदरी का बार-बार विलाप कर अपने पति को मनाना और पति द्वारा नारी में आठ अवगुण की प्रतिष्ठा, तथा सुलोचना का सती होना– उस समय की नारी की नारकीय स्थिति का वर्णन ही है। जिस रामराज्य की कल्पना तुलसी करते नहीं अघाते, उसमें नारी को कोई अधिकार नहीं है। सूर की गोपियाँ उद्धव को जो खरी-खोटी सुनाती हैं, उससे उन्हें मिलता क्या है? उनके प्रिय कृष्ण, जिनके लिए वे सब कुछ छोड़कर पीछे भागती थीं, वे तो बिना पूछे ही मथुरा चले गए। सूफियों के यहाँ भी नारी या तो माया है या परमात्मा, सामान्य नारी कहीं नहीं है।

अतः यह कहना सही नहीं है कि भक्त कवियों के यहाँ नारी की स्थिति मध्ययुग की नारी से अच्छी है। निर्गुणिए सन्तों, सूफियों से लेकर सगुण भक्त कवियों तक ने नारी-निंदा में कोई कमी नहीं छोड़ी है।

मध्ययुगीन नारी-विरोधी समाज में ही मीरा बाई अकेली ऐसी हैं, जिन्होंने सामाजिक रूढ़ियों और पारिवारिक मान्यताओं को तिलांजलि देकर स्वतन्त्रता का वरण किया। यह अद्‌भुत साहस था। मारवाड़ जैसी विशाल रियासत में मेड़ता के जागीरदार की पुत्री और मेवाड़ के राणा परिवार में ब्याही जाने वाली मीरा ने न मारवाड़ की झूठी प्रतिष्ठा की परवाह की और न मेवाड़ की छद्‌म नैतिकता की। वह नारी थी, परिवार की नैतिकता को अच्छी प्रकार समझती थी। वह जानती थी कि कम उम्र में विधवा हुई नारी की इन राजपरिवारों में दासी से भी बुरी स्थिति होती है। शादी के सात-आठ वर्ष बाद ही अपने पति राजकुमार भोजराज के शव के साथ न तो वह सती हुई और न विधवाओं की तरह अन्त्यज बनकर रहने को तैयार। दोनों ही स्थितियाँ

उसे नारी-विरोधी लगती थीं। इसलिए उसने मेवाड़ के महाशक्तिशाली राणा की परवाह किये बिना समाज में घुलना-मिलना, सन्तों के साथ नाचना-गाना और दिन-रात ईश्वर-भक्ति में लीन रहने को अपनी दिनचर्या चुना। महाराणा ने जब इसका विरोध किया तो वह बोली—

"राणाजी थाने जहर दियो मैं जानी।
जैसे कंचन दहल अगिन में निकसत बारहबानी।"

राणा द्वारा जहर देना और कृष्ण भक्ति के कारण उसका बच जाना, यह मिथक भी हो सकता है। लेकिन यह तो सत्य है कि महाराणा ने अपनी पुत्रवधू को परिवार की नैतिकता और बंधनों को तोड़ने के आरोप में प्रताड़ित तो अवश्य किया होगा। यह प्रताड़ना मीरा ने जिस आत्म-विश्वास के साथ झेली, उससे उसमें और अधिक हिम्मत आई। संकटों में पड़ी मीरा हिम्मत के साथ संकटों को आमंत्रित करती है, उनसे टकराती है, झुकती नहीं। जैसे जहर पीने के बाद भी जीवित रहने का अर्थ अगिन में तपकर कंचन बनकर निकलना ही है। अग्नि महाराणा के द्वारा दिये जाने वाले कष्ट हैं और उन कष्टों में निर्बाध जीवन जीती मीरा कंचन है। मीरा का यह आत्मविश्वास और महाराणा को उसकी चेतावनी मध्ययुगीन समाज में टक्कर लेती मीरा की नारी-क्षमता को ही स्पष्ट करती है। राणा जैसे-जैसे मीरा को परेशान करते रहे, वह उन परेशानियों से ऊपर उठकर अपनी तरह का जीवन जीती रही। जब घर-परिवार ने उसे कुलनासी आदि कहा, तो उसने उसकी कोई चिंता नहीं की। वह परिवार की मर्यादा का पालन किये बिना पैरों में घुंघरू बाँधकर नाचने लगी।

"पय घुँघरू बाँध मीरा नाची रे।
लोग कहूयाँ मीरा भई बावरी, सासु कहूयाँ कुलनासी रे।"

पैरों में घुंघरू बाँध नाचना लोक और परिवार की मर्यादा का खुल्लमखुल्ला उल्लंघन है। मीरा लुके-छिपे कोई काम नहीं करती, जो करती है सरे आम। पैरों में घुंघरू बाँधकर यानी सबको सुनाकर, सबके सामने। मीरा का यह आत्मविश्वास स्तुत्य है। इस प्रकार के कार्यों से जब घर-परिवार और समाज के लोग उसकी हँसी उड़ाने लगे, तो वो हिम्मत के साथ कहती है—

कड़वा बोल लोक जग बोल्या, करस्याँ म्हारी हाँसी।

तथा

राणाजी महाने यह बदनामी लागे मीठी
कोई निंदा, कोई बिंदा, मैं चाल चलूँगी अनूठी

बदनामी का मीठा लगना, निन्दा को बिन्दा बताकर उसका उपहास करना और अनूठी चाल चलना मीरा के दृढ़प्रतिज्ञ होने का प्रमाण है। वह अनूठी चाल चलने को कहती हैं, लोक द्वारा की गई बदनामी और निन्दा की चिन्ता नहीं करतीं, बल्कि मीठी कहकर उसे स्वीकार करती हैं। यह अनूठी चाल ही उनकी अपनी अस्मिता से प्रेरित है। अनूठी चाल का मतलब बोलचाल से अलग। लोक-मर्यादा से अलग। मध्ययुग की नारियों की तरह घर में तिरस्कृत और उपेक्षित जीवन जीने से अलग। अपनी हँसी उड़ाने वालों पर उन्हें क्रोध नहीं, दया आती है।

पर्दा प्रथा के विरोध में मीरा किसी प्रकार की चिन्ता नहीं करतीं। अपने पति की मृत्यु के बाद उन्हें कोई पुरुष भाता ही नहीं था। यह उनका अपना आत्मविश्वास था, जिस आत्मविश्वास के सामने दुनिया का कोई पुरुष गलत दृष्टि से देखने की हिम्मत नहीं कर सकता था। इसलिए वह खुले घूमती हैं। कल्पना करिए, मध्ययुग में चित्तौड़ जैसे महाराणा की पुत्रवधू मीरा बिना पर्दे के घूमने लगे, कितना विरोध हुआ होगा। हमारे समाज में तो आज भी जब पर्दा प्रथा के विरोध की बात आती है, तो बड़े-बड़े समाज-सुधारक नाक-भौंह सिकोड़ते हैं। लेकिन मीरा ने आज से 500 वर्ष पूर्व पर्दा प्रथा का विरोध किया। राणा जी के विरोध करने पर वे कहती हैं—

राणा जी अब न रहूँगी तोरी हटकी,
साणु संग मोहि प्यारा लागे, लाज गई घूँघट की।

राणा जी की हटकी, यानी राणा जी का हठ, मर्यादा और उनका आदेश, सबका उल्लंघन करती हुई मीरा साधु-सन्तों की संगति को प्यारी लगना कहकर घूँघट की अवज्ञा करती हैं। साधु-सन्तों से आशय केवल साधु-सन्तों से ही नहीं लिया जाना चाहिए, बल्कि सीधे-सच्चे व्यक्तियों से है, जिन्हें मीरा अपनी जैसी बच्ची लगती है। जिनकी दृष्टि पवित्र है, उनके लिए घूँघट की आवश्यकता नहीं। इसलिए मीरा उन लोगों के साथ रहना वरण करती हैं, जिनके साथ रहने पर घूँघट जैसे कृत्रिम आवरण की आवश्यकता नहीं। मीरा द्वारा उपयुक्त व्यक्तियों के चुनाव पर दृढ़ रहने का साहस उन्हें महिमामयी बनाता है। वे कहती हैं—

"साधु मात-पिता कुल मेरे, साधू निर्मल ग्यानी री।
राणा ने समझायौ बाई, उंदा में तो एक न मानी री।
मैं तो संतन हाथ बिकानी री।"

निर्मल ज्ञान वाले साधुओं को अपने माता-पिता और घर-कुटुम्ब मानकर उनके हाथ बिक जाना, यानी पूरी तरह उनका हो जाना, इस पर महाराणा द्वारा समझाना, लेकिन फिर भी न मानकर केवल महाराणा का ही नहीं, पूरे सामन्ती समाज की आज्ञा का उल्लंघन है जिसे मीरा नारी विरोधी होने के कारण नहीं मानतीं। महाराणा यहाँ प्रतीक रूप हैं, वे समाज के मुखिया के रूप में हैं। मीरा उन्हीं महाराणा का विरोध कर, उनके द्वारा नारी को गुलामों की तरह रखे जाने का विरोध करती हैं। मीरा पूरी सामंती व्यवस्था के कुचक्रों और नारी विरोधी समाज के सामने तनकर खड़ी हैं। वह न किसी से डरती हैं और न किसी की चिन्ता करती हैं। उन्होंने अपनी स्वतन्त्रता का मार्ग स्वयं प्रशस्त किया, उस मार्ग पर वह झूमते-गाते गर्वोन्नत होकर चल रही हैं।

सामंती शासन के घनघोर अँधेरे पक्ष में उजाला बिखेरती मीरा का काव्य उनका आत्मकथ्य है। अपने कष्टों, समाज की प्रवंचनाओं, रूढ़ियों, रीति-रिवाजों, कुल-मर्यादाओं एवं समस्त अन्याय-अत्याचार को मूक होकर सहन करती नारी का विरोध मीरा के साहित्य में प्रकट हुआ है। विधवा होकर न जाने कितनी रानियाँ और सामान्य स्त्रियाँ घरों में कैद होकर परिवारजनों की उपेक्षा और दारुण कष्ट सह-सहकर मर गईं होंगी, लेकिन मीरा ने उन परिस्थितियों का विरोध किया। कहते हैं कि एक बार वह जीव गोस्वामी से मिलने वृन्दावन गईं, वे नहीं मिले और सेवक से कहला दिया कि मैं स्त्रियों से नहीं मिलता। यह सुनकर मीरा जोर से हँसी और कहा कि मैंने तो सुना था कि वृन्दावन में पुरुष तो केवल कृष्ण हैं, बाकी सब गोपियाँ हैं, फिर यह पुरुष कहाँ से आ गये? यह सुनकर जीव गोस्वामी उनसे मिलने के लिए दौड़े आये। मीरा का यह आत्मविश्वास उन्हें घर-बाहर, स्त्री-पुरुष सभी में समान रूप से मिलता था, इसीलिए वे बेधड़क होकर अपनी बात कहती थीं। सामने वाला चाहे राणा जी हों, चाहे साधु-सन्त या कोई अन्य, वे निर्भय होकर अपनी बात कहती थीं। किंवदंती है कि सन्त रैदास से उन्होंने गुरुदीक्षा प्राप्त की थी। यद्यपि इसके कोई प्रमाण नहीं हैं, लेकिन उनके पदों से यह तो स्पष्ट है ही कि वे किसी प्रकार के बन्धनों को नहीं मानती थीं, जाति के बन्धन को भी नहीं।

मीरा का काव्य नारी-विद्रोह का काव्य है। यद्यपि उस युग में ताज, स्वर्णलली, चन्द्रमुखी आदि अन्य कवयित्रियाँ भी हुईं, लेकिन उनके जीवन में न कोई चुनौती थी और न संघर्ष, इसलिए उनके काव्य में वह जीवंतता भी नहीं है जो मीरा के काव्य

में है। मीरा के काव्य का महत्त्व उसके युग के संदर्भों में रखकर देखा जाना चाहिए कृष्ण-भक्ति के अतिरिक्त विषम परिस्थितियों से लड़ने का उनका साहस और समाज की थोथी मर्यादाओं से लड़ने की उनकी शक्ति तथा नारी-गरिमा और उसकी स्वतन्त्रता का मार्ग प्रशस्त करने की ललक, मीरा को नारी जीवन के संघर्ष का जाज्वल्यमान नक्षत्र बनाती है। मध्ययुग की मीरा उस समय कवियों के लिए तो चुनौती रही ही होगी, आज भी वह उतनी ही महत्त्वपूर्ण है।

सन्दर्भ

1. डॉ. नगेन्द्र—सं. 'हिन्दी साहित्य का इतिहास', पृ. 80।
2. गोपीनाथ शर्मा—राजस्थान का इतिहास, पृ. 306।